Dietrich Eggert / Lucien Bertrand
unter Mitarbeit von Tina Deeken und Nicola Wegner-Blesin

RZI – Raum-Zeit-Inventar

– der Entwicklung der räumlichen und zeitlichen
Dimension bei Kindern im Vorschul- und
Grundschulalter und deren Bedeutung für den Erwerb
der Kulturtechniken Lesen, Schreiben und Rechnen

Dietrich Eggert und Lucien Bertrand
unter Mitarbeit von Tina Deeken und Nicola Wegner-Blesin

RZI –
Raum-Zeit-Inventar

**der Entwicklung der räumlichen und zeitlichen
Dimension bei Kindern im Vorschul- und
Grundschulalter und deren Bedeutung für den
Erwerb der Kulturtechniken
Lesen, Schreiben und Rechnen**

borgmann

Inhalt

Vorwort

Der vorliegende Band ist der vorerst letzte in der Reihe der psychomotorischen Inventare im Rahmen einer einzelfallorientierten Förderdiagnostik. Bei allen Inventaren war und ist uns wichtig, eine Kombination von theoretischem Hintergrund und praktischen Vorgehen zu demonstrieren.

Während das Diagnostische Inventar motorischer Basiskompetenzen (DMB; 1993) ein erster Schritt in die Richtung der Orientierung einer Förderdiagnostik an den Bedürfnissen eines Individuums war (und natürlich noch einige Ungereimtheiten enthielt), wurde mit den weiteren Inventaren immer deutlicher der Weg für eine Förderdiagnostik beschritten. Es hat seinen Weg in die alltägliche Diagnostik bei vielen Praktikern gefunden.

Das Diagnostische Inventar auditiver Alltagshandlungen (DIAS) nahm den Gedanken des DMB wieder auf, eine Teilung im praktischen Teil zwischen Kernaufgaben und moto-diagnostischen Beobachtungssituationen vorzunehmen. Es versuchte, vor allem die Komponente der auditiven Wahrnehmung in den Vordergrund einer qualitativen Diagnostik zu stellen. Im Diagnostischen Inventar auditiver Alltagshandlungen (DIAS; 1992) wurde außerdem der Gedanke weiter verfolgt, Teile des Diagnostischen Inventars motorischer Basiskompetenzen (DMB) intensiver zu betrachten. Das DIAS ist so z.B. entstanden aus den Beobachtungen bei den Aufgaben „Klingendes Tor" und „Richtungshören" des DMB. Es entstand der Gedanke, dass man diesen diagnostischen Weg intensiver verfolgen müsse.

Einen weiteren Schritt in der Entwicklung stellte dann das Diagnostische Inventar taktil-kinästhetischer Alltagshandlungen (DITKA; 2000) dar. Hier wurde der Versuch unternommen, die Skala des DMB zu spreizen und den Bereich der vestibulären und taktil-kinästhetischen Bereiche mit mehr diagnostischen Material genauer zu betrachten. Zugleich haben wir in diesem Band die ganze Skala der Förderdiagnostik unserer Vorstellungen ausgebreitet. Dem Vorgehen in der Ausbildung von Studenten des Schwerpunktstudiums der Psychomotorik folgend finden sich neben den Kernaufgaben und motodiagnostischen Beobachtungssituationen auch eine „Prozessbegleitende Strukturierungshilfe" zur Vor- und Nachbereitung von psychomotorischen Sequenzen und Menüs. Weiter finden sich Vorschläge für verschiedene Menüs zur Anregung für eigene Zusammenstellungen, ein Fragenkatalog zur Eingangsbeobachtung und viele praktische unterrichtsbezogene Beispiele. Das Diagnostische Inventar taktil-kinästhetischer Alltagshandlungen (DITKA) ist eingebunden in einen Individuellen Entwicklungs- und Förderplan[1] (IEP) und auch dies wird an Beispielen demonstriert.

---

[1] Über die Technik und den theoretischen Hintergrund informiert der Band „Von den Stärken ausgehen..." (EGGERT, 1997).

Nun liegt das Raum-Zeit-Inventar (RZI) vor, das sich vor allem einer Beobachtung der entwicklungspsychologischen Lernvoraussetzungen widmet, die dem schulischen Lernen vorausgehen: der Erfassung und Förderung des kindlichen Konzepts von Raum und Zeit. Das RZI ist aus einer Zusammenarbeit mit Lucien Bertrand entstanden ist, einem Kollegen und Freund, dessen Prozess der Entstehung und Vollendung seiner Dissertation ich eng verfolgen und mitgestalten durfte (BERTRAND, 1997). Wir haben seine intensive Studie der Bedeutung der Entwicklung der raum-zeitlichen Dimensionen bei Kindern als Raum-Zeit-Inventar in den Rahmen der Informationssammlungen für einen individuellen Entwicklungs- und Förderplan (IEP) aufgenommen. Seine theoretischen Vorstellungen und seine praktischen Vorschläge zu einem Test der Raum-Zeit-Entwicklung finden sich auch im vorliegenden Text[2].

Das Anliegen Lucien Bertrands war es in seiner 1997 erschienenen Dissertation vor allem, die Bedeutung der Entwicklung in der Aneignung der Raum und Zeitdimensionen bei Vorschulkindern für die Anpassungsleistung zu erkennen und zu verdeutlichen. Unser Interesse war es neben dem Erkenntnisinteresse im Rahmen der Klinischen Entwicklungspsychologie, ein weiteres Inventar in der Reihe der Inventare vorzulegen, um dem Praktiker Möglichkeiten für die Erfassung dieser Konzepte in die Hand zu geben. Weiter hat es uns sehr interessiert, mehr über die Brücke zwischen den psychomotorischen Voraussetzungen zu den Schulleistungen zu wissen.

Wir folgen bei der Darstellung des RZI dem bekannten Muster der anderen Inventare:

zuerst wird die Theorie in einem eigenen Teil dargestellt, dann folgt der Praxisteil. Im Theorieteil beginne ich mit einem Beitrag zur Rolle der Raum-Zeit-Variablen für eine qualitative systemische Diagnostik, dann folgen Beiträge von Bertrand und Deeken zur Theorie der Raum-Zeit-Entwicklung und ihrer Bedeutung für die kognitive und psychomotorische Entwicklung des Kindes. Besondere Bedeutung wird dabei dem Vorschulalter zugemessen, in dem die zukünftigen kognitiven Strukturen angelegt werden.

Nicola Wegner-Blesin hat dann den praktischen Teil nach dem Muster der vorhergehenden Inventare (DITKA) gestaltet. Er kann natürlich ohne den theoretischen Teil gelesen werde. Im praktischen Teil wird dann das Inventar im einzelnen vorgestellt, wobei wieder Kernaufgaben von motodiagnostischen Situationen getrennt werden und viele Beispiele für Fragebögen, Menüs und begleitende diagnostische Verfahren gegeben werden.

Eine weitere wichtige Rolle in der personenzentrierten Diagnostik spielt das Selbstkonzept eines Kindes, das seine Einstellungen zu Anforderungen der

---

[2] Für eine genauere Betrachtung der Aufgabenanalyse und der Skaleneigenschaften des Tests zur Erfassung der raum-zeitlichen Entwicklung vergleiche BERTRAND, 1997.

Umwelt und damit auch seine Leistungsmotivation und –bereitschaft mitbestimmt. Anhand einiger praktischer Beispiele sollen Wege zur Erfassung des Selbstkonzepts in einem späteren Inventar veröffentlicht werden.

Alle Inventare sollen es ermöglichen, diagnostische Informationen für einen IEP zu sammeln und einen individuellen Förderplan für ein Kind aufzustellen. Die Arbeit mit Individuellen Entwicklungs- und Förderplänen in der Förderdiagnostik als Methode der fortlaufenden Protokollierung und Planung von Diagnose und Förderung und als Methode der Evaluation im Zuge der Qualitätssicherung in der Förderung wird an anderer Stelle ausführlich dargestellt (EGGERT, 1997).

Wir haben uns bemüht, möglichst praxisorientiert (soweit dies Personen aus dem Hochschulbereich möglich ist) vorzugehen und hoffen, dass in der Reihe der Diagnostischen Inventare nun auch für den Bereich der raum- und zeitlichen Wahrnehmung ein Mittel vorhanden ist, im Rahmen der Förderdiagnostik für Kinder mit Problemen der Wahrnehmungsorganisation eine Hilfe für Beobachtung und Förderung zu bieten.

Wir wünschen diesem Raum Zeit Inventar in Theorie und Praxis viele InteressentInnen und hoffen auf eine gute Resonanz – entweder als Beitrag des RZI zur Forschung oder als Materialsammlung für die PraktikerIn, ihre persönliche Bibliothek mit Materialien zur Beobachtung und Beschreibung der Raum-Zeit-Grundlagen von Kindern aufzufüllen. Sollte Kritik erforderlich sein, so würden wir uns freuen, wenn uns diese Kritik auch erreichen könnte. Auf jeden Fall hoffen wir, dass letztlich damit allen Kindern mit Lern- und Entwicklungsproblemen besser geholfen werden kann.

Mein besonderer Dank gilt Nicola Wegner-Blesin für die sorgfältige und überlegte Zusammenstellung des praktischen Teils.

Wir wünschen dieser Schrift natürlich eine gute Aufnahme bei der geneigten Leserin und beim geneigten Leser.

Hannover, im Oktober 2001
Dietrich Eggert

I Theoretischer Teil

1. Die Erfassung der Raum-Zeit-Entwicklung bei Kindern als entwicklungspsychologische Grundlage – ein Schritt zu einer systemischen Diagnostik in der Psychomotorik

Dietrich Eggert

Überlegungen für Veränderungen in der Rolle und den Methoden der Diagnostik im sonderpädagogischen Bereich spielen sich zur Zeit oft noch im Bereich von – allerdings sehr konkreten – Utopien ab. Für diesen Text möchte ich den Versuch unternehmen, aus einer Utopie für eine zukünftige Diagnostik Überlegungen für eine heute zu praktizierende Diagnostik abzuleiten, die einerseits die Sichtweise verändern sollte – nämlich von den Stärken des Kindes auszugehen und nicht von seinen Schwächen- und andererseits auch in den Grundlagen und Methoden versucht, nach dem Paradigmenwechsel in der Diagnostik aus dem neuen Primat der Individualisierung praktische neue Wege für diagnostisches Handeln in der Psychomotorik und Schule zu suchen. Bei der Beschreibung der individuellen Kompetenzen von Kindern messe ich dabei den entwicklungspsychologischen Voraussetzungen der Raum-Zeit Entwicklung einen besonderen Stellenwert zu.

Im Wandel der Paradigmen zur Behinderung haben sich auch die Diagnosemöglichkeiten in den letzten 25 Jahren entscheidend verändert: an die Stelle einer klassifikatorischen Diagnostik, die sich bemühte, Einstufungen nach Grenzwerten der Intelligenz und anderer Tests vorzunehmen, ist die individuelle Einzelfallbeschreibung im Rahmen einer systemischen Analyse der Mensch – Umfeld – Verhältnisse getreten. Damit ist ein Abschied vom IQ und von der Vorstellung verbunden, dass man unterschiedliche Grade der Intelligenz oder des sozialen Anpassungsverhaltens mit „objektiven" Maßstäben messen können. Der Abschied vom IQ (Eggert, 1996) ist zugleich ein Abschied von den Versuchen, Typologien aufzustellen und Menschen mit Behinderung danach einzuteilen.

An die Stelle der Typologisierungen treten im Sinne der Individualisierung der Lernprozesse (Forum Bildung, 2001, 9) auch Vorstellungen einer Individualisierung der Diagnose. Beim FORUM BILDUNG der Bund-Länder-Kommission heißt es dazu: „Eine neue Lern- und Lehrkultur muss die Individualisierung der Lernprozesse ermöglichen. Das erfordert differenzierte Lernangebote, neue Formen des Lehrens und eine zunehmende Selbststeuerung von Lernprozessen durch den Lernenden. Individuelles Lernen muss durch kooperatives Lernen in Gruppenprozessen ergänzt werden (Forum Bildung, 2001, 9). Die Diagnostik sieht sich damit vor neuen Herausforderungen: *im Dialog mit den*

Betroffenen gilt es, ein differenziertes Angebot an Diagnostik zu entwickeln, das der individuellen Situation der Betroffenen optimal entspricht.

So können Einzelfallbeschreibungen durch ein diagnostisches Team im Rahmen einer qualitativen Diagnostik nicht nur ein Mehr an Informationen zur Förderung des einzelnen Kindes aufzeigen, sondern auch durchaus neuen Qualitätskriterien genügen und damit die Umsetzung neuer Methoden des Lernens und Lehrens fördern.

Diese Überlegungen stehen in unmittelbarem Zusammenhang mit dem Vordringen systemischer Denk- und Handlungsmodelle in der Psychologie und letztlich auch in der Psychomotorik.

1.1 Grundzüge systemischer Psychomotorik

In den vergangenen zehn Jahren hat sich der theoretische Rahmen in der Psychomotorik in Abhängigkeit von den Veränderungen in der Psychologie zur Psychotherapie von einem linear-kausalen Ansatz (Ich mache Psychomotorik – also muss ich auch durch mehr Bewegung mehr Entwicklungsanreize auslösen) hin zu einem vernetzten, prozessualen Denken entwickelt.

In den letzten Jahren hat sich eine Vorstellung vom Lernen des Kindes in einer freiheitlichen Gesellschaft durchgesetzt, in der Kinder in „individueller Autonomie sich entwickeln, leben und gestalten können (Schmetz, 1999,4)". Dabei wird ein Lernverständnis entwickelt, das von aktiv eigenständigen Aneignungsprozessen im sozialen Kontext ausgeht. Kurz vereinfacht: Kinder können u.U. mehr voneinander als vom Lehrer lernen. Dabei ist im systemisch-konstruktivistischen Paradigma Wirklichkeit ein Konstrukt des Individuums. Jedes Kind ist ein autonomes strukturbestimmtes Wesen. Es folgt seinen inneren Strukturen, die „kognitiv und emotional ausgerichtet sind und die es ihm gleichzeitig ermöglichen, mit seiner Umwelt in Kontakt zu treten." (Schmetz, 1999,5)

Lernen ist dabei eine konstruierende Tätigkeit des lebendigen Systems, eingebunden in soziale Interaktionen. Lernen ist die Auseinandersetzung zwischen dem Kind und der Umwelt über strukturelle Koppelungen, d.h. dass sich Lehrende und Lernende mit ihrer jeweiligen subjektiven Theorie und ihrer eigenen Struktur begegnen und in einem Prozess als Quelle von Perturbationen (Anregungsfaktoren) aufeinander treffen (Maturana, 1990; Kösel, 1995).

Hier findet sich die schon weiter oben angedeutete Veränderung der Rolle des Lehrers / Therapeuten wieder: er verliert seine unwidersprochene Dominanz als Informationsvermittler in einer als gleichwertig anzusehenden Beziehung zum Schüler und gewinnt eine neue Rolle als Partner des Kindes in kooperativen Lernprozessen.

In der Schule „findet Lernen dann statt, wenn der angebotene Lerninhalt in die erfolgreiche Organisation der Erfahrung der Schüler selbst integriert wird (Schmetz, 1999, 5)." Im Mittelpunkt des Lernens stehen nicht mehr die Zustände einzelner Teile, sondern die Prozesse des Zusammenwirkens zwischen Lehrenden und Lernenden – und gerade dies ist das Gebiet, auf dem eine systemisch verstandene Psychomotorik viel zu bieten hat.

Ohne den Anspruch erheben zu wollen, mit den folgenden Ausführungen eine vollendete Begründung eines veränderten Verständnisses vom praktischen psychomotorischen Handeln aus der Sicht der systemischen Theorie abgeben zu wollen sei das folgende Konzept als Übergangskonzept verstanden[3].

Der Schwerpunkt unserer Bemühungen liegt darauf, dem Praktiker veränderte Handlungsweisen nahezubringen. Er/sie soll in die Lage versetzt werden, anhand konkreter Vorstellungen für praktische Arbeit zu überlegen, was er von unseren Vorstellungen in seine praktische Handlungskompetenz umsetzen kann.

All zu oft waren in der Vergangenheit die Erklärungsansätze der Wissenschaftler oft nur Selbstzweck, die den Praktiker und die Praktikerin oft nicht oder nur sehr bedingt erreichten. Dieser Prozess hat sich in der unmittelbaren Vergangenheit verstärkt fortgesetzt. Im Sinne eines „wissenschaftsinduzierten Stresses" wurden dem Praktiker stets neue Verantwortlichkeiten aufgebürdet – oft ohne ihm Wege zu zeigen, wie er denn den veränderten Rahmen für neue Überlegungen und Rollen verstehen solle: Konzepte der neueren Entwicklungspsychologie neben Motivationspsychologie, Neuropsychologie neben psychotherapeutischen Modellen bis hin zur Familientherapie – alles sollte der Praktiker realisieren. Offen blieb dabei die Frage, wie er dies angesichts eines sehr knappen Zeitbudgets für Ausbildung und Praxistätigkeit auch realisieren sollte.

In der Fähigkeit, auch bei einer Verkürzung für die Praxis noch die theoretischen Strukturen erkennen zu können aber erweist sich die Tragfähigkeit wissenschaftlicher Konzepte. Gesucht wird also eine umfassende Theorie, die auch bei einem begrenzten Zeitbudget in der Praxis in relativ einfachen Leitlinien umsetzbar ist. Wir leben in einer Zeit der vernetzten Handlungsfelder und des Teamworks, dies sollten neuere Theorien reflektieren, um zeitgemäß einsetzbar sein zu können.

Es geht uns deshalb nicht darum, eine Begründung vorzulegen, die sich vollständig im Rahmen systemischen Denkens bewegt. Es liegt mir eher daran die Veränderung der Perspektive diagnostischen und therapeutischen Handelns und die Konsequenzen der Verwirklichung dieses Ansatzes zu zeigen. Es geht uns dabei nicht mehr darum, eine Methode zu finden, mit der man möglichst viele Klienten behandeln kann, sondern für möglichst viele unterschiedliche Klienten jeweils unterschiedliche individuelle Modelle zu ihrer Behandlung zu finden – eine Entwicklung, die sich auch in Psychotherapie, der Didaktik und in der Sozialpädagogik findet.

---

[3] Der eigene subjektive Standpunkt ist nur als Versuch anzusehen, eine neue Begründung für eine existierende Praxis abzugeben. Deshalb wurde vorwiegend ausgewählt, was dem Zweck der Begründung einer veränderten Praxis dient.

Eine systemisch orientierte Psychomotorik steht immer noch durchaus im Rahmen der bisherigen Prinzipien psychomotorischen Handelns wie

- einer Begründung des praktischen Handelns auf der (klinischen) Entwicklungspsychologie, d.h. auf der Grundlage einer Theorie der Entwicklung der Motorik in fördernden und hemmenden Bedingungen,
- einer Betonung von Interaktion und Kommunikation,
- der Betonung einer bedeutungsvollen (pädagogischen) Kooperation mit dem Kind
- der Betonung einer systemischen Förderdiagnose und Intervention im spezifischen Umfeld des Kindes[4]

Hinzu kommen neue Konzepte wie etwa die Funktion eines Verhaltens im Zusammenhang mit der spezifischen Umwelt (Bronfenbrenner) und die Betonung der Eigenaktivität und Handlungsfähigkeit jedes Kindes als Lösungsmöglichkeit für bestehende Probleme (Maturana). Es kommt dazu die Gleichwertigkeit von Pädagoge und Kind im Prozess, über eine Perturbation erhoffte Ziele durch Interaktion anstreben zu können (und die Erkenntnis, dass das Ziel nicht linear erreicht werden kann).

1.1.1 Zum Begriff von Systemen

In Abweichung von den Modellen der klassischen Physik, in denen immer eine objektiv nachweisbare Ursache zu einer Wirkung führte, entstanden in der Systemtheorie andere Denkansätze, die versuchten die Dualität von Beobachter und Beobachtetem, von Körper und Seele und Ursache und Wirkung durch andere Modelle aufzuheben.

Im systemischen Denken werden Ganzheiten erfasst und die Welt insgesamt wird im Sinne des Konstruktivismus als nicht objektiv erfassbar angesehen. Aus der Physik heraus hat sich die Systemtheorie auch auf psychologische und soziologische Fragen erweitert:

- Systemtheorie Luhmanns
- der sozialökonomische Ansatz Bronfenbrenners
- die Erkenntnistheorie nach Bateson, Maturana und Varela
- der konstruktivistische Ansatz von Förster und von Glasersfeld (vgl. von Schlippe & Schweitzer, 1996).

Ein System ist ein aus Teilen bestehendes, dynamisches Ganzes, das bestimmte Verhaltensweisen und Eigenschaften aufweist. Die Teile sind so miteinander verbunden, dass kein Teil unabhängig ist von den anderen Teilen und das Verhalten des Ganzen wird vom Zusammenwirken aller Teile beeinflusst

---

[4] Der Gedanke einer systemischen Betrachtung der Lernbehinderungen wurde von mir erstmals 1979 vorgeschlagen. Eine Darstellung des systemischen Ansatzes in der Förderdiagnostik soll später erfolgen.

20

(vgl. Hagmann, 1994). Mit dem Systembegriff verbindet man die Vorstellung von komplexen Netzwerken, die in Form von Rückkopplungsschleifen miteinander verbunden sind. Systemmodelle sind also nicht linear-kausal (eine Ursache und eine Wirkung) aufgebaut

Systeme definieren sich nicht nur über ihre Innenwelt, denn sie werden immer als solche erkennbar, wenn ein Beobachter sie von der Umwelt unterscheidet. Systeme entstehen durch die Betrachtung des Inneren (im System) und er Elemente des „Außen" (in der Umwelt) – dazwischen liegt die Systemgrenze. Der Prozess der Unterscheidung ist genauso wichtig wie das System selbst – dieser Prozess ist nicht fest fixierbar, sondern hängt von der subjektiven Theorie des Betrachters ab. Dies muss man kennen, um die Definition des Systems aus seiner Sicht verstehen zu können.

Man unterscheidet zwischen lebenden und nicht-lebenden Systemen. Lebende Systeme sind nicht statisch, sie werden durch eine Eigendynamik aufrechterhalten und entziehen sich einer genauen Analyse und Beeinflussung von außen. Lebende System sind zweckstrebig und zielorientiert, sie führen selbstregulierende Prozesse auf dem Wege zum Ziel durch. Sie befinden sich in einem fließenden Gleichgewicht – der Homöostase.

Die Autopoiese bedeutet den Prozess der Selbsterhaltung des Systems. Handlungen des Systems wirken auf das System zurück und nicht die Umwelt auf das System. Die Art der Änderung liegt dabei beim System selbst und ist (letztlich) unvorhersagbar. Strukturelle Änderungen werden zwar über die Umwelt ausgelöst, die Wirkung bestimmt jedoch das System selbst.

1.1.2 Ökologie der Systeme

Wir wollen unsere Argumentation nun in der Folge auf Bronfenbrenner und Maturana stützen.

Beginnen wir als Grundlage einer systematischen Orientierung in der Psychomotorik mit der Vorstellung Bronfenbrenners vom systemischen Aufbau der Welt des Kindes als erstem Baustein unseres systemischen Verständnisses der Psychomotorik. Später soll dann kurz der Ansatz von Maturana erwähnt werden (beide ausführlich nachzulesen bei von Schlippe / Schweitzer, 1996).

Die soziale Ökologie von Bronfenbrenner beschreibt die Rolle des sich entwickelnden Individuums in vier Ebenen, dem Micro-, Meso-, Exo- und Makrosystem.
Auf der Ebene des Microsystems steht das Kind als lebendige wachsende Persönlichkeit (als Microsystem aus Kompetenzen und den Möglichkeiten zu ihrer Verwirklichung), das im Mesosystem in seiner Entwicklung geprägt wird von den Beziehungen zu seiner Familie, Schule Freunde und Gruppenmitgliedern und dem ethnischen und religiösen Hintergrund der Familie.

Zwischen diesen Faktoren (Systemebenen) bestehen fließende Beziehungen, welche die Entwicklung und die Lernprozesse des Kindes jeweils spezifisch beeinflussen. Jedes Niveau beeinflusst alle anderen, auch wenn diese Prozesse nicht immer unmittelbar offensichtlich sind.

Im psychomotorischen Sinn spielen non-verbale Signale eine wichtige Rolle, die stark kulturgebunden sind. So bedeutet Kopfnicken im deutschen Kulturkreis Zustimmung, im griechischen Kulturkreis jedoch bedeutet es Ablehnung. Zieht ein deutscher Geschäftsmann sein Jackett aus, so beginnt für ihn der Feierabend: ein amerikanischer Geschäftsmann dagegen signalisiert, dass er jetzt erst richtig zu arbeiten anfängt. Diese kleinen Signale werden unterschiedlich interpretiert und die Liste könnte beliebig erweitert werden. So werden z.B. bei gleichen Familienbeziehungen deutsche und türkische Kinder sich in ihrer Sicht der Welt und in ihrem Verhalten darin aufgrund des unterschiedlichen ethnischen Hintergrunds unterscheiden. Türkische Kinder und Eltern haben z.B. andere Erwartungen an die Schule als deutsche Kinder, diese wiederum andere als Kinder aus dem Libanon, für die Familie die dominierende Wertgröße in ihrer Umwelt ist. Schule sollte dies berücksichtigen, wenn sie die Reaktionen ihrer Schüler aus unterschiedlichen Nationen bewertet. Diese Erwartungen bestimmen aber das Verhalten der Kinder in der Schule, ihre Interaktion mit Lehrern als Autorität und ihre Erwartungen. Lehrer reagieren auf diese Unterschiedlichkeit und behandeln Kinder aus unterschiedlichen Ethnien in jeweils spezifischer Weise – eine bisweilen nicht ganz leichte Aufgabe.

Auf der darauffolgenden höheren Ebene können Schulsystem, medizinische Versorgung, Medien etc. sehr unterschiedliche Bedingungen des Mesosystems bestimmen. Auf der höchsten Systemebene – dem Makrosystem – bestimmen kulturelle Werte, ökonomische Situation der Gesellschaft, politischer Hintergrund und soziale Situation die Entwicklung der Kinder. Jede Ebene kann dabei jede andere aufwärts und abwärts beeinflussen.

So kann die Bedingung von Arbeitslosigkeit aufgrund der ökonomischen Lage eines Gesamtsystems sogar die Familienstrukturen beeinflussen: Arbeitslosigkeit führt zum Verlust des „inneren Halts", führt zum Verlust der zeitlichen Orientierung. Diese wiederum können unmittelbar Einfluss auf die physischen und psychischen Strukturen des Kindes haben, was sich wiederum in seiner schulischen Lernsituation unmittelbar widerspiegelt. In einfachster Form können Gleichgewichtsprobleme von Kindern auf diese Bedingung zurückzuführen sein. Schulische Lernprobleme, Störungen des Verhaltens können auf mangelnde Zeitbudgetierung und Orientierungslosigkeit eines Kindes zurückzuführen, die von dieser Bedingung der Arbeitslosigkeit oder Armut abhängen können. Bei gleicher Symptomatik können aber unterschiedliche Interventionsmöglichkeiten gefordert sein.

Der Blick Bronfenbrenners zeigt, dass individuelles Verhalten nicht nur individuell bestimmt ist, sondern durch die unterschiedlichen Systembedingungen auf verschiedenen Ebenen mitbestimmt wird – was wiederum zu sehr unterschiedlichen Förderstrategien bei unterschiedlichen Kindern Anlass geben sollte.

1.1.3 Eigenschaften von Systemen

Maturana fügt der (öko-)systemischen Denkweise einen weiteren Baustein hinzu: die Vorstellung von der „Autopoiesis", der Selbstorganisation von Systemen. Selbst-Organisation heißt, das „ein System seine einzelnen Elemente produziert und reproduziert und die Organisation dieser Elemente" (v. Schlippe, 1996, 68.) Komponenten eines Systems reproduzieren sich beständig und regulieren und erhalten sich selbst. Systeme sind immer offen für Informationen, für Energie und Einflüsse und sie verändern sich im Rahmen der Regeln im System. Es gibt also keinen „Ruhe"-Zustand eines Systems. Einflüsse außerhalb des Systems „perturbieren" das System lediglich, d.h. sie können das System nicht innerlich verändern sondern nur das System von außen beeinflussen. Die Reaktionen erfolgen aus dem System heraus (und sind nur begrenzt vorhersehbar).

Kennzeichen eines vom Systemdenken bestimmten Theoriengebäudes ist der Rückzug der Experten aus der Welt des Kindes. Der wahre Experte für sein Leben und seine Förderung ist das Kind selber – deshalb finden auch so viele Theorien des Selbstkonzepts und des Selbstwertgefühls zunehmend Eingang in pädagogisches und therapeutisches Handeln.

1.2 Wie entwickelt man aus dem systemischen Modell eine Handlungspraxis?

Die Reduktion der komplexen Komponenten eines Systems (und der von verschiedenen Autoren jeweils in anderer Weise beschriebenen Eigenschaften eines Systems) und eines systemischen Konzepts auf einfache Handlungsregeln in einem pädagogischen und therapeutischen Kontext ist nicht leicht. Eine Vorstellung ist dabei, dass es unmöglich scheint, von außen ein System (z.B. das aggressive Verhalten eines Kindes) zu verändern. Der Pädagoge / Therapeut kann nur den Versuch unternehmen, das System von außen durch einen Impuls zu beeinflussen (zu perturbieren) – das System kann sich dann (vielleicht in der angestrebten Richtung) verändern. Es kann sich aber auch in anderer Richtung entwickeln.

Einerseits kann das Verhalten oder Handeln einer Person nicht aus der Person allein erklärt werden, andererseits sind Veränderungen am Handeln dieser Person nur aus der Person heraus möglich. Um eine Intervention planen zu können, müssen die Einflüsse der näheren und weiteren Faktoren in der Umgebung bekannt sind, d.h. der Prozess der Beobachtung und Diagnose wird umfassender – andererseits verschränken sich Diagnose und Intervention insofern, als durch eine Erklärung des Handelns durch seine Bedeutung auf verschiedenen Ebenen vieles an der Deutung bereits eine Intervention aus dem System heraus ermöglicht: eine Hypothese über das Zustandekommen einer Störung verändert bereits das System, an dem eine Störung beobachtet wurde.

Der beobachtende und hypothetisierende Forscher ist nur noch der Kommentator; er sucht nicht nach den Ursachen eines Verhaltens, sondern beschreibt die Interdependenzen, indem er so wertneutral wie möglich die Funktion erforscht, die ein bestimmtes Verhalten für das Individuum und andere signifikante Personen der Umwelt hat. Er beobachtet und beschreibt das „So-Sein" eines Systems. Indem er dies beschreibt (aus seiner Sicht) trägt er aber schon zur Veränderung des Systems bei. Der Kontext der Beziehungen zwischen dem Individuum und den signifikanten Personen seiner spezifischen Umwelt ist entscheidend für die Erklärung und Veränderung bestimmter Verhaltensweisen.

Dabei spielen *zirkuläre Erklärungen* eine wichtige Rolle. Das Sehen und Verstehen einer Ursache in ihren Zusammenhängen verändert nämlich wieder die Sichtweise und die Reaktionen. In reziproker Weise erklärt man das Verhalten eines Kindes durch die Einstellungen der Eltern, so verändert diese Erklärung wiederum das Verhalten der Eltern. So ist die Diagnose bereits der erste Schritt der Therapie.

Eine Übertragung einiger Vorstellungen des systemischen Ansatzes wollen wir im folgenden Abschnitt auf die Psychomotorik vornehmen.

1.3 Systemisches Denken in der Psychomotorik

Mit diesen Vorstellungen haben wir die Möglichkeit, das systemische Vorgehen in der Psychomotorik zu definieren. Zusammen mit den Vorstellungen für die Diagnostik, die ich in „Von den Stärken ausgehen (Eggert, 1997)" beschrieben habe, halte ich die folgenden Vorgehensweisen in der psychomotorischen Beobachtung und Förderung für sinnvoll.

Erster Grundsatz der Psychomotorik ist und bleibt:

> ***Zuerst einmal:***
> *Selber machen (lernen)*
> *Sich entwickeln lassen*
> ***Suchen lassen:***
> *Den eigenen Weg finden lassen*
> *Dann erst:*
> *Anregen bei der Suche*
> *Wege anbieten*

Im Mittelpunkt des psychomotorischen Vorgehens steht aber nicht mehr nur die Verbesserung der motorischen Entwicklung des Kindes und die Erziehung durch Bewegung, sondern

1. der Glaube an die konstruktiven Potentiale des aktiv handelnden Kindes,
2. die Förderung miteinander in einem systemischen Prozess verbundener Kompetenzen des Kindes,
3. die gezielte Beeinflussung der raum-zeitlichen Entwicklung in der Förderung,
4. die Entwicklung eines stabilen positiven Selbstkonzepts als Mittel zur Entwicklung einer positiven Identität des Kindes,
5. die Auseinandersetzung mit den bedeutsamen Menschen und Faktoren seiner spezifischen Umwelt (Kind in seinem Umfeld) unter Einbeziehung der bedeutsamen Personen und ihrer Interaktionen (Beziehungsmuster-Analyse).

Eine psychomotorische Förderung beginnt so mit dem Versuch, das Selbstwertgefühl des Kindes zu stärken und versucht von da aus, dem Individuum in seiner spezifischen Situation (Umfeld) bessere Möglichkeiten in die Hand zu geben, seine Kompetenzen zu entwickeln und sie den Anforderungen komplexer Situationen erfolgreich entsprechend verändern zu können und das Muster der Beziehungen der bedeutsamen Personen seiner Umwelt miteinander zu berücksichtigen.

Das erste Ziel ist es nicht, dem Kind eine unmittelbare Hilfe zu geben, sondern ihm zu verhelfen aus sich heraus Impulse für ein effektiveres Handeln zu finden. Der Erforscher der Lebenssituation des Kindes (das ist die Rolle des Pädagogen/ Therapeuten) sollte versuchen, das System Kind mit sanften Impulsen zu einer Veränderung hin zu bewegen und dazu die maximale Kapazität des System nutzen, sich selbst zu verändern. Damit ist die Rolle des Therapeuten im übertragenen Sinne, für ein Kind eine an seine spezielle Situation angepasste individuelle Fördermethode zu *entwickeln* und nicht das Kind im Rahmen einer vorgegebenen Methode zu *behandeln*. In diesem Prozess kann der Pädagoge / Therapeut ein Helfer des Kindes sein oder ein Mit-Spieler oder auch ein sorgsamer Beobachter auf der Basis einer balancierten vertrauensvollen Kooperation zwischen dem Kind und ihm. Diese Beziehung ist die Grundlage einer angemessenen Diagnose und Förderung.

Gerade dieses Ziel kann aber schwierig werden, wenn der Therapeut den gesellschaftlichen Auftrag verwirklichen muss, schnell und effektiv zu einer Veränderung des Verhaltens der betreuten Person allein kommen zu müssen – und dazu noch bei möglichst geringen personellen und Zeit-Ressourcen. Unter diesen Bedingungen sind systemische Modelle weniger geeignet und man müsste andere Modelle für eine reduzierte Praxis suchen.

Der Erforscher der Lebenssituation des Kindes sollte nicht Halt bei der inneren Situation des Kindes machen, sondern sich auf den Weg in das Beziehungsmuster des Kindes zu seinen Eltern und der Familie machen und nach den Mustern spüren, die diese Beziehungen ausmachen (Beziehungsmuster-Analyse im IEP). Welche Rolle hat das Problem des Kindes für den Erhalt einer stabilen Beziehung zum Vater/der Mutter/ den Geschwistern? Welche Funktion hat die Aufrechterhaltung eines Symptoms für die Stabilität der Familienbeziehungen? Welche Einstellungen haben die Eltern (Vater, Mutter, Großvater, Großmutter etc.) dem Kind gegenüber und wie prägt ihre Vorstellungen vom notwendigen Verhalten des Kindes wiederum ihr Verhältnis zum Kind? Was wird vom Kind erwartet? Welche Generationenaufträge soll es erfüllen? Was soll es tun und in welchen Situationen? Was soll es nicht tun?

In einer weiteren Stufe spielt die Frage eine Rolle, welche Position das Kind im komplexen System der Schulklasse einnimmt und wie es diese Rolle auszufüllen versucht. Wie sieht z.B. der Lehrer das Kind? Nimmt er/sie das Kind als gleichwertigen Partner wahr oder wie sieht er/sie das Kind? Welche Einflussmöglichkeiten auf das Kind sieht er für sich? Merke: wie man auf einen Menschen blickt (ihn wahrnimmt), so behandelt man ihn. Man kann sich aber auch gründlich irren. Das gleiche gilt für die Beziehungen zu den Mitschülern in einer Schulklasse.

Noch eine weitere Stufe stellen die Wechselwirkungen zwischen den Einstellungen der Familie und der Schule dar. Wie wird kommuniziert? Was wird weiter geleitet? Lernt das Kind für das Elternhaus oder für die Schule? Wie bestimmen die Lern- und Leistungsvorstellungen der Eltern das kindliche Verhalten? Oder für das Leben?

Nun könnte man der Ansicht sein, dass die Komplexität dieser Fragen einen praktisch Handelnden überfordern würde – und hätte vermutlich dabei nicht einmal so unrecht. Es kommt einerseits darauf an, den **Rahmen** für eine Analyse der Betrachtung eines individuellen Problems und seiner Funktion für das Kind und seine Interaktionspartner zu sehen und das Kind in seinen Lebenszusammenhängen zu verstehen (also aus einem familientherapeutischen Verständnis zu denken) und dies andererseits von den oft begrenzten Möglichkeiten zu trennen, die in einer praktischen Situation bestehen, dies Gesamt auch wirkungsvoll beeinflussen zu können. Man wird also
nicht immer in einem familientherapeutischen Rahmen seine Intervention ansiedeln können. Aber der Rahmen für das Verständnis eines Kindes bleibt unvollkommen, wenn man nur ein Problem als allein vom Kind verursacht sieht.

1.3.1 Die Möglichkeiten systemischen Handelns in der Psychomotorik

Im folgenden soll nun der Versuch unternommen werden, Handlungsregeln für ein systemisches Vorgehen in der Psychomotorik vorzuschlagen.

Ein erweitertes Verständnis von Psychomotorik könnte zu folgenden **Prinzipien** führen (ohne dass Vollständigkeit angestrebt wird):

- Vorrangig ist die Betonung der Fähigkeit des Kindes, aktiv und selbständig seine miteinander verknüpften Kompetenzen entwickeln zu können und seine Handlungen mit anderen koordinieren zu können.

- Die Betonung kooperativer Handlungen von Kindern miteinander ist Voraussetzung für die weitere kognitive, soziale und emotionale Entwicklung über die Bewegung. Diese Entwicklung soll durch psychomotorische Förderung im Spiel verbessert werden.

- Die Sichtweise der kindlichen Person als ganzheitliches komplexes Reagieren und Agieren in einer spezifischen Umwelt in einem integrierten Prozess ist weiter wichtig.

- Von einer umfassenden individualisierten Beschreibung eines Kindes in seinen Stärken und Schwächen in der Förderung ausgehen (z.B. in einem Individuellen Entwicklungsplan). Dieser Entwicklungsplan wirkt zirkulär und rekursiv, d.h. dass eine diagnostische Beschreibung bereits eine therapeutische Intervention darstellt und die Rekonstruktion einer kindlichen Biographie eine mögliche Sichtweise auf das Kind darstellt und zugleich die denkbare Reaktion auf das Kind bestimmt.

- Die Kind-Umfeld-Analyse beschreibt die Bedeutung der Beziehungsmuster für das Kind als dyadische Muster (Lehrer – Schüler, Schüler – Schüler etc.) oder als triadische Muster (Lehrer – Vater – Kind).

- Elternarbeit in Form von Mitarbeit der Eltern und deren Einbezug in das therapeutische Geschehen ist eine wichtige neue Komponente der psychomotorischen Arbeit.

- Die unmittelbare und weitere Lebenswelt der Kinder sollte zumindest in die Analyse der Lebenssituation mit einbezogen werden, wenn nicht eine Veränderung dieser Lebenswelt selbst geplant sein sollte.

- Die *Kunst der PsychomotorikerIn* besteht dann darin, durch über eine überlegte Materialauswahl eine Stunde so zu gestalten, dass er/sie dezent im Hintergrund bleiben kann, die Kinder zum Selbermachen anregen kann, und trotzdem den Rahmen dafür durch Anregungsangebote und die Materialauswahl anregen kann. Im Gleichgewicht müssten dabei sein: die Gestaltung geeigneter und fördernder Materialien und Situationen zur Anregung und die Freiheiten der Kinder, sich konstruktiv und kooperativ auszudrücken. Er/sie sollte sich bemühen, auch das weitere Umfeld des Kindes in Analyse und Intervention mit einzubeziehen – da, wo dies erforderlich ist.

Auf diesem Wege könnte man im praktischen Vorgehen versuchen, einige Anforderungen des systemischen Denkens in Praxisregeln umzusetzen, in dem man von einer Betrachtung der individuellen Kompetenzen des Kindes ausgeht, in seinem speziellen Umfeld mit den bedeutsamen Personen effektiv sich handelnd auseinander zusetzen. Sein Selbstkonzept und seine Identität könnte man als ersten Schritt dazu in Betrachtung einbeziehen und von dort aus zu einer Betrachtung der anderen Kompetenzen für die Auseinandersetzung mit der spezifischen Umwelt voranschreiten. Die Bewegung als sinnhafte Auseinandersetzung mit dieser Umwelt ist damit zugleich Abbild der motorischen Kompetenz, Spiegel der inneren emotionalen Situation des Kindes und der Beziehungen zu anderen Menschen in seinem Umfeld.

Die folgende **Definition von Motorik** im engeren Sinne drückt diesen Zusammenhang aus. Motorik ist so zuerst einmal der Versuch, Bewegungen zu beschreiben als

- Basiskompetenzen (Gleichgewicht, Kraft / Ausdauer, Gelenkigkeit, Schnelligkeit)
- Wahrnehmung (visuelle, auditive, vestibuläre, taktil-kinästhetische W.)
- Feinmotorik
- Körpererleben
- Materialerfahrung
- Lateralität
- Raumwahrnehmung und -orientierung
- Zeitstrukturen bilden
- Rhythmus und Koordination
- Melodische Differenzierung
- Phonematische Differenzierung
- Gliederungsfähigkeit
- Sprechen lernen
- Lesen und Schreiben lernen
- Rechnen lernen u.a.

Daneben ist Motorik aber auch

- Kommunikation, Kooperation und Interaktion (Miteinander etwas tun, sich mitteilen und miteinander ein Ziel erreichen)
- Ausdruck von verstehbarem Sinn (jeder Mensch will seine individuellen Ziele erreichen)
- Ausdruck von Bedeutung in Mimik, Gestus, Haltung
- Ausdruck von Gefühl und Stimmung
- Ausdruck von Erleben

Motorik ist auch individuell

- eine non-verbale verstehbare Handlung und die
- Entwicklung der Symbolfunktion und der
- Sprache (unterstützt verbalen Ausdruck und vermittelt non-verbale Eindrücke)

Motorik ist auch Kommunikation als

* Beziehung zwischen Menschen,
* der *Prozess* des Wachsens und Sich Veränderns, in einer *Beziehung* zwischen dem Kind, den Kindern in der Gruppe und dem Erzieher / Pädagogen.
* *Ziele* können und sollen angestrebt werden, aber werden nicht systematisch, sondern in Anpassung an das individuelle Kind in der Gruppe verändert und erprobt

Für die **Planung einer psychomotorischen Förderung** sind die einzelnen Schritte in diesem Konzept:

* Im Kind zuerst einmal ein positives Selbstkonzept als Mensch entwickeln, der etwas vermag und positiv zu seinem Körper eingestellt ist (ausgehen von den Möglichkeiten des Kindes in freien Spielsituationen) .
* den Körper in seiner Ausdehnung und seinen Teilen erfahren lernen
* mit den Funktionen seines Körpers und seinen Möglichkeiten vertraut sein
* sich im Raum lokalisieren und orientieren
* ein zeitliches Raster für Ereignisse und Personen erwerben.
* Materialien und Spielformen kennenlernen und damit umgehen lernen (eine Erkundung der Umwelt durch Ausprobieren von unterschiedlichen Lösungen für Probleme mit verschiedenen Materialien)
* Kooperation mit anderen und soziale Interaktionen und Konstruktionen spielerisch lernen (Ausdruck von Gefühlen für und mit den anderen)
* Empathie für andere, d.h. sich Einfühlen lernen durch Spannung und Entspannung
* der Ausdruck von Gefühlen und Stimmungen z.B. im Rollenspiele
* die Bedeutung von Beziehungen als bestimmende Momente des Handelns erkennen zu können
* Verbesserung der Wahrnehmung der Möglichkeiten des eigenen Körpers, Wünsche Gefühle und Ziele auszudrücken (Körperkontrolle, Körperausdruck, Körperwahrnehmung) und
* die Verbesserung der Bewegungsmöglichkeiten und -fähigkeiten

Für eine psychomotorische Unterstützung eines Kindes können die folgenden **Handlungsregeln** einer systemisch orientierten Psychomotorik formuliert werden, die vor allem **für die Position des Beobachters** gelten sollen:

* *Hypothetisieren:* Hypothesen sind Ausgangspunkt für Informationserhebungen und für die Intervention, die selbst eine Hypothese aufgrund der subjektiven Theorie des die Förderung konstruierenden Menschen ist. Das Überprüfen von Hypothesen kann bereits als ein Eingriff in das zu untersuchende Feld gesehen werden. Handlung als Datensammlung und Handlung als Intervention sind somit nicht mehr getrennt. (Kriz, 1994, 296)
* Vermeiden einer *frühzeitigen* Problemdefinition. Hypothesen sind offene Konstruktionen.

- *Reflexion* der eigenen Handlungsweisen und Verarbeitungsstrategien. Jede Handlungsstrategie ist nur als vorläufig und veränderbar anzusehen.
- Als Beobachter versuchen *systemische Beziehungen und Muster* zu entdecken, d.h. die Beobachtung beschränkt sich nicht auf das „Verhalten" des Kindes, sondern schließt die Beziehungen zu allen für das Kind bedeutsamen Personen seiner Umwelt mit ein, die am Entstehen und an der Aufrechterhaltung des Problems beteiligt sind. So kann es interessant sein, die Beziehungen zwischen Familie und Schule in der Entwicklung als bedeutsamen Hintergrund für die Ausprägung eines Problemverhaltens sehen zu lernen.
- Betonung der Kompetenzen, Interessen und der Ressourcen des Kindes, *seine Probleme selbst entdecken und beschreiben* zu können und eigene Wege der Förderung vorschlagen zu können (Das Kind sollte in seinen Stärken gesehen werden und es sollte versucht werden, durch eine erweiterte Perspektive nicht nur die Problemverhaltensweisen, sondern auch alle Kompetenzbereiche des Kindes von diesen Stärken ausgehend zu erfassen.)
- *Symptomverschreibungen,* deren Absicht es ist, das „normale" Interaktionsmuster zu durchbrechen. Dies geschieht durch Aussagen (hier vor allem durch Bewegungserfahrungen), die eine als problematisch empfunden Verhaltensweise nicht nur zulassen, sondern geradezu herausfordern und eine paradoxe Situation anstreben.
- Rekonstruktion von Situationen, die zu einer *neuen (Ein-)Sicht* des Problems führen können. Solche Umdeutungen (reframing) können durch neue Interpretationen z.B. eines aggressiven Verhaltens eine Erweiterung der Handlungsmöglichkeiten ermöglichen.
- *Positive Konnotationen:* d.h. die Umwertung eines Phänomens, durch die Zuschreibung positiver Motive und positiver Funktionen für ein verhalten, das vorher als negativ und damit problematisch gesehen wurde. Einer aggressiven Verhaltensweise kann somit durch eine Bezeichnung als dominant, aktiv oder impulsiv durchaus eine positive Bedeutung zukommen.
- *Zirkuläres Fragen* als mögliches Element im tzi z.B. in Gesprächskreisen (d.h. sich vergegenwärtigen, dass eine Frage bereits eine Veränderung ist).
- Sich häufiger verdeutlichen, dass *Konflikte im System* so natürlich sind wie Systeme selber.

Für den Beobachter / Forscher / Anreger ergibt sich damit ein erweitertes Verständnis für seine Handlungsmöglichkeiten, die nun ein Mehr an Kompetenzen erforderlich machen. Neben der psychomotorischen Kompetenz als Förderer kann der psychomotorische Partner des Kindes nun mit bestimmten Techniken stärker auf das Kind in seiner Individualität und seiner Gebundenheit in das soziale Umfeld eingehen. Dazu ist jedoch erforderlich, dass man die dazu erforderlichen Kompetenzen in einem sorgfältig abgestuften Ausbildungsprozess auch erwerben kann. Eine Vermittlung der Beratungskompetenz, der therapeutischen Kompetenz und des systemischen Handelns kann jedoch nicht Gegenstand einer kurzen Ausbildung sein. Es wäre Gegenstand eines anderen Beitrages zu vermitteln, wie sich der Autor eine solche Ausbildung vorstellt.

Der Anfänger in der Psychomotorik ist gut beraten, sich zuerst mit den Möglichkeiten vertraut zu machen, wie er einem Kind helfen kann, in einem vorgegebenen Rahmen sinnvoll motorisch zu handeln. Dabei kann die Überlegung nützlich sein, seine eigene Verantwortung für das Kind im Erziehungsprozess zu überdenken und sich die Frage zu stellen, wie er dieser am besten nachkommen kann. Dann sollte er die konstruktiven Möglichkeiten des Kindes suchen, durch seine Impulse (und die richtig zu setzen ist schwer und bedarf eines sehr hohen Fingerspitzengefühls) dem Kind andere Eindrücke zu vermitteln, die es ihm ermöglichen, sich selbst weiter zu entwickeln.

Das Finden des eigenen Wegs in der Förderung sollte nicht von einem völlig offenen Konzept des „Laissez-Faire" ausgehen, sondern Schritt für Schritt sollte in Kooperation mit den Kindern eine Möglichkeit gesucht werden, wie ein Kind einen Rahmen als Orientierung verstehen lernen kann, aus dem heraus es sich dann auf eigenen Wegen entwickeln kann.

Wichtig scheint mir jedoch zu betonen, dass am Anfang dieses gemeinsamen Prozesse der Pädagoge / Therapeut sich nicht scheuen darf, einem Kind eine Rahmen vorzugeben, in dem es lernen kann sich sicher zu bewegen (auch wenn sich hier ein gewisser Widerspruch zur Setzung des Kindes als gleichwertigem Partner im Perturbationsprozess anzudeuten scheint). Dann kann er den Rahmen öffnen. Dabei sollte er ständig dabei sein, seine eigenen Hypothesen über das Kind und die Entstehung und Verfestigung seines Problemverhaltens durch neue Beobachtungen zu überprüfen und den Rahmen seines Handelns – an das Kind angepasst – ständig offen halten und verändern.

1.3.2 Lernprobleme aus systemischer Sicht

Lern- und Entwicklungsstörungen zeigen sich in schulischen Problemen und werden oft allein darauf reduziert. Sie haben jedoch vielfältige Ursachen in der Entwicklung des Kindes als Individuum in seiner Lebensumwelt in Familie, Kultur und Gesellschaft. Sie signalisieren dabei oft eine Reihe von möglichen Problemen in Subsystemen, die komplex miteinander verknüpft sind. So kann die „Störung" eher als <u>Störungssignal</u> des Systems denn als individuelle Schädigung oder Funktionsstörung des Kindes verstanden werden. Ihre Auswirkungen manifestieren sich vor allem im Bereich der Schule – also sollten auch dort vor allem die Bemühungen zur Beobachtung und Förderung ansetzen – Analyse und Intervention sollten jedoch nicht nur auf die Schule begrenzt bleiben[5].

---

[5] Auch wenn das Elternhaus und die Freizeit üblicherweise nicht in der Reichweite pädagogischen Handelns liegt, ist eine Ausweitung der Ananyse auf das Elternhaus und seine Einstellungen, Handlungen und Emotionen oft der beste Schlüssel zum Verständnis des Schülers.

Jede Beobachtung und Förderung sollte deshalb individuell beim Kind in seiner Umwelt ansetzen. Der Versuch wird dabei immer weniger populär, das Kind einer bestimmten Symptomgruppe zuzuordnen und durch die Zugehörigkeit zu dieser Gruppe als Typ zu etikettieren. Diagnose und Förderung werden eher systemisch aus der Analyse der ganzen Lebenssituation des Kindes abgeleitet und für eine Veränderung dieser Lebenssituation gestaltet. Eine individuelle qualitative Lernförderungsdiagnostik scheint dabei für diese Aufgabe sinnvoller als eine normative Diagnostik mit quantitativen Methoden, für die dann eher Platz ist in vergleichenden empirischen Studien zur Effektivität.

1.3.3 Die angemessene Form der Diagnostik

Für eine individualisierte Förderdiagnostik gehen wir davon aus, dass die Diagnose vom Einzelfall abhängt, d.h. „es in der Natur der Sache liegt, dass die Diagnostik ganz und gar vom Einzelfall abhängt und nicht in allgemeiner Form für alle Schüler geregelt werden kann (Bayr. Staatsinstitut für Schulpädagogik, 1991,5), d.h.: Es gibt nur individuelle Lösungen für individuelle Probleme (eines Kindes mit Lern- und/oder Entwicklungsproblemen)!

Ein weiteres Fundament ist die Teamarbeit. Es hat sich die Bildung von diagnostischen Teams bewährt, die zusammen ein Kind beobachten und die Förderung planen. So kann arbeitsteilig vorgegangen werden: ein Beobachter konzentriert sich z.B. auf die Gestaltung einer Spielsituation und ein anderer protokolliert oder beide beobachten den Ablauf der Spielhandlung. Es können so unterschiedliche Aspekte in die Diagnose und Förderung eingebracht werden.

Noch ein Fundament stellen **die veränderten Fragen** in der Diagnostik dar. Die Fragen einer Entwicklungsdiagnostik sind andere als die einer Testdiagnostik. Sie umfassen eine wesentlich größere Reichweite des Fragens. So stehen Fragen wie die folgenden im Vordergrund: Wie ist es geworden? Was hat es aufrechterhalten? Was ist jetzt? Was soll sein? Was könnte sich ereignen? Was wäre dann? Mit „es" wäre das Problemverhalten eines Kindes oder seine problematischen Beziehungen zu Eltern / Familie oder anderen Bezugspersonen gemeint. Der Aspekt des Fragens reicht von der Vergangenheit (Rekonstruktion der Biographie) bis zu einer Beschreibung der Gegenwart (Was ist jetzt?) hin zu einer Planung der Förderung und einer Spekulation über die Folgen der Fördermaßnahmen in der Zukunft.

Im Vordergrund steht dabei die Erkenntnis, dass jede Diagnose nur eine Momentaufnahme durch einen Beobachter ist und sich jederzeit ändern kann. Vorhersagen aufgrund diagnostischer Beobachtungen können bereits das Vorhergesagte verändern. Die Entwicklung eines Kindes ist so ein ständig veränderungsoffener Prozess.

Die Kind-Umfeld-Analyse soll das Handeln des Kindes im Zusammenhang der Entwicklung seiner Kompetenzen zusammen mit der Schulklasse, dem

Klassenlehrer und anderen Lehrern beschreiben und die Beziehungen des Kindes in der Familie in ihrer Bedeutung für schulisches Lernen widerspiegeln, genau so wie die Beziehungen zwischen Schule und Familie.

Die weiteren **Leitlinien einer solchen** individualisierten Förderdiagnostik **sind:**

1. Von der Klassifikation zur individuellen Beobachtung und Beurteilung
2. Von den Stärken des Kindes ausgehen
3. Den Einzelfall sehen lernen
4. Im Team vorgehen
5. Veränderte Fragen stellen
6. Eine Biographie gemeinsam rekonstruieren
   von der Vergangenheit bis in die Zukunft
7. Das Kind als System sehen lernen (vgl. Schiepek, 1999)
8. Das Kind im System seines Kontextes (Familie, Schule) sehen lernen
9. Diagnose als Beziehung erkennen
10. Diagnostik als Dialog mit dem Kind und seiner Umwelt sehen
11. Beobachtungsaufgaben an das Kind anpassen und nicht das Kind dem Raster der Aufgaben unterwerfen
12. Inventarisieren statt Testen (aus einem Spektrum offener Aufgaben eine Auswahl nach individuellen Gesichtspunkten treffen)
13. Die mögliche Förderung als Rahmen der Diagnostik sehen

Wichtig ist die Anerkennung der Tatsache, dass Diagnostik in einer Beziehungs-Situation entsteht.

- Der Diagnostiker spannt ein weites Netz in Form von unterschiedlichen Methoden aus, um das Beobachtbare an einer oder mehreren Personen in den Griff zu bekommen.

- Der Betrag an Beobachtbarem, der in sein Netz gelangt, hängt ab **von der Qualität der erlebten Beziehung zwischen dem Diagnostiker und seinen Bezugspersonen ab.** So kann nicht jeder Diagnostiker zu jeder Zeit zu einer begründeten Beobachtung gelangen, sondern der Umfang des Beobachtbaren variiert.

„Jede Förderungssituation mit einem Kind ist eine Beziehung, kein Monolog eines Therapeuten zum Kind, sondern eine wechselseitige Beziehung. Und es muss die Qualität dieses Dialogs sein, die eine gute, kindgemäße und förderliche Therapie ausmacht (Leyendecker, 1996, 226)"

Den Vorgang der Beschreibung bei einer pädagogischen Beobachtung im systemischen Sinn könnte man dann wie folgt beschreiben:

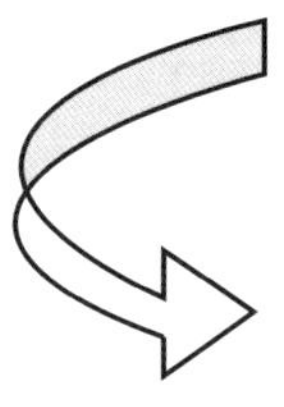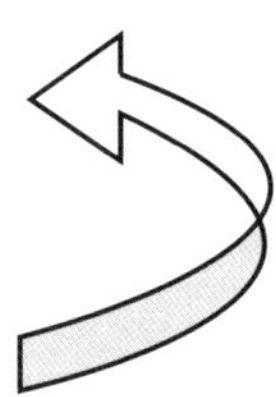

- **Beobachten:** Was? Wann? Wie? Wozu? Wo? In welchen Situationen? Mit welchen Personen? Wer?

- **Beschreiben:** Wie? Welche Form? Wie formulieren? Mit welchen Kategorien? Aus welcher Perspektive? Kontext?

- **Interpretieren:** Nach welchen Kriterien? Nach welchen subjektiven Theorien? Zielvorstellungen? Vergleich mit individueller Veränderung? Fortschritte? Warum?

- **Hypothetisieren:** Als subjektive Erklärung für das Zustandekommen und die Aufrechterhaltung? Funktion? (Gegenwart & Vergangenheit) In Form von Lösungsmöglichkeiten, Initiationspunkt? Angebote? Was wird bei bestimmten Änderungsumständen geschehen? Hemmende und Fördernde Bedingungen? (Zukunftsorientierung)

Auch bei einem solchen Vorgehen sind Aussagen über das Kind möglich, die eine Förderung bestimmbar machen. Die Güte dieser Aussagen hängt dabei von den folgenden Momenten ab:

Was diagnostische Aussagen können:
Pädagogische Experten mit hoher Professionalität arbeiten im Team zusammen und machen Aussagen
- *deren Qualität durch die Kooperation im Team abgesichert ist*
- *die erwartete Ereignisse und die möglichen Folgen von Förderung beurteilen kann*
- *die also (begrenzte) Vorhersagemöglichkeiten hat*
- ***und es kann sich alles wie vorgesagt ereignen.***

Welche Grenzen diese Aussagen haben....
Es kann aber auch alles ganz anders kommen, weil sich plötzlich etwas Unerwartetes einstellt oder es kann ein anderer Diagnostiker zu einem anderen Zeitpunkt aus einem anderen Blickwinkel mit einem anderen Auftrag
alles auch ganz anders sehen und beschreiben kann.

Die **Güte qualitativer diagnostischer Aussagen** ohne Tests ist nicht unerheblich, wenn man veränderte Gütekriterien formuliert: die Qualität einer diagnostischen Urteilsbildung und die Güte der Vorhersage ergeben sich einerseits aus der Relevanz der Aussagen für eine Veränderung der Lebenssituation des Betroffenen und andererseits aus der Übereinstimmung der beobachteten Daten und der Interpretationen im professionellen Team. Besonders wichtig ist das Einverständnis der Betroffenen mit den empfohlenen Maßnahmen. Eine Entwicklungsprognose für die Förderung aufgrund eines breiten Beobachtungsspektrums besitzt dann eine hohe Gültigkeit auf der Grundlage der gemeinsamen Erfahrungen im Team.

Dabei sollte man Vorstellungen von einer Einfachheit des diagnostischen Prozesses aufgeben. Der Prozess der Beobachtung und Interpretation von Handeln und Verhalten eines Kindes ist ein sehr komplexer und vielschichtiger Prozess – so wie das Kind ein vielschichtiges und komplexes individuelles Wesen ist. Der Prozess der Diagnose kann nicht einfacher sein als der Prozess des Handelns eines Kindes in einer komplexen Umwelt.

1.3.3.1 Qualitative Diagnostik und individuelle Förderung

So kann eine **qualitative Diagnostik im systemischen Kontext** viele Hypothesen zu Förderbedarf und Fördermöglichkeiten in den folgenden Bereichen ergeben:

- Selbstkonzept des Kindes,
- Lernausgangslage, Lernstand und schulische Leistungen in der Entwicklung,
- Beziehungen zu anderen Personen im Umfeld: Kind – Eltern; Eltern – LehrerInnen; Kind – LehrerInnen usf.,
- Bedeutung des Problems und der Beziehungen, in denen es sich entwickelt hat, für das Kind und andere bedeutsame Personen
- Sensorische und motorische Entwicklung
- Raum-Zeit-Entwicklung,
- Sprachstand und Kommunikation,
- Kind-Umfeld-Analyse und eine
- Analyse der Beziehungsmuster[6].

Dabei ist empfehlenswert, stets mit einer Vorstellung vom Selbstkonzept des Kindes zu beginnen, denn für die Beurteilung ist sehr wichtig zu wissen, wie sich das Kind als handelnde Person erlebt, wie es an Leistungs- und Lernsituationen herangeht und ob es erfolgsorientiert oder misserfolgsorientiert ist. Die Beschäftigung mit dem Selbstkonzept und der Selbsteinschätzung des

---

[6] Die Kategorien entsprechen den Bereichen der Beziehungsmuster – Analyse im IEP, Eggert, 1997.

Kindes könnte durchaus der Königsweg zu seiner Förderung sein. Daran könnte sich eine funktionale Analyse des psychomotorischen Handelns anschließen.

Wir können vier Ebenen der Diagnostik unterscheiden:

1. die **motorischen** Kompetenzen (das Individuum in seinen persönlichen Kompetenzen)
2. das Individuum in seinen **interaktivem** Kompetenzen
3. das Individuum in seinen sozialen **Beziehungen** zu bedeutsamen Bezugspersonen in seiner spezifischen Umwelt (soziales System) .
4. das Individuum in seiner **inneren Situation** (Motivation, Selbstkonzept)

Das Kunststück einer gelungenen Diagnostik ist eine Berücksichtigung aller vier Ebenen in einer praktischen Beobachtung und Beurteilung eines Kindes im Rahmen einer Kind-Umfeld-Analyse.

Es lässt sich leicht zeigen, dass bei einer Beobachtung des motorischen Verhaltens eines Kindes alle Ebenen immer unmittelbar nebeneinander beteiligt sind. Man kann nur mit viel Zwang sich auf die funktionale motorische Ebene beschränken, denn in jede Beschreibung einer motorischen Handlung fließen unmittelbar Beschreibungen der Motivation des Kindes und seines Verständnisses der Situation, der Interaktion mit anderen Kindern und den Diagnostikern etc. ein.

Motorische Kompetenzen sind dabei die in Inventaren und Menüs beobachtbar gemachten Aspekte der psychomotorischen Entwicklung von Kindern wie etwa in Wahrnehmung und Motorik, Materialerfahrung und Körpererleben und Raum-Zeit-Orientierung und Strukturierung.

Interaktion sind dabei die Kommunikation mit anderen in der Beobachtungssituation bezüglich eines Themas (dem Menü). Aus den Beobachtungen geschlossen werden Innere Situation und Soziales System. Innere Situation des Kindes meint sein Selbstkonzept, sein Verständnis der Situation, seine Motivation dazu, die Aufgaben zu erfüllen, die sich aus seiner psychischen Verfasstheit ergeben. Die Hinweise aus den Beobachtungen sind sicher nicht eindeutig und erst über mehrere Beobachtungen wird sich ein plausibles Bild zusammensetzen. Dennoch sind diese Schlussfolgerungen wesentlich für ein diagnostisches Gesamtbild des Kindes – das sich dann aber angesichts neuer diagnostischer Informationen im Verlaufe eines Förderprozesses verändern kann.

Dazu zählt auch die Beurteilung der anderen Partner im sozialen System, dem das Kind angehört. Was sagen andere Beobachter / Pädagogen, Fachkräfte über das Kind? Wie wird es gesehen und was wird ihm zugetraut? Auch hier sind die Angaben sicher nicht eindeutig und können zudem nur unter Zuhilfenahme anderer Quellen betrachtet werden, aber wieder sind gerade diese Angaben sinnvoll für eine ganzheitliche Betrachtung des Kindes.

1.3.4 Methoden der Informationssammlung

Die Erfassung diagnostischer Daten kann auf der Grundlage von eigenen Beobachtungen und Materialien geschehen und sollte aus dem Kontext der Zusammenarbeit mit dem Kind heraus gestaltet werden. Wer Hilfen in Beobachtungsinventaren sucht, dem sei die Anwendung von Diagnostischen Inventaren empfohlen.

1.3.4.1 Diagnostische Inventare

Diagnostische Inventare sind Zusammenstellungen von Beobachtungssituationen zu Lernvoraussetzungen in der Motorik, der Wahrnehmung, der Raum-Zeit-Entwicklung und des Selbstkonzepts (DMB, DIAS, DITKA und RZI; ein diagnostisches Inventar zum Selbstkonzept ist in Arbeit).

Sie dienen folgenden Zwecken:
- offene, flexibel einsetzbare Beobachtungssituationen zu schaffen,
- eine Fülle unterschiedlicher Aufgaben anzubieten,
- eine Einbindung der Aufgaben in Spiele
- einen engen Bezug zur Förderung
- vielfältige Kombinationsmöglichkeiten in Form „Diagnostischer Menüs"
- und trotzdem: kein Verlust an „Wissenschaftlichkeit"
- Erfassung eines <u>breiten</u> Spektrums verschiedener Aspekte des Handelns eines Kindes in unterschiedlichen Situationen
- „offene" Situationen mit vielen Variationen in Bezug auf Instruktionen und Hilfen
- Alltagsnähe zu kindlichen Handlungen in Materialien und Situationen
- keine festen Anweisungen für die Auswahl der Situationen oder die Auswertung, die sich ganz nach dem Kind, der Situation und den Bedürfnissen des Anwenders richtet
- Trennung in „Kern"-Aufgaben und zusätzliche motodiagnostische Situationen
- völliger Verzicht auf Summenwerte und weitgehender Verzicht auf quantitative Bewertung des Beobachteten
- Möglichkeit zur spielerischen Gestaltung der diagnostischen Situation in Inventaren, Sequenzen und diagnostischen Menüs

1.3.4.2 Diagnostische Sequenzen

Was sind diagnostische Sequenzen? Sie fassen mehrere Beobachtungssituationen in einer Beobachtungssituation zusammen, die inhaltlich benachbart sind. Ihre Leitlinien sind:

- Diagnostik sollte in einem dem Kind bekannten Rahmen stattfinden (umfasst materielle, räumliche und personelle Umstände).
- Aufgaben werden mit dem Kind gemeinsam (entwickelt und) verändert.
- Es sollte kein Zeitdruck entstehen können.
- Alle Kinder der Gruppe sollten in die Sequenz eingebunden sein.
- Sequenzen können mit Variationen nach Bedarf wiederholt werden.

- Während der Arbeit in der Sequenz sollte die Handlungsebene und die Beziehungsebene thematisiert werden, z.B. durch Austausch über Erwartungen, Anforderungen oder die situative Bewertung.
- Der emotionale Zustand des Kindes und des Diagnostikers fließen gemeinsam in die Beobachtung mit ein.
- Eine weitere Person beobachtet mit oder filmt, um anschließend die Ergebnisse mit dem Diagnostiker zu diskutieren.

1.3.4.3 Diagnostische Menüs

Was ist ein diagnostisches Menü? Ein Menü ist die Zusammenstellung von mehreren Beobachtungssituationen oder -Sequenzen in einen Spielrahmen, um die Aufmerksamkeit der Kinder gewinnen zu können und sie in einer Situation zu binden, die ihnen und dem Team der Beobachter Spaß macht. Quasi „nebenbei" können diagnostische Beobachtungen für einen IEP und eine Förderung gemacht werden.

Ein Beispiel für ein Diagnostisches Menü mit Hilfe von Aufgaben aus dem Diagnostischen Inventar von psychomotorischen Basiskompetenzen (DMB) soll das Vorgehen verdeutlichen:

Diagnostisches Menü für Schulanfänger „Die gefangene Prinzessin"

Vorspiel: Masken malen, Verkleiden etc.

Die Prinzessin ist gefangen worden und wird nun in einem Schloss von drei Geistern gefangen gehalten. Wir brechen auf, um sie zu befreien.

Zuerst müssen wir durch ein Tor in einen Zaubergarten gehen. Wir dürfen das Tor nicht ansehen, weil wir sonst verzaubert werden. (Deshalb müssen wir uns die Augen verbinden. Wir hören das Tor aber.
Übung : Klingendes Tor
Danach gehen wir über eine schmale Brücke über den Schlossgraben. Die Brücke ist eine Zauberbrücke: eine Hälfte müssen wir vorwärts gehen, die andere Hälfte rückwärts.
Übung: Balancieren über die Langbank
Im Schloss treffen wir auf die drei Geister, die wir ablenken müssen, indem wir ihnen etwas zu essen geben. Danach sind sie besänftigt und lassen uns in Ruhe.
Übung: Dreieckslauf
Um nun den Schlüssel für den Raum zu finden, in den die Prinzessin eingesperrt ist, müssen wir verschiedene Formen blind tasten und legen und in die passende Vertiefung hineinlegen.
Übung: Formen blind tasten und legen
Mit dem großen Schlüssel müssen wir in die Lochplatte stechen, damit die Tür aufgeht.

Diagnostische Sequenzen und Menüs können für eine oder mehrere Stunden gestaltet werden, können aber auch über mehrere Tage oder Wochen durchgeführt werden. Nicht immer braucht man für Gruppen von Kindern den Rahmen einer Spielhandlung, aber meistens gehen Kinder und Beobachter mit viel Freude und Spaß an diese Situationen heran. Der Anwender möge selbst entscheiden, was für seine Gruppen besser geeignet ist.

Es macht zwar Spaß mit Menüs zu arbeiten, man sollte auch viele unterschiedliche Menüs in seinem Repertoire haben ausprobieren, was am besten geeignet ist. Kommt man jedoch zu einer Zusammenstellung eines erprobten Menüs, das man mehrfach einsetzen will, so sollte man sich fragen, ob der anstrebte Zweck auch mit der ausgewählten Aufgabenzusammenstellung erreicht werden kann. Gute Beobachtungssituation müssen nicht immer auch gute Spielsituationen sein und umgekehrt. Für die Planung eines Förderangebotes sollte man sich zudem Situationen aussuchen, die eine Organisation von späterer Förderung möglich machen.

Man sollte nach Möglichkeit anzustreben versuchen, folgende **Kriterien für Menüs** zu beachten:
* **Beobachten**
  Was? Wann? Wie? Welche Situationen?
* **Beschreiben**
  Wie? Welche Form? Welche Kategorien? Welche (subjektive) Theorie?
* **Bewerten**
  Welche Ziele können erreicht werden? Welche Förderung dazu notwendig?
* **Vergleichen**
  Mit individueller Veränderung? Fortschritte? Andere Maßstäbe? Mit einer „Norm"? Wer setzt sie?
* **Erklären**
  Wie ist es entstanden? Was hat es aufrechterhalten? Wie geht es weiter?
* **Vorhersagen**
  Änderungsumstände? Schritte der Förderung? Was geschieht dann?

Nun sollte man nicht denken, dass man diese idealen Forderungen auch an alle Menüs in der Praxis stellen kann. Wir möchten dem Leser auch nicht den Spaß an der Arbeit mit spannenden Menüs nehmen. Dennoch könnte es recht nützlich sein, sich bei einem gerade zusammengestellten Menü einmal prüfend zu fragen, was man damit erreichen will und ob man es mit der gewählten

Aufgaben-zusammenstellung auch erreichen kann – wie groß die diagnostische Nützlichkeit des gewählten Menüs ist.

1.3.5 Was kann man heute schon diagnostisch anders machen?

Zum Schluss möchte ich kurz skizzieren, was man heute schon anders machen kann (auch in der Schule) und welche Spielräume man ausnutzen könnte. Es lässt sich durchaus realisieren,

- von den Stärken des Kindes auszugehen,
- zu Individualisieren, d.h. das Kind in den Mittelpunkt stellen und nicht den Förderort
- zu Kooperieren, d.h. GrundschullehrerIn und SonderpädagogIn arbeiten zusammen im Team
- im Dialog mit dem Kind vorzugehen
- von einem Verständnis des Selbstkonzepts des Kindes ausgehen und
- seine psychomotorischen Kompetenzen als Lernvoraussetzungen ansehen
- seine Kompetenzen im Zusammenspiel miteinander zu sehen
- das Kind als System im System des Kontextes seiner Lebenswelt zu sehen
- den Prozess der Entwicklung des Problems und der Förderung des Kindes im Zusammenhang zu sehen
- die Fortschritte in der Förderung zu dokumentieren.
- die Zusammenarbeit mit den Eltern und der Lebenswelt des Kindes zu gestalten.

Insgesamt ergibt sich so ein weiter Bereich von Möglichkeiten zu einer veränderten Diagnostik. Nicht alle wird man umsetzen können, aber zu einer vorsichtigen Umsetzung des Slogans „Von den Stärken ausgehen" besteht eigentlich immer die Möglichkeit. Inwieweit man in seiner persönlichen Praxis mit Individuellen Entwicklungs- und Förderplänen arbeiten kann, das muss der Leser und die Leserin selbst ausprobieren. Es besteht jedenfalls ein großes Angebot von Methoden, die dafür zur Verfügung gestellt werden können.

Wie man weiter verfährt mit der Umsetzung systemischen Gedankenguts, das möchte ich dem Anwender überlassen, denn er muss in seiner jeweiligen therapeutischen Umwelt einschätzen, was sich bereits umsetzen lässt und was noch einige Zeit braucht, bis es sich durchsetzen kann. Das vorangegangene Kapitel wollte nur Möglichkeiten aufzeigen, was man umsetzen könnte und wie – und keine Vorschriften machen, was man unbedingt tun sollte.

1.4 Diagnostik von Raum- und Zeitvorstellungen

Die Raum -Zeit-Entwicklung markiert einen entscheidenden Schritt in der Entwicklung des Kindes hin zur Aneignung der Schriftsprache und der Mathematik. Erst bei einer weitgehend entwickelten Fähigkeit mit den Dimensionen

Raum und Zeit umzugehen, kann man davon ausgehen, dass ein Kind die Fülle der Koordination von Wahrnehmung und Motorik erreicht hat, die ihm einen Übergang von den handelnden Operationen der Raum-Erfahrung und der Erfassung und Strukturierung von Zeit zu den schulischen Operationen und Lerninhalten ermöglichen.

Die automatisierte, weitgehend unbewusste Feinabstimmung zwischen diesen Prozessen ermöglicht ihm erst die unproblematische Aneignung der Schriftsprache und den Umgang mit mathematischen Symbolen. Dies wird gelegentlich bei der Beobachtung von Kindern im Vorschul- und Grundschulalter übersehen.
Der Prozess der Beobachtung und Beurteilung dieser Fertigkeiten stellt einen besonderen Anknüpfungspunkt für ein systemisches Denken und Handeln in der psychomotorischen Diagnostik dar: wenn wir einerseits den Stand der Entwicklung der persönlichen Kompetenzen in den Raum Zeit Dimensionen als Einstiegsstelle in eine psychomotorische Diagnostik (psychomotorische Kompetenzen) als Prozessbegleitung psychomotorischen Lernens wählen, dann können wir nach diesem ersten Schritt uns der Beobachtung und Beurteilung der sozialen Kompetenzen und des Selbstkonzepts des Kindes als Basis für die Konstruktion seiner sozialen Beziehungen und seiner Motivation und Bewertung des Angebots an Lerngegenständen und den Umgang mit diesen (Handlungskomponente der Diagnostik) beziehen.

1.4.1 Was sagt die Entwicklungspsychologie?

Auch wenn bei Bertrand und Deeken dieser Frage intensiv nachgegangen wird, seien hier einige Ergebnisse zum Beleg unserer Überlegungen angeführt.

Was sagt die Philosophie? Laurent Verycken (2000) meint: „Zeit und Raum sind notwendige Vorstellungen, die der alltäglichen Anschauung zugrunde liegen. Dass es irgendwo keinen Raum oder keine Zeit gibt, davon können wir uns gar keine rechte Vorstellung machen. Im Grunde kann nichts gedacht werden, ohne eine Zeitdauer des Geschehens. Alle Dinge der Natur sind uns gemessene Individuen in Zeit und Raum. Konkret bestimmen heißt eine bestimmte Zeit und einen bestimmten Ort feststellen. Messbarkeit heißt Quantifizierbarkeit des vorhandenen Beobachtungsmaterials in Form von zeitlicher und räumlicher Ausdehnung. Wir messen in Zeiteinheiten und mit Raummaßen. „ Zeit und Raum sind also grundlegende Vorstellungen der alltäglichen Anschauung. Sie dienen der Bestimmung von Orten.

Das Problem der Wahrnehmung ist auch aus psychologischer Sicht vielschichtig und differenziert. Es gibt viele unterschiedliche Theorien und Darstellungen. Den Phänomenen der Raum-Konzepte und der Vorstellungen von der Entwicklung eines differenzierten Zeit-Konzepts wird in der Regel in der einführenden Literatur wenig Beachtung geschenkt. Immer wieder wird dargestellt, dass die Konzepte von Raum und Zeit verknüpft miteinander sich entwickeln.

„Wahrnehmungsuntersuchungen zeigen uns, auf welch komplexe Weise ange-borene sensorische Mechanismen sich an psychologische Prozesse anpas-sen, um ein effektiv funktionierendes Modell der Realität bereitzustellen. Ob-wohl wir Variabilität beobachten, postulieren wir Stabilität. Wir beobachten Spezifisches und postulieren Allgemeines. Wir beobachten Diskontinuität und postulieren Beständigkeit. Wir beobachten Unstrukturiertes und Chaos und postulieren Struktur und Sinnhaftigkeit. (RUCH & ZIMBARDO, 1974,255)."

Wir glauben, dass Wahrnehmungen das, was in unserer Umwelt existiert, genau wiedergeben (phänomenaler Absolutismus). Täuschungen überzeugen uns vom Gegenteil. Wahrnehmung ist eine aktive individuelle Sinnkonstruktion aus objektiven Reizen, die uns eine Welt widerspiegelt, die soweit wie möglich von einem individuellen Verständnis gekennzeichnet ist.

„Die wichtigsten Faktoren beim räumlichen Sehen sind: atmosphärische Per-spektive, lineare Perspektive, Beschaffenheit der Oberfläche, Licht und Schat-ten, relative Position, bekannte Anhaltspunkte, Konvergenz der Augen und retinale Ungleichheit" sagen uns RUCH & ZIMBARDO, 1974, 256. Die Wahr-nehmung arbeitet also mit objektiven Komponenten. Ein Problem besteht aber darin, dass unterschiedliche Bahnen für Wahrnehmung zusammenarbeiten bei der Konstruktion der Wahrnehmung und dass auch Kultur, persönliche Erwar-tungen, Interessen und Motive die Wahrnehmung sehr stark beeinflussen. Wir weisen den beobachteten Gegenständen Eigenschaften zu und sehen diese auch dann, wenn sie gar nicht vorhanden sind. Dies vermittelt uns ein Gefühl, die Umwelt unter Kontrolle zu haben, obwohl dies gar nicht stimmt.

Ein neueres Lehrbuch der Entwicklungspsychologie (KELLER, 1998, 363)   b e -schreibt mehr Einzelheiten. Schon Babys hören auf zu schreien, wenn sie sehen, dass die Mutter die Flasche vorbereitet – ein erstes Verständnis davon, „dass es noch etwas dauert". Schon im zweiten Lebensjahr ist mentales Probehandeln notwendig, um Ereignisse in eine bestimmte zeitliche Abfolge auf ein Ziel hin zu organisieren. Es besteht ein basales Zeitverständnis, d.h. das Kind kann sich Zeiten vorstellen und diese bei der Handlungsplanung berücksichtigen. BI-SCHOF-KÖHLER, 1998, 363 spricht zwar davon, dass die Befunde dünn gesät sind, aber dass man davon ausgehen könne, dass Kinder im Alter von etwa dreieinhalb Jahren vorwiegend in der Gegenwart leben und nur ein minimales Verständnis für die Zukunft haben. Erst später sind die Kinder in der Lage, sich Zeitspannen vorzustellen. Im vierten Lebensjahr beginnt die Verwendung von Begriffen mit Zeitbezug, es entsteht ein basales komparatives Zeiturteil und ein Verständnis für die Dauer als Ursache (BISCHOF-KÖHLER,1998, 370).

Es ist bekannt, dass blinde Kinder außerordentliche Probleme darin haben, ein räumliches Vorstellungsvermögen zu entwickeln, dass es aber keineswegs für sie unmöglich ist ein solches zu erwerben (vgl. Hallahan, D.P. & Kauffmann, J.M., 1982). Blinde Kinder lernen Raumwahrnehmung auf andere Weise als sehende Kinder: sie wandeln Reize zeitlicher Natur um in räumliche Vorstellungen, indem

42

sie verschiedene Distanzen gehen; sie benutzen kinästhetische und taktile Reize dazu. Dazu brauchen sie den direkten Kontakt mit den Objekten. Weiter entfernte Objekte oder mikroskopisch kleine Gegenstände können nicht zum Aufbau der Raumvorstellung benutzt werden. Dabei unterscheidet man zwei prinzipielle Raumanordnungen: sequentiell oder kognitive Landkarte. Sequentiell heißt Bewegung von A nach B und dann nach C oder die Darstellung einer kognitiven Landkarte mit einer Repräsentation der Gegenstände in ihren Relationen zueinander. Die Mobilität blinder Menschen wird dabei sehr deutlich von der Motivation zur Aktivität gesteuert (Hallahan & Kauffmann, 1982, 319-320).

Gehörgeschädigte Kinder haben spezielle Probleme darin, sich im Raum zu orientieren, vor allem fallen ihnen Rückwärtsbewegungen (z.B. beim Balancieren auf dem Balken) schwer. Eine Hypothese ist, dass ihr psychologischer Raum mit dem Perimeter (Augenraum) zusammenfällt, d.h. dass sie kein Konzept von „hinter mir" entwickelt haben. Die Orientierung im Raum und in der Folge dann auch in der Zeit ist dadurch eingeschränkt und u.U. verzerrt. Auch bei Menschen mit geistiger Behinderung sind Raum und Zeit-Wahrnehmung unterschiedlich stark eingeschränkt. Es besteht die Vermutung, dass das Erlernen der Sprache und der Schriftsprache mit dieser Orientierungsproblematik in Verbindung stehen.

Bei Kindern mit Lernstörungen wird von Hallahan & Kauffman, 1988, 115 berichtet, dass Wahrnehmungsstörungen und motorische Probleme oft in Verbindung mit Lernstörungen auftreten. Probleme der visuellen Wahrnehmung und der auditiven Wahrnehmung sind häufig, allerdings kann keine kausale Beziehung aufgestellt werden: nicht alle Kinder mit Lernstörungen haben diese Probleme. Sie können auch bei Kindern ohne Lernprobleme beobachtet werden. Genauso wenig, wie man annehmen kann, dass alle Lernstörungen eine hirnorganische Ursache haben, kann man annehmen, dass alle Kinder von einem Training der visuellen oder auditiven Wahrnehmung profitieren werden. Es bedarf einer sorgsamen Beobachtung um herauszufinden, bei welchen Kindern eine solche Förderung notwendig ist und bei welchen sie nicht ohne weiteres zu positiven Resultaten führt. Masendorff, 1993 weist ebenfalls auf die Beeinträchtigungen lernbehinderter Kinder im räumlichen Vorstellen hin.

Quaiser-Pohl, 1998 fand, dass es geschlechtsspezifische Unterschiede im räumlichen Vorstellungsvermögen gibt, die aber nicht auf unterschiedliche kognitive Prozesse zurückzuführen sind, sondern vor allem auf unterschiedliche Vorerfahrungen (Mädchen sammeln weniger motorische Raumerfahrungen als Jungen) und auf geschlechtstypische Einstellungen.

Auf die Vorstellungen Piagets gehen Deeken und Bertrand in ihren Beiträgen näher ein. Danach ist die Motorik die Quelle von Wahrnehmung und Vorstellung. Sie stellt die Quelle der Operationen selbst dar und sie ist die elementarste Form der Wahrnehmung und das leitenden Element der vorgestellten Bilder.

Hörstörungen sind bei Kindern mit besonderen Problemen im Erlernen des Lesens und Schreibens bekannt. Wurm-Dinse und Esser, 2001 sprechen davon, dass bei diesen Kindern 10% bis 24% periphere und bei 30% zentrale Hörstörungen auftauchen. Die Kinder wirken unaufmerksam, sie reagieren auffallend schlecht auf Ansprache und wissen oft nicht sofort aus welcher Richtung sie angesprochen werden und erscheinen daher desorientiert (nach Haase, 2000). Ausgehend vom Gedanken, das „sprachliche Auffälligkeiten mit Methoden trainiert werden ..., die nicht auf der sprachlichen Ebene ansetzen" (Steinbüchel, Wittmann & Landauer, 2000) ist die zeitliche Abfolge bei der Lautwahrnehmung von Sprache neuerdings intensiver untersucht worden. Kann die Zeit nicht mehr gesteuert werden, dann ist die Wahrnehmung von Sprache bei Kindern mit Lese-Rechtschreib-Schwäche gestört. Der Gehörsinn unterscheidet nämlich nicht nur Laute, sondern auch die zeitliche Abstimmung derselben. Sinnvoll ist es deshalb, die zeitliche Abstimmung zu trainieren. Diese Erkenntnisse werden zunehmend beim Training von lese-rechtschreibschwachen Kindern eingesetzt.

Auch in der Didaktik der Mathematik finden sich Hinweise auf die Bedeutung der subjektiven Raum Dimension. So berichtet Rickmeyer, 2001 von Menschen mit Fähigkeiten, sich Zahlen räumlich auf einem individuellen Zahlenbild wie in einer Landkarte anzuordnen und sie so zu merken. Die mathematische Struktur geht auf mentale räumliche Anordnungen zurück. Auch hier kann die Frage wichtig sein, welche Raum-Vorstellungen schon Grundschulkinder entwickeln und wie sie diese beim Lernen auch einsetzen. Auch Lorenz, 1987 und 1992 hat aus der Didaktik der Mathematik auf diese Zusammenhänge zwischen den Stand der Raumwahrnehmung und der Fähigkeit hingewiesen, mit Zahlen umzugehen.

Interessant ist, dass die moderne Architektur sich intensiv mit den Konzept des Raums als bestimmende Größe der Lernumwelt beschäftigt hat (z.B. Steiner, 2001). Raumgestaltung eines Schulraums wird als unmittelbare Gestaltung der Lern- und Arbeitsprozesse darin verstanden. Der Raum bietet den Kindern Angebote sich interaktiv und kreativ mit der Umwelt auseinanderzusetzen. Die Schule gestaltet die Menschen, die in ihr arbeiten, durch den Raum, den sie zur Verfügung stellt intensiv mit.

Diese kurze Auswahl soll zeigen, dass es genug Hinweise darauf gibt, dass man auch mit einer Förderung Erfolg haben kann, die nicht unmittelbar an den gezeigten Symptomen angreift – eine psychomotorische Förderung von Kindern mit Lese-Rechtschreibschwäche ist sinnvoll und nützlich (vgl. Eggert, 1976 in einer Studie über die Wirksamkeit einer psychomotorischen Förderung bei Kindern mit Lese-Rechtschreibschwäche). Eine Förderung der Raum-Zeit-Dimensionen kann also auch deutlich Wirkungen in der Aneignung von Schriftsprache und dem Erlernen von Mathematik haben – allerdings darf man nicht annehmen, dass diese Zusammenhänge linear und kausal sind.

1.4.2 Inventar zur Förderung der Raum-Zeit-Dimension

Die Entwicklung der Wahrnehmung von Raum und Zeit und die verschiedenen Einsichten und Stufen beim Erlernen der Kulturtechniken Lesen, Schreiben und Rechnen hängen eng zusammen. Gerade bei Kindern mit Lern- und Entwicklungsproblemen wird dies erkennbar. Diagnostisch gibt sich bei einer Beschreibung der Fähigkeiten von Kindern in diesem Bereich ein goldener Weg zur Förderung von Lernvoraussetzungen, die vor schulischen Lernleistungen liegen.

BERTRAND, 1997, 248 fand die Bestätigung für die Annahme der französisch sprachigen Literatur nicht, dass es eine enge Korrelation zwischen einem raum-zeitlichen Entwicklungsstand und der allgemeinen Schulleistung gäbe. Ein Zwischenergebnis der Studie ist, dass zwar visuelle Differenzierungsfähigkeit und gute verbale Fähigkeiten die Schulleistung signifikant beeinflussen, dass es aber keine Hinweise darauf gibt, dass diese Korrelation für die gesamte raum-zeitliche Entwicklung besteht. (1997, S.276) „Die Zusammenhänge zwischen einem raum-zeitlichen Entwicklungsstand und einer entsprechenden Schulleistung lassen sich nur bei Kindern mit Entwicklungsstörungen feststellen" (BERTRAND 1997, S.278). Allgemein betrachtet bedeutet dies, dass entwicklungsrückständige Kinder durch Übungen, die das Raum- bzw. Zeitverständnis betreffen, auf die Schule vorbereitet werden und dass lernauffällige Kinder durch eine Aufarbeitung von Entwicklungsverzögerungen in diesem Bereich eine Verbesserung der Schulfähigkeit erreichen können. (BERTRAND 1997, S.288f.) Laut BERTRAND gibt es drei Bereiche, deren Förderung zur Verbesserung der schulischen Voraussetzungen besonders beitragen:

- das Verständnis des Raums als dreidimensionales Koordinatensystem durch einen adäquaten, gehäuft angebotenen Gebrauch sprachlicher Begriffe zu fördern
- räumliche Strukturen und dazugehörige kognitive Lernprozesse durch taktile und visuelle Sinneserfahrungen zu initiieren und zu festigen
- die Abschätzung zeitlicher Dauern durch rhythmische Spiele mit Temposteigerungen und Geschwindigkeitsverlangsamungen zu üben (BERTRAND 1997, S.290f.).

1.4.3 Psychomotorik als Möglichkeit zur Förderung der Raum-Zeit-Dimension

Die Unterstützung des Aufbaus räumlicher und zeitlicher Strukturen durch psychomotorische Förderung scheint uns aus verschiedenen Gründen sehr sinnvoll zu sein. Durch den oben angeführten Einfluss des sprachlichen Ausdrucks und die Verknüpfung verschiedener Wahrnehmungskanäle bei der Wahrnehmung von Raum und Zeit kommen zwei Grundsätze der Psychomotorik zum Tragen. Zum einen findet eine Schulung des Verständnisses räumlicher Zusammenhänge dadurch statt, dass erfolgte oder durchzuführende Handlungen verbalisiert werden. Zum anderen sind die Übungen desto sinnvoller, je mehr Verbindungen zwischen den einzelnen Wahrnehmungskanälen bestehen (KIPHARD, AYRES).

Zeitliche Beziehungen werden in der Psychomotorik z.B. hervorgehoben, indem man sagt: „Erst müssen wir das aufbauen, dann könnt ihr daran turnen, und danach muss es abgebaut werden." Durch das Vorgeben und Beschreiben bestimmter Wege werden räumliche Relationen in den Blick gerückt. Räumliche und zeitliche Strukturierungen sind besonders dann sinnvoll, wenn die Kinder und der Übungsleiter dabei sprechen, weil so die Abfolge von Ereignissen in Zeit und Raum, die Ursache und Wirkung bewusst werden. (FROSTIG/MASLOW 1978, S.156 ff.) So fördert die Bewegungserziehung auch das Vokabular für räumliche und zeitliche Begriffe und geplante Bewegungsabläufe. Durch das Verbalisieren der Aktivitäten werden Ausdrucksfähigkeit, logisches Denken und motorisches Planen gefördert. (FROSTIG/MASLOW 1978, S.160).

Auch BREUER und WEUFFEN weisen auf die Förderung motorisch-koordinativer Elemente und ihren zentralen Stellenwert bei der Förderung lese-rechtschreibschwacher Kinder hin. (BREUER/WEUFFEN 1993, S.34) Darüber hinaus sind melodisch-rhythmisch-motorische Anregungen als Kernbestand sprachlicher Frühförderung zu sehen. Der Spracherwerb beeinflusst seinerseits wiederum den Lese-Schreiberwerb. (BREUER/WEUFFEN 1993, S. 38)

Die Wahrnehmung der Zeit und des Raums ist eine aktive Konstruktion. Wir nehmen die Zeit und den Raum wahr, indem wir uns in ihnen bewegen und mit ihnen operieren. Die Erfahrungen, die wir dabei machen, verknüpfen wir zu unserem Wissen über die Dinge und unsere Umwelt. Da diese Strukturen erst durch Handlung wahrnehmbar werden, liegt es also nahe, dass eine Förderung auch über Bewegung und Handlungen erfolgen kann.

Der Sinn für den Zeitablauf entwickelt sich aus räumlichen Beziehungen <u>in der Bewegung</u>, welche die Geschwindigkeit bestimmen. (Es ist also ganz offensichtlich, dass motorische Anregungen vorhanden sein müssen, um den Aufbau der raum-zeitlichen Strukturen zu initiieren und voranzubringen.)

Auch die Bedeutung von Eigenverantwortlichkeit und Initiative in der Psychomotorik spielt in der Förderung der Raumvorstellung eine Rolle.

1.5 Die psychomotorischen Voraussetzungen des Lesens und Schreibens

An den elementaren Prozessen des Lesens und Schreibens sind eine Fülle psychomotorischer Lernvoraussetzungen beteiligt, denen oft kaum noch Beachtung geschenkt wird. Diese psychomotorischen Lernvoraussetzungen sind aber sehr leicht störanfällig und es bedarf eines unverhältnismäßig hohen

Aufwandes, sie wieder auf das Niveau automatischen Funktionierens zu heben. Wir wollen im folgenden Abschnitt verdeutlichen wie stark der Einfluss psychomotorischer Faktoren auf die Lernleistung ist.

Betrachtet man einmal sorgfältig die **Voraussetzungen** des Lesens und Schreibens, dann fallen zuerst einmal einige offensichtliche psychomotorische Voraussetzungen dafür ins Auge, die wichtig sind um überhaupt an des Lesen und Schreiben denken zu können (äußere Voraussetzungen). Die Auflistung strebt keine Vollständigkeit an.

Das Sitzen am Tisch

Taktile Wahrnehmung:	Füße ruhig am Boden Stuhl-, Sitzfläche erfühlen stabile Sitzhaltung
Kinästhetische Wahrnehmung:	Stabilität + Gleichgewicht im Sitzen Körper in Ruhe Armbewegungen
Gleichgewicht	Aufrecht Sitzen können Balancieren im Sitzen
Raumorientierung:	Lateralität Position von Vorlage und Körper im Raum
Maßnahmen:	ständig kleine und zeitweise große Bewegungen „bewegtes Lernen"

Listet man einmal die psychomotorischen Einflüsse auf, die zum Prozess des **Lesens** beitragen, dann fällt wieder auf, wie viele davon psychologischer Natur sind:

Das Lesen

Voraussetzungen:
Sprachfähigkeit   Orientierung am eignen Körper   O. im Raum
Symbolverständnis auf sprachlicher und nichtsprachlicher Ebene

Faktoren:

Raumorientierung:	RO am eigenen Körper (Lateralität) RO im Klassenraum
Symbolverständnis:	Differenzierung und Erkennen Lokalisierung
Wahrnehmungskonstanz	gleiche Formen erkennen
Wahrnehmung der Raumlage	

Visuelle Wahrnehmung: Figur-Grund
                                         Wahrnehmungskonstanz
                                         Wahrnehmung der Raumlage
Auditive Wahrnehmung: Betonung, Rhythmik, Folge, Töne,
                         Pausen erkennen
                                         Figur Grund (auditiv)
kinästhetische Wahrnehmung: Nachahmung, Dosierung,
                                         Steuerung und Kontrolle,
                                         feinmotorische Koordination
                                         der Sprechmuskulatur und der
                                         Zungenbewegungen

Zeitstrukturierung: Reihenfolgen bilden, Rhythmik, zeitliche
                                         Struktur

Störungen: Verwechslung von Buchstaben, Auslassung
                              Überspringen von Zeilen
                         Stelle beim Lesen verlieren
                         Nicht mit dem Finger lesen können
                         Buchstaben zu einem Wort zusammensetzen
                         Buchstaben in verschiedener Form nicht erkennen
                         Gelesenes nicht in Sprache umsetzen können

Die Verknüpfung der verschiedenen psychomotorischen Prozesse beim Lesen zeigt auch die die folgende Abbildungen 1 auf der nächsten Seite:

In der Abbildung habe ich versucht, die Komplexität der beteiligten Faktoren zu verdeutlichen. Es wird ohne weiteres einsichtig, dass der Prozess des Lesens in extremer Weise störanfällig ist, auch wenn der Gesamtprozess uns normalerweise störungsfrei zur Verfügung steht. In der Umkehrung kann man dann durchaus sagen, dass eine Förderung der psychomotorischen „Randfaktoren" mittelbar sehr viel zur Förderung des Leselernprozesses beitragen müsste.

Die Leseleistung ist dabei noch von einer Fülle weiterer Faktoren gekennzeichnet. So kann Leseleistung verstanden werden als Ergebnis von

- individuellem Lernweg
- als individuelle Kompetenz
- als Reflexion von Einstellung und Motivation des Kindes zur Schriftsprache
- als situationsspezifische Verhaltensweise
- als Reflexion der Beziehung zur Schule, zum Lehrer und zu den Mitschülern
- als Widerspiegelung der elterlichen Einstellung zur Aneignung von Schriftsprache (Literalität der Familie)
- als Widerspiegelung der elterlichen Einstellung zum Lernen generell usw.

Psychomotorische Aspekte
Des Lesens

Ruhe
Entspannung
Konzentration
Aufmerksamkeit

Raumgefühl
Raumorientierung
Raumvorstellung
Raumrepräsentation

Feinmotorik
Gleichgewicht
Kraft - Ausdauer

Taktil – kinästhetische
und vestibuläre
Koordination

Motivation
Selbstkonzept
Zielorientierung

Raum – Zeit –
Repräsentation
Symbolverständnis
Zeitreihenbildung
Größer – kleiner-
Relationen in Raum
und Zeit u.a.

Auge – Hand –
bzw. Finger –
Koordination
Lateralität
Simultankoordination

Beziehungsmuster zu
Familie, Lehrern und
Freunden
Anforderungen
Anspruchsniveau
Zufriedenheit Geborgenheit

Gesellschaftliche
Bewertung des Lesens

Abbildung 1

Mit dieser multifaktoriellen Betrachtung intermodal verknüpfter Bereiche wäre ein Schritt mehr in eine individualisierende und die psychologische Seite des Prozesses des Lesens betonende Richtung getan. Lesen ist die gelungene gemeinsame Abstimmung von psychomotorischen, kognitiven und emotional-motivationalen Strukturen im Kind. Lesen ist ein überaus individueller Vorgang, zu dem viele unterschiedliche Wege führen können. In der Diagnostik sollten wir den Versuch unternehmen, diese Wege individuell zu verfolgen.

Beim **Schreiben** kommen zusätzlich noch andere Faktoren hinzu, aber das multi-faktorielle Bild bleibt:

Das Schreiben benötigt zusätzlich zum Lesen

taktile Wahrnehmung
Kraft / Ausdauer (Kraft feinmotorisch koordinieren können)
Rumpfstabilität, Schulter-Arm-Handgelenks Anspannung und Entspannung

dauerhafte Anspannung
kinästhetische Wahrnehmung
Stellung und korrekte Haltung von Hand, Arm, Rumpf und Auge
Gelenkigkeit
Gleichgewicht: G. beim Schreiben bewahren
Raumlage und räumliche Beziehungen
Auge-Hand-Koordination
Körperbewusstsein

Störungen:
Anfang und Ende der Zeilen nicht finden können
Linien nicht einhalten können
Anfang / Ende des Satzes nicht auf dem Schreibblatt finden
Buchstaben verdrehen, auslassen (Raumorientierung!)
Schreibrichtung nicht einhalten (Lateralität)
Sich nicht auf einem kleinen 2D Rahmen orientieren können
auditive Probleme
verkürzte Gedächtnisspanne usw.

Man sieht an dieser ersten Auflistung bereits deutlich, auf wie viele unterschiedliche psychomotorische und sensomotorische Einzelleistungen wir beim komplexen Vorgehen des Lesens und Schreibens zurückgreifen müssen, die für Kinder „normal" in ihrem Entwicklungsablauf sich ergeben; für Kinder mit Lern- und Entwicklungsproblemen aber können schon einzelne Rückstände oder Störungen vor allem in den Wahrnehmungsfunktionen zu erheblichen Problemen dadurch führen, dass sie die notwendige Automatisierung der psycho- und sensomotorischen Voraussetzungen nicht leisten können.

Der Aneignungsprozess der Schriftsprache beruht auf komplexen Grundlagen, deren Zusammenspiel diese menschliche Leistung kennzeichnet. Psychomotorische, sensorische und Entwicklungsdimensionen spielen in einem (weitgehend) unbewussten Prozess auf sehr fein kalibrierte Weise zusammen, damit ein Kind aus der Welt der Symbole diejenigen erkennen kann, die Bedeutung haben (und von den im Moment weniger bedeutungsvollen unterscheiden kann). Sprechen und Schreiben sind Tätigkeiten mit einem sehr hohen motorischen Anteil, Lesen hat viele psycho- und sensomotorische Voraussetzungen. Der Umgang mit den schriftsprachlichen Symbolen macht eine weitgehende Automatisierung von Bewegungs- und Wahrnehmungsvorgängen erforderlich, damit aus der Raumwahrnehmung die Raumimagination und das Raumgefühl werden und aus der Rhythmisierung und Strukturierung der Zeit die Mathematik entstehen kann. Alle Prozesse hängen von Motivation, Selbsteinschätzung und Emotionen ab und sind leicht störanfällig.

Wie stark diese Prozesse automatisiert wurden und unbewusst verlaufen, wird oft erst im Fall von traumatischen Hirnverletzungen oder in der Folge von Schlaganfällen oder ähnlich katastrophalen Lebensereignissen deutlich. Danach müssen dann in einzelnen Schritten wieder diese Abläufe – oft sehr mühsam – erlernt werden, die bislang sehr automatisch abliefen und derer man sich bis dato immer sehr sicher wähnte. Rehabilitationspsychologen ist dies bei der Behandlung von Störungen neuropsychologischer Art gut bekannt. Auch können Angst und emotionale Unsicherheit diese Funktionen sehr stark beeinflussen. Unter psychischer Belastung verändert sich z.B. das Schriftbild sehr stark und die Bewegungsformen werden unsicherer und unkonzentrierter.

Die psychomotorischen Voraussetzungen von **Mathematik** sind wieder genauso komplex. Als Grundannahmen kann gelten, dass eine vollentwickelte automatisierte Feinkoordination von Wahrnehmung und (motorischen) Aktionen die Voraussetzung für das Operieren mit Symbolen und Vorstellungen und ihre lineare zeitliche und räumliche Anordnung ist.

Auch die Voraussetzungen der Mathematik liegen wieder vorwiegend im psychomotorischen Bereich. Die vollentwickelte automatisierte Feinkoordination von Wahrnehmung und Vorstellungen ist wichtig, u.a. sollte ein Schüler:

– sich am eigenen Körper orientieren können
– über eine sichere Raumvorstellung verfügen
– Zeitreihen aus Raumreihen bilden können
– sich im 2D Raum zurechtfinden können
– aus Raum und Zeit sich einen Zahlbegriff entwickeln können
– Zahlenüberschreitungen vom motorischen Raum (Abzählen an den Fingern) hin zum Vorstellungsraum machen können
– eine ausgeprägte Lateralität besitzen
– eine sichere Farb-, Form-, Gestaltwahrnehmung besitzen usw.

um Probleme bei der Aneignung mathematischer Lerngegenstände vermeiden zu können.

Neben der Raumwahrnehmung gehören die folgenden psychomotorischen Leistungen zur **Förderung** der Mathematik (hier etwas detaillierter als beim Lesen und Schreiben aufgeführt):

Psychomotorische Bedingungen der Mathematik

Taktil-Kinästhetischer Bereich
Berührungsreize   Tasterfahrungen   Stellungs- und Lagesinn
Vestibuläre Reize (Gleichgewichtssinn)   Hautempfindungen
Tiefensensibilität

Farbsehen und Formerkennung
Farben sehen und bestimmen   Farbenblindheit
Formen erkennen und bestimmen (mit offenen und verbundenen Augen)

Okulomotorik und visuelle Wahrnehmung
Fixierungsübungen   Augenfolgebewegungen mit einem oder beiden Augen
Dominanz eines Auges   Perimeter (Blickumfang)
Fokussierung auf einem und beiden Augen
Stereotaktisches Sehen (3D)
Erkennen der Lage eines Gegenstandes im Raum
Erfassen räumlicher Beziehungen
Auge-Hand-Koordination
Figur-Hintergrund-Erkennung (2D und 3D)

Räumliche Vorstellung
Der Raum des Kindes:
Körpergrenzen und Ausdehnung der Gliedmaßen
Rechts-Links-Unterscheidung und Lateralität
Größenschätzungen

Der außerkörperliche Raum:
Raumerfahrung
Raumlinien erkennen und einhalten
Raumausdehnung (Höhe, Größe, Entfernung)
Raumlage (Positionen im Raum)
Raumrichtungen

Räumliche Vorstellung
Bilden von Symbolen aus der Repräsentation motorischer Handlungen
Raumgefühl als sicherer, automatisierter Umgang mit Raum und Zeit und Symbolen (Sprache, Denken, Lesen, Schreiben, Mathematik)

Größer Kleiner Relationen
Ordinalrelationen (Reihenbildung nach Größe)
Ordnung in auf- oder absteigenden Reihen

Entwicklung der Zeitdimension
Gleichzeitigkeit	Abfolge	Rhythmus	Tempo	Dauer
Zeithorizont	Zeitstruktur	Zeitreihen
Zeitempfinden nach Dauer, Intensität, Inhalt	Zeitvorstellung (Imagination)
Zeitgefühl	Zeitausdehnung	Zeitrichtung

Zeitliche Strukturierung
Seriation (Bildung von Zeitreihen: früher-jetzt-später oder : daneben gleich)
Mit Seriationen operieren können
Zeitliche Ordnungen in größer kleiner bzw. kürzer länger

Automatisierte **Verschränkung von Raum und Zeit**

Enger **Zusammenhang mit der Motivation** und dem Selbstkonzept

Vorläufer:
Taktil-kinästhetische und vestibuläre Wahrnehmung
Gleichgewichtsregulation bei geschlossenen und offenen Augen
Tasten und Fühlen
Bilden von Symbolen aus der Repräsentation motorischer Handlungen
Raumgefühl als sicherer, automatisierter Umgang mit Raum und Zeit und
Symbolen (Sprache, Denken, Lesen, Schreiben, Mathematik)

Eine oberflächliche Analyse bringt also schon eine Fülle rein psychomotorischer Voraussetzungen zu Tage. Wir haben dabei die Wahrnehmungsleistungen noch nicht gesondert differenziert ausgewiesen[7].

Fassen wir einmal zusammen: Die Raumwahrnehmung ist von zentraler Bedeutung für die Entwicklung des Zeit-Konzepts, den Umgang mit Symbolen und den Umgang mit (Schrift-)Sprache und mit der Mathematik. Das Operieren mit und in unterschiedlichen Räumen und die Strukturierung des Raums, sowie das Erleben von emotionalen und sozialen Raumqualitäten und ein Raumgefühl machen die Anpassung des Menschen an seine Umwelt möglich. Sie sind abhängig von der Fähigkeit mit zeitlichen Strukturierungsmerkmalen umgehen zu können. In der vollen Entwicklung ist dies auch beim Erwachsenen ein komplexes automatisiertes Zusammenspiel verschiedener Fähigkeiten, die wiederum zu komplexen intermodal verknüpften neuen Fähigkeiten führen.

---

[7] Eine genauere Analyse der Voraussetzungen des Lese-, Schreib- und Mathematik - Lernprozesses soll im geplanten Buch „Handbuch der psychomotorischen Diagnostik" (ca. 2003) erfolgen.

Die Zeitwahrnehmung besteht aus dem Empfinden von Dauer, Rhythmus, Differenzierung und Strukturierung. Die Konzepte von Gegenwart, Vergangenheit und Zukunft sind über das Konzept von Zeit im Kind bestimmt. Aus der Erfahrung strukturierter Zeit entsteht das Operieren mit der Zeit, die Zeitimagination und die Planung von Zeit. Zeiterleben, Zeitperspektiven und Zeithorizont kennzeichnen die Welt des Erwachsenen, in der er sich sicher und ohne großes Nachdenken bewegt.

Zeit und Raum sind mannigfach miteinander verknüpft und an das Selbstkonzept (Motivation) und an die Emotionen gekoppelt. In der Diagnose und der Förderung lohnt es sich gleichermaßen, ihrer Entwicklung und ihrer Bedeutung für die kognitiven Leistungen nachzuspüren.

Zusammenfassung

Wir haben uns einerseits bemüht die Veränderungen im Denken der Psychomotorik zu kennzeichnen hin zu einem systemisch orientierten Vorgehen. Auch die Diagnostik in der Psychomotorik bemüht sich, anderen Vorstellungen zu folgen und sich zu öffnen für eine individuelle Orientierung im systemischen Rahmen. Ich habe versucht, die Konsequenzen dieser Veränderungen für ein Konzept der systemischen Diagnostik aufzuzeigen.

Für eine optimale Förderung eines individuellen Kindes mit Förderbedarf bieten sich im Übergang von der Vorschule zur Grundschule eine Betrachtung der psychomotorischen Lernvoraussetzungen im Bereich des Raum und Zeit Konzepts als Möglichkeit an, sowohl Diagnose als auch Förderung zu bereichern.

In den folgenden Kapitel wird der Versuch unternommen, die theoretischen Grundlagen näher zu beleuchten und dann praktische diagnostische Möglichkeiten im Konzept einer individuumzentrierten psychomotorischen Lernförderung vorzustellen.

Literaturangaben

Balgo, R., Bewegung und Wahrnehmung als System, Schorndorf: Hofmann, 1998

Bayr. Staatsinstitut für Schulpädagogik, 1991, Handreichungen für die Arbeit in den Diagnose- und Förderklassen, München, 1991,5

Bronfenbrenner, U., (1989) Die Ökologie der menschlichen Entwicklung, Frankfurt : Fischer

Bischof-Köhler, D., Zusammenhänge zwischen kognitiver, motivationaler und emotionaler Entwicklung in der frühen Kindheit und im Vorschulalter, in: Keller, H.(Hrsg), 1998, Lehrbuch Entwicklungspsychologie, Verlag Hans Huber: Bern-Göttingen, 671 S.

Cohn,R., Themenzentrierte Interaktion, Stuttgart: Klett-Cotta, 1975

Eggert,D. und Titze,I., Schulische Lernstörungen als normendiskrepante Lernprozesse, in: Baumann, Berbalk, Seidenstücker (Hrsg.), Klinische Psychologie, Band 2, Trend in Forschung und Praxis, 1979, S. 267-318

Eggert, D. & Peter, T., 1992, DIAS - Diagnostisches Inventar auditiver Alltagshandlungen, Textband mit Musikcassette, borgmann publishing, Dortmund

Eggert, D. & Ratschinski, G., 1993, Diagnostisches Inventar psychomotorischer Basiskompetenzen (DMB), Dortmund : borgmann publishing

Eggert,D., unter Mitarbeit von B. Lütje-Klose, 1994, Theorie und Praxis der psychomotorischen Förderung -Theorieband und Arbeitsbuch Dortmund: borgmann publishing, 404 S.,

Eggert,D., unter Mitarbeit von Wegner-Blesin,N., DITKA, 2000, Diagnostisches Inventar taktil-kinästhetischer Alltagshandlungen von Kindern im Vorschul- und Grundschulalter, Dortmund: borgmann publishing, 303 S.

Eggert,D. & Bertrand,L., 2001, Das Raum-Zeit-Inventar, Dortmund: borgmann publishing

Eggert,D., (2003), Selbstkonzept Inventar SI, (in Vorbereitung)

Eggert, D., (1996), Abschied von der Klassifikation von Menschen mit geistiger Behinderung, Behinderte in Familie, Schule und Gesellschaft (Österreich), Heft 1/96, 19, S. 43-64

Eggert, D., (1999), Von den Stärken ausgehen –, Dortmund: borgmann publishing, 1997, 488 S..

FORUM BILDUNG, (2001), Neue Lern- und Lehrkultur, Arbeitsstab Forum Bildung der Bund-Länder-Kommission für Bildungsplanung, Bonn

Frostig, M., 1999, Bewegungserziehung – neue Wege in der Heilpädagogik, 6. Auflage, München: Reinhardt

Haase,P. (Hrsg), 2000, Schreiben und Lesen sicher lehren und lernen, Dortmund: borgmann publishing

Hallahan, D.P. & Kauffman, J.M., 1988, Exceptional children, Englewood Cligffs: New Jersey 530 S.

Hagmann,T. & Simmen,R.(Hrsg.), Systemisches Denken und die Heilpädagogik, Luzern, 1994

Hölter,G.,(Hrsg.), Mototherapie mit Erwachsenen, Schorndorf: Hofmann, 1993

Hölter,G., Heilsame Befruchtung – zum nützlichen Verhältnis von Psychomotorik und Psychotherapie, Vortrag, 75 Jahre HPS in Zürich, Mai 2000

Hölter, G., Psychomotorik aus psycho–therapeutischer Sicht, in: Huber,G. / Rieder, H. / Neuhäuser,G. (Hrsg.), Psychomotorik in Therapie und Pädagogik, Dortmund: verlag modernes lernen, 1990, 94

Kösel,G., Die Modellierung von Lernwelten – ein Handbuch zur subjektiven Didaktik, Elztal-Dallau, 1995

Kriz,J., Grundkonzepte der Psychotherapie, Weinheim: Psychologi Verlags Unuion, 1991, 3. Aufl.

Leyendecker, C., Der Zusammenhang von Wahrnehmung und Bewegung, Praxis der Psychomotorik, 21 (4), 226, 1996

Ludewig, Kurt (1992), Systemische Therapie, Stuttgart : Klett Cotta

Lorenz, J.H., 1987, Zahlenraumprobleme bei Schülern, SMP, Heft 4

Lorenz, J.H., 1992, Anschauung und Veranschaulichung im Mathematik Unterricht, Göttingen: Hogrefe

Maturana, H.R. & Varela, F.J. (1987), Der Baum der Erkenntnis – die biologischen Wurzeln des menschlichen Erkennens, Bern- München . Wien: Scherz

Maturana,H.R. in: Riegas,V./ Vetter,CH. (Hrsg.), 1990, Zur Biologie der Kognition, Frankfurt am Main

Montada,H., 1985, Entwicklungsberatung als angewandte Entwicklungspsychologie, in: Brandstätter, J. und Gräser, H. (Hrsg), Entwicklungsberatung unter dem Aspekt der Lebensspanne, Göttingen: Hogrefe

Quaiser-Pohl,C, 1998, Die Fähigkeit zur räumlichen Vorstellung – zur Bedeutung kognitiver und motivationaler Faktoren für geschlechtsspezifische Unterscheide: Münster: Waxmann

Rickmeyer, K., 2001, „Die zwölf liegt hinter nächsten Kurve und die sieben ist pinkrot" : Zahlenraumbilder und bunte Zahlen, JMD, 1, 51-71

Ruch,F.L. & Zimbardo, P.G., 1974, Lehrbuch der Psychologie, Berlin- Heidelberg: Springer

Schiepek, Günter (1999), Die Grundlagen der systemischen Therapie: Theorie – Praxis – Forschung, Vandenhoek und Ruprecht: Göttingen

Schiepek, Günter (1986), Systemische Diagnostik in der Klinischen Psychologie, Weinheim : Psychologie Verlags Union

Schlippe, A.v., Schweitzer, I., Lehrbuch der systemischen Therapie und Beratung, Göttingen / Zürich: Huber, 1996

Schmetz,D., Förderschwerpunkt Lernen, VDS-Materialien, Würzburg 1999

Steinbüchel, N., Wittmann, M. & Landqauer, N., 2000, Diagnose und Zeit-Training bei Grundschülern mit Lese- und Rechtschreibschwäche, in: Haase, P. (Hrsg), 2000, Schreiben und Lesen sicher lehren und lernen, Dortmund: borgmann publishing

Steiner, H., 2001, Integration und Raum, Dortmund: borgmann publishing

Verycken,L., 2001, Formen der Wirklichkeit: Zeit und Raum, www.mauthner-gesellschaft.de

Wurm-Dinse, U. & Esser, G., 2000, Störungen des Gehörs und der auditiven Wahrnehmungsfähigkeiten bei Kindern mit Legasthenie, in: Haase,P. (Hrsg), 2000, Schreiben und Lesen sicher lehren und lernen, Dortmund: borgmann publishing

2. Die Entwicklung des Raum- und Zeitverständnisses beim Kind

Theoretische Grundlagen

Lucien Bertrand

Einleitung

Der vorliegende Text beleuchtet die vornehmlich in der französischen Literatur hervorgehobenen Zusammenhänge zwischen dem raum-zeitlichen Entwicklungsstand eines Kindes und seiner Schulleistung. Es scheint uns sinnvoll, darauf hinzuweisen, dass die französische Literatur sowohl auf dem Gebiet der psychomotorischen Therapie als auch auf dem der Förderung in der sonderpädagogischen Praxis von einer direkten Wechselbeziehung zwischen dem Raum-Zeit-Entwicklungsstand und einer entsprechenden Schulleistung ausgeht. Jede Realität wird in der Tat von unserem Geist mittels der zwei Aspekte Raum und Zeit analysiert, ohne dass die beiden Begriffe selbst zu der dinglichen Umwelt gehören. Raum und Zeit gelten als die beiden Parameter, die unseren geistigen Fähigkeiten erlauben, Erfahrungen zu machen und dieselben zu speichern. Sie stellen die Rahmenbedingungen, den Raster für unser Denken dar.

Der erste Teil analysiert die Fachliteratur der Gebiete Wahrnehmung, Vorstellung, Raum und Zeit unter den Aspekten der Gemeinsamkeiten, aber auch der Unterschiedlichkeit in den Theorien, hauptsächlich zwischen PIAGET und WALLON. Die Berücksichtigung der bestehenden Theorien und der von Autor zu Autor unterschiedlichen Terminologien sowie der entscheidenden Entwicklungsstadien prägen die Auswahl von förderdiagnostischen und therapeutischen Verfahren auf dem Gebiet der raum-zeitlichen Wahrnehmung und Vorstellung, sowie das Verständnis der Zusammenhänge zwischen dem räumlichen und zeitlichen „Raum".

Man kann aus sämtlichen Theorien ableiten, dass erst die Handlung das Verständnis für diese Zusammenhänge ermöglicht, ob es sich dabei um Handlungen im Raum oder in der Zeit handelt.

Neben der Darstellung von Grundkonzepten über Wahrnehmung, Wahrnehmungsorgane, Raum- und Zeitbegriff werden im ersten Teil die Entwicklungsstufen auf den beiden Gebieten des Raum- und Zeitverständnisses beim Kind in der Zeitspanne von vor der Geburt bis zum Alter von zwölf Jahren beschrieben. Diese Vorstellung geschieht anhand der einschlägigen Literatur unter besonderer Berücksichtigung der französischen Theorien.

Neben der Darstellung der die drei Wahrnehmungsräume: akustisch, taktil, visuell betreffenden Aspekte werden zwei das Verständnis von räumlichen Begriffen sowie deren räumliche Strukturierungsfähigkeit betreffenden Verfahren den theoretischen Exkurs vervollständigen. Das Verständnis für räumliche Zusammenhänge wird also neben der akustischen, der taktilen und der visuellen Wahrnehmung auch mittels des passiven und aktiven Wortschatzes räumlicher Bestimmungswörter sowie der Fähigkeit, den Raum zu strukturieren, geprüft.

Danach folgen die Theorien über das Zeitverständnis. Sie betreffen den zeitlichen Raum in seiner Periodizität, die vornehmlich auf dem Gebiet der Rhythmik ersichtlich wird. In der Tat vereint die Rhythmik die beiden Komponenten der zeitlichen Wahrnehmung: die Ordnung und die Dauer. Abschließend werden die theoretischen Aspekte der komplexen Raum-Zeit-Verknüpfung vorgestellt.

2.1 Wahrnehmung und Vorstellung, Raum und Zeit

Die Entwicklung und die Organisation von Wahrnehmung, Vorstellung, Raum und Zeit werden in den psychologischen Theorien oft auf unterschiedliche Weise definiert. Das Bild wird manchmal noch verwirrender, weil unterschiedliche Autoren diesen Bereichen verschiedene Bedeutungen für die Entwicklung des Kindes zumessen. Deshalb scheint es angebracht, diese oft undeutlichen Ansichten der verschiedenen Grundkonzepte genauer für diese Arbeit zu bestimmen. Die Erläuterung der Termini soll im folgenden Kapitel unter besonderer Berücksichtigung französischer Ansätze geschehen.

2.1.1 Das Sinnesorgan

Das Sinnesorgan empfängt einen Eindruck, einen Stimulus oder eine Information. Physiologisch gesehen ist das Sinnesorgan das vom Körper ausgearbeitete Mittel, um einerseits seine eigene Stelle in der Umwelt und andererseits die Umwelt selbst zu erkennen. In der Tat erscheinen die Sinnesorgane als „Lötstellen" zwischen der Wirklichkeit und den Gedanken.

Es wurde in der Literatur schon oft berichtet, dass die vom Sinnesorgan an das Zentralnervensystem weitergeleitete Information nicht ein einfaches Abbild der Wirklichkeit ist, sondern vornehmlich durch die Art der zentralen Verarbeitungsstelle mit gestaltet wird, Das Frequenzmuster der bioelektrischen Aktionsströme charakterisiert dabei sowohl das Sinnesorgan als auch den Reiztypus, d. h. dass jedes einzelne Sinnesorgan entsprechend seiner spezifischen Rezeptivität unterschiedlich auf bestimmte Reize reagiert.

Nach SHERRINGTON (in LEBOULCH, 1978)[1], gibt es drei Arten von Sinneseindrücken, denen auch drei Arten von Sinnesorganen entsprechen:

- die exterozeptiven Sinnesorgane entschlüsseln die Wahrnehmungen von Gegenständen, die außerhalb unseres Körpers bestehen, die Rezeptoren sind auf die Außenwelt geschaltet: es handelt sich dabei um visuelle, auditive, taktile, olfaktive und gustative Wahrnehmungen

- die interozeptiven Sinnesorgane reagieren auf Empfindungen der inneren Körperzone. Diese Empfangsorgane sind an den Verdauungs-, Atmungs- und Blutgefäßwegen gelegen und eng mit dem vegetativen Nervensystem verbunden

- die propriozeptiven Bewegungsorgane empfangen die von den Gelenken und Muskelsehnenkomplexen stammenden Anregungen: gekoppelt mit den Labyrinthreizen, die vom Innenohr herkommen, bildet sich die Gruppe der propriozeptiven Wahrnehmungsorgane.

Dieser von SHERRINGTON zusammenstellten Klassifizierung stellt HALL (1966)[2] eine eher psychologisch orientierte Klassifizierung entgegen, die mehr Rücksicht auf die räumliche Komponente nimmt. Er beschreibt als Sinnesorgane:

- die Distanzrezeptoren, die man mit den exterozeptiven Wahrnehmungsorganen vergleichen kann, weil sie, genau wie diese, die außerkörperlichen Wahrnehmungen in räumlicher und zeitlicher Entfernung verarbeiten

- die unmittelbaren Sinnesorgane, welche den Körperraum bilden, jedoch nicht in direkten Zusammenhang mit den interozeptiven und propriozeptiven Sinnesorganen gebracht werden können.

Es sei an dieser Stelle festgehalten, dass jedem Sinnesorgan ein spezifischer Wahrnehmungsraum entspricht und die Rezeptoren dabei in zwei große Familien aufgeteilt werden können, welche zwei verschiedene Aktivitätsformen bestimmen: die erste basiert auf der Wahrnehmung eines äußeren Raumes, die zweite basiert auf der räumlichen Wahrnehmung des eigenen Körpers.

2.1.2 Die Wahrnehmung als aktive Konstruktion

Es gibt dem Sinnesorgan entsprechend einen einzigen Sinneseindruck; was jedoch die Wahrnehmung betrifft, gibt es nicht nur eine Interpretation, sondern verschiedene Möglichkeiten der Interpretation der übermittelten Informationen: der Sinneseindruck, der das objektive Material der Wahrnehmung darstellt, wird dabei nach unserem eigenen Konzept interpretiert, begutachtet und eingeordnet.

Vom räumlichen Standpunkt aus gesehen besteht diese Auslegung der Informationen in der Abschätzung von Entfernungen und Volumen sowie in der entsprechenden Bestimmung von Anhaltspunkten. Vom zeitlichen Standpunkt aus gesehen besteht sie in der Abschätzung der Dauer von zeitlichen Strecken und rhythmischen Folgen.

Am Beispiel der Abschätzung von Geschwindigkeiten kann der Verknüpfungsprozess zwischen räumlichen und zeitlichen Strukturen verdeutlicht werden.

PIAGET (1975)[3] sagt, Wahrnehmung sei „das Erkennen der Gegenstände durch einen direkten Kontakt mit ihnen". Wahrnehmung bedeutet also das an eine plurisensorische Integration gebundene Wissen. Von „einem direkten Kontakt mit den Dingen" fortfahrend, zeigt PIAGET die Wichtigkeit der Handhabung und der motorischen Aktivität in der Wahrnehmung auf.

Dazu schreibt WALLON (1968)[4]: „Die Wahrnehmung ist genau soviel Aktivität wie Sinneseindruck, Wahrnehmung ist Anpassung". Er legt den Akzent auf die Tatsache, dass die motorische Aktivität die Wahrnehmung durch Eindrücke, welche sie in der Umwelt hervorruft, unterhält.

In diesem Kontext sei darauf hinzuweisen, dass Gemützzustände, Wünsche, Bedürfnisse und kulturelle Bedingungen die Wahrnehmung beeinflussen. Die Wahrnehmung ist also ein persönliches Phänomen und dadurch einem gewissen Subjektivismus unterworfen. Manchmal empfinden wir unbegründete Eindrücke z.B. der Kälte oder des Drucks: unter verschiedenen Umständen baut also die Wahrnehmung unter dem Einfluss von Vorstellungen und sogar unseres Unterbewusstseins die Wirklichkeit auf.

2.1.3 Die Vorstellung

Schließlich heißt es noch, den Unterschied zwischen Wahrnehmung und Vorstellung festzuhalten. Dazu sagt PIAGET (1975)[3]: „Die Vorstellung (hingegen) besteht entweder darin, dass man nicht anwesende Gegenstände im Geiste sieht, oder, wenn sie die Wahrnehmung anwesender Gegenstände unterlegt, darin, dass man das Erkennen dieser Gegenstände, mittels Wahrnehmung durch Bezugnahme auf andere, in diesem Augenblick nicht wahrgenommen Gegenstände ergänzt (...)."

Die Vorstellung ist also in einem Sinne eine Verlängerung der Wahrnehmung, sie führt aber auch ein neues Element ein, das ihr ausschließlich eigen ist, nämlich ein System von Bedeutungen, das eine Differenzierung zwischen dem Bedeutungsträger und dem Bedeuteten enthält.

Dazu meint WALLON (1970)[5]: „Das Verhältnis zwischen Bedeutungsträger und Bedeutung" könne „nicht als die einfachen Resultate der praktischen Aktivität" angesehen werden. Für ihn entsteht der Zusammenhang zwischen beiden durch die Sprache und die Affektivität".

PIAGET seinerseits glaubt nicht an den hohen Wert der Affektivität bei der Entwicklung der Vorstellungen. Für ihn wird die Vorstellung durch die Kontinuität der Entwicklung der sensomotorischen Intelligenz erworben dank der Fähigkeit, praktische Schemata zu verallgemeinern und sie allen Situationen, die es erfordern, anzupassen.

2.1.4 Der Raum

Seit Menschengedenken spekulieren Philosophen und Mathematiker über den Begriff und die Natur des Raumes. Insbesondere in der griechischen Philosophie wurde der Begriff des Raumes eingehend untersucht. Zahlreiche Autoren beschäftigten sich mit der Frage, ob der Raum „ein empirisches, aus der wahrnehmungsmäßigen und bildlichen Anschauung entstandenes Wesen" (PIAGET & INHELDER, 1975)[3] sei oder ob es sich um ein „a priori Gegebenes" handele.

Neben dem mathematischen Raumbegriff, der aus dem dreidimensionalen Anschauungsraum abstrahiert wird, wird heutzutage der Raum als „die gegliederte Gesamtheit der dreidimensional erfassten Erscheinungsgegenstände in ihrem Bezug zueinander und zum wahrnehmenden Subjekt" definiert (DER GROSSE BROCKHAUS, 1984)[6]

In Folgendem wollen wir kurz auf die verschiedenen Möglichkeiten eingehen, wie der Raum erfasst werden kann: über die Wahrnehmung, die Vorstellung, das Verständnis mit und ohne Raumkoordinaten.

2.1.4.1 Die Raumwahrnehmung

Der wahrgenommene Raum lässt sich in zwei verschiedene Räume unterteilen:

2.1.4.1.1 Der außerkörperliche Raum

Der Raum in dem wir leben, unser außerkörperlicher Lebensraum, lässt sich in einen Fern- und Nahraum aufteilen.

Der Fernraum entspricht dem visuellen Raum, in welchem die Größenverhältnisse mit der Distanzvariation ändern. Der Nahraum entspricht unserem Bewegungsraum, in welchem die Größen konstant sind.

Dieser außerkörperliche Raum entspricht zwei Realitäten: einerseits einer greifbaren Wirklichkeit mit raumfüllenden Objekten und andererseits einer unsichtbaren Wirklichkeit, die einen ungreifbaren, nicht fassbaren Raum darstellt. Unsere Sinnesorgane nehmen diesen Raum mittels Anhaltspunkten wahr, welche – nach LURCAT (1972)[7] – objektiv und damit unveränderlich und unabhängig von unserer eigenen Orientierung im Raum wahrgenommen werden können. So muss man ja zwischen der rechten Seite eines Gegenstandes und der von unserem Standpunkt her gesehenen rechten Seite des Gegenstandes unterscheiden. Ausführlicher werden wir im Laufe dieses Kapitels noch auf den Unterschied zwischen objektiven und subjektiven Anhaltspunkten eingehen.

In seinem bemerkenswerten Buch über die Phänomenologie der Wahrnehmung beschreibt MERLEAU-PONTY (1945)[8] das von STRATTON 1896(!) mit Erwachsenen mit Hilfe von Prismengläsern durchgeführte Experiment über die Inversion der räumlichen Wahrnehmungen. Wenn man der Versuchsperson am Ende des Experimentes – das immerhin länger als eine Woche dauerte – die Brille abnahm, erschienen ihr die Dinge zwar nicht umgekehrt, aber „seltsam" und die motorischen Reaktionen waren umgekehrt: die Versuchsperson streckte die rechte Hand statt der linken aus. Taktile und visuelle Wahrnehmung stimmen nicht mehr überein, weil die aus der Versuchsperiode stammenden Eindrücke noch während einiger Zeit haften bleiben.

Für MERLEAU-PONTY ist der Raum „das Mittel, durch welches die Stellung der Dinge ermöglicht wird." Wichtig für die Orientierung des Anblicks ist nicht der Körper, wie er in einem objektiven Raum ist, sondern der Körper als System möglicher Handlungen.

Um den außerkörperlichen Raum wahrzunehmen, müssen wir in ihm handeln, damit die Realitäten eine räumliche Signifikanz erlangen. Der Raum wird erlebt durch Handlung und nicht durch eine räumliche Orientierung der wahrgenommenen Objekte oder der wahrnehmenden Person.

2.1.4.1.2   Der Körperraum

Der außerkörperliche Raum, den wir mit unseren Sinnesorganen wahrnehmen, schließt unseren Körper mit ein. Dieser Körperraum stellt damit einen abgrenzbaren Raum im Raum dar. Unser Körperraum steht in Kontakt mit der Außenwelt durch unsere Haut, die als eine Art Pufferzone zwischen den zwei Räumen angesehen werden kann und die durch ihre thermische Sensibilität unseren Körperraum nach außen hin vergrößert.

Es ist klar, dass dieser Körperraum nicht nur durch eine äußere, sondern auch durch eine innere, ja verinnerlichte Wahrnehmung empfunden werden kann. Der Körperraum umfasst demnach auch das Körperschema, das LEBOULCH (1966)[9] wie folgt definiert: „Das Körperschema oder Bild vom eigenen Körper – LEBOULCH unterscheidet dabei nicht, wie zahlreiche andere Autoren, zwischen den zwei Konzepten Körperschema und Körperbild – kann als eine Gesamtintuition oder eine Sofortkenntnis vom eigenen Körper im Ruhestand und in Bewegung angesehen werden und dies im Verhältnis der verschiedenen Körperteile zueinander und besonders im Verhältnis zum Raum und zu den uns umgebenden Objekten."

Um die Verwirrung mit den „Termini, die für Teilbereiche oder aber den Gesamtkomplex der Auseinandersetzung mit dem eigenen Körper Verwendung gefunden haben" (BIELEFELD) nicht noch zusätzlich zu erhöhen, möchten wir auf dessen ausführliche und gelungene Zusammenfassung über das Gesamtkonzept der „Körpererfahrung" hinweisen. BIELEFELD (1986)[10] schreibt dazu: „Im Umkreis des hiermit angesprochenen Sachverhalts herrscht jedoch eine solche begriffliche Vielfalt (oder sollte man sagen: Verwirrung?) vor, dass vor einer weiteren inhaltlichen Auseinandersetzung zunächst eine terminologische Abklärung solcher Begriffe wie 'Körperschema', 'Körperbild', 'Körperkonzept', 'Körperbewusstheit', 'Körper-Selbst', 'Körper-Ich' und vielen weiteren sowie deren nicht immer eindeutigen Übersetzungen vorgenommen werden muss."

2.1.4.2 Die Raumvorstellung

ROST (1977)[11] versteht unter dem Begriff Raumvorstellung eine Gruppe von Fähigkeiten, die es dem Menschen ermöglichen, sich gedanklich im zwei- oder dreidimensionalen Raum zu orientieren und zu bewegen. Daraus lässt sich schließen, dass räumliche Vorstellung nicht mit räumlicher Wahrnehmung gleichgesetzt werden kann, weil bei der räumlichen Vorstellung das gedankliche Handeln mit Gegenständen und das Manipulieren von räumlichen Begriffen und Beziehungen im Vordergrund steht.

In diesem Kontext wollen wir noch einmal ausdrücklich auf die von PIAGET und WALLON zu diesem Thema angestellten Überlegungen, die wir eingangs dieses Kapitels erwähnt haben, verweisen.

2.1.4.3 Das Raumverständnis

Das Verstehen räumlicher Zusammenhänge ist natürlich eine Leistung des menschlichen Verstandes, wobei wir unter Verstand die im DUDEN-LEXIKON, (1976)[12] gegebene Definition anwenden, welche besagt, dass wir unter Verstand im engeren Sinn die Fähigkeit verstehen, „aus sinnlichen Wahrnehmungen, geistige Gebilde (Vorstellungen) zu schaffen und diese in Erkenntnis von Ordnungszusammenhängen durch Abstraktion in Begriffen zu klären." Das Raumverständnis befähigt den Menschen, aus sinnlichen Eindrücken, welche er zu einer Einheit verarbeitet, Vorstellungen über seine Eindrücke zu entwickeln. Einerseits erlaubt das räumliche Verständnis also überhaupt erst die Wahrnehmung der räumlichen Beziehungen und andererseits schafft es die Möglichkeit, die räumlichen Zusammenhänge auf der Ebene der Vorstellung zu rekonstruieren, was die vorstellungsmäßige Operationalisierung der Begriffe erlaubt.

2.1.4.4 Die Raumkoordinaten

Mit LURCAT (1979)[13] unterscheiden wir in dem Zusammenhang bei der Determinierung von Raumlagen und räumlichen Beziehungen objektive und subjektive Anhaltspunkte. Unter subjektiven Anhaltspunkten versteht man natürlich die vom Standpunkt des Betrachters abhängigen Bestimmungen; bei den objektiven die von der Position des Betrachters unabhängigen Anhaltspunkte. Die Raumkoordinate „oben" und „unten" sind nach Ansicht des Autors objektive Anhaltspunkte, weil sie durch die Anti-Gravitationskraft (oben) und die Schwerkraft (unten) bestimmt werden. In der Schwerelosigkeit des Alls geht natürlich die Objektivität dieser Anhaltspunkte verloren.

Die räumlichen Anhaltspunkte „vorne-hinten" und „rechts-links" sind subjektiv, weil sie durch den eigenen Körper bedingt sind. So verstehen wir unter vorne, was sich vor uns, in unserem Blickfeld oder in unserer gängigen Bewegungsrichtung, abspielt. Die Handlungen vor uns können jederzeit verfolgt und kontrolliert werden, weil unsere Sinnesorgane in die Richtung orientiert sind.

Bei der Begriffserstellung der subjektiven Anhaltspunkte von rechts und links spielt natürlich die Festigung der Seitigkeit eine entscheidende Rolle.

2.1.5 Die Zeit

Unserem Lebensraum ist ein Zeitraum zugeordnet, der als vierte Dimension des Raumes angesehen werden kann.

Genau wie der Raum bezieht sich die Zeit auf eine unbestimmte Sphäre, in der die Phänomene, die man ins Auge fasst, entweder als fortlaufende Sequenz oder als eine unterbrochene Reihenfolge mit ihren Abstandmaßen erfasst werden können. „Die Psychologie der Zeit ist nichts Anderes als das Studium des gesamten menschlichen Verhaltens in bezug auf diese Veränderungen." (FRAISSE, 1957/1963,1966)[14]. Diese Veränderungen vollziehen sich sowohl in unserer Umgebung als auch in unserem Körper, wodurch wir also äußeren und inneren Veränderungen ausgesetzt sind oder sie selbst hervorrufen. Wir leben im steten Wandel, und unser biologisches, psychologisches und soziales Leben ist dieser Wandel selbst.

Im Gegensatz zu den anderen Lebewesen weiß der Mensch, dass er unter diesen sich ständig wechselnden Bedingungen lebt. Die anderen Lebewesen, Pflanzen und Tiere, reagieren wohl auch auf periodische Veränderungen, die hauptsächlich mit den sich ändernden Positionen der Gestirne in Verbindung zu bringen sind.

So reagieren Leguminose z.B. durch eine veränderte Stellung der Blätter auf den Tag-Nacht-Wechsel. Dieser Rhythmus kann durch das Alternieren von Licht- und Dunkelperioden künstlich in der Dauer verändert werden. Doch vertragen verschiedene Pflanzen keine weitgehende Abweichung von ihrem gewohnten Rhythmus und kehren, wenn man den künstlichen Licht-Dunkel-Wechsel allzu weit von der natürlichen zwölfstündigen Periode entfernt, trotz Fortdauer des abweichenden Belichtungsrhythmus von selbst wieder zur ursprünglichen Norm zurück. Die nyktinastischen Bewegungen sind also wahrscheinlich nur eine Teilerscheinung einer sehr viel mehr umfassenden und weitverbreiteten endogenen Tagesrhythmik, wobei das eigentliche Problem die „Zeitmessung", d.h. die Einhaltung einer ganz bestimmten Zeit bis zum nächsten Wechsel ist. (cf. SCHUMACHER, 1971)[15]

Bei den Tieren ist die Rhythmizität noch ausgeprägter und zahlreiche Autoren (cf. HALBERG, 1960)[16] ziehen den Schluss, dass es nur sehr wenige Tierarten

66

gibt, bei welchen nicht eine Anpassung an einen Tag-Nacht-Rhythmus festgestellt werden kann. So beschreibt PIERON (1925)[17] die schon 1925 gemachte Beobachtung, dass ein Glühwürmchenweibchen (Lymparis nocticula), das des Nachts sein Licht anzündet, um die Männchen anzulocken und es tagsüber löscht, bei vollkommener Dunkelheit die ersten vier bis fünf Tage fortfährt, nur während der Nacht zu leuchten und sich nach diesem Zeitraum erst auf die neuen Lebensbedingungen einzustellen vermag. Es leuchtet dann andauernd, aber mit wesentlich weniger Intensität.

Die Reihe ähnlicher Beispiele aus Tier- und Pflanzenbereich könnte beliebig fortgesetzt werden, doch interessieren uns hier weniger die auf biologisch-physiologischer Ebene liegenden Antworten unseres Organismus auf verschiedene Reize, bei welchen die Latenzzeiten oder Schwellenreize der angesprochenen Sinnesorgane eine wesentliche Rolle spielen, sondern eher die psychologische Ebene, die eine Vorstellung der verschiedenen Aspekte des Geschehens und deren psychische Verarbeitung erfordert. Aus diesem Grunde seien die schon anfangs dieses Jahrhunderts mit Tieren angestellten Konditionierungsexperimente (PAWLOW, 1927) erwähnt, bei denen die unbedingte Reflexauslösung sich aus einem uns spezifischen Zeitempfinden beim Tier heraus entwickelte. Im Gegensatz zu den übrigen Lebewesen weiß allein der Mensch, dass er sich in einem ablaufenden, sich ändernden Zeitraum bewegt: Er kann sich seiner Erfahrung erinnern, sie im Gedächtnis speichern, zeitlich lokalisieren, und sie bei zukünftigen Handlungen zwecks besserer Entscheidungsnahme mit verarbeiten.

Um sich in der Zeit zu bewegen, stellen sich dem Mensch drei Fragen (cf. FRAISSE, 1969) [218]:

2.1.5.1 Die Wahrnehmung einer zeitlichen Folge

Im Vordergrund unserer Beobachtungen stehen, wie schon gesagt, die psychologischen Faktoren, obwohl die physiologischen am Rande immer mit angesprochen werden. So sind z.B. für die Schnelligkeit der Wahrnehmung nicht nur die Latenzzeiten der Rezeptoren und die Entfernung des entsprechenden Sinnesorgans zum Gehirn, sondern vor allem die Einstellung der Person dieser Wahrnehmung gegenüber ausschlaggebend, sowie unter Umständen auch kulturbedingte Einstellungen. Die Ergebnisse zahlreicher Untersuchungen zeigen, dass die aufmerksame Haltung dem Stimulus gegenüber eine wesentlich schnellere Wahrnehmung hervorruft und dabei die positive Einstellung des Menschen auf den Wahrnehmungsreiz verbessert den Wahrnehmungsempfang verbessert.

Natürlich spielt außer dieser Wahrnehmungsbereitschaft auch die Organisation der gebotenen Reize eine wesentliche Rolle. So werden z.B. zeitliche Folgen, die dasselbe Sinnesorgan ansprechen, eher unterschieden, als wenn die Reize verschiedene Sinnesorgane ansprechen. Zusätzliche Hilfe dabei bietet selbstverständlich die sinnvolle Bedeutung der zeitlichen Folgen.

Die Wahrnehmung und Schätzung von Zeitstrecken, von Abständen zwischen zwei zeitlich aufeinanderfolgenden Ereignissen also, stellt die zweite Frage bei der Erklärung der Bewegung in der Zeit dar. Diese Abstände machen die Dauer aus und sind objektive Gegebenheiten, deren Erfassen nur möglich ist, wenn wir imstande sind, aufeinanderfolgende Aspekte eines Geschehens gewissermaßen gleichzeitig zu erfassen. Unterscheiden muss man hier zwischen 'aufgefüllten' Zeiten, die z.B. durch den Anfang und das Ende eines Musikstükkes begrenzt werden und den 'leeren' Zeiten, wie z.B. die Zeit, die vom Ende des ersten Satzes einer musikalischen Darbietung bis zum Anfang des nächsten verstreicht. Das Erlernen der Wahrnehmung und Schätzung leerer Zeiten wird besonders bei LEBOULCH (1966)[19] als ein sehr wichtiger Bestandteil der psychomotorischen Übungsbehandlung angesehen.

Diese Form von Wahrnehmung – gemeint ist die Wahrnehmung des Sukzessiven als Einheit (FRAISSE) – umfasst zwei Aspekte:

- einen qualitativen Aspekt: die Wahrnehmung einer Ordnung, einer Struktur
- einen quantitativen Aspekt: die Wahrnehmung eines zeitlichen Intervalls, einer Dauer."

Es bleibt eine wichtige Frage der psychologischen Forschung, welche Zeiteinschätzungsmechanismen beim Menschen wirksam werden, wenn eine Zeitrechnung durch ungenügende Anhaltspunkte nicht mehr möglich ist. Ohne auf die Einzelheiten dieser Mechanismen einzugehen, ist doch festzuhalten, dass unsere Zeitschätzungen offenbar nur auf der Grundlage der wahrgenommenen Veränderungen möglich sind. Die erlebte Zeit ist also immer das Erlebnis von Veränderungen. Unter diesem Gesichtspunkt wurden vor allem drei Faktoren untersucht:

- situative Gegebenheiten (Aufgabenstellung, Umgebung)
- Motivation (Langeweile oder Interesse)
- biologischer Entwicklungsstand (Alter)

Zwischen diesen drei Faktoren wurden starke Wechselbeziehungen festgestellt.

2.1.5.3 *Die Orientierung in der Zeit*

Eine Zeitorientierung ist grundsätzlich nur möglich, wenn Veränderungen vorhanden sind. Unser Handeln findet in einem zeitlich geordneten Rahmen mit periodischen Veränderungen statt, die uns eine äußere Zeitrechnung erlauben, doch in uns auch periodische Veränderungen hervorrufen. So bestimmt der Tag-Nacht-Rhythmus unsere Aktivität und bildet nach und nach eine Periodizität der gesamten Vorgänge im Organismus aus.

Die Verwendung dieses inneren Systems spielt in unserer sich ständig weiter entwickelnden Gesellschaft eine immer geringer werdende Rolle und entspricht heute eher einer primitiven Form der Zeitorientierung.

Als höhere Form in der Evolution stellt sich ihr die Zeitorientierung in der Vergangenheit und Zukunft entgegen, weil diese vom Menschen zwecks Planung der Zukunft ein intellektualisiertes Verarbeiten der bis dahin gemachten gesellschaftlichen und individuellen Erfahrung verlangt.

In diesem Kapitel wurde versucht, Wahrnehmung, Raum und Zeit als organische Phänomene menschlicher Existenz zu definieren. Im nächsten Kapitel wollen wir eine umfassende Darstellung der Entwicklung der Raumbegriffe beim Kind geben.

Kapitel 2.1: Literaturhinweise

[1] LEBOULCH, J.: Vers une science du mouvement humain. Editions Sociales de France, Paris, 1978.

[2] HALL, E.T.: La dimension cachée. Seuil, Paris, 1966.

[3] PIAGET, J. & INHELDER, B.: Die Entwicklung des räumlichen Denkens beim Kinde. Klett Verlag, Stuttgart, 1975.

[4] WALLON, H.: L'évolution psychologique de l'enfant. Collin, Paris, 1968.

[5] WALLON, H.: De l'acte à la pensée. Flammarion, Paris, 1970.

[6] DER GROSSE BROCKHAUS, Band 18; Wiesbaden, F.A. Brockhaus, 1984.

[7] LURCAT, L.: Les repères de l'espace: repères subjectifs et objectifs, Annales ENEPS, 1972.

[8] MERLEAU-PONTY, M.: Phénomélogie de la perception. Gallimard, Paris, 1945.

[9] LEBOULCH, J.: L'éducation par le mouvement. Editions Sociales Françaises, Paris, 1966.

[10] BIELEFELD, J.: Körpererfahrung, Grundlage menschlichen Bewegungsverhaltens. Verlag für Psychologie, Dr.C.J. Hogrefe, Göttingen, 1986.

[11] ROST, D.H.: Raumvorstellung. Beltz Verlag, Weinheim, 1977.

[12] DUDEN-LEXIKON, Mannheim: Dudenverlag, 1976.

[13] LURCAT, L.: L'enfant et l'espace. Presses Universitaires de France, Paris, 1979/2.

[14] FRAISSE, P.: Perception et estimation du temps, in: FRAISSE, P. et PIAGET, J.: Traité de psychologie expérimentale. Paris, VI, Presses Universitaires de France; in: Handbuch der Psychologie, Verlag für Psychologie Dr Hogrefe, Göttingen 1/1 1966, 1957/1963.

[15] SCHUMACHER, W.; DENFFER, D., von; MAEGDEFRAU, K.; EHRENDORFER, F.: Lehrbuch der Botanik. Fischer Verlag, Stuttgart, 1971.

[16] HALBERG, F.: Temporal coordination of physiological function. In: Cold Spring Harbor Symposia on quantitative biology. New York, Long Island Biol. Assoc., 1960.

[17] PIERON, H.: La persistance à l'obscurité du rythme lumineux du lampyre. Feuille nat., 1925, 21.

[18] FRAISSE, P.: Psychologie du temps. Presses Universitaires de France, Paris, 1969.

[19] LEBOULCH, J.: L'éducation par le mouvement. Editions Sociales Françaises, Paris, 1966.

Literatur

AJURIAGUERRA, De, J.: Le manuel de psychiatrie de l'enfant. Masson, Paris, 1974.

BIELEFELD, J.: Körpererfahrung, Grundlage menschlichen Bewegungsverhaltens. Verlag für Psychologie, Dr.C.J. Hogrefe, Göttingen, 1986.

BONE, E.: Temps et durée au regard du biologiste. In: BONE, E.; FLORIVAL, G.; GIBLET, J.; HOUSSIAU, A.; LADRIERE, J.; MEESSEN, A.; MEULDERS, M.; SCHEUER, J.; TAMINIAUX, J.; VERGOTE, A.: Temps et devenir. Presses Universitaires de Louvain-la-Neuve, 1984.

DER GROSSE BROCKHAUS, Band 18; Wiesbaden, F.A. Brockhaus, 1984.

DOLLE, J.M.: Pour comprendre J. Piaget, Privat, Toulouse, 1974.

DUDEN-LEXIKON, Mannheim: Dudenverlag, 1976.

FRAISSE, P.: Les structures rythmiques. Presses Universitaires de Louvain, Louvain, 1956.

FRAISSE, P.: Perception et estimation du temps, in: FRAISSE, P. et PIAGET, J.: Traité de psychologie expérimentale. Paris, VI, Presses Universitaires de France; in: Handbuch der Psychologie, Verlag für Psychologie Dr Hogrefe, Göttingen 1/1 1966, 1957/1963.

FRAISSE, P.: Psychologie du rythme. Presses Universitaires de France, Paris, 1974.

FRAISSE, P.: Psychologie du temps. Presses Universitaires de France, Paris, 1967.

FRAISSE, P.: Zeitwahrnehmung und Zeitschätzung. In: Handbuch der Psychologie, 17. Kap., bearbeitet und aus dem Französischen übertragen von ERKE, H.

FRIEDMAN, W. J.: Development of time concepts in children. Advances in Child Development Behavior, 1978, 12, 267-298.

GUILMAIN, E.; GUILMAIN, G.: L'activité psychomotrice de l'enfant. VIGNE, Paris, 1971.

HALBERG, F.: Les rythmes biologiques et leurs mécanismes: base du développement de la chronopsychologie et de la chronométhodologie. In FRAISSE, P.; HALBERG, F.; LE JEUNE, H.; MICHON, J.A.; MONTAGERO,J.; NUTTIN, J.; RICHELLE, M. (Hrsg) : Du temps biologique au temps psychologique. Presses Universitaires de France, Paris, 1979.

HALBERG, F.: Temporal coordination of physiological function. In: Cold Spring Harbor Symposia on quantitative biology. New York, Long Island Biol. Assoc., 1960.

HALL, E.T.: La dimension cachée. Seuil, Paris, 1966.

HIRIARTBORDE, E.; FRAISSE, P.: Les aptitudes rythmiques. Monographie Française de Psychologie, 1968.

LAPIERRE, A.; AUCOUTURIER, B.: La symbolique du mouvement. Epi, Paris, 1975.

LEBOULCH, J.: Le développement psychomoteur de la naissance à six ans. Editions Sociales de France, Paris, 1981.

LEBOULCH, J.: L'éducation par le mouvement. Editions Sociales Françaises, Paris, 1966.

LEBOULCH, J.: Vers une science du mouvement humain. Editions Sociales Françaises, Paris, 1978.

LEBOYER, F.: Pour une naissance sans violence. Seuil, Paris, 1976.

LURCAT, L.: L'enfant et l'espace. Presses Universitaires de France, Paris, 1979.

LURCAT, L.: Les repères de l'espace: repères subjectifs et objectifs, Annales ENEPS, 1972.

MACAR, F.: Le temps – perspectives psychophysiologiques. Mardaga, Bruxelles, 1980.
MERLEAU-PONTY, M.: La phénoménologie de la perception. Gallimard, Paris, 1945

MICHON, J.A.: Le traitement de l'information temporelle. In: siehe 4

MONTAGERO, J.: La notion de durée chez l'enfant de cinq à neuf ans. Presses Universitaires de France, Paris, 1977.

MUCCHIELLI, R.: La dyslexie, maladie du siècle. Editions Sociales de France, Paris, 1964.

NUTTIN, J.: La perspective temporelle dans le comportement humain. Etude théorique et revue de recherches. In: siehe 4

OERTER, R.: Moderne Entwicklungspsychologie. Auer, Donauwörth, 1977.

OSTERRIETH, P.A.: Introduction à la psychologie de l'enfant. Presses Universitaires de France, Paris, 1967.

PIAGET, J. & INHELDER, B.: Die Entwicklung des räumlichen Denkens beim Kinde. Klett Verlag, Stuttgart, 1975.

PIAGET, J.: Die Bildung des Zeitbegriffs beim Kind. Suhrkamp, Taschenbuch Wissenschaft, 1974.

PIAGET, J.: Die Entwicklung des räumlichen Denkens beim Kinde. Klett Verlag, Stuttgart, 1975.

PIAGET, J.: La construction du réel chez l'enfant. In Übersetzung: Der Aufbau der Wirklichkeit beim Kinde. Klett Verlag, Stuttgart, 1975.

PICQ, L.; VAYER, P.: Education psychomotrice et arriération mentale, Doin, Paris, 1976.

PIERON, H.: La persistance à l'obscurité du rythme lumineux du lampyre. Feuille nat., 1925, 21.

ROST, D.H.: Raumvorstellung. Beltz Verlag, Weinheim, 1977.

SCHUMACHER, W.; DENFFER, D., von; MAEGDEFRAU, K.; EHRENDORFER, F.: Lehrbuch der Botanik. Fischer Verlag, Stuttgart, 1971.

STAMBAK, M.: Trois épreuves de rythme. In: ZAZZO, R., Manuel pour l'examen psychologique de l'enfant, Delachaux et Niestlé, Paris, 1969, 3e édition.

TRAN-THONG, T.: Stades et concept de stade de développement de l'enfant dans la psychologie contemporaine, Vrin, Paris, 1980.

TREVARTHEN, C.: L'action dans l'espace et la perception de l'espace – Mécanismes cérébraux de base. In: BRESSON, F.; CHOMBART DE LAUWE, P.H.; CULLEN, M.; GUILBAND, G.TH.; PAILLARD, J.; DE RENZI, E.; VURPILLOT, E.: De l'espace corporel à l'espace écologique. Presses Universitaires de France, Paris, 1974.

VURPILLOT, E.: in: BRESSON, F.; CHOMBART DE LAUWE, P.H.; CULLEN, M.; GUILBAND, G.TH.; PAILLARD, J.; DE RENZI, E.; VURPILLOT, E.: De l'espace corporel à l'espace écologique. Presses Universitaires de France, Paris, 1974.

WALLON, H.: De l'acte à la pensée. Flammarion, Paris, 1970.

WALLON, H.: Les origines du caractère chez l'enfant. Presses Universitaires de France, Paris, 1970.

WALLON, H.: L'évolution psychologique de l'enfant. Collin, Paris, 1968.

2.2 Die Entwicklung des Raumbegriffs beim Kind

Für das Verständnis der Entwicklung des Raumbegriffs beim Kind sind in der französischen Entwicklungspsychologie besonders die Arbeiten von WALLON, OSTERRIETH, LURCAT, GUILMAIN/GUILMAIN und DE AJURIAGUERRA wichtig, auf welche wir uns im folgenden Text auch berufen wollen. Natürlich werden auch die Beiträge der französischen Autoren, wie AUCOUTURIER, LAPIERRE, LEBOULCH, PICQ und VAYER, die sich eingehend mit der psychomotorischen Entwicklung beim Kind beschäftigt haben, in diesem Kapitel Berücksichtigung finden.

2.2.1 Das intrauterine Leben

Die räumlichen Charakteristika, auf die wir eingehen wollen, liegen auf zwei verschiedenen Ebenen: einem außerkörperlichen Raum mit den spezifischen Bedingungen der Umgebung und einem körperlichen Raum, welcher der Haltung und den Reflexbewegungen des Fötus entspricht.

In einer ersten Etappe seines intrauterinen Lebens wird das Embryo vor allem, dank seiner Lage im Amnionsack, durch die Charakteristika der verminderten Schwerkraft im Fruchtwasser beeinflusst; es badet in einer hindernisfreien Umgebung, in einem grenzenlosen Raum. In enger Verbindung mit dem Blutkreislauf der Mutter lebend, von dem es mit der notwendigen Nahrung versorgt wird, „empfindet" (OSTERRIETH, 1967)[1] das Embryo die biochemischen Modifikationen, die durch den psychologischen Zustand der Mutter hervorgerufen werden.

Durch seine Entwicklung verringern sich die Ausmaße dieses dem Fötus zur Verfügung stehenden „Universums" jedoch täglich und der „grenzenlose Raum" (LEBOYER, 1976)[2] wird täglich enger. Von der Lage des Fötus wollen wir nur die nach innen gefügte Orientierung der Segmente festhalten: der ganze Körperraum ist um ein Zentrum gefestigt und geeint.

2.2.2 Die Geburt und die ersten Tage

Bei der Geburt kommt es vom physiologischen Standpunkt her zu brutalen Veränderungen, deren Bedeutung vom psychologischen Gesichtspunkt her jedoch sehr unterschiedlich erklärt wird. LEBOYER interpretiert den ersten Schrei des Neugeborenen als Ausdruck des Schwindelgefühls vor der Unendlichkeit des sich ihm eröffnenden Raumes; dies im Kontext mit dem Zusammenbruch des Haltes, den der Uterus bis zu dem Zeitpunkt seiner Wirbelsäule gewährt hatte. Taktile Stimuli im Mund-Hand-Bereich verschwinden plötzlich, und der bis dahin introvertierte Fötus öffnet sich der Unendlichkeit des Raumes.

Wir wollen hier beim Säugling die Analyse der motorischen Reaktionen in der Beziehung zu Ihren Ursprüngen wagen und festhalten, dass jedem Ursprung ein spezifischer Wahrnehmungsraum entspricht, der langsam aufgebaut wird.

Wir stützen uns dabei auf WALLON's (1970)[3] Theorien, der diese Einteilung von SHERRINGTON übernommen hat. SHERRINGTON unterscheidet die Sinnesorgane nicht nach dem üblichen Muster mit der Einteilung in ein visuelles, ein akustisches, ein taktiles, ein gustatives und ein olfaktives System, sondern nach der Art der Reizung. Er teilt deshalb unsere Sinnesorgane in die drei Kategorien der Exterozeptoren, der Propriozeptoren und der Interozeptoren ein.

Während die Exterozeptoren auf äußere Reize reagieren, reagieren die Interozeptoren und die Propriozeptoren auf innere Reizangebote; dabei sind die Interozeptoren zuständig für innerkörperliche Reize, die Propriozeptoren hingegen liefern Informationen über die durch die Bewegung des Körpers hervor gerufenen Sinneseindrücke. So entsprechen nach WALLON (1970) den von SHERRINGTON bezeichneten Stimulationsgrundformen vier spezifische Raumarten:

2.2.2.1 Der innerkörperliche Raum

Die Reaktionen, die interozeptiven Ursprungs sind, schaffen den innerkörperlichen Raum. Sie sind anfangs sehr an das Funktionieren des Atmungsapparates gebunden. Nach und nach beginnen die Rezeptoren der verschiedenen Funktionen sich zu differenzieren, bleiben aber Ausdruck unserer Empfindungen.

Bei der relativ variationslosen Aktivität des Säuglings – „sein Verhalten wird vollständig von organischen Bedürfnissen beherrscht und ist durch den Wechsel von Schlafzeit und Nahrungsaufnahme gegliedert" (LEBOULCH, 1978)[4]- überschattet die außerordentliche Rolle des Verdauungsapparates alle anderen Funktionen, und wir begreifen sehr leicht die Bedeutung, die Mund und Mundraum zu diesem Augenblick einnehmen.

2.2.2.2 Der Körperraum

Durch die Wahrnehmung der eingenommenen Haltung müssen die ursprünglich propriozeptiven Reaktionen zuerst dem innerkörperlichen Raum zugeordnet werden, dann integrieren sie aber durch eine angepasste motorische Aktivität den Körperraum; sie werden normalerweise durch eine Erregung vestibulären Ursprungs hervorgerufen.

Dazu sagt WALLON (1970)[3]: „Die Effekte einer labyrinthischen Variation sind Variationen des Tonus, dessen Gebiet sich nicht auf das interozeptive System beschränkt (...), es dehnt sich auf das Muskelsystem in seiner Gesamtheit aus, d.h. auf die Muskeln des Skeletts." Der Tonus ist also mit der Wahrnehmung des Körpers im Raum verknüpft. WALLON sagt von der labyrinthischen Funkti-

74

on, „sie beginne, wie anfangs jede Funktion, sich für sich zu üben und sie könne beim Erwachsenen zu einem Aktivitätsthema werden". Wir finden diese Schlussfolgerung bei vielen Kindern mit autistischen Zügen auf eindrucksvolle Art bestätigt: die in einem genauen und beständigen Raum eingeschriebene Haltungsfunktion ist Zuflucht vor einer frustrierenden Außenwelt. Die Stimulation des vestibulären Systems durch regelmäßige Schaukelbewegungen beweisen diesen Kindern, dass es nichts Anderes gibt als diesen Raum, in dem die Empfindungen bestens bekannt sind und wo sie ohne Angst wahrgenommen werden können.

2.2.2.3 Der außerkörperliche Raum

Die Reaktionen exterozeptiven Ursprungs schaffen dank der exterozeptiven Sinnessysteme den außerkörperlichen Raum. Sie umschließen, je nach Wahrnehmungsorgan, einen spezifischen und unabhängigen Raum, dessen Ausdruck sich im motorischen Raum wiederfindet.

2.2.2.3.1 Das olfaktive Sinnesorgan

Das olfaktive Sinnesorgan ist entwickelt, doch verursacht seine Reizung keine außergewöhnlichen motorischen Reaktionen.

2.2.2.3.2 Das taktile Sinnesorgan

Die Bedeutung der Rezeptoren der Haut ändert mit der Lage und Art der Reizung. Im allgemeinen kann man sagen: je größer die stimulierte Fläche, desto bedeutender die motorischen Reaktionen.

2.2.2.3.3 Das akustische Sinnesorgan

Die akustischen Empfänger sind sehr früh funktionsfähig: der Säugling reagiert durch Aufmerksamkeit auf eine Tonerzeugung. Nimmt die Intensität des Lautes zu, zeigt das Kind Angstreaktionen wie Erwachsene. Von einem symbolischen Standpunkt ausgehend sind LAPIERRE und AUCOUTURIER (1975)[5] der Auffassung, dass eine der ersten Erforschungsformen des Raumes das Geräusch sei, wenn sie sagen: „Der Laut, wie die Geste, ist eine symbolische Projektion des Ichs in den Raum. Mehr als eine Geste erfüllt der von mir erzeugte Lärm den Raum mit einer Gegenwart, gibt meiner Gegenwart ein größeres Volumen."

2.2.2.3.4 Das visuelle Sinnesorgan

Die visuellen Rezeptoren sind durch die unkoordinierten Bewegungen der Augenlider begrenzt. So nimmt das Kind anfangs nur sehr ausgeprägte und kontrastreiche Lichteindrücke wahr. Die Reaktionen auf nahe an die Augen geführte Objekte sind verschieden, je nachdem, ob das gezeigte Objekt zwei- oder dreidimensional ist. Das raumauffüllende Objekt wird länger betrachtet als das zweidimensionale. Dazu sagt TREVARTHEN (1974)[6]: „Bei dem neugeborenen Menschen sind die zerebralen Basismechanismen der okulomotorischen Erforschung sehr ausgeprägt (...) und beinhalten, von der Geburt an, die Merkmale der zur okularen Aktivität des Erwachsenen notwendigen Charakteristika, außer (...) in der Betrachtung eines nahe am Auge angebotenen Stimulus".

Man muss das Ende des ersten Monats abwarten, bis das Auge des Säuglings einem bewegten Gegenstand folgen kann, im zweiten Monat synchronisiert sich erst das Schlagen der Augenlider. Der visuelle Raum ist also keineswegs vorrangig, und zur Progression bedarf es der Hand (WALLON, 1970) die ab dem vierten Monat zunehmend durch den Blick kontrolliert wird.

Durch die Koordinierung und Stabilisierung des Kopfes ungefähr im sechsten Monat gesellt sich der visuelle Raum zu den anderen extero- und interozeptiven Räumen hinzu, was dem Kind dann eine wesentlich reichere und systematischere Erforschung seiner Umwelt erlaubt. Für diese frühe Entwicklungszeit ist festzuhalten, dass der Säugling durch seine unvollständigen Wahrnehmungsmöglichkeiten in sehr enger Verschmelzung mit dem Raum lebt und seine exterozeptiven Räume nur ein schwaches und unvollständiges Bild der Realität darstellen.

2.2.2.4 Der Handlungsraum

Motorische Reaktionen sind als solche dem innerkörperlichen Raum sowie dem Körperraum zuzuordnen. „In Antwort auf bestimmte Reize findet man bei der Geburt festgelegte Systeme von Gesten und Handlungen" (WALLON, 1968)[7]. In einem Raum ohne Hindernisse zeigt das Kind also eine gewisse Anzahl von Haltungen, welche durch eine bestimmte Position des Körpers im Raum charakterisiert sind: es sind dies Reflexhaltungen, welche LEBOULCH (1978) als „Fortbestand einer Mobilität fetalen Charakters" bezeichnet.

In diesem frühen Lebensabschnitt gestaltet die motorische Aktivität also keinen motorischen Raum, sie bleibt ohne Finalität, auch wenn sie sinnvoll ist. TREVARTHEN unterstreicht die Wichtigkeit der sich entwickelnden spontanen und koordinierten Bewegungen, wenn er feststellt, dass „sich in den spontanen und koordinierten Bewegungen des Kopfes, der Augen, der Arme, der Hände, der Beine und Füße, die man beim Neugeborenen beobachtet, eine primäre Verhaltensorganisation des Raumes ausdrückt."

Halten wir fest, dass je intensiver sich eine nervliche Reifung vollzieht, desto geschickter sich die Bewegungen auf ein Ziel hin orientieren und reale Bedeutung annehmen, im Hintergrund entwickelt sich aber auch eine mit den Haltungen verbundene räumliche Wahrnehmung.

2.2.3 Die räumliche Entwicklung im Alter von einem Monat bis zu drei Jahren

Es ist klar, dass die im folgenden Text gemachten Altersangaben als Anhaltspunkt gedacht sind und individuellen Variationen unterliegen. Wichtig ist die

76

chronologische Folge der erworbenen motorischen Fertigkeiten, ob es sich dabei um den außerkörperlichen, innerkörperlichen oder körperlichen Raum oder um die zeitliche Entwicklung handelt.

2.2.3.1 Die räumliche Wahrnehmung

Zahlreiche Autoren wie BRUNET, LEZINE, BUHLER, GESELL, zit. in GUILMAIN / GUILMAIN (1971)[8] und LEBOULCH (1978) sind sich einig, die Welt des Kindes im Alter bis zu drei Jahren als eine Welt des 'corps vécu,' des erlebten, auf sich selbst bezogenen Körpers zu bezeichnen.

Während des ersten Monats erleben wir ein Kind, das unfähig ist, sich zu erheben, und dessen untereinander unabhängigen und ungenauen Wahrnehmungsorgane ihm kein einheitliches Weltbild anbieten.

Langsam lernt das Kind, dann seinen Oberkörper zu heben, die Vorderarme aufzustützen: es entdeckt neue außerkörperliche Räume, die es sich zuerst durch Strampeln und Fuchteln erobert.

Vom dritten Monat an ermöglichen die Rezeptoren, die Umwelt in individualisierten Objekten zu gestalten: das Kind streckt die Hand dem Gegenstand entgegen und erforscht ihn durch Manipulieren und Hineinbeißen. Mit der Greiffähigkeit entwickeln sich die ersten beabsichtigten und gezielten Bewegungen; TREVARTHEN (1974) ist der Ansicht, dass im vierten Monat „die Bewegungen auf ein vom Blick bestimmtes Ziel orientiert werden können ohne Hilfe einer visuellen Führung". Bekannt sein dürfte ja auch die Tatsache, dass Kleinkinder zuerst Wegstrecken und Verschiebungen – die Bewegungen und die Halteplätze – wahrnehmen und nicht die spezifische Form und Farbe des Objektes.

Um den sechsten Monat schafft es das Kind, ein Tuch, das man ihm auf den Kopf gelegt hat, zu entfernen, und es kann einige Augenblicke ohne Halt aufrecht sitzen. Zu dem Zeitpunkt erscheinen die ersten durch die Koordination zwischen Auge und Hand oder Ohr und Hand gesteuerten Bewegungen. Der außerkörperliche Raum des Kindes entspricht den Ausmaßen seines Körpers: es weiß, ob es imstande ist, einen Gegenstand zu erreichen (Distanz zum Gegenstand) und zu erfassen (Größe des Gegenstandes). In dem Wegwerfen von Gegenständen, einem Verhalten, das man in diesem Augenblick der Entwicklung häufig vorfindet, sehen LAPIERRE und AUCOUTURIER (1975), ähnlich wie beim akustischen Raum, eine symbolische Besitzergreifung des außerkörperlichen Raumes durch die Flugbahn des Gegenstandes: „Die Flugbahn des Gegenstandes wird zur Verlängerung der Bewegung, zur Vergrößerung des kindlichen Handlungsraumes". VURPILLOT (1974)[9] bemerkt, dass das Kind in dem Alter „die Wahrnehmungsvarianz der Größe eines Objektes erwirbt in bezug auf die Entfernung d.h. die Größenkonstanz des Objektes in Verbindung mit dem auf die Netzhaut projizierten Bild und der Manipulation, welche ihm vom gleichen Gegenstand die taktilen und kinästhetischen Informationen liefert."

Im neunten Monat kann das Kind allein sitzen, mit Hilfe anderer schon stehen, seine Greiffähigkeit verbessert sich fortwährend, wodurch die Bande zwischen den einzelnen Wahrnehmungsräumen verstärkt werden.

Mit einem Jahr lernt das Kind allein laufen, die Erschließung des Raumes sowie die Verfeinerung der Augen-Hand- und Ohr-Hand-Koordination erlauben ihm, die Permanenz von Objekten zu verstehen: Es kennzeichnet den Unterschied, den das Kind macht zwischen einem sich bewegenden Objekt, welches durch seine Flugbahn charakterisiert ist und dem ruhenden Gegenstand, der durch seine Eigenschaften von Art, Form und Farbe charakterisiert ist. PIAGET (1950, 1975)[10] sagt dazu: „Kurz, während dieses vierten Stadiums bleibt das Objekt so eher ein praktisches Objekt als ein substantielles Ding. Die Reaktionen des Kindes bleiben ganz oder teilweise geprägt von einer Art vermischten Phänomenismus und Dynamismus. Das Objekt ist nicht ein Ding, das verlagert wird und das von diesen Verlagerungen unabhängig ist; (...). Sie (die Verhaltensweisen dieses Stadiums) sind phänomenistisch, denn das Objekt bleibt abhängig von seinem Kontext und wird nicht als ein, mit Permanenz ausgestatteter, beweglicher Gegenstand isoliert. Auf der anderen Seite sind sie dynamisch, denn das Objekt verbleibt in der Verlängerung der Bemühung und des Gefühls von Wirksamkeit, die mit der Handlung verbunden sind, durch die das Subjekt es wieder findet.“

Mit fünfzehn Monaten kann sich das Kind allein fortbewegen, was ihm natürlich eine große Unabhängigkeit in der Raumerforschung verschafft. Es kommt zu einem sehr großen Entwicklungsschritt, bei welchem das Kind lernt, räumliche Zusammenhänge zu verstehen und herzustellen, hauptsächlich durch die Integration seines eigenen Körpers in den Raum. Durch das einsetzende aktive Handeln mit Gegenständen, wie Klötze aufeinandertürmen und Flüssigkeiten in Behälter einfüllen, erfährt das Kind andere wichtige Raumbezüge. „Die Fähigkeit, Unterschiede und Relationen im Raum herzustellen, wird zum Ausgangspunkt für spontane Übungen, die einer richtigen Lernzeit gleichkommen“ (WALLON, 1970)[3]. Die Entwicklung führt zur Bildung des innerkörperlichen Raumes – des introzeptiven Ichs – in einem außerkörperlichen und körperlichen Raum, welche beide das exterozeptive Ich darstellen.

Zu dieser Periode – nach seiner Klassifizierung handelt es sich um das fünfte Stadium – sagt PIAGET (1950, 1975)[10]: „Vom Ende des ersten Lebensjahres an bis ungefähr zur Mitte des zweiten erstreckt sich ein Stadium, das durch die fortschreitende Eroberung der räumlichen Beziehung charakterisiert ist, deren Nichtvorhandensein im Laufe des letzten Stadiums den endgültigen Aufbau des Objektbegriffes behinderte. Anders ausgedrückt, das Kind lernt, aufeinanderfolgenden Verlagerungen, die es im visuellen Feld wahrgenommen hat, Rechnung zu tragen. Es sucht das Objekt nicht mehr in einer bevorzugten Position, sondern ausschließlich in der Position, die aus der letzten sichtbaren Verlagerung resultiert. Diese Entdeckung betrachten wir als den Anfang des fünften Stadiums“. Dieses fünfte Stadium stellt „das Endstadium der Raumentwicklung auf dem sensomotorischen Intelligenzniveau" dar. „Dieser praktische Raum ist noch kein Begriff, ja nicht einmal eine Vorstellung. Die für die Erfassung von Raumbeziehungen entscheidende geistige Repräsentation wird erst mit fortschreitender Entwicklung des Denkens ermöglicht" (OERTER, 1977)[11]. Dieses abstrakte Denkvermögen, das dem Kind erlaubt, sich Objekte in ihrer Abwesenheit vorzustellen, steht zwischen dem zweiten und dritten Lebensjahr, wahrscheinlich im Kontext der sich verbessernden Geschicklichkeit bei der Handhabung von Dingen, sowie mit der zunehmenden Sicherheit bei den großmotorischen Bewegungen.

2.2.3.2 *Die räumliche Vorstellung*

OERTER (1977)[11] sagt dazu: „Die Konstruktion des Raumes ist ein langzeitiger Vorgang und eine typische Leistung der Intelligenz." Die Entwicklung des räumlichen Vorstellungsvermögens ist, obwohl sie sehr eng mit der abstrakten Intelligenz verbunden ist, doch von der praktischen Intelligenz abzuleiten.

STERN, zit. in WALLON (1970)[3] geht die Entwicklung der motorischen Fähigkeiten in bezug auf den Raum an. Er sieht den Gebrauch, die Wahrnehmung und Strukturierung des Raumes in sehr enger Abhängigkeit von der Bewegung und gibt drei Stadien in dieser Entwicklung an:

2.2.3.2.1 *Der Mundraum*

Der Mundraum, an die interozeptiven Rezeptoren gebunden, nimmt eine bevorzugte Stellung ein, weil das Kind, zwecks Befriedigung seiner Neugierde, in der Erforschung der Dinge, alles hineinführt, um die Verbindung zwischen dem gesehenen und ertasteten Gegenstand herzustellen.

2.2.3.2.2 *Der Nahraum*

Im fünften Monat entwickelt sich der Nahraum, dank einer genügenden Koordinationsmöglichkeit im Zusammenhang mit der Reifung der Nervenbahnen und der verbesserten Kontrolle der Nacken- und Halsmuskulatur. Die einzelnen Körperteile befreien sich voneinander zwecks eigener Aktivität und stabilisieren sich im Raum, was dem Körper die Beherrschung seiner eigenen innerkörperlichen Lage erlaubt. Durch fortschreitende Differenzierung nimmt der Körper Stellungen ein, die nach MAGNUS und KLEIN, zit. in WALLON (1970)[3] das Resultat „der Existenz von Systemen, Anspannungen und Haltungen in Beziehung mit dem Antrieb des Körpers im Raum sind: Versetzungsbewegungen nach oben, unten, hinten und vorn".

2.2.3.2.3 *Der Bewegungsraum*

Mit eineinhalb Jahren vereint das Kind dank seiner erreichten Bewegungsfreiheit die verschiedenen Wahrnehmungsräume. Der Bewegungsraum gestaltet die Umgebung mit ihren Möglichkeiten von Beziehungen und Konflikten; dies ist das Resultat einer Bewegungsautonomie, die das Kind dorthin bringt, wohin es will.

Nachdem sich die verschiedenen Wahrnehmungsräume zu einem einzigen Raum vereinigt haben, wird der Körper sich wieder von neuem, doch in verfeinerter Form differenzieren: das Körperschema nimmt Gestalt an.

Mit der Entwicklung der Raumvorstellung geht also eine parallele Entwicklung des Körperschemas einher.

DE AJURIAGUERRA, zit. in LEBOULCH (1978)[4] sagt dazu: „Der Körperraum und der äußere Raum sind die zwei gegensätzlichen Pole derselben ursprünglichen Funktion (...), die Körper- und die Raumerkenntnisse erzeugen sich gegenseitig." MERLEAU-PONTY (1945)[12] erklärt das Körperschema als „eine Art, auszudrücken, dass mein Körper auf der Welt ist." Das Kind hat schon bestimmte Haltungen in seinen proprio- und interozeptiven Empfangssystemen erworben. Diese komplementären Rezeptoren spielen im Aufbau des Körperschemas verschiedene Rollen. Während Propriozeptoren das allgemeine Gleichgewicht gestalten und bei der Genauigkeit der Bewegungen im Raum intervenieren, bleiben die Interozeptoren von den früher erworbenen Haltungen durchdrungen.

Die spezifische Rolle des vestibulären Systems wird sich auf die Aufschlüsse über die Position des Kopfes im Zusammenhang mit dem Körper und der Lage des Körpers im Raum spezialisieren. Um dem Körper seine Position und seine Stützpunkte zu sichern, übt das vestibuläre System seine über Reflexbahnen funktionierende Aktion aus, indem es die momentane Lage mit einem genauen Antigravitationsbild vergleicht. Beim Erwerb des Gleichgewichts ist also bedeutsam, dass die Wahrnehmung der Senkrechten als wichtigster Bezugspunkt des Raumes angesehen werden kann, insbesondere, weil wir darauf angewiesen sind, unsere Handlungen auf die ständige Erdanziehungskraft abzustimmen.

Für PIAGET (1950, 1975)[10] lebt das Kind, wie gesagt, bis zum achtzehnten Monat in einem sensomotorischen Raum, der durch das Handeln des Kindes, wie Werfen, Greifen, also Handlungen, welche im Raum ablaufen, gekennzeichnet ist. Danach kommt das Kind – und das ist ein entscheidender Schritt – durch einen geistig vorgestellten Raum zur Abstraktion. Bis zu drei Jahren wird der Raum in Beziehung zu sich selbst erlebt. Das Kind bewegt sich in diesem Raum gemäß seinen Bedürfnissen und erworbenen Schemata. Es ist ein Raum ohne Form noch Ausdehnung, den PIAGET den topologischen Raum nennt.

Die Eigenschaften dieses topologischen Raumes sind Beziehungen von Nachbarschaft, Kontakt oder Trennung' Ordnung, die als räumliche Reihenfolge erlebt wird, Umgebensein und Kontinuität.

Später wiederholt der Aufbau des operativen Raumes, zuerst topologisch, dann projektiv und am Ende euklidisch, die Etappen des Aufbaus des sensomotorischen Raumes in der gleichen Reihenfolge. Die erste Etappe ist von einer radikal egozentrischen Art motorischer und perzeptiver Topologie gekennzeichnet, die zweite erlaubt durch die fortschreitende Dezentrierung dank einer wachsenden Koordination der Handlungen den Erwerb der Formen- und Größenkonstanz sowie das praktische In-Verbindung-Bringen von Objekten mit ihren Verschiebungen, um schließlich in einer dritten Etappe die Gruppe der Verlagerungen zu verwirklichen. „Es findet eine Verinnerlichung der Handlung statt, und der Raum, der anfangs ausschließlich sensomotorisch war, wird durch die Geburt des Bildes nunmehr vorstellbar" (TRAN-THONG, 1980)[13]. Diese Entwicklung des vorstellbaren Raumes, die im Alter von zwei Jahren einsetzt, schließt im Alter von ungefähr zwölf Jahren ab.

Nach DOLLE (1974)[14] können die verschiedenen Stadien, die den Erwerb des vorstellbaren Raumes erlauben, folgendermaßen zusammengefasst werden:

Bis zu vier Monaten setzt sich das Universum des Kindes aus Objektgruppen zusammen, die ihm nützlich sind. Die zahlreichen heterogenen Gruppen bilden sich aus der motorischen Aktivität: 'Mundraum', 'Sehraum', 'Haltungsraum' werden gefolgt von 'Taktilraum' und 'Hörraum'.

Im nächsten Stadium bis zum neunten Monat löst sich das Kind weder von seiner eigenen Wahrnehmung noch von seinen Bedürfnissen: wenn es Hunger hat, wird es die Flasche erst nehmen, wenn es den Lutscher sieht. Die Dinge werden global erlebt mit den Eigenschaften, die ihnen die praktische Handlung des Kindes zuschreibt. Es handelt sich um subjektive Objektgruppen.

Während der darauffolgenden Übergangsphase entdeckt das Kind die Größenkonstanz der Dinge und Elementarbegriffe der Perspektive. Es holt Spielsachen aus ihrem Versteck hervor und weiß, dass keiner es sieht, wenn es in seinem Versteck weilt.

Um den zwölften Monat erwirbt das Kind die Fähigkeit, seine eigenen örtlichen Veränderungen sowie die der Objekte bewusst aufzunehmen. Es sind objektive Gruppen, bei denen die Objekte nicht mehr nach Bedarf in subjektiver Weise wahrgenommen werden, sondern so, wie sie sind.

Mit ungefähr zwei Jahren erreicht das Kind das Alter der vorstellbaren Gruppen. Es kann sich eigene und fremde Ortsveränderungen vorstellen: „Es stellt sich selbst als ein im Raum lebendes Objekt (wie die anderen Objekte) vor" (DOLLE, 1974)[14]. Dieser vorgestellte Raum entwickelt sich in gleicher Weise wie der Handlungsraum und geht durch die drei Stadien: topologisches Stadium bis zum Alter von sechs Jahren, dann projektives Stadium von sieben bis neun Jahren und schließlich euklidisches Stadium bis zum Alter von zwölf Jahren.

„Der Aufbau des sensomotorischen und des vorstellbaren Raumes geschieht durch die Bildung von drei Räumen: des praktischen Raumes, des subjektiven Raumes und des objektiven Raumes" (DOLLE, 1974)[14]

Für PICQ und VAYER (1976)[15] durchläuft das räumliche Vorstellungsvermögen auch drei Vorbereitungsstadien, die mit einem Bild der Umwelt und einem Bild des eigenen Körpers verbunden sind: Nach einem topologischen Stadium, in welchem die räumliche Vorstellung unmöglich ist, weil noch kein räumliches Schauen besteht; nach einem projektiven Stadium, in welchem die räumliche Vorstellung durch in der Zeit ablaufende räumliche Veränderungen zwischen zwei Elementen vorbereitet wird, erreicht das Kind in seiner Entwicklung das dritte und letzte Vorbereitungsstadium, ein metrisch-projektives Stadium, in welchem es die einzelnen Teile seines Körpers unterscheidet, ohne jedoch schon lateralisiert zu sein. Hat es diese Fähigkeit erworben, kann es sich von der äußeren Welt entfernen und sich bewusst seinem eigenen Bild wieder zuwenden. So erfährt es die räumlichen Begriffe durch den Vergleich dieser zwei Aspekte.

Im darauffolgenden Vorstellungsstadium entwickelt sich die Verbindung zwischen dem Universum und dem Kind entlang seiner Körperachse. Gleichzeitig mit Abstraktbegriffen entdeckt es den Wert von raumzeitlichen Projektionen, die es im Geist zu den gedachten Elementen führen.

Es sei jedoch festgehalten, dass für PICQ und VAYER die Abstraktion das letzte Entwicklungsstadium darstellt. Die räumliche Vorstellung ist dadurch charakterisiert, dass sie das Bild des symbolisierten Körpers zentriert, den sie zu einem Punkt werden lässt und dem Kind dadurch erlaubt, sich eine räumliche Situation, anstatt einer eingenommenen Stelle im Raum vorzustellen.

2.2.4 Die räumliche Entwicklung im Alter von drei bis sechs Jahren

LEBOULCH (1978)[4] beschreibt die Zeit von drei bis sechs Jahren als die Phase des Aufbaus des perzeptiven Unterscheidens, des „corps perçu". Erst am Ende dieses Stadiums erreicht das Kind eine analytisch-synthetische Ansicht der Welt, welche ihm dann erst eine raumzeitliche Strukturierung erlaubt. Die Vorherrschaft der Entwicklung der sensoriellen Strukturen in dieser Zeit rechtfertigt auch diese Benennung. Dabei müssen zwei Wahrnehmungsfelder unterschieden werden:

- die Wahrnehmung der Umwelt durch die Sinnesorgane,
- die auf unseren eigenen Körper und seine Teile gerichtete Wahrnehmung, die einen wichtigen Teil unseres Bewusstseins darstellt.

Auch DE AJURIAGUERRA (1974)[16] weist auf die Wechselbeziehung zwischen Raum- und Körperbewusstsein hin, auf eine parallele Entwicklung von Raumvorstellung und Körperbild, so dass der Erwerb des Raumes nicht ohne Bezug auf die Entwicklung des Körperbildes gesehen werden kann. Er zitiert TABAR (1960), der bei einer Untersuchung über die parallele Entwicklung zwischen Raumvorstellung und Körperschema anfangs

82

enge Korrelationen zwischen beiden Entwicklungen feststellte.

In diesem Kontext hat LURCAT (1979)[17] in einer Studie über räumliche Orientierungspunkte, wie sie von Vier- bis Sechsjährigen gebraucht werden, einerseits die Projektion des eigenen Körperschemas in die räumlichen Anhaltspunkte aufgezeigt, andererseits festgestellt, dass es bei der räumlichen Begriffsbildung zwei verschiedene Arten von Anhaltspunkten gibt:

- die objektiven Anhaltspunkte, die von der Orientierung des Kindes unabhängig sind, weil sie einem außerkörperlichen Objekt gehören,
- die subjektiven Anhaltspunkte, die abhängig von der Orientierung des Kindes sind, die also von ihm selbst abhängen.

Zuerst werden vom Kind die objektiven Anhaltspunkte erworben; die subjektiven folgen später, weil sie von der Lateralisierung des Kindes abhängig sind und von seiner Fähigkeit, die Verschiebung eines Gegenstandes im Raum mit einem objektiven Anhaltspunkt am eigenen Körper übereinstimmen zu lassen.

Orientierungspunkte im Zusammenhang mit einer anderen Person erscheinen später: es besteht in diesem Alter noch immer eine gewisse 'Verwirrung' zwischen dem Körperraum und seiner Projektion auf einen anderen Menschen. Die Fähigkeit, Orientierungspunkte in Zusammenhang mit einer anderen Person zu erkennen, entsteht erst nach sechs Jahren, wenn das Kind sein eigenes Körperbild fester gestaltet hat. Um diese Wahrnehmungsmechanismen zu erklären, findet man zwei gegensätzliche Theorien, von denen die eine sagt, visuell nehme man ein unzerlegbares Ganzes wahr, während die zweite behauptet, die visuelle Wahrnehmung trenne einen grundlegenden Zug heraus, was die Wahrnehmung des Ganzes verhindere. Diese beiden Theorien können wir jedoch durch die Annahme einer vorherrschenden synkretischen Intelligenz beim Kind während dieser Entwicklungsphase ersetzen. Dazu sagt REY (1952), zit. in MUCCHIELLI (1964)[18]: „Lange Zeit ist das Kind unfähig, gleichzeitig auf verschiedene Teilaspekte eines Ganzen zu achten. Die Wahrnehmung pendelt zwischen dem globalen Sehen und dem Sehen von Einzelheiten hin und her. Ob es um Überlegungen, Gemütsphänomene, Wahrnehmungen und Handlungen geht, das Grundproblem bleibt das gleiche: in allen Fällen zentriert sich die Wahrnehmung entweder auf die trennenden Elemente oder auf die globalen Aspekte, die aber trotz allem nur ein konfuses Bild des Ganzen geben."

„Am Ende der ersten Kindheitsphase lebt das Kind in einer lateralisierten, orientierten Welt, in welcher es auf affektiver und sensorischer Ebene normal handlungsfähig ist. Die Welt besteht aber „für es", ist auf es und durch es zentriert, von ihm ausgehend und in bezug auf es gegliedert. Diese erste Stabilisierung auf affektiv-sensorisch-motorischer Ebene ist das unentbehrliche Sprungbrett, ohne das eine raumzeitliche Strukturierung nicht stattfinden kann. Es ist wahr, dass eine andere Funktion unerlässlich ist zu ihrem Entstehen: die analytische Intelligenz" MUCCHIELLI (1964)[18]. In bezug auf den außerkörperlichen Raum in diesem Altersabschnitt lebt das Kind (nach PIAGET,

1948, 1975)[19] in einem topologischen Raum; konkret bedeutet das, dass das Kind z.B. Figuren verwechselt, welche die gleiche Beziehung zeigen, selbst wenn sie vom euklidischen Standpunkt aus verschieden sind. In der Folge wird das Kind im Alter von vier bis fünf Jahren diese intrafigurale Organisationsebene verlassen, indem es lernt, ein Element in einer gegebenen Gestalt zu lokalisieren.

Die Weiterentwicklung zum projektiven Raum ist an einen „Modus der Koordinationen von Figuren untereinander" gebunden, denn „diese topologischen Relationen führen in keiner Weise zur Konstruktion von Gesamtsystemen, ..." (PIAGET, 1948,1975) [19].

Der topologische Raum ist also kein totaler Raum, und das Kind wird, um über dieses Stadium herauszukommen, Projektionen und Koordinationssysteme gebrauchen, die von seinem eigenen Körperraum abgeleitet werden. (cf. LURCAT, 1979)[17] „Der projektive Raum (...) beginnt psychologisch dann, wenn der Gegenstand oder seine Figur nicht mehr einfach in sich selbst betrachtet wird wie auf dem Gebiet der rein topologischen Relationen, sondern bezüglich eines 'Blickwinkels': Blickwinkel der Person als solcher (...) oder Blickwinkel anderer Gegenstände, auf die der erste projiziert ist" (PIAGET, 1948, 1975)[19].

Selbstverständlich bleibt die Entwicklung des Raumbegriffes nicht auf den visuellen Raum beschränkt. Die taktilen und kinetischen Sinne liefern dem visuellen Sinn eine wesentliche Unterstützung in der Erforschung der räumlichen Angaben. „So können wir behaupten, dass der Aufbau des visuellen Raumes, Stütze der geistigen Vorstellung der geometrischen Formen, durch die ständige Vereinigung zwischen dem Sehen und dem Tasten in der Handhabung und durch das Sehen und die Bewegung in den Mal- und Schreibvorgängen geschieht" (LEBOULCH, 1981)[20].

Ich glaube die Betrachtung dieses Entwicklungsstadiums nicht abschließen zu dürfen, ohne noch einmal auf die sich festigende laterale Dominanz hinzuweisen. Obwohl eine sich andeutende Vorliebe in der manuellen Geschicklichkeit schon im Alter von vier bis sechs Monaten, im Augenblick der ersten hand-augen-koordinierten Bewegung festgestellt werden kann, kann man von realer lateraler Dominanz erst ab dem Alter von drei-vier Jahren sprechen, wenn durch die spontaner werdende Handhabung der Sprache die Orientierungsbestimmungen in der Umwelt immer gebräuchlicher werden.

Die Lateralität ist der Ausdruck einer funktionellen Asymmetrie, die bewirkt, dass die der rechten und linken Seite des Kindes entsprechenden motorischen Räume nicht übereinstimmen. Diese heterogene Entwicklung der beiden Körperhälften stellt eine zusätzliche Hilfe im Aufbau des orientierten Raumes dar. Wenn „im Alter von ungefähr sechs Jahren dem Kind der Unterschied zwischen seiner rechten und linken Seite bewusst wird, (...) wird die Orientierung seines eigenen Körpers beendet sein. Es kennt dann die Begriffe von:

84

- vor und hinter seinem Körper,
- über und unter seinem Körper,
- rechts und links von seinem Körper

und kann die Orientierung seines Körpers auf den Raum übertragen" (LEBOULCH, 1978)[4].

Vom Körper als Bezugspunkt ausgehend wird sich wiederum die Vorstellung von Geraden entwickeln. PIAGET redet von der operatorischen Konstruktion der projektiven Geraden durch „Peilen".

2.2.5 Die räumliche Entwicklung im Alter von sechs bis zwölf Jahren

Im Alter zwischen sechs und zwölf Jahren wird das Kind zum euklidischen Raum und zur Abstraktion geführt. Nachdem es eine Vorstellung des eigenen Körperraumes erworben hat, wird es nun imstande sein, seinen Körper auf den eigenen Standpunkt zu fixieren und sich in Gedanken an einen anderen Ort zu begeben und von dort her räumliche Vorstellungen zu entwickeln. LEBOULCH (1978)[4] spricht hier von der Stufe der geistigen Fähigkeit, sich den eigenen Körper in Bewegung vorzustellen. Dies ist ein wichtiger Abschnitt in der Strukturierung des Körperschemas. Er integriert sowohl das Erlebte als auch die perzeptiv-motorischen Informationen.

Diesem Alter kommt also durch die Entwicklung der abstrakten Intelligenz eine entscheidende Bedeutung zu. Das Kind lernt im Alter von sieben bis acht Jahren, andere Bezugspunkte als seinen eigenen Körper anzuwenden. Die räumlichen Begriffe, die bis dahin immer nur auf seinen Körper bezogen verstanden wurden, werden von dem Alter an unabhängig von ihm gesehen und dadurch operativ. Die Begriffe „rechts, links" können von nun an auf andere Personen übertragen werden, so dass Nachahmungsbewegungen nicht mehr spiegelverkehrt wiedergegeben werden. Aus der Vorstellung der Geraden heraus entwickeln sich die Begriffe der Horizontalen und Vertikalen als mögliche Koordinationsachsen.

In seinen Arbeiten zu diesem Altersabschnitt sagt PIAGET (1948, 1975)[19] : „Im Gegensatz zu den topologischen Relationen, die innerhalb jedes Gegenstandes und jeder Konfiguration bleiben, sind die euklidischen Relationen, die ihre Vollendung in der Konstruktion der Koordinatensysteme finden, vor allem Beziehungen zwischen den Gegenständen und zwischen den Figuren (obwohl sie natürlich auf das Innere derselben zurückwirken), und zwar insofern, als sie den Gegenständen und Figuren in einem als Totalsystem strukturierten Gesamtsystem ihren Platz zuweisen. Deshalb geht die Konstruktion der natürlichen Koordinatensysteme (Horizontale und Vertikale) zur gleichen Zeit vor sich wie die Koordinierung der Perspektiven d.h. der projektiven Relationen, die ebenfalls Gesamtsysteme bilden, die die Gegenstände oder Figuren miteinander verbinden. Aber der projektive Raum bildet im wesentlichen eine Koordinierung der wirklichen oder möglichen Blickwinkel sowie der Figuren, die als relativ zu diesem Blickwinkel betrachtet werden; die Koordinaten dagegen, die die Struktur des euklidischen Raumes zum Ausdruck bringen, bilden eine Koordinierung der betrachteten Gegenstände in ihren objektiven Lagen und Verlagerungen sowie in ihren metrischen Relationen. Das mitten im Stadium der konkreten Operationen liegende Durchschnittsalter von neun Jahren bezeichnet also eine entscheidende Wendung in der Konstruktion des Raumes, nämlich die Vollendung des Gerüstes, das dem euklidischen und dem projektiven Gesamtsystem eigen ist."

Dieser Altersabschnitt stellt aber nicht nur eine wichtige Etappe für die Entwicklung des außerkörperlichen Raumes dar, sondern ist auch, wie schon erwähnt, für die Strukturierung des Körperschemas von großer Bedeutung. Das Körperschema entwickelt sich zu einem wahren Handlungsschema, das in Form eines vorwegnehmenden Bildes, dem Kind erlaubt, seine eigene Motorik zu gestalten. Zur Verwirklichung dieser Fähigkeit sind drei fundamentale Errungenschaften erfordert:

– die Möglichkeit der Verwirklichung durch die Verfeinerung der kinetischen Felder,
– die Verbindung zwischen visuellen und kinetischen Angaben,
– die Möglichkeit, diese gesamten Informationen in einer verinnerlichten zeitlichen Folge zu integrieren. (zit.nach LEBOULCH, 1978)[4].

2.2.6 Schlussfolgerung

Unsere verschiedenen Wahrnehmungsorgane liefern uns also fortwährend die Informationen, welche für den Aufbau eines Vorstellungs- oder Handlungsraumes nötig sind. Jede unserer Handlungen setzt nämlich die Einschätzung von Entfernungen und Richtungen voraus, ob es sich dabei um das Ergreifen eines Gegenstandes, um das Schreiben oder um die Lageveränderung unseres Körpers handelt.

Der Aufbau des Raumes durch das Herstellen von räumlichen Beziehungen zwischen den uns umgebenden Elementen begreift einerseits, gekoppelt an den Perzeptionsraum, die räumliche Orientierung und andererseits, gekoppelt an den Vorstellungsraum, die räumliche Strukturierung.

Unsere zwei- oder dreidimensionale Raumwahrnehmung beruht auf einer Reihe von räumlichen Indizien, anhand derer sich sowohl Formen als auch Lagegestaltungen bilden. Die meisten Informationen werden uns dabei durch das visuelle Wahrnehmungssystem geliefert, die anderen Wahnehmungssysteme tragen mehr oder weniger zu der Einschätzung von Distanzen und Stellungen von Objekten bei.

Die Entwicklung der Raumerfassung vollzieht sich in zwei Abschnitten: zuerst die direkte Wahrnehmung der Umgebung und dann erst die Vorstellung von räumlichen Zusammenhängen im Geiste. Diese Entwicklung folgt dem Aufbau der Objektivierung von Beziehungen, wobei das Kind – anfänglich noch von seinem Egozentrismus geleitet – lernt, Zusammenhänge von einem anderen als seinem eigenen Standpunkt her zu betrachten. So erwirbt und festigt das Kind nach und nach, zusammen mit seinen sich weiter entwickelnden geistigen Fähigkeiten, die Begriffe von Distanz, Flächen, Volumen, Perspektiven und Koordinaten; alles Begriffe, welche seine räumliche Orientierungs- und Strukturierungsmöglichkeiten bestimmen.

Kapitel 2.2: Literaturhinweise

[1] OSTERRIETH, P.A.: Introduction à la psychologie de l'enfant. Presses Universitaires de France, Paris, 1967.

[2] LEBOYER, F.: Pour une naissance sans violence. Seuil, Paris, 1976.

[3] WALLON, H.: Les origines du caractère chez l'enfant. Presses Universitaires de France, Paris, 1970.

[4] LEBOULCH, J.: Vers une science du mouvement humain. Editions Sociales Françaises, Paris, 1978.

[5] LAPIERRE, A.; AUCOUTURIER, B.: La symbolique du mouvement. Epi, Paris, 1975.

[6] TREVARTHEN, C.: L'action dans l'espace et la perception de l'espace – Mécanismes cérébraux de base. In: BRESSON, F.; CHOMBART DE LAUWE, P.H.; CULLEN, M.; GUILBAND, G.TH.; PAILLARD, J.; DE RENZI, E.; VURPILLOT, E.: De l'espace corporel à l'espace écologique. Presses Universitaires de France, Paris, 1974.

[7] WALLON, H.: L'évolution psychologique de l'enfant. Collin, Paris, 1968.

[8] GUILMAIN, E.; GUILMAIN, G.: L'activité psychomotrice de l'enfant. VIGNE, Paris, 1971.

[9] VURPILLOT, E.: in: BRESSON, F.; CHOMBART DE LAUWE, P.H.; CULLEN, M.; GUILBAND, G.TH.; PAILLARD, J.; DE RENZI, E.; VURPILLOT, E.: De l'espace corporel à l'espace écologique. Presses Universitaires de France, Paris, 1974.

[10] PIAGET, J.: La construction du réel chez l'enfant. In Übersetzung: Der Aufbau der Wirklichkeit beim Kinde. Klett Verlag, Stuttgart, 1975.

[11] OERTER, R.: Moderne Entwicklungspsychologie. Auer, Donauwörth, 1977.

[12] MERLEAU-PONTY, M.: La phénoménologie de la perception. Gallimard, Paris, 1945

[13] TRAN-THONG, T.: Stades et concept de stade de développement de l'enfant dans la psychologie contemporaine, Vrin, Paris, 1980.

[14] DOLLE, J.M.: Pour comprendre J. Piaget, Privat, Toulouse, 1974.

[15] PICQ, L.; VAYER, P.: Education psychomotrice et arriération mentale, Doin, Paris, 1976.

[16] AJURIAGUERRA, De, J.: Le manuel de psychiatrie de l'enfant. Masson, Paris, 1974.

[17] LURCAT, L.: L'enfant et l'espace. Presses Universitaires de France, Paris, 1979.

[18] MUCCHIELLI, R.: La dyslexie, maladie du siècle. Editions Sociales de France, Paris, 1964.

[19] PIAGET, J.: Die Entwicklung des räumlichen Denkens beim Kinde. Klett Verlag, Stuttgart, 1975.

[20] LEBOULCH, J.: Le développement psychomoteur de la naissance à six ans. Editions Sociales de France, Paris, 1981.

2.3 Die Entwicklung des Zeitbegriffs beim Kind

Genau wie der Raum bezieht sich auch die Zeit auf eine nicht klar zu bestimmende Sphäre. Konnte man beim Raum jedoch noch zwischen Mund- und Körperraum, zwischen taktilem, akustischem und visuellem Raum unterscheiden, den Raum also als ein von unseren Wahrnehmungsorganen abhängiges Phänomen betrachten, so kann man bei der Zeitwahrnehmung nicht mehr von einer direkten Wahrnehmung ausgehen. Würde man es trotzdem tun, käme man nicht daran vorbei, die Zeit als Raum zu sehen, so wie dies seit Bestehen der Messung von Zeiteinteilungen mit der Erfindung jeder Arten von Uhren und Kalendarien der Fall ist.

Die Wahrnehmung des Zeitablaufes vollzieht sich während einer bestimmten Periode anhand von Änderungen und deren Folge, die unaufhaltsam die Zukunft in Gegenwart und dann in Vergangenheit verwandeln. Zeit ist vor allem Gedächtnis: während ich lese, vergeht die Gegenwart. Und so erscheinen auch in der Zeitwahrnehmung die zwei großen Komponenten der räumlichen Gestaltung wieder: die Ordnung und die Dauer, die für das Zeitgeschehen beide vom Rhythmus vereint werden.

Die Ordnung bestimmt die Folge zwischen einzelnen unwiederbringlich ablaufenden Ereignissen, die Dauer erlaubt die Messung des Zeitintervalls zwischen zwei Bezugspunkten einer vollen oder leeren Zeitperiode.

In seiner grundlegenden Arbeit sagt FRAISSE (1967)[1], die Ordnung, die er auch noch die „chronologische Verteilung der Ereignisse" nennt, stelle „den qualitativen Aspekt der Zeit" dar, wohingegen die Dauer „den quantitativen Aspekt der Zeit" ausmache. Die zeitliche Ordnung drängt sich uns auf, ohne dass es unsererseits zu einer diesbezüglich aktiven perzeptiven Leistung kommen muss; die Struktur dieser Ordnung entwickelt sich außerhalb von uns. Der Begriff der Dauer hingegen entsteht aus einem aktiven Erarbeiten der sensorischen Angaben, die aus den Veränderungen innerhalb der zeitlichen Intervalle entstehen. Dieses aktive Verarbeiten von zeitlichen Angaben ist von Mensch zu Mensch verschieden und wechselt – wie wir es später noch sehen werden – auch beim einzelnen Menschen im Laufe seiner Entwicklung. Die subjektive Schätzung des Zeitablaufs ist schwierig und auch beängstigend, weil sie uns den unwiderruflichen Ablauf der Zeit vor Augen führt. Es stellt sich die Frage, ob der Mensch nun eine Art innere Uhr besitzt, die es ihm erlaubt, die Dauer eines Geschehens abzuschätzen? Und wie schätzt er diese Dauer anhand der aufeinanderfolgenden Augenblicke ab, welche ihm Anhaltspunkte bedeuten? Immer wieder muss man feststellen, dass allein die Bewegungen und räumlichen Veränderungen uns die Basis zum Aufbau der Zeitwahrnehmung liefern.

In diesem Sinne definiert FRAISSE (1974)[2] die Psychologie der Zeit als das Studium des gesamten menschlichen Verhaltens in bezug auf Veränderungen, ob diese Veränderungen sich nun in der technischen, physikalischen Welt, in unserem sozialen Umfeld oder in unserem Organismus selbst vollziehen.

Mit FRIEDMAN (1978) [3] kann man den Zeitaufbau in einer dreifachen Aufteilung sehen:

- eine logische Komponente, mit den schon erwähnten Unterteilungen der Ordnung und der Dauer
- eine konventionelle Komponente, die unser Zeitdenken in ein uns bekanntes kulturelles Referenzsystem der Zeitrechnung (Jahr, Monat, Woche, Tag, Stunde, Minute, Sekunde) einschließt
- eine persönliche Komponente, welche den beiden erst genannten vorausgeht und uns noch vor dem Wissen um diese logischen und kulturellen Elemente Folge und Dauer von Ereignissen wahrnehmen und im Gedächtnis speichern lässt.

2.3.1 Physiologische Grundlagen der Zeitwahrnehmung

Es ist nicht das Anliegen dieser Arbeit, auf Einzelheiten der Physiologie der Zeitwahrnehmung einzugehen, doch wollen wir das Phänomen der Zeit von verschiedenen Aspekten her betrachten. Deswegen sei ein kurzes Kapitel auch diesen Grundlagen vorbehalten.

Am Anfang der Arbeit wurden schon die zirkadiensischen Variationen erwähnt, welche FRAISSE ausführlich beschrieben hat. Er berichtet dabei über die Modifizierung von Temperatur, Blutdruck, Reaktion auf Medikamente sowie Harnmenge und -zusammensetzung im Laufe von vierundzwanzig Stunden. Auch HALBERG (1979)[4] beschreibt diese biologischen Variationen und zeigt, wie man sie vorhersagen und in eine universelle Zeitstruktur einbauen kann, läuft unser Leben doch ab innerhalb der gleichmäßigen Wechselfolge der Jahreszeiten mit ihren verschiedenen Temperaturen und Sonnenscheindauern, mit Tages- und Nachtwechsel inmitten der Mondzyklen und Gezeiten. Es wird angenommen, dass unsere eigenen Rhythmen von diesen äußeren Einflüssen bestimmt werden, und dass durch deren eventuelle Veränderung unser physiologisches und psychologisches Verhalten beeinflusst wird.

Beim Menschen ist der größte Teil der zyklischen Aktivitäten endogenen Ursprungs; verschiedene innere biologische Uhren regeln die zyklische Wiederkehr derselben Phänomene. In diesem Zusammenhang führt BONE (1984) [5] einige Beispiele für die erwähnten Phänomene an. Zuerst spricht er von dem „Post-Lunch-Phenomenon", diesem „Absinken von Aufmerksamkeit, Wirksamkeit und Leistung" nach der Mahlzeit. Zuverlässige Testergebnisse, die hauptsächlich in Schweden zusammengetragen wurden, würden klar zeigen, dass die normalerweise angenommene Erklärung, es handle sich um die Verdauungszeit nach dem Mittagessen, nicht zutreffend sei, weil auch Menschen mit leerem Magen diesen Leistungsabfall zu dem Zeitpunkt erfahren. Es bleibe also eine Unbekannte, schlussfolgert er.

90

In einem anderen Beispiel beschreibt er die Schwierigkeit, sich von einem „Jet-lag" zu erholen. „Diese Müdigkeit äußert sich in einer zirkadiensischen Rhythmusstörung: Desynchronisation der Funktionen von Schlaf, Hunger, Harnausscheidung (...). Es kommt reihum zu Schlaflosigkeit und Müdigkeit, zu Veränderung der visuellen Perzeption, zu Reizbarkeit, oder, was schlimmer ist, zu einer Verminderung der geistigen Kräfte und zu Gedächtnisschwund; der Blutdruck, der Spiegel von Adrenalin und Noradrenalin, sowie der Herzrhythmus sind merklich verändert (...). Das kommt daher, dass wir eine innere Uhr besitzen, die mehr oder weniger auf die zirkadiensischen Zeitabschnitte der Umdrehung der Welt um ihre eigene Achse abgestimmt ist".

Spezifische Mechanismen in der Zellentätigkeit regulieren somit die Periodizität der physiologischen Abschnitte, ohne jedoch Bewusstsein und Einschätzung der Zeit zu erklären. Im Gegensatz zu anderen Wahrnehmungen geschieht die Zeitwahrnehmung ohne spezifisches Wahrnehmungsorgan: wir müssen die Zeit, besonders im Fall der Zeitdauer, aus Informationen entnehmen, die uns von unterschiedlichen Wahrnehmungsorganen und unserer Subjektivität geliefert werden. Dazu meint MACAR (1980)[6], dass Herz- und Atemrhythmen, sowie Gehirnwellen zwar oft als innere „Zeitgeber" angegeben werden, diese Hypothese jedoch wenig überprüft wurde, und dass allein propriozeptive Indizien uns annehmbare Angaben über die Zeitdauer geben können.

Auf die Frage nach dem Warum dieser biologischen Uhren gibt MACAR drei Gründe an:

- „Es ist vorteilhaft für die Individuen derselben Art, ihren aktiven Zeitraum zu synchronisieren, um die Nahrungssuche zu erleichtern, sich den Eindringlingen zu widersetzen, und um die Begegnung mit einem Geschlechtspartner zu ermöglichen.
- Außerdem braucht der Organismus, um seine Aktivität zu regeln einen endogenen Mechanismus, der eine gewisse Autonomie besitzt (...). Dieser endogene Mechanismus erlaubt, dass Vorbereitungs- und Vorwegnahmeprozesse sich entfalten, was von manifestem Interesse ist (...).
- Außerdem sichert die biologische Uhr das Fortdauern eines Rhythmus, sogar bei zeitlicher Abwesenheit der äußeren Synchronisatoren."

2.3.2 Psychophysische Angaben über die Zeit

In einer interessanten Synthese von Datensammlungen eines halben Jahrhunderts über dieses Gebiet der Wahrnehmung und der Einschätzung der Zeitdauer zeigt FRAISSE (1967)[1], wie er zu seiner Schlussfolgerung der „psychologischen" oder „wahrgenommenen Gegenwart" gelangt. Er gibt dazu das Beispiel vom Ticktack der Uhr an, das als eine Einheit gehört wird und nicht als zwei getrennte Geräusche. Eine solche Trennung würde die Wahrnehmung des Rhythmus verhindern und dadurch die Wahrnehmung der sprachlichen

Laute in sinnvollen Einheiten unmöglich machen. Das Ticktack der Uhr illustriert nämlich in bemerkenswerter Weise die globale zeitliche Wahrnehmungsform der „psychologischen Gegenwart". Jede wahrgenommene Zeitdauer ist im Durchschnitt kürzer als zwei Sekunden; jede längere Zeitdauer wird in der Regel geschätzt, was nur mit Hilfe des Gedächtnisses geschehen kann.

Die gleiche Thematik analysiert MACAR (1980)[6], wenn sie in einem Kapitel über die Psychophysik der Zeit folgende Fragen aufwirft:

- Welche ist die unterste Grenze für die Wahrnehmung einer Dauer?
- Welche minimale Differenz ist der menschliche Organismus fähig, zwischen zwei Dauern wahrzunehmen?
- Welche Genauigkeit kann der Mensch in der Schätzung einer bestimmten Dauer erreichen?
- Welchen Einfluss haben die physischen Dimensionen der angewandten Stimuli und der psychologische Zustand des Menschen auf das Resultat dieser Messungen?

Eine Messung der Zeit ist beim Menschen nach vier Methoden möglich: durch Schätzung und Herstellung, Wiedererzeugung und Vergleich. Diese vier Methoden beschreibt FRAISSE (in: Handbuch der Psychologie)[7] folgendermaßen:

- Die absoluten Urteile. Der Mensch kann auf die erlebte Zeit reagieren, indem er einfach ausdrückt, dass er sie zu lang oder zu kurz finde, d.h. er bezieht sich auf ein subjektives Normalmaß der gewohnten Dauer eines bestimmten Vorganges.
- Die quantitative Beurteilung vermittels der gebräuchlichen Zeiteinheiten. Diese Methode wird am häufigsten verwendet. Sie ist indessen nicht die sicherste. Wir sind ungeschickt im Umgang mit Einheiten, für die uns wahrnehmbare Anhaltspunkte fehlen.
- Die Beurteilung nach dem Herstellungsverfahren. Die Versuchsperson wird aufgefordert, eine der Standardzeit entsprechende Dauer wiederzugeben. Die Methode hat den Vorteil, jede Bezugnahme auf abstrakte Einheiten zu vermeiden; sie ist jedoch nur brauchbar für Zeitabschnitte, die einige Minuten nicht übersteigen.
- Die Beurteilung nach dem Produktionsverfahren. Die Versuchsperson muss eine Aufgabe innerhalb einer in Zeiteinheiten bestimmten Frist bewältigen.
- Die Beurteilung im Vergleichsverfahren. Der Versuchsleiter oder die Versuchsperson geben zwei Zeitabschnitte an, welche die Versuchsperson vergleichen muss. Die Methode wurde vielfach von PIAGET verwendet (1946 und 1961).

Die beiden ersten Methoden wurden von FRAISSE in eine Kategorie zusammengefasst, weil sich beide nur durch die Subjektivität oder Objektivität der Schätzung unterscheiden. Die Schätzung von Zeitintervallen unterliegt einer sehr großen Variationsbreite, sowohl zwischen einzelnen Personen betrachtet

92

als auch bei derselben Person in verschiedenen Altersstufen oder auch zum gleichen Zeitpunkt, aber unter unterschiedlichen psychologischen Faktoren (äußere Situation, Motivation). Die Schätzung bleibt die einzig mögliche Methode bei längeren Zeitintervallen; die drei anderen sind angebracht bei der Prüfung kürzerer Zeitintervalle, für welche wir physiologische, sensomotorische Informationen besitzen.

Damit eine Stimulation überhaupt wahrgenommen werden kann, sind eine Mindestintensität und eine Mindestdauer erforderlich; unter dieser Mindestdauer bleibt die Stimulation augenblicklich. Zwischen Augenblick und Zeitdauer gibt es die „Zeitschwelle" (FRAISSE). Die Perzeptionsschwellen vom Übergang der Gleichzeitigkeit zur zeitlichen Folge ändern sich mit den sensorischen Gegebenheiten. Die beobachteten Unterschiede lassen sich durch die für die einzelnen Wahrnehmungsorgane verschiedenen Übertragungsmechanismen der Information erklären. So z.B. wird die Folge der Stimulifolge Ton – Licht leichter wahrgenommen als die Folge Licht – Ton. Es sei noch bemerkt, dass, durch die Verschiedenheit der Perzeption bedingt, eine physisch gleichzeitige Anbietung dieser beiden Stimuli jedoch nicht automatisch als eine gleichzeitige Wahrnehmung aufgenommen wird.

Näheres zu diesem interessanten Thema kann bei den zitierten Autoren eingesehen werden.

2.3.3 Perzeption der Dauer

Zu Beginn dieses Kapitels wurde kurz der Begriff der leeren und vollen Zeitdauer erwähnt, ohne dass dieser Begriff an der Stelle jedoch näher erklärt wurde; das soll nun hier geschehen. Die leere Dauer besteht zwischen zwei begrenzten, sich folgenden Stimuli, während die volle Dauer der Länge der Stimulation von Anfang bis Ende entspricht. Die Wahrnehmung einer Dauer bedingt also eine Primärwahrnehmung der Grenzstimuli oder ihrer Veränderung und eine aktive Wahrnehmungsphase zwischendurch.

Außer dieser Einschätzungsmöglichkeit der augenblicklichen, gegenwärtigen Dauer besitzen wir noch die Fähigkeit der Zeiteinschätzung im nyktinastischen d.h. durch den Wechsel der Lichtintensität bewirkten Zyklus.

Bei der qualitativen Einschätzung der Dauer durch den Vergleich der relativen Zeitdauer zwischen zwei Zeitintervallen oder bei ihrer quantitativen Einschätzung in Sekunden suchen wir nach Anhaltspunkten, um die erhaltenen Informationen zu deuten. Diese perzeptive Handlung gebraucht entweder die wahrnehmbaren, objektiven Indizien der Situation oder schafft, in einer homogenen Situation, eigene Indizien, wie z.B. das Taktschlagen. Die erste Methode, welche die natürlichen Indizien benutzt, beruht auf der Wahrnehmung der sensorischen Komponenten der visuellen, akustischen, taktilen oder kinästhetischen Veränderungen. Die zweite schafft sich künstliche Anhaltspunkte, hauptsächlich im kinästhetischen Bereich der Bewegung. Es ist klar, dass die Qualität der Einschätzung von Person zu Person verschieden ist. Sie ist von folgenden Faktoren abhängig:

2.3.3.1 Einfluss des Alters (nach SMYTHE und GOLDSTONE, 1957)

Beide Autoren stellen fest, dass die Einschätzung der Dauer mit dem Alter genauer wird. Während z.B. Kinder mit acht Jahren einen Zeitraum von zwanzig Sekunden zwischen fünf Sekunden und zehn Minuten einschätzen, und der Irrtum bei elfjährigen Kindern im Schnitt noch doppelt so groß war wie bei Erwachsenen, beginnt die Streuung sich zu stabilisieren von Sechzehnjährigen an aufwärts.

2.3.3.2 Psychologische Eigenschaften der Versuchsperson

Motivation, Aufmerksamkeit, Intelligenz und psychologische Eigenschaften, sowie ein Training für diese bestimmte Tätigkeit beeinflussen die Einschätzung der Dauer in dem Sinne, dass die psychologische Zeit als mehr oder weniger schnell empfunden wird.

2.3.3.3 Eigenschaften der Aufgabe

Schon 1942 stellte HARTON fest, dass die Dauer einer schwierigen, aber lösbaren Aufgabe unterschätzt, diejenige einer zu schwierigen Aufgabe jedoch überschätzt wird. FRAISSE (1967)[1] zitiert GOLDSTONE, BOARDMAN und SHANNON (1959), wenn er sagt, dass der gleiche Zeitraum zwischen zwei Lichtpunkten länger erscheint als zwischen zwei Tönen, und dass die Dauer der Grenzstimuli ebenfalls die geschätzte Dauer beeinflusst. Die Natur der Stimuli, sowie der Umstand, dass es sich um eine volle resp. eine leere Dauer handelt, beeinflussen die Einschätzung der Zeit; so werden z.B. leere Zeitdauern im Vergleich zu vollen überschätzt.

Die Einschätzung der Dauer wird ebenfalls vom angesprochenen Wahrnehmungsorgan beeinflusst: so werden im Vergleich zu akustischen Signalen die visuellen Signale einer identischen Dauer unterschätzt.

2.3.3.4 Zeithorizont und -perspektive

Wir leben in der Gegenwart, besitzen jedoch die Fähigkeit, uns an unsere Vergangenheit zu erinnern und uns unsere Zukunft auf kurze oder lange Zeit vorzustellen. Der Inhalt dieser Überlegung und dieser Vorstellung der Zeit stellt unseren Zeithorizont dar. Er erweitert sich wesentlich mit dem Alter und weitet sich von einer unmittelbaren Gegenwart zu einem unendlich großen Zeitraum, der außerhalb unserer Wahrnehmungsgrenzen liegt. Obwohl unsere Aktivität sich in der Gegenwart verwirklicht, bereitet sie sich doch lange im Voraus durch unser Streben und unsere Voraussicht des Geschehens vor: es handelt sich dabei um die zeitliche Integration der Folge unserer Handlungen. Auf beiden Seiten der wahrgenommenen oder psychologischen Gegenwart liegen Vergangenheit und Zukunft.

Die eigene Vergangenheit baut sich leicht durch das Speichern unserer vergangenen Handlungen auf und erleichtert uns die Vorbereitung der Zukunft. Die erste Form einer zukunftsorientierten Handlung wird durch eine Art Konditionieren erreicht: Auf eine erste Handlung folgt eine zweite positive Handlung; dank Aufmerksamkeit und Motivation stellen wir eine Reihenfolge her, bei welcher wir die zweite Handlung erwarten, wenn wir die erste hervorrufen. Diese augenblickliche Vorwegnahme der zweiten Handlung wird stufenweise von der Stimulation gelöst und erweitert somit unsere Zukunft. Der Inhalt der gegenwärtigen Handlung kann sich sowohl auf Erinnerungen als auf Pläne beziehen. Die kognitive Vorstellung erlaubt, unsere Handlungen gemäß einem persönlichen Kalender zu lokalisieren. Dieses Lokalisieren geschieht nicht anhand der objektiven Zeitgegebenheiten, sondern gemäß Handlungen, die in bestimmten Augenblicken unseres Lebens stattfanden.

„Die Einschätzung der vergangenen oder zukünftigen Zeitperspektive geschieht anhand des Inhaltes von Handlungen, welche in mehr oder weniger großer Entfernung von der Gegenwart in den beiden Richtungen der Vor- und Nachschau lokalisiert sind." (NUTTIN, 1979)[8]. Persönliche Motivation und subjektive Wichtigkeit, die wir mit diesem oder jenem Ereignis unseres Lebens verbinden, bedingen größtenteils unsere Zeitspanne. Alter, sozio-ökonomisches Umfeld sowie allgemeine gesellschaftliche Charakteristika beeinflussen diesen Zeithorizont genauso wie unsere Zeitorientierung, die, je nach Person oder Situation, eher auf die Gegenwart, die Zukunft oder die Vergangenheit gerichtet ist. Gekoppelt an diesen Fragenkomplex des Zeithorizontes scheint die Frage des automatischen täglichen Aufwachens zu einem bestimmten Zeitpunkt zu stehen. Es bleibt noch zu bestimmen, ob es sich dabei um einen Lerneffekt handelt, bei dem man äußere Signale mit inneren verbindet und deren Verbindung unser Aufwachen dann bestimmt, ganz gleich wo wir uns befinden. Erwähnenswert in dem Kontext ist die Tatsache, dass wir normalerweise mehrmals in der Nacht wach werden, wenn wir für einmal unsere gewohnte Weckzeit geändert haben, was darauf hindeuten würde, dass wir, sogar unbewusst, noch ein gewisses Gefühl der Zeitdauer bewahren.

Bei über mehrere Wochen andauernden Isolierungsversuchen (cf. MACAR, 1980) wurde die Zeit gewöhnlich unterschätzt. Die Versuchspersonen glaubten also weniger Zeit isoliert gelebt zu haben als es in Wirklichkeit der Fall war. Das Gefühl des 24-Stunden-Tages pendelt sich zwischen sechsunddreißig und vierzig Stunden objektiver Zeitdauer ein, obwohl die Anzahl der Schlaf-Wach-Perioden ungefähr den zirkadiensischen Rhythmen der Erde entsprach.

2.3.3.5 Zeit und Information

Die Schwierigkeit, interne physiologische Mechanismen für die Bestimmung der Dauer zu isolieren, führte dazu, dass die Forschung andere Postulate für ihre Untersuchungen stellte. „Ein ganz anderes Postulat, (...) belebt einen immer größer werdenden Teil der heutigen Theorien: die Zeit stellt eine Information dar, die vom Lernsystem aufgenommen, chiffriert, gespeichert, in einem Wort, verarbeitet werden muss, genau wie alle anderen Informationen, mit welchen der Organismus sich auseinandersetzen muss" (MACAR, 1980). In diesem Zusammenhang sagt MICHON (1979)[9], dass „die Geschwindigkeit, mit der die subjektive Dauer der Zeit abläuft, unmittelbar von der Anstrengungsdosis abhängt, welche man den zeitlichen Relationen inmitten einer Serie von Ereignissen widmet, und dies im Vergleich zu den Anstrengungen, die man macht, um die nichtzeitlichen Eigenschaften und Relationen zu erfassen." Einer interessanten Arbeit misst man seine ganze Aufmerksamkeit zu und achtet wesentlich weniger auf die damit verbundenen zeitlichen Elemente, was mit sich bringt, dass die Zeit unterschätzt wird; bei komplexen und uninteressanten Aufgaben verlängert sich dagegen die subjektive Zeit.

2.3.4 Perzeption der Ordnung

Der Begriff der Ordnung beruht auf der Klassifizierung von Ereignissen, die in einem bestimmten Zeitraum aufeinanderfolgen. Anhand von festen und beweglichen Anhaltspunkten können wir die Ereignisse im Vergleich zu anderen einordnen. Untersuchungen zeigen, dass die Perzeption der Ordnung unmittelbar ist: „Wenn die Stimuli eine interne Struktur besitzen, muss man nicht auf eine perzeptive Leistung zurückgreifen" (FRAISSE,1967)[1]. So z.B. können wir mit Leichtigkeit eine Serie von sechs Ziffern wiedergeben, haben aber Schwierigkeiten, diese Serie in umgekehrter oder verschiedener Reihenfolge zu wiederholen: die Ordnung ist ein wichtiger Bestandteil des Stimulus, den wir als Ganzes mit dieser Ordnung wahrnehmen. Besonders charakteristisch ist dieser Umstand bei der Rhythmuswahrnehmung.

Außer der Situation, wie die Stimuli sich uns mit ihrer Ordnung aufdrängen, können wir durch Deduktion anhand der uns bekannten Indizien die Ordnung herstellen, wie das z.B. beim Legen von Bildern, die einen chronologischen Ablauf darstellen, der Fall ist.

Um eine Ordnung, eine Folge, herzustellen, heißt es, die Ereignisse in ihrer Verschiebung zu differenzieren. Darüber hinaus heißt es, die wahrgenommene Folge zu unterscheiden von der wiederhergestellten Zeitfolge, in welcher das Gedächtnis eine wesentliche Rolle spielt.

„Das Gedächtnis der Ordnung geht aus der Bildung einer gleichzeitigen Vorstellung von verschiedenen sich zeitlich folgenden nebeneinander gestellten Augenblicken hervor" (FRAISSE, 1974)[2], was schließlich einer räumlichen Anordnung der Zeit gleichkommt.

Nach dieser Darstellung der beiden die Zeit definierenden Begriffe der Dauer und der Ordnung wollen wir nun näher auf den Rhythmus eingehen, der die beiden Begriffe von Dauer und Ordnung miteinander verbindet.

2.3.5 Der Rhythmus

Der Rhythmus stellt eine Synthese der Begriffe von Ordnung und Dauer dar und ist die Basis der zeitlichen Erfahrung. Der Idee der Ordnung in der Bewegung wird die Idee der Periodizität hinzugefügt. So lässt sich der Rhythmus definieren als die regelmäßige und periodische Wiederkehr einer geordneten Struktur.

Es ist klar, dass diese Struktur nicht analytisch oder durch Abzählen der einzelnen Elemente erfasst wird, sondern global: dies beweist die Tatsache, dass ein Kind fähig ist, eine rhythmische Struktur wiederzugeben lange, ehe es zählen kann.

Es ist auch diese einheitliche Strukturprägnanz, die eine umgekehrte Wiedergabe so schwierig macht. Zur Strukturerkennung gehört die Einschätzung der Intervalle zwischen den einzelnen Elementen der Sequenz. Die Elemente der Struktur werden nur spontan zusammen wahrgenommen, wenn sie wenig zahlreich und nur durch relativ kurze Intervalle voneinander getrennt sind. „Wenn die Intervalldauer zu groß, länger als zwei Sekunden wird, werden die Elemente einzeln wahrgenommen." (FRAISSE)[7]. Die globale Dauer der Struktur, – die sich aus der die einzelnen Elemente verbindenden und trennenden Dauer zusammensetzt, – sollte nicht länger als vier bis fünf Sekunden sein: Wenn die Zahl der Impulse zunimmt, soll die trennende Dauer abnehmen. Bei verschiedenen Gruppierungen kann nur so die Wahrnehmung, welche sich in einem spontanen motorischen Ausdruck zeigt, erreicht werden.

Die verschiedenen natürlichen Rhythmen kann man in innere und äußere Rhythmen einteilen. Zu den äußeren gehören alle in der Natur bestehenden Rhythmen. Bei den inneren Rhythmen, zu denen Herzschlag- und Atemrhythmus, sowie Bewegungsrhythmen gehören, ist hauptsächlich die Bewusstseinsnahme des eigenen Tempos und des Grundrhythmus zu nennen. Was den Grundrhythmus angeht, gibt es große Unterschiede zwischen den einzelnen Personen und eine Entwicklung mit fortschreitendem Alter, doch bleibt die individuelle Variabilität ziemlich gering.

2.3.5.1 *Rhythmus und Motorik*

Rhythmische Handlungen gibt es sowohl im täglichen Arbeitsablauf als auch beim Sportgeschehen, ob dieser Rhythmus nun individuell oder kollektiv ist.

Der harmonische Ablauf einer Bewegung umfasst ganz sicher auch einen internen Rhythmus. Dazu sagt FRAISSE (1956)[10]: „Die rhythmische Bewegung mit ihren perzeptiven, motorischen und affektiven Komponenten stellt sicherlich die vollständigste Erfahrung des Rhythmus dar; die Interaktion Rhythmus – Bewegung erlaubt den Ausdruck des Rhythmus durch die Bewegung und die Erleichterung der Bewegung durch den Rhythmus".

Kein Wunder, dass der Tanz als Ausdruck dieser Interaktion zwischen Rhythmus und Bewegung bei allen Völkern der Welt in den unterschiedlichsten Formen besteht. Die Mehrzahl der motorischen Aktivitäten entspricht nicht der reinen Definition des Rhythmus, weil sehr oft die Periodizität fehlt. Beim 110-m-Hürdenlauf z.B. aber spielen Struktur- und Periodizitätselemente mit. Durch eine Veränderung der Struktur oder eine unterschiedliche Akzentuierung verschiedener Elemente würde der Ablauf der Bewegung gestört. Die dynamische Struktur ist charakterisiert durch den Wechsel von Muskelanspannung und -entspannung, und der optimale Gebrauch der Muskelkraft bringt eine gleitende Bewegung hervor. Die unrhythmische Bewegung enthält weder diesen Wechsel zwischen Anspannung und Entspannung, noch die notwendige Koordinierung der einzelnen Körperteile zum Erlangen der gewünschten Bewegung, was zu einer schnellen Ermüdung führt.

Die Analyse der rhythmischen Strukturen, wie sie von HIR!ARTBORDE und FRAISSE (1968)[11] durchgeführt wurde, weist auf die Existenz von drei Faktoren im Zusammenhang mit dem Rhythmus hin:

- ein perzeptives Strukturieren des Rhythmus, welches dem Menschen erlaubt, einfache Rhythmuseinheiten durch ihre Wiedergabe, Übertragung oder Differenzierung wahrzunehmen und zu unterscheiden,
- eine praktische Bewegungsrhythmik, welche der rhythmischen motorischen Erzeugung äußerlich angebotener Rhythmussequenzen entspricht und hauptsächlich die Koordination zwischen den einzelnen Gliedern fördert,
- die perzeptivo-motorische Vorwegnahme, welche in vollkommener Synchronisierung Beginn und Anpassung der motorischen Reaktionen mit den angebotenen Tonfolgen erreicht.

Die beiden Forscher ziehen den Schluss, dass der Rhythmus sensumotorischen Ursprungs ist und eine perzeptiv-motorische Beschaffenheit hat. Der Rhythmus erlaubt die optimale Verbindung der motorischen Sequenzen, die ihrerseits den Rhythmus beleben.

Der Rhythmus erleichtert wahrscheinlich das kinästhetische, motorische Gedächtnis. Bestens bekannt ist ja die Tatsache, dass der Rhythmus als Gedächtnisstütze sehr wertvoll ist: Kinderreime, sinnlose Silben, lange Zahlenreihen lassen sich durch das Einteilen in rhythmische Gruppen leichter memorisieren. Gedichte mit ihren rhythmischen Versen, mit ihren Reimen, ihren langen und kurzen Versen lassen sich leichter im Gedächtnis behalten als Prosastücke. In dem Sinne erleichtert auch das Verbalisieren der vorgesehenen Handlung oft die Ausführung der Handlung, ob dieses Verbalisieren nun semantisch oder rhythmisch geschieht.

2.3.6 Entwicklung des Zeitaufbaus

Die Erklärungen des Zeitbegriffs beim Kind stoßen immer an die Grenzen des zur Verfügung stehenden Wortschatzes: so beziehen sich Ausdrücke wie „vor" und „nach" sowohl auf zeitliche als auch auf räumliche Angaben oder es kann sich der Ausdruck „schneller gehen" sowohl auf die bewegungsmäßige Dimension beziehen (mit größerer Geschwindigkeit gehen), als auch auf die Dimension der Ordnung (schneller gehen als...) oder auf die Dimension der Dauer (weniger Zeit brauchen). Auch wenn man feststellen kann, dass das Zeitgefühl, das sich durch die Folge oder die Erwartung eines Ereignisses ausdrückt, sehr früh beim Kind vorhanden ist, bleibt das Erfassen des Zeitbegriffs dennoch recht schwierig. Von den ersten Lebensjahren an ist das Kind fähig, rhythmische Strukturen wiederzugeben, doch entwickelt sich das Verhältnis Raum/Geschwindigkeit/Zeit erst mit der Denkfähigkeit des Kindes in dem Maße, wie es die wechselseitigen Veränderungen versteht. Für PIAGET (1974)[12] ist die Zeit die „Koordination der Bewegungen (...): Bewegungen der Gegenstände bei der physikalischen Zeit oder Bewegungen des Subjektes bei der psychologischen Zeit." Der Sinn für den Zeitablauf entwickelt sich nach PIAGET aus räumlichen und bewegungsmäßigen Beziehungen heraus, welche die Geschwindigkeit bestimmen. „Die Konstruktion der Zeit beginnt dann, wenn die verschiedenen Geschwindigkeiten untereinander verglichen werden, und diese Konstruktion findet ihren Abschluss in der Koordinierung dieser Geschwindigkeit: die Begriffe der Zeit und der Geschwindigkeit sind also korrelativ." (PIAGET)[12]. Die operative Koordinierung der Bewegungen setzt einen progressiven Aufbau der untereinander abhängigen Verhältnisse von Gleichzeitigkeit, Zeitfolge und Dauer voraus, welche zusammen den homogenen, kontinuierlichen und einheitlichen Charakter der Zeit ausmachen.

Schon die ersten Lebenswochen enthalten Situationen, welche Zeitelemente, besonders Zeitfolgen, begreifen. Dieser primäre Aufbau eines aufgezwungenen Zeiterlebens drückt sich in der Koordinierung von genetisch programmierten Handlungen aus, wie z.B. das Saugen und Hinunterschlucken. Die ersten gewollten Handlungen des Kindes, wie das Greifen, sind durch einen sekundären Aufbau des aktiven Zeiterlebens durch das eigene Programmieren seiner Bewegungen im Hinblick auf ein bestimmtes Ziel charakterisiert. Das Erwarten eines Ereignisses schließt den Aspekt der Zeitdauer mit ein, die sofortige oder verzögerte Erfüllung eines Wunsches verschafft eine erste Zeitkonditionierung außerhalb jeglicher chronometrischer Quantifizierung.

Handlungssequenzen führen zur Vorwegnahme der Endhandlung: so zeigt das Erscheinen eines Signalindizes (leere Flasche) den Anfang einer ganzen Reihe von koordinierten Handlungen an, die das Schlussresultat (das Saugen) vorbereiten; das Kind verlässt dann die wahrgenommene Gegenwart und erweitert seinen Zeithorizont, indem es, dank seines Gedächtnisses, fähig wird, vergangene Handlungen in die Zukunft zu übertragen.

Die Sprache bietet selbstverständlich eine zusätzliche massive Hilfe beim Aufbau dieses Zeithorizontes, doch werden die Antonyme bis zum dritten Lebensjahr in einem differenzierten Zeitaufbau, der zwar über die Gegenwart hinausgeht, verwechselt. Die Zeitbestimmungswörter beginnen erst im fünften Lebensjahr sinnvoll eingesetzt zu werden.

2.3.6.1 *Das Erfassen der Ordnung*

Ausgehend von einer Unterordnung der Zeitfolgen unter räumliche Angaben wechselt das Kind nach und nach zu einer Differenzierung zwischen zeitlichen und räumlichen Angaben. Von den verschiedenen von PIAGET durchgeführten Untersuchungen seien zwei hier kurz beschrieben (genauere Angaben in PIAGET, 1974)[12].

Zwei Gefäße werden übereinander gestellt und das gefärbte Wasser des oberen Behälters lässt sich in das untere Gefäß ableeren. Mittels eines Glashahnes, der sechs- bis achtmal geöffnet und wieder geschlossen wird, wird jedesmal während der gleichen Öffnungsdauer die gleiche Wassermenge abgelassen. Das Kind, das dieser Vorführung zuschaut, soll bei jedem Abgießen auf ein anderes Blatt, auf welchem die Umrisse der zwei Behälter eingetragen sind, das Niveau des Wassers sowohl im oberen, als auch im unteren Behälter zeichnen. Wenn das Wasser nach den verschiedenen Etappen umgefüllt ist, werden die Zeichnungen des Kindes gemischt, und das Kind soll sie dann der Reihe nach ordnen. In einer zweiten Etappe werden die Bilder durchgeschnitten, um den oberen Behälter vom unteren zu trennen. Das Kind soll mit allen Bildern eine neue Doppelreihe aufstellen, wobei die Niveauflächen bei der oberen Reihe in absteigender und bei der unteren in aufsteigender Linie in beiderseitiger Zuordnung zu ordnen sind.

Bis zum Alter von sieben Jahren versagen die meisten Kinder beim Versuch der Rekonstruktion der einfachen Reihe, obwohl sie selbst die sukzessiven Niveaus gezeichnet haben. Der Übergang von der Wirklichkeit zur Darstellung bedeutet nicht zwangsläufig, dass das Kind das Vorher und das Nachher einer zeitlichen Serie versteht, das Kind schafft die notwendigen Überlegungen nicht, um die Zeit wieder aufzubauen. Zwischen sieben und acht Jahren wird die Reihe der vollständigen Zeichnungen geschafft, sowie die fallende und steigende Reihe, doch schafft das Kind die beiden Reihen nicht vereint in ihrer Gleichzeitigkeit. Nach dem Alter von acht Jahren schafft das Kind den eigentlichen Versuch vollständig mit der Doppelreihe in ihrer Folge und ihrer Gleichzeitigkeit.

Eine zweite Untersuchung über die Analyse der Begriffe der Gleichzeitigkeit und der Folge der wahrgenommenen Ereignisse betrifft die parallele Bewegung von zwei Figuren in gleicher Richtung mit unterschiedlicher oder gleicher Geschwindigkeit. Erst wenn das Kind fähig ist, von der Zeitfolge der Pausen, wo die Figuren stehen bleiben, auf die Zeitdauer, und umgekehrt, zu wechseln, erlaubt diese Übertragbarkeit ihm den Aufbau von zeitlichen Beziehungen.

Die Wiederzusammenstellung von Geschichten stellt eine andere Möglichkeit dar, um die Zeitfolge von Ereignissen zu überprüfen, vornehmlich durch die Seriation von Bildern, die verschiedene Momente einer Geschichte zeigen. Sehr oft vernachlässigt noch das fünf- bis sechsjährige Kind die wirkliche Reihenfolge zugunsten von egozentrischen Bedingungen zu den einzelnen Bildern; subjektive Verbindungen ersetzen die logische Reihenfolge. Auch Wiederholungen bringen wieder Fehler hervor: wahrscheinlich ist daran die Unfähigkeit der Fünf- bis Sechsjährigen schuld, gleichzeitig verschiedene Hypothesen von „vor" und „nach" durchzuspielen: die aufgebaute Ordnung entspricht nicht einem deduktiven, sondern einem synkretischen Denken.

Mit sieben Jahren nimmt die Fehlerzahl schnell ab und verschwindet häufig komplett mit zehn Jahren. Dieser progressive Aufbau einer Zeitfolge, wobei das logische Denken eine immer größere Stelle einnimmt, erlaubt nämlich ein Experimentieren mit Umstellungen, was objektiv ja nicht möglich ist. Obwohl diese Umkehr von Zeit und Handlung in Wirklichkeit nicht möglich ist, erlaubt gerade sie dem Kind in Verbindung mit dem deduktiven Denken den korrekten, operativen Aufbau der Serie. Das Kind sucht auf den Bildern nach Zeit-, Bewegungs- und Geschwindigkeitsindizien, die es von seinem anfänglichen, intuitiven Handeln zu einem überlegten Denken führen. Die gleichen Anhaltspunkte erlauben es uns, nach Jahren Ereignisse im Vergleich zueinander zu lokalisieren und Serien, welche sich in unserem Gedächtnis auseinander getrennt hatten, neu zu kombinieren.

Um verschiedene Handlungen in der Zeit zu orten, müssen wir sie sehr oft mit anderen wichtigen Handlungen in Verbindung bringen, um progressiv unsere eigene Vergangenheit aufzubauen.

2.3.6.2 Das Erfassen der Dauer

Der Begriff der Dauer koordiniert die Beherrschung der Verhältnisse von Raum, Zeit, Geschwindigkeit und von Intervallen, die Ereignisse zeitlich trennen. Die große Frage bleibt natürlich, was primär in der menschlichen Entwicklung besteht: die Geschwindigkeit oder die Dauer? Physiker definieren die Geschwindigkeit (v) als das Verhältnis zwischen Raum (e) und Zeit (t). Daraus ergibt sich die Formel $v = e/t$. FRAISSE nimmt als Grundintuition die Dauer an; PIAGET hingegen nimmt Raum und Geschwindigkeit als Grundintuitionen an, aus welchen dann der Begriff der Zeit entsteht. PIAGET geht also von der Formel $t = e/v$ aus. Dieses vorherige Vorhandensein der Geschwindigkeit im Vergleich zur Zeit ist zwar in Frage gestellt, aber wohl nur, weil die gemachten Untersuchungen die Wahrnehmung der Geschwindigkeit womöglich auf Kosten der Zeitwahrnehmung bevorzugt haben.

2.3.6.2.1 Das voroperative Stadium

Bis zum Alter von sechs bis sieben Jahren bleibt die Dauer als die Intuition vom Resultat einer Handlung bestehen: in diesem Stadium gibt es keine gleiche Dauer für zwei gleichzeitige Handlungen, deren Resultate verschieden sind. Das Kind verbindet die Dauer der Fortbewegung mit ihrer Länge und schlussfolgert unabhängig von der Geschwindigkeitskomponente, dass „je weiter man geht, desto mehr Zeit man braucht." (PIAGET, 1974) [12]

Trotzdem besitzt das Kind in diesem Alter ein gewisses Gefühl für die Geschwindigkeit: wenn ein Wagen einen anderen überholt, sagt das Kind, er sei schneller. Die Geschwindigkeit wird dann aber nicht im Vergleich zur Dauer gesehen, sondern im Vergleich zu räumlichen Veränderungen wie Zu- oder Abnehmen des Zwischenraumes.

2.3.6.2.2 Das operative Stadium

Mit sieben Jahren beginnt das Kind eine für verschiedene Handlungen gültige unterschiedliche Zeit zu verstehen und lernt den Parametern Raum und Zeit Rechnung zu tragen. Die Koordinierung zwischen Geschwindigkeit und Dauer und des damit verbundenen umgekehrten Verhältnisses lassen das Kind vom „schneller = mehr Zeit" auf das „schneller = weniger Zeit" schlussfolgern. Die Dauer baut auf dem Gefühl der Geschwindigkeit und auf der physischen Erfahrung der Zeit auf.

Dieses Konzept der Zeit entspricht den Arbeiten von PIAGET, jedoch nicht denjenigen von FRAISSE. Für FRAISSE ist die Zeitdauer – wie der Raum –, eine primäre Einfühlung, welche schon mit vier bis fünf Jahren, dank der Beobachtungen und dem Vergleich von Veränderungen, möglich wird. Das Verständnis und das Lesen der Uhrzeit stellen auch ihre Probleme, weil das Kind Schwierigkeiten empfindet, eine Vorstellung vom Begriff der Messung zu erwerben.

Zum Vergleich der Längen von zwei Geraden steht uns ein räumliches Basismaß zur Verfügung, jedoch verfügen wir über kein Maß, um zwei aufeinanderfolgende Zeitintervalle im direkten Vergleich zu messen. Während der Raum eine materielle Wirklichkeit hat, hat die Zeit weder eine tastbare, noch eine sichtbare Realität. So stellt FRIEDMAN (1978)[3] fest, dass das Verständnis für die Messung der objektiven Zeit sich selten vor der Pubertät verwirklicht, obwohl das Verständnis für die Homogenität der Zeit, wie sie mit Sanduhr und anderen Arten von Zeitmessern gemessen wird, ab acht Jahren erworben ist. (cf. PIAGET, 1974).

MONTANGERO (1977)[13] studierte systematisch, auf den Arbeiten von FRAISSE und PIAGET aufbauend, die relative Einschätzung der Zeitdauer bei einer Stichprobe von Kindern zwischen fünf und neun Jahren. Die Einschätzung der Zeitdauer geschieht in drei verschiedenen Kategorien:

– die erste berichtet von einem subjektiven Eindruck der Zeitdauer, wobei die Wahrnehmung der Veränderungsdichte eine wichtige Rolle spielt;

– die zweite Kategorie beruht auf der metrischen Einschätzung der Zeit: die Geschwindigkeit wird in Zeiteinheiten eingeteilt;

102

– die dritte Kategorie, bei welcher verschiedene Serien von Veränderungen verglichen werden, gebraucht zwei unterschiedliche Arten der Zeiteinschätzung: entweder geschieht die Zeiterfassung durch die Analyse des physischen Inhalts, durch die Verkörperung der Ereignisse also, oder, auf einer logischen Basis, durch das Ineinanderschachteln von Zeitintervallen, wobei dann das physische Resultat der Handlung ohne Bedeutung bleibt.

2.3.6.3 *Die Entwicklung des Rhythmus*

Von frühester Kindheit an gibt sich das Kind rhythmischen Handlungen hin: Wiegebewegungen des Kopfes oder des Körpers sieht man schon im ersten Lebensjahr. Bei dreijährigen Kindern schon lässt sich ein Spontantempo feststellen, wenn man die Kinder regelmäßig mit dem Bleistift auf den Tisch klopfen lässt. (FRAISSE, 1924)[14]. Das Tempo wird schneller bei Vier- bis Achtjährigen, liegt im Schnitt bei drei Schlägen pro Sekunde und stabilisiert sich dann bei älteren Kindern (von acht Jahren aufwärts) im Schnitt bei zwei Schlägen pro Sekunde. Im Alter von sechs bis sieben Jahren können die Kinder sehr wohl dem Taktschlag eines Metronoms folgen. Was die Wahrnehmung von rhythmischen Strukturen angeht, kann man beim Kind beobachten, dass es progressiv die Zahl der Elemente und die Komplexität ihrer Relationen wahrnimmt, wenn man ihm verschieden lange und kurze Intervalle vorgibt. STAMBAK (1969)[15] spricht von drei Elementen bei Dreijährigen und acht bei Zwölfjährigen. Die sensumotorische Synchronisation geht der Wiedergabe der Rhythmen voraus, was leicht verständlich ist: im ersten Fall ist die Aktivität regelmäßig und periodisch, im zweiten Fall muss sich die Wahrnehmung mit einer motorischen Koordination verbinden. Ein ständiges Training verbessert natürlich den Leistungsstand der Synchronisation durch die Entwicklung der sensumotorischen Koordinationen, die Intelligenz des Kindes beeinflusst jedoch diese Synchronisation nicht, aber die Fähigkeit, die rhythmischen Strukturen wiederzugeben.

Nicht selten trifft man auf Kinder, welche sehr große Schwierigkeiten im Erfassen von rhythmischen Strukturen zeigen, Schwierigkeiten, welche bis zu einer Arhythmie gehen können. Dieses fehlende Gefühl für rhythmische Strukturen, das eine Synchronisation von Bewegung und Musik fast unmöglich macht, zeigt sich auch in der Sprache des Kindes. Die Sprache besitzt nämlich eine Akzentuation und Intonation, welche beide ihre Melodie ausmachen: so kann die Veränderung dieser Verhältnisse eine Rede unverständlich machen, wie das bei tauben Kindern der Fall sein kann, weil sie durch die alleinige kinästhetische Kontrolle ihrer Artikulation die Sprache erlernen. Ohne Fluss und Akzentuierung verschwindet die Melodie der Sprache und ihre Verständlichkeit nimmt ab.

Bestens bekannt beim Erstklässler ist die bestehende Relation zwischen Lesen und Rhythmuserfassen. Ähnlichkeiten zwischen rhythmischen Übungen und Leseübungen erklären größtenteils diese enge Relation, obwohl noch kein klares Kausalitätsverhältnis zwischen beiden festgestellt werden konnte. Das Lesenlernen setzt die Verwandlung von visuellen Strukturen, welche im Raum ablaufen, in akustische Strukturen, welche in der Zeit ablaufen, voraus. So betrachtet ähneln rhythmische Übungen der akustischen Diskriminierung bei der Verarbeitung von Phonemen. Dabei ist die fundamentale Fähigkeit, zwei unterschiedliche Stimuli zu differenzieren, eine notwendige Voraussetzung. Durch die rhythmische Akzentuierung kann die Qualität des Lesevorgangs nur verbessert werden: der monotone Leierton verschiedener Kinder beim Vorlesen entsteht durch das Fehlen innerhalb der Wörter und Sätze von starken und schwachen Tempi, die charakteristische Elemente des Rhythmus sind.

2.3.7 Schlussfolgerungen

Das Zeitbewusstsein basiert auf wahrgenommenen Veränderungen. Dieses Erfassen hängt vom Gedächtnis und der Verarbeitung der in den Geschehnissen enthaltenen Informationen ab. In der psychologischen Zeitwahrnehmung bauen wir unsere eigene Zeit anhand der Ordnung von Geschehnissen und der Einschätzung von Zeitdauern auf. Diese Zeit hängt also von unseren eigenen Bewegungen ab, die physische Zeit dagegen entsteht durch die Koordinierung von unterschiedlichen Geschwindigkeitsbewegungen äußerer Objekte.

Die Zeit lässt sich also weder von ihrem Inhalt noch vom Gedächtnis trennen, welches uns eine fortwährende Präsenz der Vergangenheit vermittelt.

2.3.8 Die Einheit von Raum und Zeit

Der Aufbau des Raumes geschieht durch die gleichzeitige perzeptive Integration verschiedener Teile eines Gegenstandes oder einer Situation, der Aufbau der Zeit durch eine aufgegliederte Integration verschiedener Handlungen, wobei das Kurz- oder Langzeitgedächtnis eine wesentliche Rolle spielen. Jede Wahrnehmung, welche diese beiden Integrationen kombiniert, bezieht sich auf die raumzeitliche Einheit. Die möglichen Kombinationen zwischen Raum und Zeit bestimmen Ereignisse und Begegnungen: zwei Menschen können zur selben Zeit an verschiedenen Orten, zu verschiedenen Zeitpunkten am selben Ort oder zur selben Zeit am gleichen Ort sein.

Ein treffendes Beispiel dieser einheitlichen, raumzeitlichen Komponente stellt auch die Wahrnehmung einer Flugbahn eines Gegenstandes dar. So entscheidet sehr oft über den Erfolg oder Misserfolg bei zahlreichen sportlichen Aktivitäten wie z.B. Ballsportarten oder Staffelläufen, die Fähigkeit der Sportler, Bahnen, also raumzeitliche Zusammenhänge zu erfassen, zu koordinieren und vorauszusehen.

Kapitel 2.3: Literaturhinweise

[1] FRAISSE, P.: Psychologie du temps. Presses Universitaires de France, Paris, 1967.

[2] FRAISSE, P.: Psychologie du rythme. Presses Universitaires de France, Paris, 1974.

[3] FRIEDMAN, W. J.: Development of time concepts in children. Advances in Child Development Behavior, 1978, 12, 267-298..

[4] HALBERG, F.: Les rythmes biologiques et leurs mécanismes: base du développement de la chronopsychologie et de la chronométhodologie. In FRAISSE, P.; HALBERG, F.; LE JEUNE, H.; MICHON, J.A.; MONTAGERO,J.; NUTTIN, J.; RICHELLE, M. (Hrsg) : Du temps biologique au temps psychologique. Presses Universitaires de France, Paris, 1979.

[5] BONE, E.: Temps et durée au regard du biologiste. In: BONE, E.; FLORIVAL, G.; GIBLET, J.; HOUSSIAU, A.; LADRIERE, J.; MEESSEN, A.; MEULDERS, M.; SCHEUER, J.; TAMINIAUX, J.; VERGOTE, A.: Temps et devenir. Presses Universitaires de Louvain-la-Neuve, 1984.

[6] MACAR, F.: Le temps – perspectives psychophysiologiques. Mardaga, Bruxelles, 1980.

[7] FRAISSE, P.: Zeitwahrnehmung und Zeitschätzung. In: Handbuch der Psychologie, 17. Kap., bearbeitet und aus dem Französischen übertragen von ERKE, H.

[8] NUTTIN, J.: La perspective temporelle dans le comportement humain. Etude théorique et revue de recherches. In: siehe 4

[9] MICHON, J.A.: Le traitement de l'information temporelle. In: siehe 4

[10] FRAISSE, P.: Les structures rythmiques. Presses Universitaires de Louvain, Louvain, 1956.

[11] HIRIARTBORDE, E.; FRAISSE, P.: Les aptitudes rythmiques. Monographie Française de Psychologie, 1968.

[12] PIAGET, J.: Die Bildung des Zeitbegriffs beim Kind. Suhrkamp, Taschenbuch Wissenschaft, 1974.

[13] MONTAGERO, J.: La notion de durée chez l'enfant de cinq à neuf ans. Presses Universitaires de France, Paris, 1977.

[14] FRAISSE, P.: Psychologie du rythme. Presses Universitaires de France, 1924.

[15] STAMBAK, M.: Trois épreuves de rythme. In: ZAZZO, R., Manuel pour l'examen psychologique de l'enfant, Delachaux et Niestlé, Paris, 1969, 3e édition.

3. Die Entwicklung eines kurzen Tests zur Erfassung der Raum-Zeit-Wahrnehmung

Bein, Feder, Bertrand und Eggert

3.1 Ergebnisse der Studie von BERTRAND zur Korrelation der Raum-Zeit-Entwicklung und der Schulleistung

Im französischen Sprachraum findet man zahlreiche Veröffentlichungen und Untersuchungen, welche die Zusammenhänge speziell zwischen der Lese- und Rechtschreibfähigkeit und dem raum-zeitlichen Entwicklungsstand eines Kindes ermitteln. Französische Autoren sehen in der Förderung der raum-zeitlichen Entwicklung eine direkte Einwirkungsmöglichkeit auf Schriftspracherwerbsstörungen bei Kindern.

Im Rahmen seiner 1997 veröffentlichten Dissertation („Das Verständnis raum-zeitlicher Begriffe beim 5- und 6-jährigen Kind und ihre Bedeutung für die schulische Leistung") macht BERTRAND zum einen die in der französischen Literatur konstatierte immense Bedeutung der Raum-Zeit-Dimension auch der deutschsprachigen Leserin bzw. dem deutschsprachigen Leser zugänglich. Zum anderen untersucht er vor allem die Fragestellung, ob diese enge Wechselwirkung zwischen dem raum-zeitlichen Entwicklungsstand und der allgemeinen Schulleistung empirisch nachgewiesen werden kann (vgl. BERTRAND 1997, S. 1). „Raum und Zeit gelten dabei als die beiden Parameter, welche unseren geistigen Fähigkeiten erlauben, Erfahrungen zu machen und dieselben zu speichern" (BERTRAND 1997, S. 1).
Als Zwischenergebnis seiner Studie hält BERTRAND fest, dass zwar die visuelle Differenzierungsfähigkeit und verbale Fähigkeiten wie das passive Sprachverständnis und die aktive Ausdrucksfähigkeit die Schulleistung eines Kindes signifikant beeinflussen, nicht jedoch das allgemeine Verständnis für raum-zeitliche Zusammenhänge. Lediglich für die Fähigkeit der visuellen Raumstrukturierung ließ sich ein Einfluss auf die Schulleistung nachweisen (vgl. BERTRAND 1997, S. 276).
Dagegen konnte die daraufhin formulierte Alternativhypothese: „Die Zusammenhänge zwischen einem raum-zeitlichen Entwicklungsstand und einer entsprechenden Schulleistung lassen sich nur bei Kindern mit Entwicklungsstörungen feststellen" (BERTRAND 1997, S. 278) bestätigt werden, weil sich zeigte, dass Kinder mit Entwicklungsverzögerungen deutlich niedrigere Leistungen bei raum-zeitbezogenen Aufgaben erbringen als Kinder ohne Störungen in der Entwicklung. Demzufolge ist die Theoriebildung in der französi-

schen Literatur keine allgemeine Entwicklungstheorie, sondern eher eine Theorie der entwicklungsrückständigen Kinder.

Desweiteren arbeitete BERTRAND heraus, welche Raum-Zeit-Variablen eine hohe Bedeutung für die Schulleistung schulschwacher Kinder haben. Dazu gehört als erstes die rein kognitive Dimension des räumlichen Verständnisses, zum zweiten der räumliche Verarbeitungsprozess, der auf einer Verknüpfung von taktilen und visuellen Stimuli basiert, und drittens die vergleichende Bewertung von Zeiträumen ohne räumliche Anhaltspunkte (vgl. BERTRAND 1997, S. 289/290).

BERTRAND kommt zu dem Schluss, „... dass eine Verbesserung des Verständnisses für raum-zeitliche Begriffe beim entwicklungsgestörten/-rückständigen Kind zu einer verbesserten Schulleistung führen kann" (BERTRAND 1997, S. 291). Das entwicklungsverzögerte Kind kann durch Übungen, die das Raum-/Zeitverständnis betreffen, auf seine Schulreife vorbereitet werden, und das lernauffällige Kind kann durch reedukatives Aufarbeiten eventuell bestehender Schwächen in diesem Bereich seine Schulfähigkeit verbessern, wobei dieser Zusammenhang aber eben nicht generell auf alle Kinder anwendbar ist (vgl. BERTRAND 1997, S. 289).

Da nach Ansicht von BERTRAND die Raum-Zeit-Variable in der deutschen entwicklungspsychologischen Theorie und Praxis kaum eine Rolle spielt, regt er an, die diagnostische Erfassung der Raum-Zeit-Variable bei entwicklungsgestörten Kindern zu erhöhen und eventuell routinemäßig die Schulreife aller Kinder dahingehend und in bezug auf ihre psychomotorischen und verbosensomotorischen Kompetenzen zu untersuchen (vgl. BERTRAND 1997, S. 291/292).

Abschließend führt BERTRAND drei Bereiche an, die nach den Untersuchungsresultaten in der praktischen Arbeit mit entwicklungsgestörten Kindern zur Verbesserung der Lernvoraussetzungen beitragen können:

„1. in Spielsituationen das Verständnis des Raumes als dreidimensionales Koordinatensystem durch einen adäquaten, gehäuft angebotenen Gebrauch sprachlicher Begriffe zu fördern,

2. durch die Kombination von taktilen und visuellen Sinneserfahrungen auf dem Gebiet räumlicher Strukturen kognitive Lernprozesse zu initiieren oder zu festigen,

3. durch ein kindgemäßes Angebot von rhythmischen Spielen und Klatschübungen, kombiniert mit Temposteigerungen und -verlangsamungen bei Bewegungsabläufen das Verständnis des Kindes für die zeitliche Dauer von Ereignissen zu üben." (BERTRAND 1997, S. 290/291).

Dies kann seiner Ansicht nach bevorzugt im Rahmen einer psychomotorischen Förderung geleistet werden (vgl. BERTRAND 1997, S. 291).

Die Forschungsergebnisse von BERTRAND stützen sich u.a. auf ein von ihm entwickeltes Testverfahren, das im folgenden erläutert werden soll.

108

3.2 TERZ

L. BERTRAND entwickelte 1996 den 'Test zur Erfassung des Raum-Zeit-Verständnisses beim 5- und 6-jährigen Kind' (T.E.R.Z.) und führte ihn mit Kindern aus Vorschulen in Luxemburg durch. Der TERZ ist ein Instrumentarium, das zum einen kurz und leicht angewendet werden kann, zum anderen ist der TERZ ein objektives und standardisiertes Verfahren. Die Aufgaben vor allem zum Raum bleiben nicht wie so oft auf visuelle Eindrücke beschränkt und die Aufgaben müssen nicht mit Papier und Stift gelöst werden, sondern es werden globalere, das ganze Kind umfassende Aspekte einbezogen. Ein standardisiertes Testverfahren widerspricht zwar den Ansätzen des von EGGERT beschriebenen förderdiagnostischen Konzepts, in dem Diagnostische Inventare bevorzugt werden (vgl. EGGERT 1997), die Testaufgaben (vgl. BERTRAND 1997, S. 94–104 und S. 295–328) lassen sich jedoch mit wenigen Veränderungen in ein Raum-Zeit-Inventar integrieren.

Prüfung des akustischen Raumes (AKURA)

Die Prüfung des akustischen Raumes ist ähnlich der audiologischen Vorsorgeuntersuchung, bei der ein Kleinkind zwischen rechter und linker Lautquelle unterscheiden muss. BERTRAND wählt als Geräusch ein Sirenengeheul, weil nicht das Wortsinnverständnis oder die Unterscheidung von Lauten, sondern nur die Lokalisation der Geräuschquelle im Vordergrund stehen soll. Dabei stammt das Sirenengeräusch zwar von Band, zur Verdeutlichung stehen aber zwei Spielzeugeinsatzwagen im Raum, auf die das Kind zeigen kann.

Beschreibung der Aufgabe:
Durch die Form der Darbietung werden die beiden extremen Positionen rechts und links überprüft. Als Geräuschquelle wird die Stereoaufnahme der Sirene eines Einsatzwagens der Polizei (oder Feuerwehr, Krankenwagen) verwendet. Dabei entspricht das Geräusch für den Einsatzwagen auf der linken und rechten Seite der Versuchsperson jeweils einer 100-prozentigen Aufnahme des entsprechenden Kanals, die über Kopfhörer vorgespielt wird. Zur Verdeutlichung werden zwei Einsatzwagen in ungefähr 0,5m Entfernung rechts und links von der Versuchsperson auf einem Tisch aufgestellt, so als würden sie auf das Kind zufahren. Das Kind soll entsprechend der gehörten Sirene auf das rechte oder linke Auto zeigen.

Benötigtes Material:
- Originalbandaufnahme
- ein Stereokassettenrekorder mit Kopfhörern
- zwei unterschiedliche Spielwagen

Prüfung der Kenntnisse der Raumlage von Objekten (RABEG A / RABEG B)

Die aktive und passive Kenntnis räumlicher Begriffe bzw. die Frage nach Geläufigkeit, Verständnis und Gebrauch räumlicher Bestimmungswörter wird in zwei Aufgaben überprüft. „Der Erwerb der Fähigkeit, einerseits unsere eigene Beziehung mit dem uns umgebenden Raum und andererseits die Beziehungen zwischen den einzelnen Elementen, die den Raum darstellen, einzuschätzen, geschieht progressiv und ist in dem Augenblick abgeschlossen, wo wir die Veränderungen dieser Beziehungen bei unseren Ortsveränderungen mit in Betracht ziehen können" (BERTAND 1997, S. 96). Zum Erwerb dieses Koordinatensystems sind sensomotorische Erfahrungen und eben die sprachlichen Begriffe bedeutungsvoll. Weil die Festigung der Links-Rechts-Orientierung am eigenen Körper im Alter von fünf oder sechs Jahren häufig noch nicht abgeschlossen ist, wird im Rahmen des TERZ auf eine dementsprechende Aufgabenstellung verzichtet. Den Kindern wird eine Fotografie eines Gegenstandes in der Seitenansicht gezeigt. Dann wird das Kind aufgefordert, die Fotografie zu zeigen, auf der der Gegenstand von vorne, hinten, oben, unten zu erkennen ist. Schließlich soll das Kind bei Fotos von anderen Gegenständen, die entsprechenden Bestimmungswörter selbst nennen, um seine aktive Kompetenz unter Beweis zu stellen.

Beschreibung der Aufgabe:
Um den passiven und aktiven Erwerb der Bestimmungswörter festzustellen, kommen farbige Fotografien von Gegenständen aus dem täglichen Wahrnehmungs- und Handlungsbereich der Kinder zur Anwendung. Räumliche Anhaltspunkte dürfen dabei nicht auf dem Foto zu sehen sein.
Bei diesem Verfahren wird der Versuchsperson zunächst zur Identifizierung ein Gegenstand in Seitenansicht gezeigt; anschließend in vier verschiedenen Raumlagen.
Bei RABEG A wird das Kind aufgefordert zu zeigen, auf welchem Bild der Gegenstand von vorn, von hinten, von unten und von oben dargestellt ist. Bei RABEG B soll es das entsprechende Bestimmungswort selbst nennen.
Benötigtes Material:

– bei RABEG A: die vier Fotos eines Kruges
– bei RABEG B: die Fotos von vier Gegenständen: Lokomotive, Telefon, Elefant, Bügeleisen
– die Fotos, welche einen Teddy und ein Feuerwehrauto zeigen, werden als Vorversuch gebraucht.

Prüfung der räumlichen Strukturierungsfähigkeit (RASTRU)

Für BERTRAND ist die Raumorientierung eher eine Wahrnehmung des Raumes, während die Raumstrukturierung „... die intelligente Verarbeitung räumlicher Gegebenheiten bedeutet" (BERTRAND 1997, S. 97). Die Orientierung im Raum ist demnach als eine Art Unterbegriff zur Strukturierung des Raumes zu sehen. Die Prüfung der räumlichen Strukturierungsfähigkeit im TERZ setzt das Verstehen der Objektpermanenz voraus. Das Kind soll eine Spielfigur, die unter einem von neun Bechern versteckt worden ist, nach einem Stellungswechsel der eigenen Person von 180 Grad wiederfinden.

110

Beschreibung der Aufgabe:
Das Kind soll nach einem Stellungswechsel von der einen Seite eines Tisches
zur anderen, also um 180°, einen vor seinen Augen unter einem undurchsichti-
gen Becher versteckten Spielgegenstand wiederfinden. Bei diesem Stellungswechsel wird der Platz des Spielgegenstandes für das Kind nicht immer sichtbar bleiben.
Bei dem Versuch werden neun Becher im Quadrat (3x3) aufgestellt.
Der Versuchsleiter nimmt an der schmalen Seite des Tisches Platz; gegenüber
von ihm steht ein Sichtschutz. Dieser hindert das Kind daran, beim erforderlichen Stellungswechsel von Vp1 zu Vp2 die Becher beständig zu beobachten.
Die Figur wird zuerst unter Becher 2, anschließend unter Becher 8 versteckt
(siehe Skizze). Es ist darauf zu achten, dass sich keine zusätzlichen Gegenstände auf der Tischplatte befinden, die dem Kind räumliche Anhaltspunkte
geben könnten.

<table>
<tr><td></td><td colspan="3">Vp2</td><td></td></tr>
<tr><td rowspan="3">Vl</td><td>7</td><td>4</td><td>1</td><td rowspan="3">Sichtschutz</td></tr>
<tr><td>8</td><td>5</td><td>2</td></tr>
<tr><td>9</td><td>6</td><td>3</td></tr>
<tr><td></td><td colspan="3">Vp1</td><td></td></tr>
</table>

Benötigtes Material:
—   neun undurchsichtige, 100% identische Becher ohne Beschriftung
—   zwei unterschiedliche, kleine Plastikfiguren

**Prüfung der Fähigkeit zur taktilen Erfassung einer räumlichen Anord-
nung** (TAKRA)

Bei der Aufgabenstellung zum taktilen Raum wird erforscht, inwieweit die Kinder die räumliche Anordnung eines taktil angebotenen Materials unter fünf
ähnlichen, optisch angebotenen Darstellungen herausfinden können.

Beschreibung der Aufgabe:
Unter ein Tuch wird eine Platte aus Pappe gelegt, die einen Ausschnitt für die
einzulegenden Plättchen von 6x6 cm Größe hat. Die insgesamt 6 Plättchen
sind mit einer jeweils unterschiedlichen Anzahl und unterschiedlichen räumlichen Anordnung von Muggelsteinen beklebt.
Auf einem Streifen von 6x6 cm großen Fotos soll die Versuchsperson nach
Ertasten des Plättchens unter den 5 dargebotenen Bildern die erfühlte Anordnung wiedererkennen.
Benötigtes Material:
—   die 6 Plättchen mit den aufgeklebten Muggelsteinen
—   die 6 Streifen mit je 5 Fotos
—   die Ausschnittplatte
—   ein Tuch

Prüfung des visuellen Raumes (VIRA)

Der visuelle Raum wird nicht wie bei den anderen Testaufgaben durch eine neue Testkonstruktion überprüft, da es im Bereich der visuellen Raumstrukturierungsfähigkeit viele reliable Tests gibt. BERTRAND greift auf den KOHSschen Würfel zurück, der die visuelle Analyse- und Synthesefähigkeit überprüft und den er für ein ausgezeichnetes Diagnoseinstrument hält. Dabei werden die Kinder aufgefordert, geometrische Muster anhand von vier Würfeln nachzulegen. Der Schwierigkeitsgrad kann dabei variiert werden.

Beschreibung der Aufgabe:
Dem Kind werden farbige, geometrische Muster gezeigt. Es wird aufgefordert, diese anhand von vier identischen farbigen Würfeln nachzulegen. Jedes Item kann in doppelter Ausführung gezeigt werden; im Maßstab 1:2 ohne eingezeichnete Unterteilung der vier Würfel und im Maßstab 1:1 mit der eingezeichneten Würfelunterteilung. Dabei wird die zweite Ausführung nur bei Misserfolg der ersten Ausführung innerhalb der zugestandenen Zeit gewählt.
Benötigtes Material:
– 7 farbige Zeichnungen im Maßstab 1:1 und 1:2 und 4 KOHSche Würfel

Prüfung des Spontantempos (SPONTEM)

Charakteristisch für das motorische Spontantempo sind einfache, sich andauernd wiederholende Gliedmaßenbewegungen, ohne dass eine Adaption an ein Fremdtempo besteht. Bei der Untersuchung des spontanen oder auch natürlichen Tempos lassen sich vor allem zwei Aspekte begutachten. Das Spontantempo, dass ein Kind beim Klopfen auf den Tisch wählt, kann mit der Geschwindigkeit verglichen werden, in der das Kind andere motorische Aufgaben durchführt. Die Regelmäßigkeit der aufeinanderfolgenden Schläge kann begutachtet werden, denn ein Kind, das bei dieser einfachen Aufgabe unregelmäßig oder abgehackt klopft, hat mutmaßlich motorische Schwierigkeiten. Im Rahmen des TERZ wird das Kind gebeten, mit einem Schlegel auf eine Unterlage zu klopfen.

Beschreibung der Aufgabe:
Die Versuchsperson soll mittels eines Tamburinschlegels regelmäßig auf eine nicht federnde Unterlage klopfen. Es werden 21 Schläge (= 20 Intervalle) gezählt und mit dem Zeitmesser gestoppt.
Benötigtes Material:
– 1 Tamburinschlegel mit einer Länge von etwa 25 cm
– 1 Zeitmesser
– 1 Schaumstoffunterlage

Prüfung der Nachahmungsfähigkeit von vorgegebenen rhythmischen Strukturen (RHYNA)

Das Zeitverständnis wird anhand von zwei Aufgaben geprüft. Die Zeitwahrnehmung, der qualitative Aspekt der Zeit, wird durch die rhythmische Nachahmungsfähigkeit deutlich. Dem Kind wird ein Rhythmus durch Klopfen sowohl visuell als auch auditiv dargeboten, den es dann nachklopfen soll. Die Aufgabe wird ohne Sichthindernis durchgeführt, um beim Kind ein hohes Maß an Konzentration zu ermöglichen. Diese ist für eine korrekte Rhythmuswiedergabe unbedingte Voraussetzung.

Beschreibung der Aufgabe:
Die zwei folgenden Rhythmen sind dem Kind nacheinander vorzugeben:
a) OO . . OO . . OO
b) O . OO . . . . O . OO . . . . O . OO
Nach zehn fehlerfreien Wiederholungen oder wenn der Rhythmus sich stark in der Struktur verändert, wird die Aufgabe beendet.
Bei der Darbietung beträgt die Kadenz 30 Schläge pro 10 Sekunden. Der Versuchsleiter soll hinsichtlich der Genauigkeit der vorzutragenden Rhythmen in Bewegung und Struktur so präzise wie möglich arbeiten
Benötigtes Material:
– 2 mindestens 15 cm lange Bleistifte
– Zeitmesser

Prüfung der Anpassungsfähigkeit an ein Fremdtempo (RHYAN)

Das Empfinden für die zeitliche Dauer, der quantitative Zeitaspekt, wird mittels der rhythmischen Anpassung an ein Fremdtempo begutachtet. Dabei soll das Kind seine Schrittgeschwindigkeit dem Schlag eines Metronoms anpassen. Dieses gleichmäßige und damit einfache Grundtempo wird für die grobmotorische Anpassung vorgegeben, da Kinder im Alter von fünf oder sechs oft Schwierigkeiten haben, sich überhaupt einem fremden Tempo anzupassen.

Beschreibung der Aufgabe:
Der Versuchsperson werden anhand eines Metronoms unterschiedliche Tempi (60 – 100 – 80 Taktschläge pro Minute) nacheinander vorgestellt. Sie ist nun aufgefordert, ihre Schrittgeschwindigkeit dem jeweiligen Rhythmus anzupassen.
Benötigtes Material:
– ein Metronom

Überprüfung der Raum-Zeit-Einheit (RAZEI)

Bedeutsam für die raum-zeitliche Einheit ist das Verständnis für den Begriff Geschwindigkeit, der es uns ermöglicht, zwischen zeitlicher und räumlicher Ordnung sowie zeitlicher Dauer und räumlicher Distanz zu unterscheiden. Weil sich Kinder mit fünf oder sechs Jahren immer wieder auf räumliche Angaben bei der Erklärung und dem Vergleich von Geschwindigkeiten beziehen, wird im TERZ bewusst auf räumliche Anhaltspunkte verzichtet. Den Kindern wird mehrmals ein Musikstück vorgespielt. Danach sollen sie bestimmen, ob dieses schneller, langsamer oder gleich schnell vorgetragen wurde.

Beschreibung der Aufgabe:
Zweimal wird auf dem Klavier das Leitmotiv aus Beethovens 'Für Elise' in einer
Originalbandaufnahme vorgespielt und das Kind wird aufgefordert zu sagen,
ob das Motiv das zweite mal genauso schnell, schneller oder langsamer als
das erste Mal vorgetragen wurde. In Wirklichkeit ist die zweite Darbietung
niemals gleich schnell. Nach Zufall ausgewählt ist sie beim 1. Item: langsamer,
2. Item: schneller, 3. Item: langsamer, 4. Item: schneller. Der Unterschied in
der Länge der zu vergleichenden Darbietungen wird von Item zu Item geringer.
Benötigtes Material:
— die Originalbandaufnahme
— ein Kassettenrecorder

3.3 Überprüfung des TERZ in Niedersachsen

In Luxemburg, wo der TERZ entwickelt wurde, besucht jedes vier- bis fünfjährige Kind eine Vorschule, in der neben der Vermittlung sozialer Verhaltensweisen auch vorbereitende Übungen zum Lesen, Schreiben und Rechnen auf
dem Unterrichtsplan stehen. Weil deutsche Kinder in einem Kindergarten normalerweise keine schulspezifische Förderung erfahren, überprüften BEIN/FE-
DER/BERTRAND/EGGERT den TERZ in Niedersachen sowohl in einem Kindergarten als auch in einer Vorklasse auf seine Durchführbarkeit in Deutschland. Daneben stand die Frage im Vordergrund, welche Schlussfolgerungen
man aus dem Vergleich der Kinder aus Luxemburg und aus Deutschland
ziehen kann.
Die Ergebnisse sind im folgenden graphisch dargestellt und werden anschließend diskutiert.

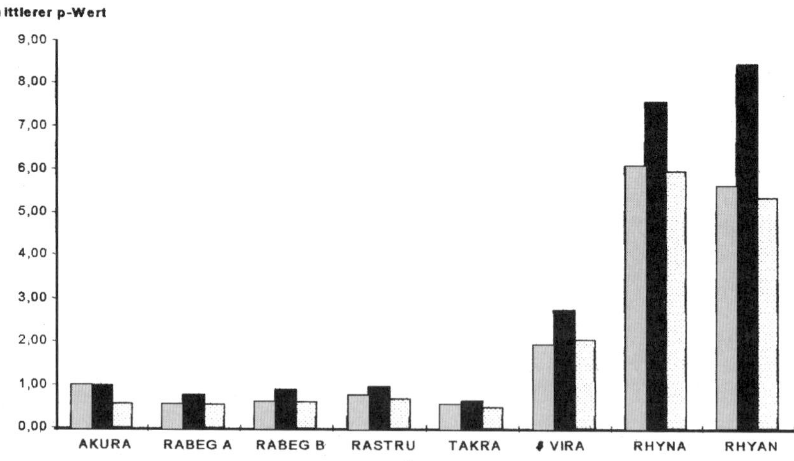

Diagramm1: Mittlerer p-Wert Kindergarten (grau), Vorklasse (schwarz) und Luxemburg (weiß)

114

Es ist darauf hinzuweisen, dass diese Form der Darstellung zur besseren Übersicht gewählt wurde. Jede Aufgabe ist einzeln zu betrachten und *nicht* im Zusammenhang zu den weiteren Ergebnissen.

Die Kinder der Vorklasse aus Hannover erreichten die besten Ergebnisse in allen Bereichen des TERZ, was von BEIN/FEDER/BERTRAND/EGGERT nicht nur auf die einjährige Vorschulausbildung, sondern auch besonders auf den ohnehin hohen Leistungsstand der Klasse zurückgeführt wird. Die Kindergartenkinder, die eher den Leistungsstand der fünf- bis sechsjährigen repräsentieren, erzielten ähnliche Leistungen wie die Kinder aus Luxemburg.

Da die spezielle Vorbildung der Kinder aus Luxemburg demzufolge keinen entscheidenden Einfluss auf die Entwicklung des raum-zeitlichen Vorstellungsvermögens hat, scheinen sich die raum-zeitlichen Konzeptionen eher schulunabhängig zu entwickeln. Entsprechende Anregungen im freien Spiel und das Ermöglichen sinnlicher Erfahrungen wirken sich demnach förderlich auf die Entwicklung der Raum-Zeit-Dimension aus. BEIN/FEDER/BERTRAND/EGGERT geben aber zu bedenken, dass zur Fundierung dieser Annahmen die unterschiedliche pädagogische Ausbildung der drei Versuchsgruppen genauer untersucht werden müsste und dass die Untersuchung in der Zukunft mit einer größeren Anzahl von Kindergartengruppen durchgeführt werden müsste. Insgesamt bestätigt die statistische Auswertung, dass der TERZ in Niedersachsen mit geringen Veränderungen zur Bestimmung des raum-zeitlichen Entwicklungsstandes anwendbar ist und sinnvolle Ergebnisse als Indikator der Schulleistung(-svoraussetzungen) liefert (vgl. BEIN/FEDER/BERTRAND/EGGERT 1999, S. 50–57).

Auf der Grundlage des TERZ ist das vorliegende Raum-Zeit-Inventar erarbeitet worden, das insbesondere die raum-zeitliche Entwicklung eines Kindes im Übergang von der Vor- zur Grundschule beschreiben und förderdiagnostische Hinweise geben soll.

Literatur

BEIN, A./FEDER, K./BERTRAND, L./EGGERT, D.: Die Entwicklungen der raum-zeitlichen Vorstellungen bei Vorschulkindern. (Luxemburg und Niedersachsen im Vergleich). In: Motorik, Schorndorf 22. Jg. (1999) Heft 2, S. 50–57.

BERTRAND, L.: Das Verständnis raum-zeitlicher Begriffe beim 5- und 6jährigen Kind und ihre Bedeutung für die schulische Leistung. Dissertation, Universität Hannover, FB Erz. Wiss. I, 1997.

EGGERT, D.: Von den Stärken ausgehen... 2. Aufl. Dortmund: borgmann publishing 1997.

4. Die Bedeutung der Raum-Zeit-Dimension für die Entwicklung und die Schulleistung bei lern- und entwicklungsgestörten Schülern

Tina Deeken

Einleitung

Der folgende Teil *Die Bedeutung der Raum-Zeit-Dimension für die Entwicklung und die Schulleistung bei lern- und entwicklungsgestörten Schülern* ist das Ergebnis meiner – allerdings stark gekürzten – Examensarbeit. Mir kam es vor allem darauf an, als Basis eines Raum-Zeit-Inventars ein entwicklungspsychologisches Handlungsmodell der Raum-Zeit-Dimension zu entwickeln (Merkmale diagnostischer Inventare und die Funktion von entwicklungspsychologischen Handlungsmodellen werden zu Beginn des Praxisteils kurz erläutert.).

Der Entwurf eines Handlungsmodells kann nur durch die Analyse und den Vergleich unterschiedlicher Theorien verschiedener Autoren zur Raum-Zeit-Entwicklung erfolgen. Aufgrund der besseren Verständlichkeit nehme ich dabei eine künstliche Trennung der Entwicklung der Raum- und der Zeitdimension vor, obwohl beide untrennbar zusammengehören (Kap. 4.2).

Einleitend umschreibe ich in groben Zügen, was sich aus wissenschaftlicher Sicht unter den Dimensionen Raum und Zeit, die meist nur eine alltagssprachliche Vertrautheit besitzen, eigentlich verbirgt (Kap. 4.1).

Einen zweiten Schwerpunkt meiner Arbeit bildet, in Anlehnung an BERTRAND, die argumentative Unterstützung der These, dass die Raum-Zeit-Dimension eine entscheidende Lernvoraussetzung des Anfangsunterrichts im Lesen, Schreiben und Rechnen ist.

Dazu stelle ich zunächst die Anforderungen dar, die ein Kind im Erstunterricht bewältigen muss und beschreibe, wie sich der Lernprozess beim Schriftspracherwerb und bei der Entwicklung mathematischen Denkens gestaltet. Es folgen konkrete Hinweise, welche Bedeutung die Raum-Zeit-Dimension bei den jeweiligen Lernprozessen inne hat (Kap. 4.3).

In Kap.4.4 bestimme ich, was ich im Hinblick auf die Raum-Zeit-Dimension unter Entwicklungs- und Lernstörungen verstehe, um dann die Psychomotorik als ein Rahmenkonzept und ein Raum-Zeit-Inventar als spezielles förderdiagnostisches Hilfsmittel zur Diagnose und Förderung der Raum-Zeit-Dimension bei raum-zeitlichen Entwicklungsverzögerungen anzubieten.

Die Grundlage dieses Inventars, das bereits erwähnte entwicklungspsychologische Handlungsmodell der Raum-Zeit-Dimension, steht aus Gründen der

Übersichtlichkeit am Anfang des Praxisteil. Es bildet quasi die Schnittstelle zwischen Theorie- und Praxisteil.

Nähere Hinweise zum Aufbau meiner Ausführungen möge die Leserin / der Leser dem detaillierten Inhaltsverzeichnis entnehmen.

4.1 Wahrnehmung und Wahrnehmungsverarbeitung

Wahrnehmung als Grundlage der späteren Ausführungen soll kurz definiert werden.

„Wahrnehmung ist ein 'zentraler Prozess', der das bioelektrische Informationsmaterial, das die Sinnesorgane bereitstellen so verarbeitet, dass für das Individuum Bedeutung entsteht. Die Vorstellung von einer 'Bedeutung für mich' zeigt schon, dass dabei auch soziale, emotionale und andere Faktoren eine Rolle spielen. Wahrnehmung ist also weder von der organischen Seite, den Sinnesorganen, noch von der sozialen abzulösen, sie ist Teil eines ganzheitlichen Geschehens und Erlebens" (FRÖHLICH 1989, S. 9).

Die Wahrnehmung als aktive Konstruktion, die untrennbar mit der Motorik verknüpft ist, bleibt kaum einmal auf eine Sinnesmodalität beschränkt, sondern die verschiedensten Reize werden zu einem komplexen Wahrnehmungsvorgang integriert.

Es gibt nun unterschiedlichste Versuche der Einteilung der grundlegenden Wahrnehmungsbereiche. Meist unterscheidet man die körpernahen (Taktiles System, Kinästhetisches System, Vestibuläres System, Gustatorisches System, Olfaktorisches System) und die körperfernen Sinne (Auditives System, Visuelles System). Erst aus dem Zusammenspiel dieser Systeme resultiert die Wahrnehmung von Raum und Zeit. Ich möchte die einzelnen Wahrnehmungssysteme zur besseren Verständlichkeit isoliert vorstellen, obwohl situationsangemessenes Handeln das Zusammenspiel aller Sinne bedingt und außerdem abhängig von individuellen Bedingungen und konkreten Situationen ist.

Taktiles System: Das taktile System ist für Reize aus den Bereichen Kälte, Wärme, Schmerz und mechanische Berührung empfänglich. Das taktile System ermöglicht die Lokalisation und Diskrimination von Reizen auf der Haut. An den Fingerkuppen ist man besonders empfindlich, weswegen hiermit Objekte besonders gut ertastet werden können. Zu den Funktionen der Haut als Berührungsinstrument gehört es sowohl Kontakt herzustellen als auch nach außen hin abzugrenzen.

Kinästhetisches System: Das kinästhetische System hat kein eindeutig lokalisierbares Sinnesorgan, sondern die zuständigen Rezeptoren liegen über den ganzen Körper verstreut in den Muskeln, Sehnen, Bändern und Gelenkkapseln. U.a. aus dieser Eigenwahrnehmung baut sich das Körperschema auf. Der Stellungssinn ermöglicht eine Vorstellung, wie sich unser Körper im Raum befindet. Verändert man ohne visuelle Kontrolle die Stellung eines Gelenks, nimmt man anhand des Bewegungssinns die Richtung und Geschwindigkeit der Bewegung wahr. Das Abschätzungsvermögen für das Ausmaß an Muskelkraft, das aufgewendet werden muss, um eine Bewegung durchzuführen, bezeichnet man als Kraftsinn. Der Spannungssinn gibt Informationen über den Grad der Muskelanspannung und ist damit die Voraussetzung für eine willentliche Beeinflussung des Muskulaturspannungsgrades.

Vestibuläre Wahrnehmung: Das Gleichgewichtsorgan, das sich im Innenohr befindet, zeigt Reaktionen auf die Schwerkrafteinwirkung und auf Lage- und Haltungsveränderungen des Körpers. Die Vorhofsäckchen reagieren beide auf lineare Beschleunigungen. Der Drehbewegungssinn in den drei Bogengängen, die in den drei Hauptraumrichtungen angelegt sind, reagiert auf Rotationsbeschleunigungen. Die Gleichgewichtserhaltung lässt sich trennen in das statische und dynamische Gleichgewicht. Das statische Gleichgewicht ist ortsgebunden, das dynamische bezieht sich auf jegliche Art der Fortbewegung auf ebenem oder labilem Untergrund.

Gustatorisches System: Mit dem gustatorischen System prüfen wir unsere Nahrung. Die Rezeptoren des Geschmacksorgans liegen auf der Zunge und in der Mundhöhle. Zum Schmecken ist Aktivität nötig, denn die Geschmackssinneszellen werden erst angesprochen, wenn ein fester Körper durch Lutschen in eine chemische Lösung umgewandelt worden ist. Da die Mundhöhle mit dem Nasenraum in Verbindung steht, überlagern sich bei der Aufnahme von Nahrung Geschmack und Geruch zu Mischempfindungen.

Olfaktorisches System: Der Geruchssinn hat eine Orientierungsfunktion und eine Schutzfunktion. Der Geruchssinn, der auch auf chemische Reize reagiert, hat ein wesentlich höheres Unterscheidungsvermögen als der Geschmackssinn. Die Riechzellen befinden sich in der Riechschleimhaut der Nasenhöhle. Nur eingeatmete Stoffe, die sich in der Nasenschleimhaut auflösen, sind riechbar. Geruchswahrnehmungen besitzen eine ausgeprägte emotionale Komponente, weil eine enge Verbindung zwischen Riechbahn und dem für emotionale Bewertung von Sinneswahrnehmungen zuständigen limbischen System besteht.

Auditives System: Über das auditive System können wir Töne, Klänge und Geräusche wahrnehmen und unterscheiden, weswegen es entscheidende Bedeutung für die Sprachentwicklung hat. Das äußere Ohr fängt Schallwellen mit der Ohrmuschel auf und leitet sie über den Gehörgang an das Trommelfell, das durch die Luft in Schwingung versetzt wird. Diese Schwingungen werden über die Gehörknöchelchen an das Innenohr weitergegeben. Hier befindet sich die Schnecke mit den auditiven Sinneszellen, die die akustischen Reize über den Hörnerv in die entsprechenden Gehirnzentren weiterleiten.

Visuelles System: Lichtstrahlen, die auf den Augapfel fallen, durchdringen zuerst die lichtdurchlässige Hornhaut und die Pupille, die sich bei erhöhter

Lichtintensität verengt und bei absinkender Lichtintensität weitet. Dann durchdringen die Lichtstrahlen die Linse und werden von dort durch die Glaskörperflüssigkeit hindurch auf die Netzhaut projiziert. Lichtempfindliche Rezeptorzellen nehmen dort die optischen Reize auf und leiten sie über den Sehnerv an das Gehirn weiter. Alle Gegenstände, die man bei bewegtem Auge und fixiertem Kopf sehen kann, liegen innerhalb des Blickfeldes. Alle Gegenstände, die man bei ruhigem Auge und fixiertem Kopf und Körper erkennen kann, liegen im Gesichtsfeld. Zu den Aufgaben des visuellen Systems gehören z.B. die Farberkennung sowie die Musterunterscheidung.

4.1.1 Vorstellung

Die eben umschriebene menschliche Wahrnehmung ist von der Vorstellung zu unterscheiden. Dazu konstatiert PIAGET: „Die Vorstellung (hingegen) besteht entweder darin, dass man nicht anwesende Gegenstände im Geiste sieht, oder, wenn sie die Wahrnehmung anwesender Gegenstände unterlegt, darin, dass man das Erkennen dieser Gegenstände mittels der Wahrnehmung durch Bezugnahme auf andere, in diesem Augenblick nicht wahrgenommene Gegenstände ergänzt (...)" (PIAGET/INHELDER 1971, S. 38). Einerseits ist die Vorstellung, die nach PIAGET durch die Entwicklungskontinuität der sensomotorischen Intelligenz erworben wird, eine Art Verlängerung der Wahrnehmung, andererseits führt sie etwas Neues ein, nämlich ein System von Bedeutungen. WALLON sieht das Verhältnis zwischen Bedeutungsträger und Bedeutung nicht als Resultat der praktischen Aktivität an, sondern betont, dass der Zusammenhang zwischen beiden durch Sprache und Affektivität entsteht (vgl. WALLON in BERTRAND 1997, S. 20).
FROSTIG hebt hervor, dass der Begriff des Vorstellungsvermögens oft mit der bildlichen Vorstellungskraft gleichgesetzt wird, da bei den meisten Menschen visuelle Bilder häufiger als Vorstellungen durch andere Sinnesorgane als Gedächtnisstütze dienen. Die Vorstellungsfähigkeit ist ihrer Ansicht nach grundlegend für Denkprozesse, motorische Planungen, Abstraktion und für das Verständnis dessen, was nicht gegenwärtig ist (vgl. FROSTIG 1985, S. 95).

4.1.2 Wahrnehmung von Raum und Zeit

Ich werde nun erläutern, wie der Mensch die abstrakten Kategorien Raum und Zeit wahrzunehmen vermag.

4.1.2.1 *Raum*

Immer wieder wird die Frage aufgeworfen, ob der Raum „ein empirisches, aus der wahrnehmungsmäßigen und bildlichen Anschauung entstandenes Wesen" (PIAGET/INHELDER 1971, S. 15) sei oder, ob es sich hierbei um etwas 'a priori' Gegebenes handele.
Im BROCKHAUS wird Raum allgemein als ein „sich in drei Dimensionen (Län-

ge, Breite, Höhe) ohne feste Grenzen ausdehnendes Gebiet" (BROCKHAUS 1998) definiert. Der mathematische Raumbegriff wird aus diesem Anschauungsraum abstrahiert. Der euklidische Raum, der sich aus Geraden, Winkeln usw. zusammensetzt kommt dem Anschauungsraum nahe, der topologische Raum hingegen ist von den bisher erwähnten völlig verschieden (vgl. BROCKHAUS 1998), weil in ihm Relationen wie Nachbarschaft, Trennung oder Geschlossenheit im Vordergrund stehen. Die Entwicklung vom topologischen zum euklidischen Raum wird bei der Entwicklung der Raumwahrnehmung intensiver thematisiert werden.

Unsere Umwelt stellt uns keine direkten Informationen über räumliche Beziehungen bereit, d.h. wir haben kein spezielles Sinnesorgan für die Kategorie Raum so wie unsere Nase für Gerüche zuständig ist. KEPHART charakterisiert Raum als „sekundäres sensorisches Datum" (KEPHART 1977, S. 124). Er gibt zu bedenken, dass wir Raum zwar als „substantiell, existierende Realität auffassen und (...) uns so verhalten, als hätten wir direkte Informationen darüber, mussten wir diese Welt tatsächlich erst aus der Interpretation der Vielzahl sensorischer Daten aufbauen, deren keine mit dem Raum selbst direkt verknüpft war" (KEPHART 1977, S. 124).
HALL ist der Ansicht, dass jedem Typus von Wahrnehmungsorgan ein spezifischer und begrenzter Raum entspricht (vgl. HALL in BERTRAND 1997, S. 18).

Der wahrgenommene Raum lässt sich in zwei unterschiedliche Räume, den außerkörperlichen und den Körperraum, aufteilen. Der außerkörperliche Raum, der in einen Nah- und Fernraum unterteilt werden kann, schließt den Körperraum ein. Die Haut des Menschen stellt sowohl eine Abgrenzung gegenüber der äußeren Welt als auch einen Kontakt zur Außenwelt her. Um den außerkörperlichen Raum wahrzunehmen, müssen wir in ihm handeln.
Nach LURCAT können unsere Sinnesorgane den außerkörperlichen Raum mittels Anhaltspunkten wahrnehmen, die objektiv und damit unveränderlich und unabhängig von unserer Orientierung im Raum sind, was er dadurch verdeutlicht, dass ein Betrachter zwischen der rechten Seite eines Gegenstandes und der vom Standpunkt aus gesehenen rechten Seite differenzieren kann (vgl. LURCAT in BERTRAND 1997, S. 22).
Der Körperraum, der das Körperschema umfasst, baut sich vor allem aus dem taktilen, kinästhetischen und vestibulären System auf. Einen kleineren Beitrag liefert der Geschmackssinn. Der außerkörperliche Raum wird hauptsächlich über die Fernsinne Sehen und Hören erschlossen.
BIELEFELD stellt eine Zusammenfassung des Gesamtkonzeptes der Körpererfahrung zur Verfügung. Den Gesamtkomplex der Körpererfahrung definiert er global als die Gesamtheit aller im Verlaufe der individuellen wie gesellschaftlichen Entwicklung erworbenen Erfahrungen mit dem eigenen Körper, die sowohl affektiv, kognitiv, unbewusst oder bewusst sein können. Die Körpererfahrung unterteilt er in das Körperschema (neuropsychologischer Teilbereich), das alle perzeptiv-kognitiven Leistungen des Individuums bezüglich des

eigenen Körpers umfasst, und das Körperbild (psychologisch-phänomenologischer Teilbereich), zu dem alle emotional-affektiven Leistungen des Individuums bezüglich des eigenen Körper gehören. Zum Körperschema zählen die Körperorientierung (insbesondere durch die kinästhetische Wahrnehmung), die Körperausdehnung (Einschätzen von Größenverhältnissen und der räumlichen Ausdehnung des eigenen Körpers) und die Körperkenntnis (faktische Kenntnis von Bau und Funktion des eigenen Körpers und seiner Teile inklusive der Links-Rechts-Orientierung). Zum Körperbild dagegen werden das Körperbewusstsein (psychische Repräsentation des eigenen Körpers oder seiner Teile), die Körperausgrenzung (den eigenen Körper als deutlich von der Umwelt abgegrenzt erleben) und die Körpereinstellung (Gesamtheit der auf den eigenen Körper und sein Aussehen gerichteten Aufmerksamkeit, die durch Unzufriedenheit oder Zufriedenheit geprägt sein kann) gerechnet (vgl. BIELEFELD 1986).

4.1.2.1.1 Hinweisreize

Wie oben beschrieben sind wir bei der Raumwahrnehmung auf verschiedene Hinweisreize angewiesen, die uns Richtungen oder Distanzen mitteilen können. Der direkteste räumliche Hinweisreiz ist für KEPHART die Bewegung, d.h. wir schätzen mit Hilfe der kinästhetischen Wahrnehmung ab, wie weit wir unsere Hand bewegen müssen, um einen Gegenstand zu ergreifen und schließen daraus auf seine Entfernung. Bei größeren Abständen gehen wir auf einen Gegenstand zu und erschließen aus dem Maß der benötigten Bewegung auf die Entfernung des Objekts (vgl. KEPHART 1977, S. 127).

Im folgenden Abschnitt soll die visuelle Wahrnehmung als Raumindikator im Vordergrund stehen. Die Anpassung des Auges an unterschiedliche Entfernungen (Akkommodation) erfolgt durch eine Änderung der Linsenkrümmung durch die Tätigkeit des Ziliarmuskels. Beim Betrachten weit entfernter Gegenstände ist die Linse relativ flach, beim Betrachten naher Gegenstände krümmt sich die Linse stärker, wodurch ihre Brechungskraft zunimmt. Die Akkommodation ist ein räumlicher Hinweisreiz, da die propriozeptiven Endorgane im Ziliarmuskel uns ein Maß für die benötigte Anpassung und damit Informationen über den Abstand eines Objekts geben.
Beim Betrachten eines Gegenstandes richten wir beide Augen auf diesen aus (Konvergenz). Ist ein Objekt weit entfernt, sind beide Augen nahezu parallel ausgerichtet, beim Betrachten eines nahen Objekts drehen sich die Augen stärker zueinander. Die propriozeptiven Endorgane der äußeren Augenmuskeln, die die Augen bewegen, geben uns kinästhetische Hinweise, wo die Augen sind bzw. wie sie sich bewegt haben und damit auf die Distanz eines betrachteten Gegenstandes.
Nützliche Informationen für die räumliche Orientierung liefert die sogenannte binokuläre Disparität. Hier geht es um die spezifischen Unterschiede, die den nie identischen Informationen der ca. acht Zentimeter auseinander liegenden Augen zu entnehmen sind. 'Jedes Auge sieht anders', und dieser Unterschied

122

ist umso größer, je kleiner der Abstand von Objekten zu den Augen ist. Das bedeutet, die verschiedenen Netzhautbilder, die geringfügig verschobene Ansichten derselben Szene repräsentieren, werden zu einem einzigen dreidimensionalen Bild, das einen Tiefeneindruck vermittelt, verschmolzen.

Weitere räumliche Anhaltspunkte bietet die Zentralprojektion der Außenwelt auf die Netzhaut, was an folgendem Beispiel deutlich wird. Steht man auf einer geraden Eisenbahnstrecke, dann müssen die nahen Eisenbahnschwellen viel größer im Auge abgebildet sein als die ferneren, und daher werden die allerfernsten sichtbaren in einem Fluchtpunkt abgebildet. Ein Objekt, das ein anderes teilweise verdeckt, wird als näher angesehen. Bei zwei Objekten identischer Form und vermutlich derselben realen Größe wird dasjenige, das einen größeren Teil der Netzhaut bedeckt, als näher wahrgenommen. Hinweise für entferntere Objekte sind die Verschwommenheit der Bilder und die Bläue des Lichts, da das vom Objekt ausgehende Licht auf dem Weg zum Auge zerstreut und in unterschiedlichem Maße absorbiert wird.

Die Tatsache, dass sich die Oberflächenstruktur eines Objekts mit zunehmender Entfernung verändert, unterstützt die Entfernungseinschätzung. Nahezu jede Oberfläche hat eine sichtbare Struktur, deren entferntere Punkte in der Regel einen kleineren Raum beanspruchen und dichter zusammengedrängt auf der Netzhaut sind (Strukturgradient).

Kopfbewegungen verändern die Positionen von auf der Netzhaut abgebildeten Objekten im Verhältnis zueinander. Bewegt man den Kopf z.B. nach links, werden nahe Objekte nach rechts und entfernte Objekte nach links voneinander verschoben, obwohl man die Objekte als stationär wahrnimmt (vgl. KRECH/CRUTCHFIELD 1985, S.54/55).

„Ein Mensch, der mit seinen Augen einen nach rechts fliegenden Vogel verfolgt, (...), sieht mit dem rechten Auge die Gegenstände des Hintergrundes später als mit dem linken Auge, die Gegenstände des Vordergrundes dagegen früher. Diese zeitlichen Beziehungen zwischen den Reizereignissen im rechten und linken Auge werden vom Gehirn in Wahrnehmung von Tiefe umgesetzt" (CAMPENHAUSEN 1993, S. 215).

Auch die auditive Wahrnehmung liefert sowohl bei der Einschätzung der Entfernung zur Geräuschquelle als auch bei der Lokalisation derselben einen immensen Beitrag zur Raumorientierung.

Zum Richtungshören sind beide Ohren notwendig, die die Schallwellen mit gegenseitiger zeitlicher Differenz aufnehmen, d.h. der Schall trifft am Ohr, das der Geräuschquelle näher ist, eher ein. Ist die Schallquelle direkt vor, hinter, über oder unter uns, erhalten beide Ohren die gleiche Stimulierung, was das Richtungshören erschwert. Durch Bewegungen des Kopfes, indem man sich einseitig von der Geräuschquelle abwendet, kann die zeitliche Verzögerung zusätzlich verstärkt und das Richtungshören unterstützt werden.

Ein weiteres Kriterium für das Richtungshören ist der Unterschied in der Lautstärke, der zwischen beiden Ohren auftritt, wenn ein Ton oder Geräusch von einer Seite kommt. Eine Schallquelle, die sich links des Kopfes befindet, übermittelt dem linken Ohr einen etwas lauteren Ton.

Die Lautstärke eines Tones oder Geräusches gibt auch Hinweise über die Entfernung der Quelle. Kennen wir ein Geräusch wie den Geräuschpegel einer Schlagbohrmaschine, wissen wir auch mit geschlossenen Augen, ob weiter weg in der Nachbarwohnung oder in unmittelbarer Nähe im gleichen Zimmer gebohrt wird.

Außerdem gelangt ein großer Anteil von Schallwellen ungehindert an das Ohr (Direktschall), wenn die Geräuschquelle dem Ohr nahe ist, während mehr reflektierte Schallwellen (Indirektschall), die an anderen Objekten abgeprallt sind, an unser Ohr gelangen, wenn die Schallquelle weiter weg ist (vgl. KRECH/CRUTCHFIELD 1985, S. 51-53).

„Die eigenen unverdeckten Ohrmuscheln bewirken mehrfache Reflexion des Schalls. Dadurch entstehen vor allem bei solchen Geräuschen mehrere Echos, die nicht in Ohrhöhe, sondern weiter oben oder unten entstehen. Die Art der Ohrmuschel-Echos ist charakteristisch für die Richtung und Höhe des Schalls und kann entsprechend für die Lokalisation ausgenutzt werden" (GUSKI 1989, S. 130).

Häufig wird die Vorherrschaft des Sehens bei der räumlichen Wahrnehmung betont. Ich halte eine Diskussion um die Wichtigkeit oder Unwichtigkeit einzelner Sinnessysteme für die räumliche Wahrnehmung für unangemessen, da sie die Unterschiede der verschiedenen Sinne hinsichtlich ihrer Funktion, jeweils spezifische Informationen aufzunehmen, sowie ihre Zusammenarbeit ignoriert. „Alle Teilsysteme zusammen reichen nicht aus, um ein vollständiges und realitätsgetreues Bild von der Welt und unserer Position in ihr zu ermöglichen, aber sie reichen zusammen im allgemeinen aus, um die für unsere Handlungsmöglichkeiten und Handlungsnotwendigkeiten angemessenen und realistischen Informationen zu geben" (GUSKI 1989, S. 170).

Außerdem wird jeder, der schon einmal erlebt hat, wie sicher und gewandt sich ein blinder Mensch in einem Raum bewegt und zurechtfindet, die absolute Vorherrschaft des Sehens bei der räumlichen Wahrnehmung leugnen müssen. Diese Menschen nutzen das Echo selbst erzeugter Geräusche, um Hindernissen auszuweichen (vgl. CAMPENHAUSEN 1993, S. 77).

4.1.2.1.2 Raumvorstellung und Raumkoordinaten

PIAGET/INHELDER trennen die Raumwahrnehmung ganz klar von der Raumvorstellung, die sie als Verlängerung der Wahrnehmung begreifen: „Die Vorstellung hingegen bezeichnet eine deutliche Differenzierung zwischen den Bedeutungsträgern, die in Zeichen (...) oder Symbolen (...) bestehen, und dem Bedeuteten (dieses besteht im Falle der Raumvorstellung in den Transformationen des Raumes oder der Raumzustände usw.). Der Übergang von der Wahrnehmung zur Vorstellung bietet also ein doppeltes Problem; es betrifft zugleich Bedeutungsträger und Bedeutetes, d.h. das Bild und das Denken" (PIAGET/INHELDER 1971, S. 39).

Räumliches Vorstellungsvermögen meint die Fähigkeit, mit zwei- und dreidimensionalen Objekten Operationen auf der Vorstellungsebene durchzuführen (vgl. ROST 1977, S. 21). Das räumliche Vorstellungsvermögen geht über die bloße Raumwahrnehmung hinaus, weil das gedankliche Handeln mit räumlichen Objekten in den Vordergrund tritt. Die Wahrnehmung räumlicher Gegebenheiten stellt dafür die Basis bereit. Umgekehrt trägt die Raumvorstellung auch zu einer differenzierten Raumwahrnehmung bei. Beide, Raumwahrnehmung und Raumvorstellung, entziehen sich einer direkten Beobachtung, sondern können nur aus dem Raumverhalten eines Individuums (Raumorientierung, Lösung raumbezogener Aufgaben) erschlossen werden (vgl. ROST 1977, S. 21).

Bei der Determinierung von Raumlagen und räumlichen Beziehungen kann man zwischen objektiven und subjektiven Anhaltspunkten unterscheiden. Die Raumkoordinaten oben-unten sind nach Ansicht von LURCAT objektiv, weil sie durch die Antigravitationskraft (oben) und die Schwerkraft (unten) bestimmt werden. Die Raumkoordinaten vorne-hinten, links-rechts dagegen seien subjektiv, weil sie durch den eigenen Körper bedingt sind. Unter vorne verstehen wir, was sich vor uns, in unserem Blickfeld oder unserer gängigen Bewegungsrichtung abspielt. Bei der Begriffserstellung von links und rechts spielt vor allem eine gefestigte Seitigkeitsentwicklung eine entscheidende Rolle (vgl. LURCAT in BERTRAND 1997, S. 25/26).

4.1.2.2 Zeit

„Gleichwohl, was ginge uns beim Reden geläufiger vom Munde als 'Zeit'? Beim Aussprechen des Wortes verstehen wir auch, was gemeint ist, und verstehen es gleichermaßen, wenn wir es einen anderen aussprechen hören. Was also ist 'Zeit'? Wenn mich niemand danach fragt, weiß ich es; will ich einem Fragenden es erklären, weiß ich es nicht" (AUGUSTINUS in SCHORCH 1982, S. 15), so äußert sich AUGUSTINUS zum Begriff Zeit. Dennoch möchte ich mich diesem Phänomen ein wenig nähern.

Die Zeit wird vielfach als vierte Dimension des Raumes beschrieben. Ich kann die Lage eines Gegenstandes mit Hilfe eines Koordinatensystems räumlich lokalisieren, aber nur, wenn ich die Zeitvariable berücksichtige, weiß ich, wann sich der Gegenstand am angegebenen Ort befindet. Zeit wird erst durch Bewegung, genauer durch Veränderung der Dinge im Raum 'sichtbar'. Daher wird der Geschwindigkeit immense Bedeutung für den Zeitbegriff zugeschrieben. Für die Konstruktion von Zeit ist das Erleben konkreter Ereignisfolgen unerlässlich. Allerdings kann man bei der Zeit im Gegensatz zum Raum nicht von taktiler oder visueller Zeit sprechen. Zeitliche Begriffe bedienen sich oft raumgebundener Vorstellungshilfen (eine <u>lange</u> Zeit) (vgl. SCHORCH 1982, S.15/16).

Verschiedenste Fachwissenschaften haben bestimmte Zeitaspekte herausgearbeitet. Physikalisch definiert man Zeit durch die Relation von Weg und Geschwindigkeit, biologische Forschungen haben ergeben, dass sich in der belebten Natur eine Vielzahl von Abläufen rhythmisch vollziehen. Historisch interessant ist Zeit als chronologisches Raster, in das geschichtliche Ereignisse eingeordnet werden können. Die Soziologie untersucht das Spannungsverhältnis zwischen persönlicher Freizeit und zeitlicher Fremdbestimmung, die Ökonomie sucht nach Wegen, die Produktionszeit materieller Werte zu senken. Psychologen schließlich, was im Rahmen dieser Ausführungen am interessantesten ist, befassen sich mit dem Individuum, das Zeit wahrnimmt und sich in der Zeit orientiert (vgl. SCHORCH 1982, S.19/20).

Auch Tiere und Pflanzen passen sich an periodische Veränderungen in der Natur wie den Wechsel von Tag und Nacht an (vgl. FRAISSE 1985, S. 24/25), aber nur der Mensch ist sich der Zeit bewusst. Das Zeitbewusstsein lässt sich in drei Komponenten aufsplitten. Die Zeitperspektive ist die kognitive Komponente und beinhaltet die Interpretation vergangener, gegenwärtiger und zukünftiger Ereignisse zu einem bestimmten Zeitpunkt. Die aktionale Komponente des Zeitbewusstseins ist der Umgang mit der Zeit bei der Planung und Verwendung von Alltagszeit. Das Zeiterleben im Sinne des Reflektierens auf subjektiv erlebte Alltagszeit bildet die emotionale Komponente (vgl. PLATTNER in SPIES 1996, S. 8).

SPIES schlüsselt den Zeitbegriff in seiner Komplexität auf und stellt seine Teilkomponenten anhand eines Begriffsnetzes vor. Zunächst wird eine dreigliedrige Grobunterteilung von Zeit nach objektiver, subjektiver und kultureller Zeit vorgenommen.

Das objektive Schema der Zeit beruht auf der Zeiterfahrung in der äußeren Welt, in der Zeitmerkmale wie Homogenität, Inhaltsunabhängigkeit, Metrik, Abstraktheit usw. bedeutsam sind. Man kann drei Teilkomponenten der objektiven Zeit voneinander unterscheiden. Die physikalische Zeit ist die Zeitauslegung der Naturwissenschaften, in der Zeit, Raum und Bewegung eine enge Verbindung eingehen. Das konventionelle Zeitsystem meint die auf dem objektiven Schema gründende Zeitrechnung, in der die Uhr- oder Kalenderschemaeinheiten koordinierbare, ineinander geschachtelte Teilelemente von fester Abfolge und Dauer bilden. Das formale Zeitschema, die Dreiteilung nach Vergangenheit, Gegenwart und Zukunft drückt insbesondere die lineare Vorwärtsgerichtetheit des Zeitflusses aus. Dabei ist die Vergangenheit der abgeschlossene Gewissheitsraum, die Gegenwart eine punktuelle Grenze, und die Zukunft verkörpert einen offenen Möglichkeitsraum.

Konträr zur objektiven Zeit basiert die subjektive Zeit auf der Zeiterfahrung der internalen Welt und der Repräsentation im Bewusstsein. Die subjektive Zeit ist inhomogen, inhaltsabhängig, individuumsspezifisch, vergeht nicht mit konstanter Geschwindigkeit und lässt sich in die Alltags- und Lebenszeit unterteilen. Im Rahmen der Alltagszeit sind solche zeitlichen Merkmale interessant, die mit der Bindung des Handelns an zeitliche Vorgaben bei täglichen Abläufen zu tun haben. Zur Alltagszeit gehören die emotionale Komponente des Zeiterlebens und die aktionale Komponente des Umgangs mit der Zeit, die ich weiter oben beschrieben habe. Als Lebenszeit bezeichnet man das gesamte Dasein und seinen Verlauf. Sie wird unterteilt in das Altern, die Lebensphasenuntergliederung und die Begrenztheit der Lebensspanne sowie die Zeitperspektive, der schon erläuterten kognitiven Komponente des Zeitbewusstseins.

Die konventionelle Zeitordnung einer Kultur ist sehr eng verknüpft mit dem Grad der Komplexität des kulturellen Lebenskontextes. Zur Zeitstrukturierung der gesellschaftlichen Welt gehören die Zeituntergliederung im Bereich der Alltagszeit (Lebensrhythmus), die Zeituntergliederung im Bereich der Lebenszeit (Rollenerwartungen in bezug auf Lebensphasen) und Zeitregeln (moralische Bewertung bestimmter Formen der Zeitverwendung) sowie die kollektive Zeitperspektive (Tradition) (vgl. SPIES 1996, S. 42-44).

„Unser Erleben des Vergehens von Zeit hängt davon ab, wie viele sensorische Informationen in dem jeweiligen Intervall verarbeitet werden. Zeitspannen, in denen mehr Reize angeboten werden, erscheinen länger als weniger ausgefüllte Perioden" (KRECH/CRUTCHFIELD 1985, S. 59). Biologische Rhythmen wie die Alphawellen des Gehirns stellen eine Art inneren Zeitmesser des Menschen dar. Bei Fieber sind die körperlichen Prozesse allgemein beschleunigt, der 'Zeitmesser' läuft also schneller und bestimmte Zeiträume erscheinen uns länger (vgl. KRECH/CRUTCHFIELD 1985, S. 61).

4.1.2.2.1 Ordnung, Dauer und Zeithorizont

Wir Menschen erleben die Struktur von Zeit entweder als fortlaufende Sequenz oder als unterbrochene Reihenfolge mit ihren Abstandmaßen, d.h. wir nehmen Veränderungen in der Umwelt oder in unserem Körper wahr. „Die Psychologie der Zeit ist nichts anderes als das Studium des gesamten menschlichen Verhaltens in bezug auf diese Veränderungen" (FRAISSE 1966, S. 656). Um sich in der Zeit zu bewegen, stellen sich dem Menschen drei Aufgaben, er muss eine zeitliche Folge wahrnehmen, Zeitstrecken wahrnehmen und schätzen und sich in der Zeit orientieren. (vgl. FRAISSE 1985, S. 19/20). Die Zeitwahrnehmung umfasst einen qualitativen Aspekt, die Wahrnehmung einer Ordnung, und einen quantitativen Aspekt, die Wahrnehmung einer Dauer.

Während die zeitliche Folge sich uns quasi aufdrängt, ihre Struktur sich außerhalb von uns entwickelt ohne, dass es unsererseits zu einer aktiven perzeptiven Leistung kommen muss (vgl. FRAISSE 1985, S. 77/78), entsteht der Begriff der Dauer erst aus einem aktiven Erarbeiten der sensorischen Angaben, die aus den Veränderungen innerhalb der zeitlichen Intervalle entstehen (vgl. FRAISSE 1985, S. 80). Die Tatsache, dass die Perzeption der Ordnung unmittelbar ist, lässt sich daran ersehen, dass wir eine Serie von sechs Ziffern problemlos wiedergeben können, ihre Umkehrung uns jedoch vor Schwierigkeiten stellt. Außerdem können wir natürlich auch deduktiv unter Mithilfe des Gedächtnisses Ordnungen herstellen, wenn wir z.B. die einzelnen, durcheinander gewürfelten Bilder einer Geschichte in die richtige Reihenfolge bringen (vgl. FRAISSE 1966, S. 660/661).

Im Folgenden soll es weniger um die biologisch-physiologische Ebene gehen, bei welcher die Latenzzeiten der Rezeptoren, die Leitungsentfernung zum Gehirn oder Schwellenreize bestimmter Sinnesorgane die Hauptrolle spielen, sondern eher um die psychologische Ebene, bei der es um Vorstellungen verschiedener zeitlicher Aspekte und deren psychische Verarbeitung geht.

Dennoch möchte ich einen kurzen Ausflug in die Physiologie wagen. Damit eine Stimulation überhaupt wahrgenommen wird, sind eine Mindestintensität und eine Mindestdauer erforderlich. „Die Wahrnehmungsschwelle der Sukzession – wenn 2 Stimuli nicht mehr simultan auftreten – und die Schwelle der Dauer jenseits der Augenblicklichkeit hängen von den Bedingungen der sensorischen Rezeptortätigkeit ab" (FRAISSE 1985, S. 71). Zwischen Augenblick und Zeitdauer liegt die Zeitschwelle. Die Perzeptionsschwelle liegt beim Auge zwischen 110 und 120 tausendstel Sekunden, beim Ohr zwischen 10 und 50 tausendstel Sekunden (vgl. FRAISSE 1966, S. 657/658), die Perzeptionsschwellen beim Übergang der Gleichzeitigkeit zur zeitlichen Folge ändern sich ebenfalls mit den sensorischen Gegebenheiten. „Es müssen 20 bis 30 tausendstel Sekunden vergehen, damit zwei Seheindrücke als ungleichzeitig erscheinen. Unterhalb dieser Grenze ist alles gleichzeitig" (PÖPPEL 1985, S. 22). Was innerhalb des Hörsystems als ungleichzeitig bestimmt werden kann, wäre beim Tastsystem noch gleichzeitig. Der Einordnung eines Ereignisses in eine Folge geht die Identifikation eines Ereignisses voraus. Obwohl man zwei verschiedene Töne hören kann, müssen etwa 30-40 tausendstel Sekunden vergehen, bis man sicher ist, welches der erste und welches der zweite Ton war (vgl. PÖPPEL 1985, S. 22-25).

Für die Schnelligkeit der Wahrnehmung sind neben den physiologischen Faktoren auch die Einstellung und die Aufmerksamkeit bedeutungsvoll. Die sinnvolle Bedeutung einer zeitlichen Folge und die Organisation der gebotenen Reize spielen ebenso eine Rolle bei der Wahrnehmung. Zeitliche Folgen, die dasselbe Sinnesorgan ansprechen, werden eher unterschieden als unterschiedliche Sinnesorgane ansprechende Reize (vgl. FRAISSE 1966, S. 659/ 660).

Der Abstand zwischen zwei aufeinanderfolgenden Ereignissen macht die Dauer aus. Um die objektive Gegebenheit der Dauer zu erfassen, muss man aufeinanderfolgende Aspekte eines Geschehens quasi gleichzeitig erkennen. Dabei wird zwischen 'aufgefüllten' (z.B. durch Anfang und Ende eines Theaterstücks begrenzt) und 'leeren' Dauern (z.B. die Zeit, die vom Ende des ersten Aktes bis zum Beginn des zweiten verstreicht) unterschieden. Die leere Dauer besteht also zwischen zwei begrenzten, sich folgenden Stimuli, die volle entspricht der Länge der Stimulation von Anfang bis Ende. Somit bedingt die Dauerwahrnehmung eine primäre Wahrnehmung der Grenzstimuli oder ihrer Veränderung sowie eine aktive Wahrnehmungsphase zwischendurch (vgl. FRAISSE 1966, S. 665).

Die Zeitschätzung gründet auf der Wahrnehmung von Veränderungen und wird durch situative Gegebenheiten, Motivation und den biologischen Entwicklungsstand beeinflusst, zwischen denen starke Wechselwirkungen bestehen. So wird die Dauereinschätzung mit dem Alter genauer, ein Training verbessert diese, leere Dauern werden im Gegensatz zu vollen überschätzt. Wir unterschätzen die Dauer schwieriger noch lösbarer Aufgaben und überschätzen die Dauer zu schwieriger Aufgaben. Der gleiche Zeitraum zwischen zwei Lichtpunkten erscheint länger als zwischen zwei Tönen, die Dauer der Grenzstimuli beeinflusst die geschätzte Dauer usw. (vgl. FRAISSE 1966, S. 672-684).

In bezug auf die Dauer, die nach dem jeweiligen Bewusstseinsinhalt beurteilt wird und ohne Gedächtnis nicht erlebbar ist, gibt es ein Zeitparadox: „Was uns gegenwärtig als langweilig erscheint, das wird im Rückblick kurz. Was wir als kurzweilig erlebt haben, das wird im Rückblick lang" (PÖPPEL 1985, S. 85). Verarbeiten wir keine Informationen, wird unsere Aufmerksamkeit auf die Zeit, die zu kriechen beginnt, gelenkt. Allerdings wird nichts im Gedächtnis gespeichert, so dass im Rückblick nichts vorhanden ist, woran man sich erinnern kann. Verarbeitet man dagegen viele Informationen, ist uns die Zeit nicht bewusst, sondern scheint im Fluge zu vergehen. Das reiche Erleben ist im Gedächtnis gespeichert, so dass im Rückblick viel Erinnernswertes vorhanden ist (vgl. PÖPPEL 1985, S. 85/86).

Die Zeit steht demnach in engster Verbindung mit ihrem Inhalt und dem menschlichen Gedächtnis, denn während des Lesens dieses Satzes verstreicht Zeit und die Gegenwart vergeht. Als Beispiel für die psychologische Gegenwart führt FRAISSE das Ticken der Uhr ('Ticktack') an, das als Einheit und nicht als zwei getrennte Geräusche gehört wird. Eine Trennung würde nämlich die Wahrnehmung des Rhythmus unmöglich machen. Demnach ist jede wahrgenommene Zeitdauer kürzer als 2 Sekunden, jede längere Dauer wird in der Regel mit Hilfe des Gedächtnisses geschätzt (vgl. FRAISSE 1985, S. 88).

Die Zeitmessung ist dem Menschen durch die vier Methoden Schätzen, Herstellen, Wiedererkennen und Vergleich möglich (vgl. FRAISSE 1966, S, 664/ 665). Zum Schätzen der Dauer gebrauchen wir entweder die wahrnehmbaren, objektiven Indizien der Situation oder schaffen in einer homogenen Situation eigene Indizien wie das Taktschlagen.

Daraus ergibt sich, dass eine Orientierung in der Zeit nur möglich ist, wenn es Veränderungen gibt. Periodische Veränderungen wie der Tag-Nacht-Rhythmus, der unsere menschliche Aktivität bestimmt und letztlich auch in uns periodische Veränderungen wie den Wechsel von Schlaf- und Wachzeit auslöst, erlauben eine äußere Zeitrechnung. Dieses innere System gilt heute eher als primitive Form der Zeitorientierung. Wichtiger erscheint uns Menschen heute die Orientierung in Vergangenheit, Gegenwart und Zukunft (Zeithorizont), so dass wir durch die Reflexion vergangener Erfahrungen für zukünftige Situationen vorbereitet sind (vgl. FRAISSE 1966, S. 686/867).

Der Behauptung, dass äußere Einflüsse unseren eigenen Rhythmus beeinflussen, wird allerdings mit der Gegenbehauptung widersprochen, dass beim Menschen der größte Teil der zyklischen Aktivitäten endogenen Ursprungs sind. Für diese These, dass es eine innere Uhr geben muss, führt PÖPPEL die Begründung an, dass Versuchspersonen unter den gleichen Isolationsbedingungen einen jeweils eigenen Rhythmus entwickeln (vgl. PÖPPEL 1985, S. 96-105). Diese Kontroverse kann ich hier nicht lösen.

4.1.2.2.2 Rhythmus

Der Rhythmus stellt eine Synthese der Begriffe Ordnung und Dauer dar und lässt sich als periodische, d.h. regelmäßige Wiederkehr einer geordneten Struktur definieren. Diese Struktur wird nicht analytisch, sondern global erfasst. Zu den natürlichen Rhythmen zählen äußere (Naturrhythmen) und innere (Herzschlag).

„Rhythmisch kann man eine Darbietung von Geräuschen dann nennen, wenn wahrnehmbar unterschiedliche Geräuschkomponenten (z.B. Töne und Pausen oder unterschiedlich betonte Töne) in bestimmten regelmäßigen Zeitverhältnissen einander abwechseln" (GUSKI 1989, S. 143). Die Hervorhebung bestimmter Töne durch eine etwas höhere Lautstärke erleichtert dabei die Gruppierung einer Tonfolge zu einem Muster. Die Regelmäßigkeit sollte allerdings nicht maschinenhaft sein, sondern fast unmerkliche Zeitverhältnisvariationen machen Musikdarbietungen besonders lebendig. Deutliche und durchgehende Rhythmen bilden die Grundlage für die Wahrnehmung bedeutender struktureller und emotionaler Musikkomponenten und wirken außerordentlich bewegungsanregend. In der Regel werden die Finger durch schnellere, der Kopf und die Füße durch langsamere Akzente angeregt. Deswegen besitzt der Rhythmus eine große gemeinschaftsbildende Kraft (vgl. GUSKI 1989, S. 143). Eine rhythmische/gleitende Bewegung ist gekennzeichnet vom Wechsel zwischen An- und Entspannung und einem optimalen Muskelkraftgebrauch. Unrhythmische Bewegungen enthalten weder eine Koordination einzelner Körperteile noch den Anspannungs-/Entspannungswechsel, was zu einer schnelleren Ermüdung führen kann.

Menschen haben ein gewisses Spontantempo, was z.B. beim Gehen zum Ausdruck kommt. „Das motorische Grundtempo ist die Geschwindigkeit, welche der einzelne Mensch als die ihm natürlichste und angenehmste empfindet" (DEFONTAINE in BERTRAND 1997, S. 100).

4.1.2.3 Raum-Zeit-Dimension

Die Raum- und die Zeitdimension gehören untrennbar zusammen. Zeit- und Raumwahrnehmung bilden ein unlösbares Ganzes, wobei die Zeit der Raum in Bewegung (die Geschwindigkeit der Bewegungen) ist und der Raum eine Momentaufnahme der Zeit. Beide Dimensionen bilden die Ordnung, die die Beziehungen zwischen den Gegenständen und ihren Raumänderungen charakterisiert. Sich in Zeit-Raum-Gegebenheiten zurechtzufinden, heißt, sich seiner Umwelt anzupassen und sie zu beherrschen. Daraus ergibt sich, dass wir Bewegungen weder in der Raum- noch in der Zeitdimension alleine ausmachen können. Die Bewegungswahrnehmung, also das Wahrnehmen von Ortsveränderungen seitens (Teilen von) Objekten oder Personen, bleibt der einheitlichen Raum-Zeit-Dimension verhaftet.

130

KRECH/CRUTCHFIELD stellen allerdings fest: „Die Wahrnehmung von Bewegung lässt sich nicht nur durch reale physische Bewegung in der Umwelt erklären. Die Bewegungswahrnehmung hängt auch von Veränderungen der relativen Stellung von Bildern auf der Netzhaut ab. Die Größe oder Lage verschiedener Bilder kann bestimmen, welche als in Bewegung befindlich gesehen werden, und die Wahrnehmung wird auch durch die laufenden Befehle zu Augenbewegungen mitbeeinflusst, die vom Gehirn an die Augenmuskeln ausgesendet werden" (KRECH/CRUTCHFIELD 1985, S. 65).

4.2 Entwicklung der Wahrnehmung und der Vorstellung

Die Sinne des Menschen sind zwar vom ersten Tag seines Lebens an funktionstüchtig, weil ihre Entwicklung bereits im Mutterleib beginnt, dennoch müssen die einzelnen Wahrnehmungssysteme zunehmend differenziert und komplexe Verarbeitungsstrategien sowie eine Zusammenarbeit der verschiedenen Sinnesmodalitäten entwickelt werden, damit ein Kind situationsadäquat handeln kann.

PIAGET ist der Ansicht, dass es für ein Baby zunächst ebenso viele 'Welten' wie Sinneskanäle gibt, er geht von getrennten Seh-, Hör-, Tast- und Schmeckerfahrungen aus. Erst im Laufe der Auseinandersetzung mit der Umwelt werden einzelne Wahrnehmungen und Handlungen miteinander koordiniert wie z.B. das Greifen und das Sehen. So bilden sich neue kognitive Strukturen heraus, die Grundlage der geistigen Entwicklung sind. Diese Art der Problembewältigung in ca. den ersten beiden Lebensjahren (sensomotorische Intelligenz) basiert ausschließlich auf direkter Wahrnehmung und Handlung mit Objekten, nicht auf Vorstellung und Denken (vgl. PIAGET 1972). Wahrnehmung und Bewegung sind die Grundlage jeglicher Denkprozesse, das sensomotorische Lernen ist die Basis für das Lernen insgesamt. Konkretes Handeln an konkreten Gegenständen ist Voraussetzung für die Konstruktion der Kategorien Objektpermanenz, Raum, Zeit und Kausalität. Im Entwicklungsverlauf werden diese äußerlichen Bewegungshandlungen zu innerlichen Handlungen (kognitiven Operationen), die zu Symbolen für die Handlung selbst werden.
Die kognitive Entwicklung kann mit PIAGET demnach „als zunehmende Differenzierung und Strukturierung von Erfahrung durch den aktiven Austausch von Subjekt (Kind) und personalen bzw. materialen Objekt (Umwelt) gesehen werden" (KÖCKENBERGER 1999, S. 15).

In Anlehnung an PIAGET hat AFFOLTER ein hierarchisches Strukturmodell zur Wahrnehmungsentwicklung in drei Stufen entworfen. Auf der intramodalen Stufe lernt das Kind nur innerhalb einer Sinnesmodalität, d.h. die modalitätsspezifische Wahrnehmung ist durch zunehmende quantitative und qualitative Veränderungen in den Leistungen gekennzeichnet.

Auf der intermodalen Stufe erfolgt eine Integration der einzelnen Sinnesmodalitäten. Das Kind koordiniert u.a. Greifen und Sehen.

Auf der serialen Stufe kann das Kind aufeinanderfolgende Reize aus allen Sinnesbereichen miteinander verknüpfen und diese zu einem sinnvollen Ganzen verbinden. Es lernt, Handlungsfolgen räumlich und zeitlich integriert wahrzunehmen und diese im Gedächtnis zu speichern (vgl. AFFOLTER 1987).

Bedeutsam für die Wahrnehmungsentwicklung ist die selektive Wahrnehmung, denn aus dem vielfältigen Reizangebot werden wichtige Reize, die in der momentanen Situation individuell relevant sind, gegenüber unwichtigen ausgewählt. Die selektive Wahrnehmung ist Basis für die Figur-Grund-Wahrnehmung. Da die Umwelt möglichst objektiv erfasst werden soll, lernt ein Kind, dass jedes Objekt unveränderliche Merkmale besitzt, die gespeichert und strukturiert werden müssen (Wahrnehmungskonstanz).

4.2.1 Entwicklung der Raumdimension

Ausdrücklich möchte ich darauf hinweisen, dass jegliche Altersangaben der Entwicklung der Raumdimension nur als Anhaltspunkte dienen sollen.

Da ich verschiedene Fachautoren mit ihrer je individuellen Schwerpunktsetzung berücksichtige, erlaube ich mir, den chronologischen Ablauf insofern zu stören, dass ich an einigen Stellen Entwicklungsschritten vorgreife oder auf bereits erworbene Fähigkeiten zurückverweise, um bestimmte Verbindungen hervorzuheben.

4.2.1.2 Intrauterines Leben, Geburt und erste Tage des Neugeborenen

Während sich der Embryo zunächst in nahezu grenzenloser Fruchtwasserumgebung befindet, wird dieser Raum mit der Entwicklung des Fötus täglich enger (vgl. LEBOYER in BERTRAND 1997, S. 35).

Das Ungeborene nimmt eine auditiv-vibratorische Umwelt wahr, seine differenzierte Vestibulärwahrnehmung hilft ihm, Lageveränderungen der Mutter auszugleichen (vgl. FRÖHLICH 1989, S. 31/32).

Erst bei der Geburt eröffnet sich dem Neugeborenen die unendliche Weite des Raumes.

Wie bereits festgestellt (vgl. 2.), sind die verschiedenen sensorischen Räume zunächst untereinander nicht koordiniert, für das Kind gibt es noch keinen permanenten Gegenstand und keine Wahrnehmungskonstanz der Formen und Größen. Die ursprünglichen Wahrnehmungen z.B. beim reflexhaften Saugen sind durch topologische Relationen wie Nähe oder Trennung bestimmt (vgl. PIAGET/INHELDER 1971, S. 25).

Der innerkörperliche Raum wird durch Reaktionen interozeptiven Ursprungs geschaffen. Das Verhalten des Säuglings wird von organischen Bedürfnissen, insbesondere dem Wechsel von Schlafenszeit und Nahrungsaufnahme, dominiert, weswegen der Mundraum von hoher Bedeutung ist (vgl. LEBOULCH in BERTRAND 1997, S. 37).

Der Körperraum baut sich vor allem durch das kinästhetische System und aus den Reaktionen vestibulären Ursprungs auf.

Die Reaktionen exterozeptiven Ursprungs schließlich schaffen den außerkörperlichen Raum. Die Haut wird als das erste und wichtigste Kommunikationsorgan des Säuglings beschrieben, denn durch sie werden nicht nur erste Umweltinformationen aufgenommen, sondern emotionale und soziale Kontakte zu anderen Personen hergestellt.

LAPIERRE/AUCOUTURIER weisen dem akustischen Sinnesorgan die Bedeutung zu, dass das Geräusch im symbolischen Sinne eine der ersten Erforschungsformen des Raumes ist, weil der vom Säugling selbst erzeugte 'Lärm' den Raum mit seiner eigenen Gegenwart erfüllt (vgl. LAPIERRE/AUCOUTURIER in BERTRAND 1997, S. 39).

„Ein (...) Säugling kann bereits nach 8 Tagen eine Lichtquelle im Raum verfolgen" (FRÖHLICH 1989, S. 38), lebt insgesamt aber in enger Verschmelzung mit dem außerkörperlichen Raum.

4.2.1.2 Die räumliche Entwicklung im Alter von einem Monat bis zu drei Jahren

Die Welt des Kindes ist bis zum Alter von drei Jahren als eine des erlebten, auf sich selbst bezogenen Körpers zu bezeichnen (vgl. LEBOULCH in BETRAND 1997, S. 41).

Zunächst möchte ich den wahrgenommen Raum der sensomotorischen Phase vorstellen, der Ausgangspunkt und Substruktur der gesamten Raumkonstruktion durch die Vorstellung ist (vgl. PIAGET/INHELDER 1971, S. 23).

Die Koordination von Sehschema und Saugschema und diejenige von Sehen und Greifen auf der dritten sensomotorischen Stufe führt zur Verschmelzung der ehemals getrennten Wahrnehmungsräume zu einem Raum. Trotzdem bleibt die Scheidung zwischen dem Nahraum, der durch die Koordination von Sehen und Greifen definiert ist, und dem Fernraum, den Gegenstände und Bewegungsabläufe außer der Reichweite des Kindes kennzeichnen, bestehen (vgl. PIAGET in OERTER 1984, S. 461).

Im häufig beobachtbaren Wegwerfen von Gegenständen sehen LAPIERRE/ AUCOUTURIER analog zum akustischen Raum eine symbolische Besitzergreifung des außerkörperlichen Raumes, weil die Flugbahn die Bewegung verlängert und den Handlungsraum vergrößert (vgl. LAPIERRE/AUCOUTURIER in BERTRAND 1997, S. 42).

Durch die Vergrößerung des Aktionsradius auf der vierten sensomotorischen Stufe erweitert sich der Nahraum. Dabei wird der Fernraum ebenfalls besser strukturiert, weil das Kind durch die Lokomotion im Nahraum verschiedene Veränderungen des Fernraums wahrnimmt. Das kindliche Individuum beginnt erstmals aus dem Mittelpunkt des Raumes zu rücken, weil neben den Raumbeziehungen zwischen Ich und Umwelt jetzt auch Raumbeziehungen zwischen

Gegenständen der Außenwelt erkundet werden (vgl. PIAGET in OERTER 1984, S. 461). Erste projektive und metrische Relationen auf der Wahrnehmungsebene werden gebildet, aus deren Synthese sich die Konstanz der Formen und Größen ergibt (vgl. PIAGET/INHELDER 1971, S. 32).

Im Verlauf der kindlichen Entwicklung zeigt sich zunächst eine Tendenz zum Vertikalen, denn Kinder bevorzugen Turmbauten im Gegensatz zur horizontalen Reihung von Bauklötzen. Das Kind fasst zunächst alle Phänomene dreidimensional auf, die reine Flächigkeit ist ihm unverständlich, wenn es z.B. versucht, in Bilder hineinzugreifen (vgl. FRÖHLICH 1989, S. 38/39).

Das aktive Experimentieren auf der fünften sensomotorischen Stufe durch Aufeinandertürmen von Gegenständen, Zudecken oder das Füllen von Behältern und damit Ausfüllen von Räumen führt zur Entdeckung wichtiger Raumbezüge. Das Kind benutzt Umwege, um ein Ziel zu erreichen, und die beginnende Vorstellung macht das kurzzeitige Vergegenwärtigen von unsichtbar ablaufenden Bewegungen möglich, d.h. das Kind sucht Objekte in dem Versteck, das aus der letzten sichtbaren Veränderung der Position resultiert. Dies stellt nach PIAGET das Ende der Raumentwicklung auf sensomotorischen Intelligenzniveau dar. Das sensomotorische Raumschema ist zwar vollständig an Wahrnehmungs- und Handlungsbezüge des Kindes gebunden, bildet aber dennoch ein wichtiges Bezugssystem für viele kognitive Leistungen (PIAGET in OERTER 1984, S. 461/462).

„Dieser praktische Raum ist noch kein Begriff, ja nicht einmal eine Vorstellung. Die für die Erfassung von Raumbeziehungen entscheidende geistige Repräsentation wird erst mit fortschreitender Entwicklung des Denkens möglich" (OERTER 1984, S. 462).

Das Kind hat in seiner Entwicklung jetzt die Grenze zwischen der reinen Raumwahrnehmung und der möglichen Raumvorstellung erreicht. Die Raumvorstellung löst die Raumwahrnehmung nicht gänzlich ab, sondern beide bestehen von nun an nebeneinander und entwickeln sich in wechselseitiger Abhängigkeit weiter.

STERN beschreibt die motorische Entwicklung in bezug auf den Raum in drei Entwicklungsstadien, wobei er die enge Abhängigkeit zwischen der Wahrnehmung und Strukturierung des Raumes und der Bewegung betont. Eine bevorzugte Stellung nimmt der Mundraum ein, da das Kind zur Befriedigung seiner Neugier alles hineinsteckt, um eine Verbindung zwischen dem gesehenen und ertasteten Gegenstand herzustellen. Im fünften Monat entwickelt sich der Nahraum durch die nun genügenden Koordinationsleistungen im Zusammenhang mit der Reifung der Nervenbahnen und der verbesserten Kontrolle der Nakken- und Halsmuskulatur. Zwecks eigener Aktivität befreien sich die einzelnen Körperteile voneinander, stabilisieren sich im Raum und erlauben dem Körper, die eigene innerkörperliche Lage zu beherrschen sowie unterschiedliche Körperstellungen einzunehmen. Mit eineinhalb Jahren vereint das Kind die unterschiedlichen Wahrnehmungsräume dank seiner erreichten Bewegungsfreiheit

zu einem Bewegungsraum, aber auch der Körperraum differenziert sich weiter aus. Raumvorstellung und Körperschema entwickeln sich demnach parallel. (vgl. STERN in BERTRAND 1997, S. 44).
Für den Aufbau des Körperschemas und die unterschiedlichen Haltungen des Kindes im Raum spielen die drei Grundwahrnehmungssysteme des taktilen, kinästhetischen und vestibulären Bereichs die entscheidende Rolle. Weil wir unsere Handlungen immer auf die ständige Erdanziehungskraft abstimmen müssen, ist für den Gleichgewichtserwerb die Wahrnehmung der Senkrechten als wichtigster räumlicher Bezugspunkt äußerst bedeutsam. Während des gesamten ersten Lebensjahres befindet sich ein Kind beim ersten Kopfheben, beim Sitzen, beim Stehen etc., also bei der Ausrichtung des Körpers, in aktiver Auseinandersetzung mit der Schwerkraft.
AYRES bezeichnet das Körperschema als Landkarte des Körpers, die ein Kind zur Planung und Steuerung von Körperbewegungen nutzt (vgl. AYRES 1992, S. 32/33). Die Entwicklungsrichtung des Körperschemas entspricht derjenigen der Motorik, die von oben nach unten (kephalocaudaler Trend) und von innen nach außen (proximodistaler Trend) verläuft.

Wie beschrieben lebt das Kind in den ersten beiden Lebensjahren in einem sensomotorischen Raum, der durch die konkreten Handlungen des Kindes gekennzeichnet ist. Durch eine Verinnerlichung der Handlungen wird dieser sensomotorische Raum bildlich vorstellbar. Das Kind erlebt diesen geistig vorgestellten Raum in Beziehung zu sich selbst. PIAGET nennt diesen Raum, der weder Form noch Ausdehnung besitzt, der also nicht dem uns Erwachsenen ursprünglich und natürlich erscheinenden euklidischen Raum entspricht, den topologischen Raum. Die Merkmale des topologischen Raumes sind Beziehungen wie Nachbarschaft, Kontakt, Trennung, Eingeschlossensein usw. (vgl. PIAGET in OERTER 1984, S. 462).
„Obwohl das Kind wahrnehmungsmäßig ähnlich wie der Erwachsene Kreis, Quadrat und Dreieck aufnimmt, sind ihm diese Figuren geistig nicht als Objekte mit bestimmten räumlichen Beziehungen (gerade, gebogen, rechter Winkel, spitzer Winkel) präsent" (OERTER 1984, S. 462).
Obwohl ein Kind schon früh projektiv wahrzunehmen vermag, ist es noch nicht in der Lage, sich Perspektiven gedanklich vorzustellen. „Die räumliche Anschauung muss also auf der ihr eigenen Ebene, nämlich derjenigen der Vorstellung im Gegensatz zur direkten und aktuellen Wahrnehmung, all das konstruieren, was diese Wahrnehmung auf dem begrenzten Gebiet der direkten Kontakte mit dem Gegenstand bereits zuvor erobert hat. Außerdem trennt ein Abstand von mehreren Jahren diese beiden Konstruktionen voneinander, denn erst, wenn ein Alter von 7-8 Jahren erreicht ist, führen das Maß, die Koordinierung der Perspektiven durch die Vorstellung und die Einsicht in die Proportionen zur Konstruktion eines geistigen Raumes, der imstande ist, dem wahrgenommenen Raum endgültig den Rang abzulaufen" (PIAGET/INHELDER 1971, S. 33/34).

4.2.1.3 Die räumliche Entwicklung im Alter von drei bis sechs Jahren

Nach LEBOULCH ist die Zeit von drei bis zu sechs Jahren eine Phase des Aufbaus der perzeptiven Unterscheidung, weil die Entwicklung sensorieller Strukturen vorherrscht. An deren Ende erlangt ein Kind eine analytisch-synthetische Ansicht der Welt, die ihm eine raum-zeitliche Strukturierung erlaubt (vgl. LEBOULCH in BERTRAND 1997, S. 48).

Das Kind hat eine egozentrische Weltsicht, es geht davon aus, dass die Welt für es besteht, auf es zentriert und in bezug auf es gegliedert ist (vgl. PIAGET/ INHELDER 1972, S. 23).

Körperbild und Raumvorstellung entwickeln sich parallel, so dass der Erwerb des Raumes nicht ohne Bezug auf die Entwicklung des Körperbewusstseins gesehen werden kann (vgl. DE AJURIAGUERRA in BERTRAND 1997, S. 48).

Bei der räumlichen Begriffsbildung wird das eigene Körperschema in räumliche Anhaltspunkte projiziert, die man allerdings in zwei Arten aufteilen kann. Die objektiven Anhaltspunkte, die zuerst erworben werden, sind von der Orientierung des Kindes unabhängig, da sie zu einem außerkörperlichen Objekt gehören. Die subjektiven Anhaltspunkte dagegen sind abhängig von der Orientierung des Kindes, sie hängen von der kindlichen Lateralisierung und von der Fähigkeit ab, die Verschiebung eines Gegenstandes im Raum mit einem objektiven Anhaltspunkt am eigenen Körper übereinstimmen zu lassen. Orientierungspunkte im Zusammenhang mit anderen Personen erscheinen später, da in diesem Alter noch Verwirrung zwischen dem eigenen Körperraum und dessen Projektion auf andere Menschen besteht. Dies gelingt erst mit etwa sechs Jahren im Zuge eines festeren Körperbildes (vgl. LURCAT in BERT-RAND 1997, S. 49).

MUCCHIELLI konstatiert, dass ein Kind mit drei Jahren die Begriffe nah-fern, hoch-tief, vor-hinter, innerhalb-außerhalb, auf-unter erkennt (vgl. MUCCHIEL-LE in BERTRAND 1997, S. 50).

In bezug auf die Vorne-Hinten-Dimension des Raumes, für die das Tiefensehen von entscheidender Bedeutung ist, entsteht zuerst ein Raum vor und dann erst hinter dem Kind.

Das Ausbilden einer Seitigkeitssicherheit verläuft von gleichzeitigen (symmetrischen) Bewegungen beider Hände oder Füße, über die Integration beider Hände und Füße (Bilateralintegration), das Überkreuzen der Körpermittellinie und die besondere Leistungsfähigkeit einer Körperseite (Dominanz) bis hin zur Rechts-Links-Unterscheidung.

In der Vorstellung des Kindes herrscht der topologische Raum vor (vgl. 2.1.2.). Von zweieinhalb bis vier Jahren erfasst ein Kind vorstellungsmäßig bereits Nachbarschaft, Geschlossenheit und Eingeschlossensein. Mit vier Jahren kann ein Kind beim Nachzeichnen von Figuren die topologischen Bezüge korrekt reproduzieren. Beim Betasten von einfachen Formen, die hinter einem Schirm liegen, vermag ein Kind mit vier Jahren nur die topologischen Bezüge

136

richtig anzugeben. Es unterscheidet nicht zwischen Quadrat und Dreieck, sondern nur zwischen offenen und geschlossenen Figuren. Das Kind verwechselt also Figuren, die vom euklidischen Standpunkt her verschieden, aber topologisch äquivalent sind. Bis zum Alter von vier Jahren ist ein Kind nicht in der Lage, einen vor seinen Augen geknüpften Knoten nachzumachen oder mit den Fingern nachzufahren (vgl. PIAGET in OERTER 1984, S. 462-464).

Zu dem gefestigten Verständnis für topologische Beziehungen kommt das qualitativ richtige Erkennen perspektivischer Veränderungen und die Differenzierung des projektiven Sehens bis zum ca. 7./8. Lebensjahr. Die Entwicklung vom topologischen zum projektiven Raum geschieht über die Koordination von Objekten, denn rein topologische Relationen führen nicht zur Konstruktion eines Gesamtsystems, das eine komplexe Raumstruktur ergibt. „Insbesondere beginnt der projektive Raum (...) psychologisch dann, wenn der Gegenstand oder seine Figur nicht mehr einfach in sich selbst betrachtet wird wie auf dem Gebiet der rein topologischen Relationen, sondern bezüglich eines 'Blickwinkels': Blickwinkel der Person als solcher (...) oder Blickwinkel anderer Gegenstände, auf die der erste projiziert ist" (PIAGET/INHELDER 1971, S. 188).

Der topologische ist demnach kein totaler Raum, und das Kind muss von seinem Körper abgeleitete Projektionen und Koordinationssysteme gebrauchen, um über dieses Stadium hinaus zu kommen (vgl. LURCAT in BERT-RAND 1997, S. 50).

Vom Körper als Bezugspunkt entwickelt sich die Vorstellung von Geraden, die PIAGET als operatorische Konstruktion der projektiven Geraden durch Peilen umschreibt (vgl. PIAGET/INHELDER 1971, S. 189). Eine Gerade ist „eine Folge von Punkten, die so angeordnet sind, dass sie auf dem Blickwinkel auf das 'Ende' hintereinander liegen und sich dadurch scheinbar auf einen einzigen Punkt reduzieren (vgl. PIAGET/INHELDER 1971, S. 544). Dreijährige bringen im Stadium des topologischen Raumes, in dem sie vor allem die Nachbarschaft fokussieren, keine gerade Linie zwischen zwei Punkten zustande. Dies gelingt erst Siebenjährigen annähernd, und Neunjährige haben keine Schwierigkeiten mehr (vgl. OERTER 1984, S. 464/465).

Natürlich ist die Entwicklung des Raumbegriffs nicht auf den visuellen Raum beschränkt, sondern wird durch das taktil-kinästhetische System in der Erforschung räumlicher Angaben unterstützt (vgl. LEBOULCH in BERTRAND 1997, S. 51). Komplexe Handlungen können erst dann ausgeführt werden, wenn die Wahrnehmung der Stellung im Raum ohne visuelle Kontrolle möglich ist (z.B. mit einem sperrigen Gegenstand, der die Sicht versperrt, eine Treppe steigen). Lateralität oder Seitenpräferenz meint „bessere Leistungen eines paarig angelegten Aufnahme- oder Erfolgsorgans; raschere Wahrnehmung oder Reaktion, größere Geschicklichkeit oder Kraft" (MARTINUS in BRAND/BREITENBACH/ MAISEL 1997, S. 68). Obwohl sich eine Vorliebe in der manuellen Geschicklichkeit schon mit 4-6 Monaten bei den ersten Hand-Auge-koordinierten Bewegungen andeutet, kann man von der eigentlichen lateralen Dominanz erst mit drei Jahren sprechen. Die Lateralität als Ausdruck einer funktionellen Asymmetrie der Hemisphären führt dazu, dass die der rechten und linken Seite des Kindes entsprechenden motorischen Räume nicht übereinstimmen. Diese heterogene Entwicklung der beiden Körperhälften hilft beim Aufbau der Raumorientierung. Wenn dem Kind mit ca. sechs Jahren der Unterschied zwischen seiner linken und rechten Seite bewusst ist, ist die Körperorientierungsentwicklung abgeschlossen. Das Kind kennt nun die Begriffe vor-hinter, über-unter, rechts-links (von) seinem Körper und kann die Körperorientierung auf den Raum übertragen (vgl. LEBOULCH in BERTRAND 1997, S. 51).

Nach FROSTIG entwickeln sich die Fähigkeiten, die Raumlage (Erkennen der Raumlagebeziehungen eines Gegenstandes zum Wahrnehmenden) und räumliche Beziehungen (Wahrnehmung der räumlichen Lage von Gegenständen zueinander) wahrzunehmen weitestgehend im Alter von 3 bis 7 Jahren (vgl. FROSTIG 1985).

4.2.1.4 *Die räumliche Entwicklung im Alter von sechs bis zwölf Jahren*

Im Alter vom sechsten bis zum zwölften Lebensjahr gelangt das Kind zur Abstraktion und zum euklidischen Raum.

Nachdem es sich seinen eigenen Körperraum vorstellen kann, erwirbt es nun die Fähigkeit, seinen Körper auf den eigenen Standpunkt zu fixieren, sich gedanklich an einen anderen Ort zu begeben und von dort her räumliche Vorstellungen zu entwickeln. Es kann sich seinen Körper in Bewegung vorstellen und integriert die erlebten perzeptiv-motorischen Informationen in das strukturierte Körperschema (vgl. LEBOULCH in BERTRAND 1997, S. 52).

Das Körperschema als Handlungsschema erlaubt dem Kind in der Form eines vorwegnehmenden Bildes die Gestaltung der eigenen Motorik. Dazu bedarf es dreier fundamentaler Fähigkeiten, nämlich der Verfeinerung des kinästhetischen Systems, der Verbindung zwischen visuellen und kinästhetischen räumlichen Hinweisreizen und der Integration der Gesamtinformation in eine verinnerlichte zeitliche Folge (vgl. LEBOULCH in BERTRAND 1997, S. 53).

Mit ca. sieben Jahren lernt das Kind andere Bezugspunkte als den eigenen Körper anzuwenden. Die bisher auf den eigenen Körper bezogenen räumlichen Begriffe können nun unabhängig von diesem gesehen und damit operativ gebraucht werden. Rechts und links können jetzt auf andere Personen übertragen werden, weswegen Nachahmungsbewegungen nicht mehr spiegelverkehrt ablaufen (vgl. BERTRAND 2.5).

Aus der Vorstellung der Geraden entwickeln sich die Begriffe der Horizontalen und der Vertikalen als mögliche Koordinationsachsen (vgl. PIAGET in OERTER 1984, S. 467).

Das Kind kann über räumliche Relationen reflektieren, d.h. gedanklich mit räumlichen Objekten, Begriffen und Relationen handeln und diese Handlungen verbalisieren.

Das räumliche System wird so abstrahiert, dass es auch Beziehungen außerhalb der unmittelbaren Umwelt des Kindes umfasst wie z.B. die Entfernung Hamburg-München (vgl. KEPHART 1977, S. 140).

138

PIAGET spricht vom Aufbau des euklidischen Raumes mit Hilfe logischer Operationen in Vorstellung und Denken. Der Raum wird nicht mehr nur statisch wahrgenommen, sondern ist in der Vorstellung transformierbar. Bis zum ca. zehnten Lebensjahr ist das projektive und euklidische Raumverständnis weitestgehend entwickelt. Die Raumvorstellung ist nicht mehr egozentrisch, sondern objektiv, d.h. das Kind kann sich vorstellen, dass ein wahrgenommenes Objekt auch andere Aspekte als die dem Betrachter zugekehrten hat. Es kann sich eine Anordnung von Gegenständen anders vorstellen, als es sie wahrgenommen hat. Nacheinander kann es in Gedanken verschiedene Positionen einnehmen und die Gestalt und die Lage eines oder mehrerer Gegenstände rekonstruieren. Die Vorstellung eines euklidischen Raumes bedeutet, dass allmählich ein Bezugssystem (Koordinatensystem mit den Dimensionen Höhe, Breite, Tiefe) ausgebildet wird, in das Gegenstände eingeordnet werden. Der euklidische ist quasi ein leerer Raum oder ein Behältnis, in das Objekte hinein gebracht oder herausgenommen werden können, ohne dass sich dabei am Raum selbst etwas ändert. Die Lage von Objekten und ihre Entfernung zueinander kann durch Maße bestimmt werden. Eine Entfernung zwischen zwei Gegenständen setzt den leeren Raum voraus, weil die Entfernung nur erhalten bleibt, wenn der Raum als unabhängig von den Gegenständen gedacht wird. Der Abstand zweier Objekte verändert sich nicht, wenn man etwas dazwischen stellt (vgl. PIAGET in OERTER 1984, S. 465-469).

„Im Gegensatz zu den topologischen Relationen, die innerhalb jedes Gegenstandes und jeder Konfiguration bleiben, sind die euklidischen Relationen, die ihre Vollendung in der Konstruktion der Koordinatensysteme finden, vor allem Beziehungen zwischen den Gegenständen und zwischen den Figuren (obwohl sie natürlich auf das Innere derselben zurückwirken), und zwar insofern, als sie den Gegenständen und Figuren in einem als Totalsystem strukturierten Gesamtsystem ihren Platz zuweisen. Deshalb geht die Konstruktion der natürlichen Koordinatensysteme (Horizontale und Vertikale) zur gleichen Zeit vor sich wie die Koordinierung der Perspektiven d.h. der projektiven Relationen, die ebenfalls Gesamtsysteme bilden, die die Gegenstände und Figuren miteinander verbinden. Aber der projektive Raum bildet im wesentlichen eine Koordinierung der wirklichen und möglichen Blickwinkel sowie die Figuren, die als relativ zu diesem Blickwinkel betrachtet werden; die Koordinaten dagegen, die die Struktur des euklidischen Raumes zum Ausdruck bringen, bilden eine Koordinierung der betrachteten Gegenstände in ihren objektiven Lagen und Verlagerungen sowie in ihren metrischen Relationen. Das mitten im Stadium der konkreten Operationen liegende Durchschnittsalter von neun Jahren bezeichnet also eine entscheidende Wendung in der Konstruktion des Raumes, nämlich die Vollendung des Gerüstes, das dem euklidischen und dem projektiven Gesamtsystem eigen ist" (PIAGET/INHELDER 1971, S. 485).

Zusammenfassend lässt sich feststellen, dass das Kind im Alter von etwa zwölf Jahren über ein strukturiertes Körperschema, in bezug auf den Perzeptionsraum über eine ausgebildete räumliche Orientierungsfähigkeit und in bezug auf den Vorstellungsraum über passable räumliche Strukturierungsfähigkeiten verfügt. So baut sich durch das Herstellen räumlicher Beziehungen ein Raum auf, der dem Kind unendliche Handlungsspielräume eröffnet.

4.2.2 Entwicklung der Zeitdimension

Ich möchte einige Aspekte zur Entwicklung der Zeitdimension zusammentragen, obwohl mir keine entwicklungspsychologische Theorie bekannt ist, die sich mit dem Zeitbegriff in seiner ganzen Komplexität beschäftigt, sondern es stehen immer nur Teilaspekte im Vordergrund. Der umfassendste Ansatz stammt von PIAGET, der sich insbesondere mit der Konstruktion des operativen Zeitbegriffs im Alter von ca. fünf bis neun Jahren beschäftigt hat.

4.2.2.1 *PIAGET: Konstruktion des Zeitbegriffs*

PIAGET definiert Zeit im physikalischen Sinne mit der Formel 'Zeit ist Weg durch Geschwindigkeit' und charakterisiert sie durch die beiden Momente Reihenfolge und Dauer (vgl. PIAGET 1980, S. 358). Raum und Zeit bilden für ihn ein unauflösbares Ganzes: „Der Raum ist eine Momentaufnahme der Zeit, und die Zeit ist der Raum in Bewegung" (PIAGET 1980, S. 14).
Nach PIAGET ist Zeit physikalisch und psychologisch die Koordination von Bewegungen mit verschiedenen Geschwindigkeiten: „Immer und überall bezieht sich die Zeit auf eine durchlaufene Strecke (oder eine geleistete Arbeit) bei einer bestimmten Geschwindigkeit, die durchlaufene Strecke selbst bezieht sich auf eine Zeit, während der eine Bewegung von bestimmter Geschwindigkeit stattgefunden hatte, und die Geschwindigkeit bildet ein Verhältnis zwischen der Zeit und der durchlaufenen Strecke" (PIAGET 1980, S. 190). Das bedeutet, dass die zeitliche und räumliche Bewegung bei der Abfolge einer Einzelbewegung identisch sind und sich zeitliche Beziehungen erst von räumlichen differenzieren, wenn mindestens zwei Bewegungen von unterschiedlicher Geschwindigkeit koordiniert werden können. Analog zur Entstehung des Zahlbegriffs ist die operative Zeit gebildet, wenn die Sukzession von Ereignissen durch die Operation der Reihung und die dazwischen liegenden Zeitstrecken durch die Operation der Klasseninklusion, ein Ganzes bilden (vgl. PIAGET 1980, S. 369). Ordnung und Dauer entwickeln sich also parallel auf die Konstruktion des operativen Zeitbegriffs hin (vgl. PIAGET 1980, S. 108).
PIAGET hat aber auch Untersuchungen zur subjektiven oder Zeit durchgeführt, die er mit dem Zeiterleben und dem chronologischen Lebensalter gleichsetzt (vgl. PIAGET 1980, S. 275-279). Auch diese psychologische Zeit beruht nach PIAGET auf der Koordination von Bewegungen bzw. Handlungen und ihren Geschwindigkeiten (vgl. PIAGET 1980, S. 354).

In Anlehnung an OERTER möchte ich nun die Entwicklung des piaget‚schen Zeitbegriffs von der sensomotorischen Zeit über die anschauliche Zeit bis zum operativen Zeitbegriff kurz vorstellen.

Im sensomotorischen Intelligenzstadium existiert Zeit nur als Aktionsschema. Der Säugling koordiniert eigene Bewegungen in der zeitlich richtigen Reihenfolge, wenn er z.B. erst die Brustwarze findet, dann den Mund öffnet, um schließlich zu saugen. Im weiteren Entwicklungsverlauf koordiniert das Kleinkind mit einem einfachen Zeitschema seine Handlung und den darauffolgenden Wahrnehmungseffekt, indem es z.B. an einer Schnur zieht, um eine Puppe zum Musizieren zu bringen. Noch deutlicher wird die Einordnung von Bewegungsabläufen in ein Zeitschema bzw. die zeitliche Koordinierung von Wahrnehmungsereignissen, wenn das Kind Mittel und Zweck koordiniert und z.B. einen Karton umstößt, um den darunter versteckten Ball zu finden. Das Zeitschema gewinnt allmählich einen Zukunftsaspekt, denn das Kind experimentiert aktiv mit Gegenständen und erwartet neue Wahrnehmungsereignisse. Zusammenfassend ist diese praktische Zeit nicht einheitlich, sondern die vielen Zeitreihen sind alle an spezifische Handlungsschemata gebunden.

Die anschauliche Zeit ist an wahrgenommene und vorgestellte Gegenstände und Bewegungen gebunden. Für das Kind sind räumliche und zeitliche Strecken noch eins. Gehen zwei Spielzeugfiguren zugleich, aber mit verschiedener Geschwindigkeit, los und halten gleichzeitig an, meint das Kind im präoperationalen Stadium, dass die schnellere Figur länger gebraucht hat, weil sie einen weiteren Weg zurückgelegt hat. Das Kind hat noch keine Vorstellung vom umgekehrten Verhältnis von Zeitdauer und Geschwindigkeit. Diese enge Verbindung zwischen der Zeit und der räumlichen Ausdehnung zeigt sich auch beim Zusammenhang von Alter und Wachstum. Kinder behaupten z.B., dass man die ältere Schwester nicht nur in der Größe, sondern auch im Alter überholen kann. Es gibt noch keine allgemeingültige, kontinuierlich verstreichende Zeit. Bei eigenen Handlungen wird die Zeit nach dem sichtbaren Effekt eingestuft. Malt das Kind in jeweils der gleichen Zeitspanne einmal schnell und einmal langsam Striche auf ein Blatt Papier, schreibt das Kind dem Blatt, auf das es mehr Striche gezeichnet hat, eine längere Entstehungsdauer zu.

Der operative oder logische Zeitbegriff wird durch das Gesamtsystem der Kausalität konstruiert. Die Unabhängigkeit der Zeit von der räumlichen Ausdehnung gelingt im Stadium der formalen Operationen, d.h. die Kinder wissen jetzt, dass ein höherer Baum nicht unbedingt älter sein muss als ein nicht so hoher. Eine weitere Errungenschaft des operativen Denkens ist das Gewinnen der metrischen Zeit durch Verwendung eines Zeitmaßes. Die Hauptkennzeichen des operativen Zeitbegriffs, die Gruppierung der Sukzession, die Gruppierung der Dauer und die Vereinigung beider Gruppierungen möchte ich anhand eines von PIAGET durchgeführten Versuches erläutern:

Aus einem bauchigen Gefäß läuft abschnittweise gleichlang Wasser in ein zylindrisches Gefäß, das sich darunter befindet. In Zeichnungen der Versuchsanordnung tragen die Kinder den jeweiligen Wasserstand des oberen und unteren Gefäßes ein. Danach werden die Zeichnungen gemischt und die Kinder sollen diese wieder in die richtige Reihenfolge bringen. Nun werden die Zeichnungen durchgeschnitten, und die Probanden sollen zu einem bestimmten unteren Gefäß die korrespondierende obere Zeichnung finden. Erst Kinder in diesem Stadium ordnen die Zeichnungen richtig zu und erkennen, dass das Zeitintervall in der oberen Gefäßreihe von der ersten zur zweiten Zeichnung gleich dem Zeitintervall in der unteren Gefäßreihe von der ersten zur zweiten Zeichnung ist. Auch die Klasseninklusion lässt sich hier nachweisen, wenn die Kinder wissen, dass die Zeitstrecke in der oberen Gefäßreihe vom ersten zum dritten Gefäß größer ist als die Zeitstrecke in der unteren Gefäßreihe vom zweiten zum dritten Gefäß (vgl. OERTER 1984, S. 476-482).

4.2.2.2 Untersuchungsansätze im Anschluss an PIAGET

Es gibt ein breites Spektrum von Untersuchungen, die sich der Verifikation oder Falsifikation einzelner Thesen von PIAGETs Theorie zur Entwicklung des Zeitbegriffs widmen. So gelangten unterschiedlichste Autoren in kulturvergleichenden Untersuchungen bei Eingeborenenstämmen zu dem Ergebnis, dass PIAGETs Stufenabfolge zwar universell, das Entwicklungstempo in anderen Kulturen jedoch langsamer ist (vgl. SPIES 1996, S. 87).

PIAGETs Postulat der Entwicklungsparallelität von Reihenfolge und Dauer wird dagegen von vielen Autoren in Frage gestellt, da das Erfassen der Dauer schwieriger als das der Abfolge sei. LEVIN/ISRAELI/DAROM führen das frühere Verständnis von Sukzessionen darauf zurück, das der Vergleich von Abfolgen stärker als der von Dauern auf Wahrnehmungsmomenten beruht und daher leichter zu lösen ist. Zudem impliziere das Dauerverständnis das Begreifen der Sukzession, denn die Dauer könne nicht ohne Einbezug der Anfangs- und Endpunkte eines Zeitintervalls konstruiert werden (vgl. LEVIN/ISRAELI/ DAROM in SPIES 1996, S. 84/85).

Es finden sich hingegen nur sehr wenige theoretische Ansätze, die die neueren divergierenden Befunde zum Aufbau des physikalischen Zeitbegriffs in einem Modell zu integrieren versuchen. Ich möchte kurz den Ansatz von MONTANGERO und den von LEVIN vorstellen, die sich z.T. überschneiden.

MONTANGERO präzisiert die von PIAGET herausgestellten Bausteine des Dauerbegriffs. Neben den Komponenten des Dauerbegriffs wie Zeit, Weg und Geschwindigkeit gehen noch andere Parameter in ein Zeiturteil ein. MONTANGERO nimmt eine triadische Systematisierung der Dauerbegriffkomponenten vor. In der Gesamtschnittmenge dreier Subsysteme, die sich aus je drei Variablen zusammensetzen, steht die Dauer. Das erste Subsystem verbindet Dauer und Abfolge, die Dauerurteile basieren auf Abfolgebeziehungen, wobei Variablen wie Zeitintervall (länger oder kürzer), relative Abfolge der Anfangspunkte (endet vorher oder gleichzeitig oder hinterher) und der Endpunkte in Beziehung gesetzt werden. Innerhalb dieses Subsystems sind Zeiturteile ohne Geschwindigkeitsvariablen möglich. Das zweite Subsystem verknüpft die Dauer mit der Distanz und der Geschwindigkeit, wobei Dauerurteile auf Bewegungsinhalten basieren. Ein drittes Subsystem bezieht sich auf diskontinuierliche Handlungen und zieht eine Verbindung zwischen der Dauer, der Frequenz und der Anzahl ('Gustav ist genauso oft vorwärts gehüpft wie Heinz, aber er ist schneller gesprungen, deshalb hat er weniger Zeit gebraucht.'). Diese drei Subsysteme müssen zu einem Modell von Zeit integriert werden. Jüngere Kinder gehen mit der Zeit in jedem der drei Repräsentationsbereiche unabhängig voneinander und meist inkohärent um, wobei ein Subsystem die anderen dominieren kann und Zeiturteile vom vorherrschenden System abgeleitet werden. Vor dem Zusammenwachsen der Subsysteme müssen Kinder lernen, alle drei Variablen innerhalb eines Subsystems gleichzeitig und gleichermaßen zu berücksichtigen (vgl. MONTANGERO in SPIES 1996, S. 88/89).

LEVIN schlägt ein ähnliches Dauerbegriffsmodell vor, das sich aus zwei Strukturen zusammensetzt, die jeweils die Koordination zweier Dimensionen erfordern. Die 'production structure' bestimmt dabei die Dauer in Abhängigkeit von der Raumdimension nach den Variablen Geschwindigkeit und geleistete Arbeit, deren multiplikativer Interrelationen sich das Kind bewusst werden muss. Die 'temporal limits structure' definiert die Dauer nach ihrem Beginn und ihrem Ende, unabhägig von räumlichen Faktoren. Hierbei muss das Kind die additiven Relationen von Dauer, Anfangs- und Endzeit begreifen ('Je früher die Sonne aufgeht und je später sie untergeht, desto länger dauert der Tag.'). Die simultane Entwicklung beider Strukturen beginnt nach LEVIN im Alter von vier Jahren. Im Entwicklungsverlauf werden beide Strukturen dann mehr und mehr miteinander verbunden (vgl. LEVIN in SPIES 1996, S. 89).

Die Bausteine des Zeitbegriffs sind demnach nicht nur das in Beziehung setzen von Zeit, Distanz und Geschwindigkeit, wie PIAGET das vermutete, sondern auch andere Dimensionen spielen ein Rolle. LEVIN gesteht zwar jüngeren Kindern zu, dass sie irrelevante Hinweise als zeitrelevant ansehen und z.B. die Brenndauer von zwei gleich lange angeschalteten Lampen nach der Lampengröße und der Helligkeit des Lichts beurteilen. Doch schon mit fünf oder sechs Jahren sehen sie Zeit als quantitative Dimension, die sie ausschließlich mit dynamischen Hinweisen in Verbindung bringen (vgl. LEVIN in SPIES 1996, S. 89).

Dieser Annahme widerspricht allerdings AEBLI, der durch unterschiedliche Versuche zu der Ansicht gelangte, dass sich auch fünf- bis siebenjährige Kinder durch alle möglichen Wirklichkeitsdimensionen in ihrem Zeiturteil trügen lassen. So ließ er Kinder zwei Kerzen gleichzeitig und gleich lange unter zwei wassergefüllte Gefäße halten, in denen sich, in Wasser gelöst, unterschiedliche Mengen einer chemischen Substanz befanden. Durch die Erhitzung nahm das Wasser in einem Glasbehälter eine dunkelrote und in dem anderen eine rosa Färbung an. Die meisten Kinder wählten bei diesem Experiment die Farbdimension als Repräsentant der Dauer und gaben an, das dunkelrote Wasser länger geheizt zu haben (vgl. AEBLI in SPIES 1996, S. 90).

4.2.2.3 Zeitschätzung und Zeiterleben

In Untersuchungen zur Zeitschätzung steht grundsätzlich die Frage im Vordergrund, ob es eine direkte Anschauung der Dauer gibt oder nicht. Während PIAGET dies vehement verneint, da das subjektive Zeiterleben eine Koordination von Handlungsergebnis und Handlungsgeschwindigkeit sei (vgl. Kap. 2.2.1.), geht FRAISSE davon aus, dass das Zeiterleben nicht auf einer Relation, sondern auf direkter Erfahrung beruht. Jüngere Kinder erfahren Dauer ganz konkret in der Form des Intervalls, das zwischen ihnen und der Erfüllung ihrer Bedürfnisse steht. Die Anschauung der Dauer beruht allein auf der Wahrnehmung einer Anzahl von Veränderungen bei einer Handlung. Die Dauer ist wie die Entfernung eine einfache Qualität und nicht erst das Resultat einer Koordination, die Zeit ist eine auf der Abfolge von Veränderungen beruhende Repräsentation (vgl. Kap. 1.2.2.1.).

Die Untersuchungen, die ich im folgenden anführen möchte, gehen alle von einer impliziten oder expliziten Wahrnehmungserfahrung der Dauer aus, die nicht auf Koordination gründet.

FRIEDMANN belegt, außer für Aufgaben, die die Kenntnis konventioneller Zeiteinheiten erfordern, frühe kindliche Kompetenzen der Dauerschätzung. Schon Fünfjährige sind in der Lage, kurze Dauern zu reproduzieren oder 20- mit 30-Sekundenintervallen zu vergleichen. Nach ausreichender Übung können Siebenjährige 30-Sekundenintervalle reproduzieren (vgl. FRIEDMANN in SPIES 1996, S. 92).

Die Feststellung, dass Kinder bestimmte Zeitintervalle als länger einschätzen, wenn sich darin mehr ereignet, findet sich sowohl bei FRAISSE als auch in vielen anderen Untersuchungen. Dabei unterliegen die Dauerurteile von fünf- bis sechsjährigen Kindern denselben Dauerillusionen wie die von Erwachsenen. Während kurze Dauern und gefüllte Dauern überschätzt werden, unterschätzen auch Kinder eine lange Dauer oder eine leere Dauer. Bei interessanten Aufgaben, einer lebhaften Aktivität oder sich schnell bewegenden Reizen scheint die Zeit schneller zu verfliegen. Weil Kinder die objektive und die subjektive Zeit noch nicht voneinander differenzieren können, korrigieren sie im Gegensatz zu Erwachsenen diese Dauerillusionen nicht durch logisches Denken (vgl. FRAISSE 1966, S. 680-682).

Erst ab etwa acht Jahren setzen Kinder auf dem subjektiven Erleben fußende Dauerurteile verstärkt mit der Uhrzeit in Beziehung. Während Kinder in der ersten Klasse noch in ihrer Urteilsfähigkeit schwanken, ob Uhren am Tag genauso schnell laufen wie nachts, sich widersprechen oder behaupten, dass die Uhr in der Nacht ihre Geschwindigkeit verändere, gehen Kinder ab der zweiten Klasse davon aus, dass Uhren unabhängig von Zeiterleben und Dauereindruck mit konstanter Geschwindigkeit laufen (vgl. ARLIN in SPIES 1996, S. 92/93).

FRAISSE fand heraus, dass sich die Fähigkeit zu warten mit der emotionalen Stabilität, die z.T. vom Lebensalter abhängig ist, erhöht. Desweiteren stellte er fest, dass sechsjährige im Gegensatz zu achtjährigen Kindern in der Regel den Unterschied zwischen der normalen Durchführung einer Aufgabe und der Aufforderung, die Aufgabe schneller zu erledigen, noch nicht nachvollziehen können. Er schließt daraus, dass Kinder mit zunehmender Emotionskontrolle besser in der Lage sind, Konflikte zu ertragen, die durch das eigene Zeiterleben bedingt sind (vgl. FRAISSE in SPIES 1996, S. 93).

144

4.2.2.4 Entwicklung konventioneller Zeitbegriffe

Als Basis für den Aufbau des konventionellen Zeitwissens wie Uhr- oder Ka-
lenderschema sieht SPIES das Wissen um konkrete Abfolgen. Im Kindergar-
tenalter verfügen Kinder über Sequenzvorstellungen vertrauter Handlungsver-
läufe, wobei der Zeitbezug impliziter Bestandteil der Handlungsorganisation
ist. Es bilden sich Repräsentationen des Tagesablaufs aus, oft können Kinder
schon die Tageszeit bestimmen oder Ereignisse im Tagesablauf in die richtige
Reihenfolge bringen. Auf wichtigen Ereignissen, die bestimmten Jahreszeiten
zugeordnet werden, beruht das erste Wissen um längere Zeitzonen. Etwa mit
Schulbeginn wissen Kinder um die Uhrzeit wichtiger täglicher Aktivitäten. In
diesem Alter richten Kinder sich bei der zeitlichen Orientierung, die ausschließlich an die Ereigniskette der Eigenwelt gebunden ist, nach konkreten Situationen und persönlich relevanten Geschehnissen. Demnach bedarf es einer weiteren Entwicklung, bis die völlig mit dem eigenen Handeln verschmolzene
Zeitdimension zur eigenständigen Größe wird. Zur Loslösung der Zeit von den
Inhalten in ihr trägt auch der Erwerb des konventionellen Zeitwissens bei (vgl.
SPIES 1996, S. 94-97).

FRIEDMANN hat sich mit verschiedenen Teilaspekten des konventionellen
Zeitwissens beschäftigt, aus denen sich folgende Entwicklungssequenz ablesen lässt. Zu den frühesten Ausdrucksweisen konventionellen Zeitverstehens
gehören isolierte, im persönlichen Erfahrungshorizont verankerte Assoziationen (z.B. der eigene Geburtstag). Diese fragmentarischen Assoziationen sind
charakteristisch für das Vorschulalter. Im Alter von sechs bis acht Jahren werden die Kinder in der Schule über Wochentage, Monatsnamen etc. belehrt.
Das Zeitbewusstsein erweitert sich auf die Spanne eines Jahres, und Kinder
stellen Beziehungen zwischen Elementen des konventionellen Zeitsystems
und persönlichen Erfahrungen her. Einzelne Teilebenen wie Wochentage und
Monate bleiben allerdings noch isoliert und können nicht koordiniert werden.
Die Namen der Tage oder Monate sind zunächst eher als verbale Liste gespei-
chert, bevor Kinder wiederkehrende Muster oder die Zyklik des Systems der
Zeitkonventionen verstehen. Dieser Integrationsprozess, der ca. mit acht Jah-
ren beginnt, geht mit einem Differenzierungsprozess einher, denn im Bereich
kürzerer Regelmäßigkeiten werden jetzt feinere Unterscheidungen getroffen.
Gleichzeitig wächst das Verständnis für längere, sich über Jahre erstreckende
Zeiträume und die chronische Gliederung der Vergangenheit (vgl. FRIED-
MANN in SPIES 1996, S. 97/98).

Auch in bezug auf das konventionelle Zeitsystem gestaltet sich das Verständnis der Dauer problematischer als das der Abfolge. So haben z.B. noch zehn-
bis elfjährige Kinder große Schwierigkeiten die Dauer seit den letzten Schulfe-
rien abzuschätzen (vgl. SCHORCH in SPIES 1996, S. 98).

Als allgemeine Entwicklungslinie lassen sich der Trend vom Bewusstsein um
kurze und persönlich relevante Ereignisfolgen hin zum Bewusstsein um zeitlich
und persönlich Entferntes festhalten, womit eine Differenzierung im Bereich
kürzerer Zeitzonen einhergeht. Weiter bedingt das Älterwerden, der damit ver-

bundene Erfahrungsreichtum und die damit einhergehenden Wiederholungseffekte die zunehmende Inhaltsunabhängigkeit und Allgemeinheit der konventionellen Zeiteinteilung.

Schließlich kam FRIEDMANN zu dem Ergebnis, dass Kinder ab ca. elf Jahren die abstrakte Homogenität von Zeit verstehen, also in ein von den Ereignissen in ihr unabhängiges Zeitraster übergehen. Schon vorher erkennen Kinder die konkrete Homogenität und wissen, dass es im Nachbarort gleich spät ist wie im Heimatort. Erst auf dem Niveau der abstrakten Homogenität unterscheiden Kinder bewusst zwischen natürlichen und konventionell geschaffenen Zeitmustern und verstehen, dass Uhrzeitveränderungen natürliche Abläufe nicht beeinflussen können und auch ein Kalender mit sechs Jahreszeiten in anderen Kulturen seine Richtigkeit besitzt (vgl. FRIEDMANN in SPIES 1996, S. 100).

4.2.2.5 Entwicklung des Zeithorizonts und der Zeitperspektive

Die Zeitperspektive umfasst sowohl die formale Zeituntergliederung in Vergangenheit, Gegenwart und Zukunft als auch Inhalte, die eine Person mit diesen Zeitzonen verbindet. Im Zentrum der Untersuchungen der Zeitperspektivenentwicklung stehen die Fragen, wie sich bei Kindern diese Dreiteilung des strukturierten Zeithorizonts herausbildet und auf welche Weise sich die Inhalte des Zeithorizonts im Entwicklungsverlauf ändern.

FRAISSE sieht einen qualitativen Unterschied zwischen der Zeitperspektive und dem objektiven Zeitbegriff, weil die Repräsentation vergangener und künftiger Ereignisse konkreter und ereignisbezogener als das abstrakte Zeitschema ist. Der Zeitperspektivenerwerb vollzieht sich aufgrund von Ereignissukzessionen und repräsentierten Veränderungen. Jüngeren Kindern, die die Doppelreihenbildung noch nicht beherrschen, gelingt es jedoch nicht, unterschiedliche Erinnerungen, die unabhängig voneinander sind, in eine zeitliche Abfolge zu bringen. Ähnliche Schwierigkeiten kennen auch wir Erwachsenen, wenn wir zwei unabhängige Ereignisfolgen (z.B. politische und familiäre Ereignisse), die zwar in sich eindeutig sind, nicht koordinieren können (vgl. FRAISSE 1985, S. 153).

In bezug auf die Herausbildung eines Vergangenheitshorizonts konstatiert HUDSON, dass Kinder größere Probleme mit dem Abrufen eines bestimmten Einzelereignisses haben als mit dem Abrufen einer durch Wiederholung generalisierten Ereignisrepräsentation, d.h., dass sie aus der Erinnerung mehr Informationen über ein allgemeines Ereignisschema als über ein Ereignis des vorangegangenen Tages geben können (vgl. HUDSON in SPIES 1996, S. 104).

FRIEDMANN stellt heraus, dass die wachsende Kenntnis konventioneller Zeitmuster die Fähigkeit zur chronologischen Ordnung von Vergangenheitsereignissen verbessert. Während Vierjährige beurteilen können, welches von zwei Zielereignissen länger zurückliegt und zu welcher Tageszeit das sieben Wochen zurückliegende sich ereignete, gelingt sechsjährigen Kindern die Einordnung nach längeren Zeitskalen wie der Angabe von Jahreszeit und Monat.

Vorschulkinder sind zwar in der Lage, Ereignisse zeitlich zu ordnen, können jedoch auch auf Anregung keine Ankerpunkte aus dem konventionellen Zeitsystem nutzen (vgl. FRIEDMANN in SPIES 1996, S. 104/105).

Die Entwicklung der Zukunftsperspektive, die nicht direkt erfahrbar und damit ungewisser als die Vergangenheit ist, wird nach TROMMSDORF sowohl von der kognitiven Entwicklung als auch vom sozialen Umfeld determiniert. Im Laufe der Entwicklung können Kinder immer längere Zeitzonen in Betracht ziehen, insbesondere die relevanten Zukunftsvorstellungen werden differenzierter und die Anzahl der antizipierten Ereignisse weitet sich aus. In einer Längsschnittstudie kam TROMMSDORF zu dem Ergebnis, dass zu Beginn der Schulzeit keine Unterschiede zwischen Unterschicht- und Mittelschichtkindern in ihrer Zukunftsorientierung bestehen. Erst im zweiten Schuljahr zeigt sich bei den Mittelschichtkindern eine Höherbewertung der Zukunft (vgl. TROMMS-DORF in SPIES 1996, S. 105/106).

OBLINGER trifft in bezug auf den Realitätsgrad der Zukunftsorientierung die Aussage, dass bei Acht- bis Zehnjährigen vorwiegend Wünsche, bei Zehn- bis Zwölfjährigen hauptsächlich Pläne und erst bei Adoleszenten Vorsätze zu finden sind (vgl. OBLINGER in SPIES 1996, S. 106).

Insgesamt bleibt vor dem Hintergrund der bisherigen Forschungsergebnisse offen, welchen spezifischen Einfluss die Kulturvariable auf die Entwicklung der Zukunftsperspektive nimmt. Während MEAD Kulturunterschiede bei der Entwicklung der Zukunftsperspektive betont (vgl. MEAD in SPIES 1996, S. 107), geht MÖNKS davon aus, dass die thematische Strukturierung der Zukunftsperspektive relativ kulturunabhängig ist und sich sowohl westeuropäische als auch westafrikanische Kinder und Jugendliche mit Zukunftsplänen in Themenbereichen wie Beruf oder Familie befassen (vgl. MÖNKS in SPIES 1996, S. 107).

SPIES kommt in einer eigenen Untersuchung zur Entwicklung der Alltagsbegriffe von Zeit bei türkischen und deutschen Kindern zu folgenden zentralen Tendenzen des Ländervergleichs: Während in der jüngsten Altersstufe die wenigsten Kulturunterschiede auftreten, nähern sich die Vorstellungen der Kinder zusehends den Aspekten von Zeit an, die in ihrer jeweiligen Kultur zentral sind. Bei türkischen Kindern treten solche Merkmale von Zeit in den Vordergrund, die mit dem Lebenslauf und seiner Begrenztheit zu tun haben wie z.B. die Unaufhaltsamkeit des Zeitvergehens. Weil deutsche Kinder Zeitmerkmale betonen, die mit der Handlungsausrichtung an der Alltagszeitorganisation zusammenhängen, gewichten sie dafür unverzichtbare Mittel wie Uhr oder Kalender wesentlich höher als türkische Kinder (vgl. SPIES 1996, S. 259/260).

Linguistische Ansätze in bezug auf die Zeitperspektive fokussieren die Herausbildung des Vergangenheits-, Gegenwarts- und Zukunftsbezugs im Rahmen der Sprachentwicklung.

CLARK kam im Rahmen seiner psycholinguistischen Untersuchungen zu dem Ergebnis, dass die räumlichen Bedeutungen von 'davor' und 'danach' vor den zeitlichen erworben werden. Temporale Bedeutungen stellen seiner Meinung nach metaphorische Verwendungen der räumlichen dar (CLARK in SPIES 1996, S. 100). Diese Thesen wurden in einigen Studien bestätigt, in anderen widerlegt, so dass die Befundlage kein klares Fazit ermöglicht.

Andere Untersuchungen legen in bezug auf die Zeitstrukturierung die kognitive Entwicklung innerhalb des Spracherwerbs zugrunde. Das linguistische Zeitsystem setzt sich aus drei 'Zeiten' zusammen. In der Ereigniszeit findet ein Ereignis tatsächlich statt. Mit Sprechzeit bezeichnet man die Zeit, in der man sich sprachlich auf ein Ereignis bezieht. Wenn man die Auftretenszeit eines Ereignisses mit der eines anderen Ereignisses vergleicht, handelt es sich um die Referenzzeit. Die Koordination dieser drei Zeitaspekte erfolgt in vier aufeinander aufbauenden und universellen Stufen. Ab etwa vier oder fünf Jahren können Kinder die Zeitaspekte unabhängig voneinander manipulieren, was sich z.B. daran ablesen lässt, dass Kinder das Plusquamperfekt in ihrer Sprachproduktion gebrauchen, was diese Koordinierung voraussetzt. Im gleichen Alter verbessern sich Kinder ungemein in der Produktion und im Verständnis von Zeitwörtern, die zwei Ereignisse miteinander verknüpfen. Im Alter von ca. sieben Jahren werden Vergangenheits- und Zukunftsformen kaum noch verwechselt, vielmehr ist den Kindern der gegenseitige Ausschluss von Vergangenheit und Zukunft klarer als die Grenze zwischen Vergangenheit und Gegenwart sowie Gegenwart und Zukunft. Erst allmählich entwickeln Kinder ein Verständnis für die Dualität der Gegenwart. Mit zehn bis elf Jahren haben Kinder die grundlegenden linguistischen Zeitstrukturen begriffen und können sich von der Gegenwart ausgehend in weitere Zeitzonen hineindenken (HARNER in SPIES 1996, S. 102/103).

Die bisher angeführten Untersuchungen beschäftigten sich eher auf einer deskriptiven Ebene mit den Zukunftsvorstellungen von Kindern. Jetzt soll es mehr um kognitive Voraussetzungen der Zeitperspektive wie das diachronische Denken gehen. MONTANGERO definiert das diachronische Denken als die Fähigkeit, Prozesse in der Zeit zu verstehen oder Wissensobjekte zeitlich zu lokalisieren, denn die Erklärung eines gegenwärtigen Zustandes impliziert den Einbezug der Vergangenheitsentwicklung und der Zukunftsveränderung sowie das Verstehen der Kontinuität dieses Veränderungsprozesses. Acht- bis neunjährige Kinder, die z.B. zum Waldsterben befragt wurden, verfügten über Vorfähigkeiten des diachronischen Denkens. Zwar sind sie nicht auf die Betrachtung eines Phänomens im Hier und Jetzt eingeschränkt, doch können sie sich Vergangenheits- und Zukunftsveränderungen nur in einem begrenzten Rahmen vorstellen. Sie sehen diese als plötzlich auftretend, external bedingt und quantitativ an und lösen die Zeitdimension nicht von dem Prozess, der in ihr abläuft. Sie verstehen die Kontinuität eines Veränderungsprozesses nicht, weil sie keine Verbindung zwischen verschiedenen Stadien eines Prozesses herstellen. Insgesamt wird die Dauer des Veränderungsprozesses stark unterschätzt. Im Alter von zehn bis zwölf Jahren sind Kinder in der Lage, sich eine größere Anzahl an Transformationen vorzustellen und enge Verbindungen zwischen den verschiedenen Teilschritten eines Prozesses zu ziehen. Die vorgestellte Zeitspanne, die die Veränderung beansprucht, weitet sich aus, der Verlauf des Veränderungsprozesses wird vom Vergehen der Zeit differenziert und die Dauern verschiedener Einzelabläufe werden unterschieden sowie koordiniert. Kinder erkennen nun die internalen und qualitativen Prozesse zur Verursachung eines bestimmten Zustandes und treten für eine konstruktivistische Sichtweise von Veränderungen ein (vgl. MONTANGERO in SPIES 1996, S. 108/109).

4.2.2.6 Entwicklung der strukturellen Eigenschaften der Zeitdimension durch Bewegung

Auch KEPHART sieht die Zeit als vierte Dimension des Raumes an. Kinder müssen die Fähigkeit erlangen, ein Ereignis in der Zeit zu lokalisieren und dabei die zeitliche Beziehung von Ereignissen zueinander zu bewahren. Zu den strukturellen Eigenschaften einer stabilen Zeitdimension gehören für ihn die Gleichzeitigkeit, der Rhythmus, das Tempo, die Reihenfolge und die zeitlich-räumliche Übersetzung. Die Ausbildung der strukturellen Eigenschaften der Zeitdimension erfolgt nach KEPHART in enger Anlehnung an die sensomotorische Entwicklung. Das Zeitgefühl entwickelt sich durch das Wechselspiel von Spannung und Entspannung, d.h. durch eine ausgewogene Muskeltonuskontrolle.

„Der Nullpunkt der Zeitdimension ist die Gleichzeitigkeit. Wir können eine Zeitspanne nicht wahrnehmen, wenn wir nicht Gleichzeitigkeit wahrnehmen können, d.h. Ereignisse, zwischen denen das Zeitintervall Null besteht. Deshalb ist der Nullpunkt der Zeitdimension der Punkt der Gleichzeitigkeit, so wie der Nullpunkt des räumlichen Bezugssystems der Schwerpunkt war" (KEPHART 1977, S. 147). Gleichzeitigkeit wird zunächst motorisch erfahren, indem das kleine Kind z.B. beide Beine gleichzeitig bewegt. Diese gemeinsame Bewegung der Beine wird mit einer abwechselnden Bewegung kontrastiert, wenn das Kind erst das eine und danach das andere Bein bewegt.

„Ein konstanter Rhythmus ist eine Abfolge gleicher Zeitintervalle" (KEPHART 1977, S. 148) wie z.B. der gleichmäßige Atemrhythmus und spielt in vielen Verhaltensbereichen eine wichtige Rolle. Als motorischen Rhythmus bezeichnet man die Fähigkeit, eine Bewegung(-sabfolge) wie das Laufen mit einem konsistenten Zeitintervall durchzuführen. Akustischer Rhythmus meint das Erkennen von gleichen Zeitintervallen bei akustischen Stimuli (z.B. Klopfgeräusche). Weil der akustische nur ein rezipierter Rhythmus ist, kommen seine Qualitäten erst zum Tragen, wenn er mit Bewegungen verknüpft wird. Zum visuellen Rhythmus gehört die Fähigkeit, eine visuelle Umgebung, die so ausgedehnt ist, dass man sie nicht in einer Fixierung durch das visuelle Feld erfassen kann, systematisch zu erforschen. Der visuelle Rhythmus organisiert die einzelnen Fixationen so, dass sie zu einem visuellen Gesamteindruck integriert werden können. Diese drei Rhythmustypen müssen in sich, aber auch untereinander konsistent sein.

Trotz des gleichen rhythmischen Musters können zeitliche Einheiten von unterschiedlicher Länge sein. „Eine Veränderung der Größe der Zeiteinheiten wird durch das Tempo bewirkt. Schnelles Tempo benützt kleine, langsames Tempo große Zeiteinheiten" (KEPHART 1977, S. 150). Kinder müssen die Fähigkeit erwerben, bei gleichbleibendem Rhythmus ihr Tempo zu variieren.

„Reihenfolge ist die Anordnung von Ereignissen auf einer Zeitskala, so dass ihre zeitliche Beziehung und Abfolge offenbar wird" (KEPHART 1977, S. 151). Kinder erlangen die Fertigkeit, bei Handlungsfolgen die richtige Sequenz zu wahren, denn eine Saftflasche z.B. muss zuerst über das Glas geführt und erst dann zum Eingießen nach vorne gekippt werden und nicht in umgekehrter Reihenfolge, weil sich in dem Falle der Saft über den Tisch ergießt (vgl. KEPHART 1977, S. 144-151).

Auch FROSTIG betont die Möglichkeit, das Zeitbewusstsein von Kindern über die Bewegungserziehung zu fördern. Sie hält vor allem die Entwicklung eines inneren Rhythmusgefühls evtl. über Musik für wichtig, das zur Entwicklung des Körperbewusstseins, der Koordination und eines ausgewogenen Bewegungsflusses beiträgt (vgl. FROSTIG 1985, S. 37). Mit dieser Einschätzung von FROSTIG möchte ich zum nächsten Kapitel überleiten, in dem die Rhythmusentwicklung in Mittelpunkt steht.

4.2.2.7 Entwicklung des Rhythmus

Rhythmische Vorgänge haben im menschlichen Leben elementare Bedeutung. Dies zeigt sich u.a. daran, dass sich schon im pränatalen Stadium ein Schlaf-Wach-Rhythmus herausbildet, der von der 32. Woche an mit einer Periode von etwa dreieinhalb Stunden feststellbar ist (vgl. BÜRGIN in HEIMANN 1998, S. 170).

Schon ganz früh gibt sich ein Kind rhythmischen Handlungen hin und wiegt z.B. seinen Kopf hin und her, und schon bei dreijährigen Kindern lässt sich ein Spontantempo feststellen, wenn man sie mit einem Bleistift auf einen Tisch klopfen lässt (vgl. FRAISSE in BERTRAND 1997, S. 80).

In bezug auf die Wahrnehmung rhythmischer Strukturen lässt sich konstatieren, dass ein Kind im Entwicklungsverlauf immer mehr Elemente sowie komplexere Beziehungen zwischen den einzelnen Elementen wahrzunehmen vermag (vgl. STAMBAK in BERTRAND 1997, S. 80).

Eine Rhythmisierung von Unterrichtsstoff kann die Lerngeschwindigkeit und die Behaltensleistung steigern, den Lernprozess also unterstützen und verstärken (vgl. HEIMANN 1998, S. 279/280).

4.2.3 Zusammenhang der Entwicklung von Raum- und Zeitdimension: Praxie

PIAGET weist ausdrücklich auf die enge Verknüpfung der Entwicklung der Wirklichkeitskategorien Raum, Zeit, permanenter Gegenstand und Kausalität hin, die ein Kind allesamt konstruieren muss (vgl. PIAGET/INHELDER 1972, S. 23). Die räumliche und zeitliche Dimension verbinden sich, wenn das Kind z.B. die Verhaltensweise des Versteckens eines Gegenstandes erlernt. Dabei muss es zum einen die räumliche Veränderung des Gegenstandes erkennen und andererseits die zeitliche Reihung des Vorgangs des Versteckens begreifen (vgl. SCHERLER 1979, S. 64).

„Die Zeitdimension muss für das Kind eine echte vierte Dimension werden. Es muss mit Ereignissen umgehen und Probleme lösen, die sowohl räumliche wie zeitliche Erstreckung haben. Es entsteht ständige Verwirrung, wenn diese beiden Dimensionen nicht so korreliert werden können, dass Ereignisse in beiden Systemen dieselbe Bedeutung haben, und wenn nicht von einem in den anderen Dimensionstyp ohne Schwierigkeiten übersetzt werden kann" (KEPHART 1977, S. 152). Z.B. beim Lesen der Uhr gehen beim Erfassen einer Zeitspanne die Dimensionen Zeit und Raum ineinander über, zehn Minuten zeigen sich zum einen in einer räumlichen Bewegung der Zeiger auf dem Ziffernblatt, zum anderen in den Ereignissen, die innerhalb dieser Zeit außerhalb der Uhr abgelaufen sind.

Die Entwicklung des Zeit- und Raumgefühls bei Kindern, ohne das die Vorstellung von der Welt verschwommen bleibt, vollzieht sich vor allem über die Bewegung, weil hier der Raum und die Zeit direkt erlebt werden und miteinander verschmelzen (vgl. FROSTIG 1985, S. 20/21).

Die Bedeutung der Entwicklung einer raumzeitlichen Einheit wird z.B. beim Spiel mit Bällen während einer psychomotorischen Einheit deutlich. Bezogen auf die Flugbahn des Balles muss sich ein Kind, um diesen zu fangen, zu einem bestimmten Zeitpunkt an einer bestimmten Stelle des Raumes befinden. Es reicht ebensowenig aus, zwei Sekunden später an Ort und Stelle zu sein, noch sich rechtzeitig zwei Meter entfernt zu befinden.

Zusammenfassend kann man sagen, dass die Entwicklung der Raum-Zeit-Dimension in der Entwicklung der Praxie am deutlichsten zum Tragen kommt. Jede Bewegungsplanung und jede konkrete oder vorgestellte Handlung findet zwangsläufig in Raum und Zeit statt. „Praxie ist die bewusste und zielgerichtete Bewegungsplanung und -lenkung, die Übertragung des Körperschemas auf den Raum=Richtungswahrnehmung, die Ordnung nach zeitlichen und räumlichen Aspekten (Rhythmus und Reihenfolge), die Gleichzeitigkeit in der Verarbeitung gleichwertiger Sinnesreize und die Kombination von Bewegungs- und Handlungsmustern; kurz: die Handlungsfähigkeit mit einem vielseitigen Repertoire an zielgerichteten Handlungs- und Lösungsstrategien" (EGGERT/WEGNER-BLESIN 2000, S. 70).

Die Bewegungsvorschau wird überwiegend kortikal gesteuert, innerhalb des Gehirns existiert eine Art motorischer Plan als Handlungsschema. Basis des Plans, der als Verbindungsstelle zwischen sensorischen und kognitiven Hirnfunktionsaspekten fungiert, ist das Körperschema. Die Handlungsfähigkeit steigt mit der Anzahl an Informationen, die über die unterschiedlichen Sinnesmodalitäten wahrgenommen werden. Aus dem inneren Bild des Raumes, das sich durch den Platz des Körpers im Raum und die Beziehung zwischen Körper und Raum bildet, entsteht das Gefühl für die Raumrichtungen (Höhe, Tiefe, Breite) und zum Abschätzen der Entfernung von Gegenständen. Die Information über die Muskelanspannung unserer Hand etwa, die wir beim Ergreifen eines Objekts erhalten, ermöglicht uns eine exakte Wiederholung des Vorgangs und wird zudem als zurückgelegte Entfernung gespeichert. Gleichzeitigkeit und gleichbleibende Intervalle von Bewegungsmustern werden durch das harmonische Wechselspiel der Muskulatur aus Aktion und Hemmung möglich gemacht. Eine geordnete Gesamtbewegung, die aus einer Reihe von Einzelbewegungen besteht, hängt von der Kontrolle der Zeitintervalle und der Verarbeitung von gleichzeitigen Ereignissen über verschiedene Kanäle ab. Diese Synchronität ist für den Rhythmus und den sequentiellen Aufbau innerhalb einer Bewegung verantwortlich. Erst ein gutes Zeitgefühl gestattet die Einhaltung oder Bildung von Reihenfolgen. Abschließend lässt sich festhalten, dass das räumliche und zeitliche Bezugssystem motorischer Handlungen Voraussetzung für das logische Denken ist (vgl. KESPER/HOTTINGER 1994, S. 53/54).

4.3 Bedeutung der Raum-Zeit-Dimension für den Erstunterricht

Es ist davon auszugehen, dass sich eine Förderung der kindlichen Lernvoraussetzungen im Bereich der Raum-Zeit-Dimension auch auf Bereiche des Erstunterrichts wie den Schriftspracherwerb und die Entwicklung mathematischen Denkens auswirkt, sofern sich Probleme, die dort auftreten, auf eine verzögerte Entwicklung der Raum-Zeit-Dimension zurückführen lassen.

4.3.1 Schriftspracherwerb

Ich möchte auf den Prozess des Schriftspracherwerbs eingehen, um die Schwierigkeiten zu verdeutlichen, vor denen das lesen- und Schreiben lernende Kind steht. Dem aufmerksamen Leser wird die Bedeutung der Raum-Zeit-Dimension für den Schriftspracherwerbsprozess andeutungsweise schon in diesem Kapitel deutlich, obwohl ich erst in einem separaten Kapitel explizit darauf hinweisen werde.

Den Erwerbsprozess schriftsprachlicher Kompetenzen kann man sich folgendermaßen vorstellen: „Der Schriftspracherwerb ist als Lern- und Entwicklungsprozess zu verstehen, der sich nicht linear und kontinuierlich dem Lesen und Schreiben des Erwachsenen annähert. Vielmehr ist die sukzessive Auseinandersetzung mit den verschiedenen Prinzipien unserer Schrift in jeweils dominanten Lese- und Schreibstrategien zu beobachten" (SCHEERER-NEUMANN 1998, S. 33).

Um Schrift zu produzieren oder zu entziffern ist ein doppelter Übersetzungsprozess notwendig. In einer ersten Übersetzung wird der Gegenstand 'Tisch' durch eine Lautverbindung (Symbol ersten Grades) repräsentiert. Die Lautzeichen werden in Symbole zweiten Grades, die graphischen Zeichen übersetzt (vgl. TOPSCH 1984, S. 21).

Schrift- und Sprechsprache korrespondieren zwar in funktionaler Hinsicht in der Repräsentierung von gedanklichen Inhalten, es bestehen jedoch formale Unterschiede:
Sprache ist ein lautliches Kontinuum im zeitlichen Nacheinander, während Schrift ein optisches Diskontinuum im räumlichen Nebeneinander ist (vgl. MEIERS 1998, S. 147). Die Lücken zwischen geschriebenen Wörtern sind beim Sprechen nicht hörbar. Dennoch wird eine Lautfolge sukzessiv nach der gesprochenen Sprache auch beim Schreiben in der gleichen Reihenfolge als Buchstabenfolge abgebildet.
Beim Sprechen und Hören wird die Aufmerksamkeit vorrangig auf inhaltliche Aspekte ausgerichtet, während beim Lesen und Schreiben zusätzlich lautliche Aspekte Beachtung finden müssen (vgl. TOPSCH 1984, S. 22). Ein Kind muss einsehen, dass sich die graphische Form von Wörtern nur ähnelt, wenn sie ähnlich klingen und nicht, wenn sie einen ähnlichen Inhalt repräsentieren.
Prosodische Sprachelemente wie Intonation und Mimik gehen beim Schreiben verloren. Sie müssen entweder aus dem Kontext erschlossen oder vom Schreiber explizit formuliert und vom Leser gedanklich rekonstruiert werden (vgl. MEIERS 1998, S. 148).
Beim Zuhören kann die Aufmerksamkeit global auf den Sprecher fokussiert werden, beim Lesen muss man Konzentration für die Einhaltung der Leserichtung aufwenden. Für die Schrift gelten Rechtschreibkonventionen und -regeln, die in der Sprechsprache unberücksichtigt bleiben (vgl. TOPSCH 1984, S. 22).

Zwischen den Bedeutung unterscheidenden Lauten der gesprochenen Sprache und den Schriftzeichen, deren graphische Gestalt willkürlich gewählt ist, besteht keine Kongruenz, sondern nur eine Korrespondenz. Für die Darstellung der etwa 40 Phoneme des Deutschen stehen nur etwa 30 Grapheme zur Verfügung. Das Deutsche ist keine reine Lautschrift, sondern nur lautorientiert. Dies möchte ich durch einige wenige Beispiele belegen. Das Phonem /o:/ wird in der Schrift sowohl als Klein- und Großbuchstabe als auch durch unterschiedliche Buchstaben(-gruppen) realisiert. Klangähnliche Phoneme wie /g/ und /k/ weisen keine graphischen Gemeinsamkeiten auf. Für die Darstellung einiger Phoneme werden mehrgliedrige Buchstabengruppen gebildet, andererseits kann ein einzelner Buchstabe eine Lautfolge repräsentieren. Insgesamt ist die Beziehung zwischen Phonemen und Graphemen oft mehrdeutig, es besteht keine Eins-zu-Eins-Zuordnung (vgl. TOPSCH 1984, S. 25-31).
Neben dem gerade beschriebenen phonematischen Prinzip existieren noch weitere schriftsprachliche Prinzipien, von denen ich zwei wesentliche erwähnen möchte. Das morphematische Prinzip besagt, dass dieselben Morpheme

auch bei unterschiedlicher Lautgestalt immer gleich geschrieben werden. Das grammatische Prinzip regelt unter anderem die Groß- und Kleinschreibung aufgrund der Zugehörigkeit von Wörtern zu verschiedenen Wortklassen (vgl. SPITTA 1991, S.27/28).

Diese Auflistung der strukturellen Unterschiede zwischen Schrift- und Sprechsprache, mit denen Kinder beim Schriftspracherwerb konfrontiert werden, könnte noch fortgesetzt werden. Der Anforderungsgrad von Schriftlichkeit liegt im Gegensatz zur Mündlichkeit viel höher. Es ist deutlich geworden, dass die Faustregel 'Schreibe wie du sprichst' nur wenig effektiv ist.

Es ist außerordentlich bedeutsam für den Schriftspracherwerb, dass Kinder, die mit völlig unterschiedlichen Vorerfahrungen bezüglich dieses Bereiches in die Schule kommen, motiviert zum Erlernen von Lesen und Schreiben sind und die Nutzbarkeit von Schriftsprache handelnd erfahren. Die Schriftsprache ist einerseits eine Erweiterung der eigenen Kommunikationsmöglichkeiten, andererseits kann man sich auf neuen Wegen Zugang zum Ausbau der eigenen Interessen verschaffen. Die schriftsprachlichen Techniken wie die Orthographie bieten die Basis für einen kreativen Umgang mit der Schrift (vgl. SPITTA 1991, S. 32-38).

Zwar beeinflussen sich Lesen und Schreiben von Anfang an gegenseitig, zur besseren Übersichtlichkeit möchte ich jedoch auf den Leselern- und den Schreiblernprozess getrennt eingehen.

4.3.1.1 Der Leselernprozess

DEHN sieht im Lesen einen komplexen Vorgang, zu dem neben der Buchstabenkenntnis und -synthese vor allem aktive problemlösende Tätigkeiten gehören (vgl. DEHN 1988, S. 14-17). Auch wenn Kinder alle Buchstaben kennen und ihnen Lautwerte zuordnen können, synthetisieren sie zunächst eine Wortvorgestalt, die von der eigentlichen Klangstruktur des Wortes weit entfernt sein kann. In einem „schöpferischen Sprung" (TOPSCH 1984, S. 36) muss es ihnen gelingen, das Wortskelett in geläufige Sprache zu transformieren und den Sinn zu erschließen.

BRÜGELMANN beschreibt grundlegende Einsichten und gedankliche Fortschritte, die beim Lesenlernen gemacht werden müssen. Die vier charakteristischen Entwicklungsstufen, die er voneinander absetzt, dürfen jedoch nicht als rigide Abfolge verstanden werden, sondern sie sollen nur Entwicklungstendenzen aufzeigen.

Der erste Entwicklungsschritt ist der vom Nicht-lesen zum Als-Ob-Lesen. Das Kind merkt, dass Vorlesen im Gegensatz zum Erzählen textgebunden ist. Indem Kinder ein Buch mit 'Vorlesestimme' nacherzählen, geben sie vor zu lesen. Sie können Schriftzeichen von anderen Zeichentypen unterscheiden. Die Kinder erkennen bereits Buchstaben als rein graphische Formen, ohne Wissen um ihre Bedeutung, wieder und beginnen, diese zu unterscheiden (BRÜGELMANN 1986, S. 44-46).

154

Auf der nächsten Entwicklungsstufe gelangen die Kinder vom Schein-Lesen zum situationsgebundenen Lesen. Sie können Buchstaben benennen oder das Alphabet aufsagen, ohne dass ihnen bewusst ist, dass diese Buchstaben Sprachlaute repräsentieren. Die Kinder richten ihre Aufmerksamkeit auf definierende Buchstabenmerkmale und erkennen einen Buchstaben in unterschiedlichen Farben, Größen oder sogar als Klein- oder Großbuchstaben, nicht jedoch wenn die Lage im Raum verändert wird. Einige Wörter aus der Werbung oder der eigene Name werden erkannt, wenn der prägnante Schriftzug oder der sozial-gegenständliche Kontext erhalten bleibt (vgl. BRÜGEL-MANN 1986, S. 46/47).

Die Entwicklung vollzieht sich vom Kontext-Deuten hin zum Text-Entziffern. Parallel zu der Entdeckung, dass verschiedene Wörter einzelne Zeichen gemeinsam haben, wächst die Zahl der bekannten Buchstaben. Dies sind beides Voraussetzungen für die Einsichten, dass Wörter aus einer beschränkten Anzahl wiederkehrender Zeichen zusammengesetzt sind, und dass Ähnlichkeiten in den Teilzeichen auf Ähnlichkeiten im Wortklang hinweisen. Zu Beginn beschränken sich Kinder meist auf die graphische Unterscheidung durch die Anfangsbuchstaben, markante Stellen innerhalb eines Wortes oder die Wortlänge. Erst jetzt wird das Wort an sich wahrgenommen und wird nicht nur aus dem Kontext erschlossen. Durch die vergleichende Analyse bekannter Wörter gelingt ein grobes Verständnis des Lautprinzips. Dabei führt zum einen der Buchstabenname in die Irre, zum anderen blockiert die Veränderung eines Lautwertes im Wortzusammenhang den natürlichen Sprachklang. Da dem alphabetischen Synthetisieren einige Schwierigkeiten innewohnen, beschränken sich Kinder darauf, die Lautierung einzelner Buchstaben in vertrauten Wörtern zu erkennen. Diese Ergebnisse der Einzelbuchstabenanalyse werden dann synthetisierend an neuen Wörtern ausprobiert, bis die Kinder ein Gefühl für die Breite der Lautvarianten haben. Die Konzentration auf die Lautgewinnung verschließt zu dieser Zeit oftmals die Möglichkeit, den Kontext oder die eigene Spracherfahrung für die Inhaltserschließung des Geschriebenen zu nutzen (vgl. BRÜGELMANN 1986, S. 47-49).

Der Übergang vom lautierenden zum flüssigen Lesen ist durch drei zentrale Fortschritte gekennzeichnet: Die Kinder können unbekannte Wörter erlesen, weil sie die Schriftzeichenfolge vollständig auswerten und die Nachbarschaft des Einzelbuchstabens berücksichtigen. Häufige Wörter und Wortteile werden zunehmend automatisch, d.h. ohne bewusstes Lautieren, erlesen. Durch das Freiwerden von Aufmerksamkeit für Wortbedeutung und Textinhalt können die Kinder sinnentnehmend lesen. Zusammenfassend wollen sich Kinder in diesem Stadium nicht mehr vorlesen lassen, der Sichtwortschatz ist kaum mehr überschaubar, die Kenntnis aller Buchstaben ist gefestigt, ungewohnte Schriftarten bereiten kaum Schwierigkeiten, mehrsilbige Wörter mit Konsonantenhäufungen werden zunehmend bewältigt und inhaltliche Fragen zum gelesenen Text können beantwortet werden (vgl. BRÜGELMANN 1986, S. 49/50).

4.3.1.2 *Der Schreiblernprozess*

Den Prozess des Schreibenlernens möchte ich in Anlehnung an BRÜGEL-MANN zur besseren Überschaubarkeit in zwei Lernprozesse, die in enger Verschränkung stattfinden, aufteilen. Der eine Strang beschäftigt sich mit der Annäherung an die deutsche Rechtschreibung, der andere mit der Ausbildung der Handschrift, die stark von feinmotorischen Komponenten beeinflusst wird.

4.3.1.2.1 *Rechtschreibung*

Am Anfang steht die lautlich willkürliche Schrift. Zu Beginn der Schriftentdekkung verwenden Kinder graphische Zeichen als Schmuck mit ästhetischen Wert. Die äußere Form repräsentiert keine eigentliche Bedeutung. Eine erweiterte Denkweise zeigt sich, wenn Kinder eigenen Zeichen eine bestimmte Bedeutung zusprechen, auch wenn die Einsicht in Schrift als Symbolsystem zunächst keinen alphabetischen Regeln folgt. Diese Schrift taugt als Kommunikationsmittel nicht sehr viel, weil die Zuordnung von Bedeutung und Schriftzeichen unkonstant ist, nur das Kind selbst das Geschriebene lesen kann und der Bezug zum klanglichen Sprachaspekt fehlt. Dennoch wählen Kinder die sprachlichen Zeichen nicht total willkürlich aus, sondern folgen einer eigenen Logik, indem sie z.B. die Buchstabenanzahl eines Eigennamens nach der Größe der betreffenden Person bemessen. Meist findet dann eine gedankliche Objektivierung der Schrift statt, in der auch die gerade beschriebene gegenständlich-analoge Verwendung der Buchstaben(Anzahl) aufgegeben wird. Bedeutungsunterschiede werden durch eine unterschiedliche Reihenfolge derselben Zeichen aus einem begrenztem Zeicheninventar ausgedrückt. Die beiden eben genannten Denkweisen werden von den Kindern meist vermischt (vgl. BRÜGELMANN 1986, S. 35-39).

Die zweite Phase lässt sich mit dem Begriff der lautorientierten Kurzschrift umreißen. Ein entscheidender Schritt zum Verständnis des alphabetischen Prinzips ist eine Grundeinsicht in die Buchstabenfunktion, dass nämlich ein Buchstabe Hinweise auf den Sprachklang gibt. Kinder bilden anfangs nur solche Laute ab, die sich z.B. durch eine besondere Betonung rein akustisch hervorheben oder die das Kind besonders beachtet, da es den entsprechenden Buchstaben bereits kennt. Die diesen Schreibmustern innewohnende Logik zeigt, dass nicht zufällig verfügbare Buchstaben, sondern verschiedene Hypothesen über die Abbildungsregeln von Buchstaben die Schreibweise prägen. So kann ein Buchstabe wegen der Lautähnlichkeit für ein ganzes Wort stehen oder ein Kind schafft es nur einen Buchstaben lautgetreu abzubilden und füllt dann einfach mit weiteren Buchstaben auf, weil es weiß, dass ein Wort aus mehreren Buchstaben besteht. Die Förderung kann zu diesem Zeitpunkt unter anderem so aussehen, dass die Kinder mehrdeutige Schreibweisen präzisieren oder auf die räumliche Schriftanordnung und die zeitliche Klangfolge aufmerksam gemacht werden. Ein großes Problem bereitet vielen Kindern das Wortkonzept, weil Wörter akustisch nicht aus dem Sprachstrom herausgetrennt werden können. Sie erproben oft eigenwillige Lösungen für die

Lücken zwischen den Wörtern, indem sie statt der nichtssagenden Leerstelle z.B. Punkte setzen (vgl. BRÜGELMANN 1986, S. 39-41).

In der folgenden Phase verfeinern Kinder das akustische Prinzip in einer streng phonetischen Schreibweise. Die Kinder bilden alle wirklich hörbaren Laute entsprechend der eigenen mundartlichen und individuellen Besonderheiten ab. Eine Umorganisation der Schreibregeln kann zur Folge haben, dass bereits korrekt beherrschte Wörter plötzlich wieder falsch geschrieben werden (Übergeneralisierungen). Daran ist erkennbar, dass hier nicht additiv gelernt wird, sondern neue Erfahrungen aktive Veränderungen nach sich ziehen. In dieser Strukturphase suchen die Kinder nach regelhaften Lösungen für wiederkehrende Schreibprobleme und verallgemeinern dann bekannte Schreibweisen (vgl. BRÜGELMANN 1986, S. 41/42).

Schließlich gelangen Kinder von der Lauttreue zur Beherrschung von Rechtschreibvarianten. Dies ist ein Prozess, in dem Teilsysteme wie Wortverwandtschaft oder Groß- und Kleinschreibung nebeneinander wachsen, um dann integriert zu werden. Einige Kinder vernachlässigen aufgrund der großen Konzentration für die richtige Buchstabenwahl dabei deren Reihenfolge (vgl. BRÜGELMANN 1986, S. 42-44).

4.3.1.2.2 Handschrift

Zuerst gelangen die Kinder vom ziellosen zum gerichteten Kritzeln. In frühen Kritzelbildern, die nicht nur aus Bewegungslust, sondern auch aus Freude über das Ergebnis entstehen, lassen sich keine vorgegebenen Grundmuster oder ein Plan erkennen. Allerdings erfahren die Kinder bei diesen Experimenten etwas über alternative Möglichkeiten graphischer Darstellung (gerade-gebogen, durchgehend-unterbrochen). Kindern fallen nur bestimmte isolierte Aspekte des Schreibens auf, die sie charakteristisch für das Ganze nehmen wie eine Handbewegung mit dem Stift oder die Mitteilungsfunktion. Zur Vervollständigung seines Schreibkonzepts braucht also jedes Kind eine andere Ergänzung seiner Vorstellung. Schnell entdecken Kinder grundsätzliche Kennzeichen unserer Schrift, wozu die lineare Anordnung, die Wiederholung einer Grundform oder das regelmäßige Auf-und-Ab gehören. Die dafür nötigen grapho-motorischen Fertigkeiten können Kinder nur durch eigenes Probieren entwickeln (vgl. BRÜGELMANN 1986, S. 27-29).

In einer zweiten Phase gelingt den Kindern die Abwendung von der Linie hin zur Form. Dahinter steckt die Einsicht, dass Schrift aus wiederkehrenden Einheiten besteht, die aus wenigen Elementen in unterschiedlicher Kombination zusammengesetzt sind. Die durchgehende Zick-Zack-Linie wird zugunsten einer hohen Konzentration auf die Form aufgegeben. Beim schöpferischen Experimentieren werden alternative Formen ausprobiert und sich intensiv mit wesentlichen Formmerkmalen und inakzeptablen Variationen auseinandergesetzt. Das Kopieren von Schrift fällt vielen Kindern noch schwer. Ähnliche Probleme hätten wir Erwachsenen, wenn wir z.B. das uns unbekannte chinesische Schriftbild nachschreiben wollten (vgl. BRÜGELMANN 1986, S. 29-31).

Um Schrift als gerichtete Reihung wechselnder Einzelzeichen zu erkennen, muss die Aufmerksamkeit neben der Buchstabenform auf die Folge der Buchstaben gerichtet werden. Charakteristisch für Schrift ist der Zeichenwechsel aus einem begrenzten Grundbestand. Wenige Elemente lassen sich zu immer neuen Mustern kombinieren, wobei es zunächst keine Begrenzung der Kombinationsmöglichkeiten zu geben scheint. Kinder stellen beliebige Buchstabenketten zusammen, selbst wenn sie nur über deren sechs verfügen, achten sie auf ständig wechselnde Nachbarschaft. Eine besondere Schwierigkeit stellt noch die Raumlage des Einzelbuchstabens und die Schreibrichtung der Buchstabenfolge dar. So schreiben einige Kinder spiegelverkehrt oder am Ende der Reihe wieder nach links zurück. Nachdem Kinder Gegenstände trotz unterschiedlicher Raumlage und perspektivischer Verzerrung als gleich erkennen, müssen sie diese Merkmale bei Buchstaben als bedeutungsunterscheidend interpretieren (vgl. BRÜGELMANN 1986, S. 32-34).

In der letzten Stufe verbinden sich Form und Bewegung respektive der Rhythmus der Linie und das Muster der Einzelzeichen. Solche Verbindungen entstehen, weil nach dem bisherigen sorgfältigen Abmalen einzelner Buchstaben, nun die Anforderung, schneller zu schreiben, Priorität genießt. Die Kinder verfügen bei ihren Schreibbewegungen über eine je individuelle Rhythmik, sie entwickeln aus je unterschiedlichen Schreibansätzen allmählich eine lesbare Handschrift (vgl. BRÜGELMANN 1986, S. 35/36).

4.3.1.4 *Bedeutung der Raum-Zeit-Dimension für den Schriftspracherwerb*

Zu den strukturellen Besonderheiten von mündlicher Sprache und Schrift gehört, dass Sprache ein lautliches Kontinuum im zeitlichen Nacheinander und Schrift ein optisches Diskontinuum im räumlichen Nebeneinander ist (vgl. 3.1.). Beim Sprechen werden kontinuierlich ohne Pausen zwischen einzelnen Wörtern Laute aneinandergereiht, die in zeitlicher Abfolge produziert werden, wohingegen Schrift sich unregelmäßig, lückenhaft und in räumlich gleichzeitiger Darbietung präsentiert. Eine Transformation der Sprache aus der Zeitdimension in die schriftliche Dimension des Raumes ist notwendig. Dabei darf der zeitlich zuletzt gehörte Laut, der sich als Signallaut aufdrängt, jedoch nicht zum Anfangsbuchstaben des Wortes gemacht werden. Durch den Wechsel der Kategorien Raum und Zeit muss sich das Kind einmal der Konvention unterwerfen von links nach rechts zu schreiben und zu lesen und sich diese Richtungen einprägen. Zum anderen muss es den Sprachstrom beim Schreiben in einzelne Wörter zerlegen und ihn beim Lesen aus Einzelwörtern herstellen, die räumlich angeordneten Zeichen also in eine zeitliche Lautfolge verwandeln (vgl. MEIERS 1998, S. 147).

In bezug auf die Symbolfunktion muss ein Kind feststellen, dass das schriftliche Zeichen einen sich in der Zeit erstreckenden Laut repräsentiert. Besondere Probleme bereitet es daher vielen Kindern zu Beginn des Schriftspracherwerbs, die Länge von Wörtern oder Vokalen einzuschätzen. Auf die Frage, ob

158

'Auto' oder 'Regenwurm' länger sei, stimmen sie für Auto, weil sie noch kein Bewusstsein für die zeitliche Dauer von Wörtern entwickelt haben, sondern die Entscheidung fällt nach der räumlichen Größe des benannten Objekts (vgl. BRÜGELMANN 1986, S. 17).

Selbst das bloße Abschreiben eines Buchstabens birgt ähnliche Schwierigkeiten. Die einzelnen räumlich gleichzeitig dargebotenen Schriftzeichen müssen optisch wahrgenommen und zeitlich nacheinander in eine schreibmotorische Bewegung umgesetzt werden, so dass sie wieder als ein räumliches Nebeneinander im Heft erscheinen (vgl. MEIERS 1998, S. 153).

Elementare Fertigkeiten des Schriftspracherwerbs betreffen die Raum-Zeit-Dimension. Schülerinnen und Schüler müssen sich wichtige Raumbeziehungen wie die Bedeutung von Präpositionen und Adverbien aneignen oder bei Wörtern zur entsprechenden Durchgliederung den ersten oder letzten Buchstaben bestimmen können. Buchstabenformen sollen in unterschiedlicher Anzahl, Richtung und Größe wahrgenommen werden, gleiche Grundformen sollen in unterschiedlichen Schriftarten oder veränderten Lagen im Raum wiedererkannt werden, Formen sollen als voneinander verschieden erkannt werden und Veränderungen in der Buchstabenreihenfolge sollen wahrgenommen werden (vgl. RRL 1987, S. 18).

In bezug auf die Graphomotorik spielt die Raum-Zeit-Dimension eine übergeordnete Rolle wie z.B. beim harmonischen Schreibrhythmus, dem Einhalten von gleichmäßigen Abständen zwischen einzelnen Wörtern oder dem Abschätzen, ob ein Wort noch in die Zeile passt oder in der nächsten begonnen werden sollte (vgl. ISB 1988, S. 53). Zudem ist ein hohes Maß an graphomotorischer Bewegungsplanung nötig, um einen Buchstaben und später ein Wort zu schreiben.

Auch auf inhaltlicher Ebene ist der Aspekt der Ordnung relevant. Beim freien Schreiben muss ein Kind eine Folge von Geschehnissen logisch aufeinander aufbauend darstellen. Umgekehrt ist es während des sinnentnehmenden Lesens erforderlich, die gedankliche Ordnung des Schreibers nachzuvollziehen und als eigene Vorstellung zu rekonstruieren. Hört ein Kind die Beschreibung einer Szene, nimmt es genau genommen eine in der Zeit erstreckte Folge isolierter Laute wahr. Diese Stimuli müssen auf der Zeitebene organisiert und zu verstehbaren Wörtern und Sätzen zusammengefügt werden. Durch die Kombination von räumlicher und zeitlicher Dimension organisiert ein Kind die Szenendetails zu einem räumlichen Gefüge, so dass es ein geistiges Bild der beschriebenen Szene erhält. Schon bei der Rezeption von Sprache ist also eine Übersetzungsleistung von der Zeit in den Raum notwendig, um eine detaillierte Vorstellung zu haben (vgl. KEPHART 1977, S. 152).

Bezüglich des Lesens weist KEPHART auf die Bedeutung des visuellen Rhythmus hin, der die einzelnen Fixationen einer systematischen Exploration so organisiert, dass sie zu einem visuellen Gesamteindruck integriert werden. Normalerweise liest man, indem man sich von einer zur anderen Fixation bewegt, bis man bei einer bestimmten Fixation den oder die kritischen Hinweise zur Worterkennung aufnimmt. Der visuelle Rhythmus hält den Lesevorgang in Bewegung, der Blick kann sich vor- und rückwärts bewegen, um wichtige Hinweise zu suchen. Zwar erkennen wir manchmal ein Wort nicht oder nur falsch, aber der Rhythmus bewegt uns zur nächsten Fixation und wir erschließen den Wortsinn aus dem Kontext oder gehen mit dem Blick etwas zurück, um in geordneter Weise noch einmal nachzusuchen. Hier liegt für KEPHART auch eine Ursache für eine mögliche Leseschwäche, dass der Blick quasi an einem Fixationspunkt 'steckenbleibt oder festfriert' und der Leseprozess praktisch zum Stillstand kommt (vgl. KEPHART 1977, S. 149/150).

Auch MILZ betont die Wichtigkeit eines kontinuierlichen Rhythmus der Augenfolgebewegung für das Lesen. Die Augen müssen sich beim Lesen geschmeidig bewegen, um keine Buchstaben zu überspringen oder kurzzeitig die Leserichtung zu wechseln. Zudem ist die Ausbildung eines führungsdominanten Auges und eines unmittelbar nachfolgenden Auges für einen kontinuierlichen Fixationsrhythmus bedeutsam. Ein wechselseitiges Führen beider Augen, die dann in Wettstreit treten, kann zum Verschwinden einzelner Bildteile und damit zu Auslassungen oder Vertauschungen einzelner Buchstaben führen (vgl. MILZ 1996, S. 114/115).

Für einen erfolgreichen Schriftspracherwerb muss sich ein Kind im euklidischen Raum orientieren können. Um Lesen und Schreiben zu erlernen, sind insbesondere die Raumkoordinaten oben-unten und links-rechts von Bedeutung, denn der Unterschied zwischen <b> und <d> besteht ausschließlich in der links-rechts, der zwischen <n> und <u> lediglich in der oben-unten Umkehrung. Diese Buchstaben unterscheiden sich nicht hinsichtlich ihrer Struktur, sondern nur in bezug auf ihre Lage im Raum. Weiter ist es Konvention von links nach rechts und von oben nach unten zu schreiben und dabei einen Zeilensprung zu machen, zudem sind die einzelnen Zeilen parallel zueinander aufgebaut. Zum Schreiben einzelner Buchstaben wie zum Einhalten der Arbeitsrichtung ist ein verinnerlichter konstanter dreidimensionaler Raum unerlässlich. Ohne verinnerlichte Raumstruktur verlieren Kinder beim Lesen oder Abschreiben häufig die relevante Stelle.

Die links-rechts-Orientierung beruht auf der Ausbildung der Lateralität. Über das Bewusstsein der zwei Körperhälften und ihrer Unterschiede bildet sich auch die Dominanz einer Hand aus, die beim Erstschreiben dann im wahrsten Sinne des Wortes 'federführend' wird (vgl. KEPHART 1977, S. 86/87).

„Die wichtigste Teilleistung innerhalb der optischen Differenzierungsfähigkeit auf dem Wege zur Buchstabenkenntnis ist die Erfassung räumlicher Beziehungen" (BREUER/WEUFFEN 1993, S. 25). Dies gilt sowohl für Buchstaben- als auch für Wortstrukturen. Optische Einzelheiten wie Größen- oder Raumlagedetails müssen genau erfasst und dann automatisiert werden. Bei einem mit dem Henkel nach rechts oder links gerichteten Glas ändert sich an der Bedeutung nichts, die unterschiedliche Raumlage des 'Henkelbogens' bei <b> und <d> dagegen ist im abstrakten Sinne bedeutungsunterscheidend (vgl. BREUER/WEUFFEN 1993, S. 23-27).

BREUER/WEUFFEN betonen die Bedeutung der rhythmischen Differenzierungsfähigkeit für den Schriftspracherwerb. Durch den Rhythmus werden einzelne optische, akustische, motorische und melodische Elemente serial zu einem einheitlichen und gegliederten Ganzen geordnet und in ihrer Ordnung differenziert. Durch rhythmische Strukturen erhalten optische und lautliche Zeichen sowie seriale Abfolgen ihre Gliederung. Beim Schreiben werden optische Zeichen zu einem Ganzen geordnet und strukturiert, beim Lesen wird das Ganze in seiner Struktur und Ordnung erfasst und serial in Laute umgewandelt. Der sprachliche Rhythmus beruht größtenteils auf stärker und schwächer betonten sprachlichen Elementen sowie auf Pausen. Der Aufbau von Laut- und Schriftsprache wird durch die rhythmische Differenzierungsfähigkeit überschaubarer und lässt sich einfacher gedächtnismäßig speichern. Ist einem Kind die rhythmische Struktur eines Wortes klar, ist es unwahrscheinlicher, dass es beim Niederschreiben zu Umstellung von Lauten oder Silben oder zu Buchstabenauslassungen kommt. Zudem stellt der sprachliche Rhythmus eine Voraussetzung dafür dar, den Inhalt von Sprache zu verstehen. Trotz gleicher Wortreihenfolge entscheidet sich die spezifische Aussage des Satzes 'Mein Vater arbeitet.' über die Betonung. Liegt die Betonung auf 'arbeitet' geht es darum, dass der Vater nicht etwa Tennis spielt. Betont man dagegen 'Vater', will man besonders hervorheben, dass es sich hierbei um den Vater handelt (vgl. BREUER/WEUFFEN, 1993, S. 39-43).

Der Rhythmus erleichtert das kinästhetische und motorische Gedächtnis, ein längerer Satz lässt sich durch das Einteilen in rhythmische Gruppen besser behalten. Hierunter fällt auch das schreibmotorische Gedächtnis, ein rhythmisches Schreiben von Wörtern fördert das Automatisieren des Schriftbildes, ohne dass jedesmal neu über das Schema häufiger Wörter reflektiert werden muss.

Mit Hilfe der Schrift kann ein Kind sich den Zeithorizont verfügbar machen. Die Schrift bietet die Möglichkeit, Erfahrungen aus der Vergangenheit wieder aufzurufen, gegenwärtige Erlebnisse für später festzuhalten und Pläne für die Zukunft schriftlich zu fixieren. Ebenso ist ein Hin- und Herspringen zwischen den einzelnen Zeitebenen möglich. Grundschulkinder erleben zwar Zeit, haben Erinnerungen an Vergangenes und erwarten Zukünftiges, sie besitzen aber noch kein Zeitbewusstsein. Dieses entsteht erst beim Reflektieren solcher Erinnerungen und erwartbaren Ereignissen in sozialen Situationen (vgl. PÖPPEL in SCHAUB 1998, S. 8).

Das Lesen und Schreiben bietet den Kindern die Möglichkeit, Ereignisse aus unterschiedlichen Zeitperspektiven festzuhalten und nachzuvollziehen. So sind einerseits gewisse Einsichten in die Zeitdimension Voraussetzung für den Schriftspracherwerb, zum anderen dient die schriftliche Reflexion der eigenen Lebensgeschichte dem Ausbau eines bewussten Zeithorizonts (vgl. SCHAUB 1998, S. 8).

Die Entwicklung eines Zeithorizonts ermöglicht das Erkennen und Wiederherstellen zeitlich logischer Reihenfolgen. Ein stabiler Zeithorizont versetzt Kinder in die Lage, durcheinander gewürfelte Bildergeschichten zu sortieren, fehlende Teile einer Erzählung aus dem Zusammenhang zu erschließen, ein offenes Ende logisch fortzusetzen, eigene Erzählungen zu konstruieren und korrekt mit den unterschiedlichen Zeitformen des Deutschen umzugehen.

4.3.2 Mathematischer Erstunterricht

Wie schon beim Schriftspracherwerb halte ich es für unerlässlich, sich zunächst mit den Anforderungen des mathematischen Erstunterrichts zu befassen, um die Bedeutung der Raum-Zeit-Dimension für diese Lernprozesse zu verstehen.
Die Mathematik beschäftigt sich mit räumlichen, zeitlichen und quantitativen Beziehungen in unserer Umwelt. Diese sind jedoch nicht selber Gegenstand der Mathematik, sondern nur abstrakte Zeichen und Begriffe, die diese repräsentieren. Mathematik ist folglich eine Wissenschaft der Beziehungen von Zeichen und Begriffen, die als abstrakte Symbole der Dimensionen Raum und Zeit quantitative und räumliche Beziehungen beschreiben (JETTER in WERNER 1999, S. 471/472).

4.3.2.2 Die Entwicklung mathematischen Denkens

Rechnen als spezifisch menschliche, kulturgebundene Fähigkeit basiert auf geistigen Operationen wie Klassifizieren, Konkretisieren, Unterscheiden etc. Das mathematische Denken entwickelt sich durch Bewältigung wirklicher Probleme. Bereits vor Schulbeginn sammeln Kinder ohne explizite Anleitung Erfahrungen, die notwendige Voraussetzungen jeglicher schulischen Mathematik sind, beispielsweise wenn sie Mengen von Alltagsgegenständen vergleichen, Gegenstände hinsichtlich ihrer Eigenschaften ordnen oder zu zählen beginnen. Aus diesen konkreten Handlungen, die sich im Entwicklungsverlauf zu kognitiven Operationen verdichten, entstehen Vorstellungen und letztendlich abstrakte Begriffe (vgl. WERNER 1996, S. 472).
Der Verinnerlichungsprozess von der konkreten Handlung zur abstrakten Operation vollzieht sich in mehreren Stufen. Am Anfang steht das konkrete Handeln mit Gegenständen (enaktive Ebene), welches auf der nächsten Stufe bildlich dargestellt wird (ikonische Ebene), um auf dem höchsten Niveau durch sprachliche Symbole (symbolische Ebene) abgelöst zu werden (vgl. BRUNER in RADATZ/SCHIPPER 1983, S. 26). Erst dann ist ein Kind in der Lage, mathematische Operationen automatisiert anzuwenden. Ich möchte diesen Transfer an einem Beispiel verdeutlichen. Zunächst legt ein kleines Kind eine Murmel nach der anderen in eine Dose, dann kann es diesen Vorgang zeichnen, indem es die Murmeln in Eins-zu-Eins-Korrespondenz auf ein Blatt malt. Schließlich lernt das Kind diesen Vorgang abstrakt festzuhalten, indem es die symbolische Gleichung niederschreibt.

PIAGET geht davon aus, dass der Aufbau des Zahlbegriffs beim Kind mit der Entwicklung der Logik korreliert. Außerdem sieht er Parallelen zwischen der

162

Zahlbegriffsentwicklung und dem räumlichen und zeitlichen Verständnis (vgl. PIAGET 1964, S. 51). Nach PIAGET sind zwei Bedingungen notwendig, damit ein Kind den Zahlbegriff erwirbt. Das erste logische Prinzip ist das der Mengeninvarianz, PIAGETs Begriff für die Kardinalzahl. Das Kind muss verstehen, dass sich die Quantität einer Menge nicht durch bloße qualitative Veränderungen im Erscheinungsbild der Mengenelemente, sondern nur durch quantitative Vermehrung oder Verminderung verändern lässt. Hierzu sind verschiedene Einsichten notwendig. Das Identitätsargument besagt, dass eine Menge gleich bleibt, wenn nichts dazugetan oder weggenommen wird. Das Reversibilitätsargument meint, dass man in der räumlichen Anordnung veränderte Elemente in ihre Ausgangsposition zurückbringen kann. Das Kompensationsargument schließlich beinhaltet, dass die in ihrer räumlichen Anordnung veränderten Elemente zwar einen größeren/kleineren Raum beanspruchen, nun aber auch mehr/weniger Raum zwischen den einzelnen Elementen ist. Zum zweiten ist es vonnöten, das Prinzip der Reihenbildung zu durchschauen, wonach PIAGET die Ordnungszahl definiert. Das Kind lernt Gegenstände gemäß einer Eigenschaft zu ordnen wie etwa unterschiedlich lange Stäbe nach aufsteigender Länge. Hierbei ist wichtig, dass die Stablänge nicht nur paarweise verglichen, sondern die Ordnungsrelation von jedem Element auf das Nachfolgeelement übertragen wird. PIAGET kam zu der Schlussfolgerung, dass Kardinal- und Ordinalzahlbegriff vom Kind parallel erworben und im Primarschulalter auf der Stufe der konkreten Operationen zum Begriff der natürlichen Zahl integriert werden. Demnach ist die Zahl eine Inklusion von Klassen- und Ordnungsbeziehungen (vgl. WEMBER 1989, S. 436/437).

Nachfolgeuntersuchungen relativierten PIAGETs Einschätzung der Entwicklungsparallelität und kamen zu dem Ergebnis, dass Ordinal- vor Kardinalzahlaspekten erworben werden, dass die Zählkompetenz also dem Erkennen der Zahlinvarianz vorausgehe. Daraus wurde die Schlussfolgerung gezogen, dass im mathematischen Erstunterricht die gezielte Förderung und sinnvolle Anwendung des Zählens zur Anbahnung und Sicherung der Zahlbegriffe genutzt werden sollte. Während PIAGET glaubte, dass Zählen ohne Zahlinvarianz bestenfalls ein mechanisches Aufsagen der Zahlwortreihe sei, soll durch die Kunst des Zählens heutzutage das Zahlverständnis gefördert werden (vgl. WEMBER 1989, S. 438/439).

4.3.2.2 Zahlbegriff und Zählen

Obwohl bei vielen Kindern die Begrifflichkeit der natürlichen Zahl bereits im Vorschulalter angebahnt ist, muss zu Beginn der Schulzeit im mathematischen Erstunterricht ein komplexer Zahlbegriff erarbeitet und gefestigt werden:

- Kardinalzahlaspekt: Zahlen beschreiben die Mengenmächtigkeit, was bei der Addition zur Mengenvereinigung und bei der Subtraktion zur Restmengenbildung führt ('Wie viele Birnen liegen dort? – Sechs!')
- Ordinalzahlaspekt: 1) Zählzahl, d.h. natürliche Zahlenfolge, die beim Weiter- und Rückwärtszählen durchlaufen wird ('1,2,3...') 2) Ordnungszahl, die

den Rangplatz eines Elements in einer total geordneten Reihe angibt ('Frank ist beim Wettlaufen vierter geworden!')

- Maßzahlaspekt: Natürliche Zahlen dienen, immer in Relation zur gewählten Einheit, als Maßzahlen für Größen ('5 Meter')
- Operatoraspekt: Zahlen werden zur Bezeichnung einer Vielfachheit eines Vorgangs genutzt ('Ingrid ist fünf mal vom Einmeterbrett gesprungen!')
- Rechenzahlaspekt: Ziffern werden genutzt, um mit ihnen in Stellenwertsystemen zu rechnen
- Codierungsaspekt: Zahlen werden benutzt, um Objekte zu bezeichnen (Telefonnummer) (vgl. RADATZ/SCHIPPER 1983, S. 49).

Der Erwerb der Zahlwortreihe, der zwar schon im Alter von zwei bis drei Jahren beginnen kann, findet in der Regel erst im Alter von fünf bis sieben Jahren seinen Abschluss. Das standardisierte Aufsagen einer Zahlwortreihe bedeutet allerdings nicht, dass diese schon als problemlösendes Instrument erkannt wurde und z.B. zur Bestimmung der Anzahl der Elemente einer bestimmten Menge oder zum zählenden Rechnen genutzt werden kann. Dem strukturierten Zählen liegen eine Reihe von Zählprinzipien zugrunde:

- Eins-Eins-Prinzip: Jedem zu zählenden Gegenstand darf nur ein Zahlwort zugeordnet werden und umgekehrt.
- Prinzip der stabilen Ordnung: Die Zahlwortliste hat eine festgelegte Reihenfolge.
- Kardinalzahlprinzip: Die im Abzählprozess zuletzt genannte Zahl bestimmt die Anzahl der Elemente einer Menge.
- Abstraktionsprinzip: Alle beliebigen Elemente einer Menge, ungeachtet ihrer quantitativen Merkmale, können zu einer Menge zusammengefasst werden.
- Prinzip der beliebigen Reihenfolge: Für das Zählergebnis sind die Reihenfolge, in der die Elemente abgezählt werden, und die Anordnung der zu zählenden Elemente nicht relevant (vgl. RADATZ/SCHIPPER 1983, S. 50).

Ein Kind sollte neben der Zählkompetenz ebenfalls die Fähigkeit erwerben, bestimmte Mengen von Elementen simultan und gliedernd zu erfassen. Dies sind Voraussetzungen zur quasi-simultanen Zahlauffassung bei zahlbereichserweiternden Arbeitsmitteln, die eine deutlich erkennbare Fünfer- oder Zehnergliederung haben (vgl. RADATZ u.a. 1996, S. 38/39).

4.3.2.3 *Rechenoperationen: Addition und Subtraktion, Multiplikation und Division*

Die Erarbeitung der Operationsbegriffe wie Addition und Subtraktion steht, wie schon angeklungen, in engem Zusammenhang mit der Entwicklung des Zahl- und Zählverständnisses. Die Rechenoperationen, zu denen Schulanfänger ebenfalls gewisse Vorkenntnisse mitbringen, sollten von den verschiedensten Anwendungssituationen her erprobt werden. Zu Beginn des Lernprozesses werden Handlungen wie Hinzufügen, Aufessen, usw. durchgeführt, die das mathematische Verständnis der Operationen anbahnen. Zur Lösung von Additions- und Subtraktionsaufgaben wenden viele Kinder zunächst Zählstrategien (Alles-Zählen oder Weiterzählen) an, die in der Arithmetik permanent von Bedeutung sind. Ziel des mathematischen Erstunterrichts ist es, den Kindern weitere Verfahrenstechniken einsichtig zu machen, die bei der Bearbeitung von Rechenaufgaben ökonomischer als das Zählen sind Durch operatives Üben und das Erarbeiten der Analogien des Zahlsystems wird das Verständnis für heuristische Strategien angebahnt. Heuristisch meint in diesem Zusammenhang, dass Lösungen aus Bekanntem abgeleitet werden. So kann man beim Berechnen der Aufgabe 5+7 auf die bekannte Aufgabenstellung 5+5 zurückgreifen und über den Lösungsweg 5+5+2=12 zum richtigen Ergebnis gelangen. Voraussetzung hierfür ist die Kenntnis der Grundaufgaben (vgl. RADATZ/SCHIPPER 1983, S. 63). Außerdem sollten beim Rechnen dekadische Analogien genutzt werden, so dass Aufgaben wie 14+3 nicht neu gerechnet zu werden brauchen, wenn die entsprechende Grundaufgabe 4+3 beherrscht wird.

Als fortgesetzte Addition gilt die Multiplikation. Die Rechenoperationen Multiplikation und Division sollten erst thematisiert werden, wenn Kinder einen relativ sicheren Überblick und operative Erfahrungen im Zahlenraum bis 100 haben. Dabei müssen verschiedene Grundvorstellungen der Multiplikation beachtet werden. Der zeitlich-sukzessive Aspekt meint das Wiederholen gleicher Handlungen ('Karen kauft dreimal je 2 Dosen Cola.'), der räumlich-simultane Aspekt umschreibt eine Teil-Ganzes-Struktur ('Vor der roten Ampel stehen drei Autos. In jedem Auto sitzen zwei Frauen.'). Beim Vergleichsaspekt wird ein Operator zum Vergleich von zwei Größen benutzt ('Tim hat drei Kekse. Heinz hat dreimal so viele.'), der kombinatorische Aspekt bestimmt die möglichen Kombinationen zwischen den Elementen zweier Mengen ('Paula hat 2 Hosen und 4 farblich dazu passende T-Shirts. Wie oft kann sie sich verschieden anziehen?'). In Bezug auf die Division müssen Kinder zu der Erkenntnis gelangen, dass die Division die Umkehraufgabe der Multiplikation ist (vgl. RADATZ u.a. 1996, S. 81-107).

4.3.2.4 *Geometrie*

Geometrische Aspekte sollten im mathematischen Anfangsunterricht keinesfalls vernachlässigt werden, denn im Geometrieunterricht können Spaß an der Mathematik und die Bereitschaft zum selbständigen Problemlösen besonders gut vermittelt werden. Außerdem können sich Kinder, die Schwierigkeiten im arithmetischen Anfangsunterricht haben, bei geometrischen Fragestellungen als erstaunlich leistungsfähig erweisen. Geometrische Aktivitäten zu Schulbeginn können sein: Erkunden der Umwelt, Falten, Bauen etc. Zu den geometrischen Unterrichtsinhalten gehören insbesondere geometrische Qualitätsbegriffe, das Fortsetzen geometrischer Muster, topologische Begriffe, Formen, Flächen und Körper, Abbildungen und Bewegungen, das Messen sowie das Zeichnen (vgl. RADATZ/SCHIPPER 1983, S. 138-157).

Man kann mehrere Entwicklungsstufen geometrischen Denkens unterscheiden. Zunächst ist es anschauungsgebunden, d.h. räumliche Beziehungen werden nur in der unmittelbaren Umgebung von den Kindern erfasst. Auf der Niveaustufe 1 beginnen die Kinder geometrische Figuren und Beziehungen zu analysieren, wobei sie durch Handlungserfahrung und Betrachten vorerst geometrische Einzelaspekte zu unterscheiden vermögen. In der 2. Stufe (erstes Ableiten und Schließen) werden bereits Beziehungen zwischen Figureigenschaften und den Eigenschaften verwandter Figuren erkannt. Dem folgt die Niveaustufe des geometrischen Schließens und die der streng abstrakten Geometrie. Beide sind für den geometrischen Anfangsunterricht weitgehend uninteressant (vgl. RADATZ/RICKMEYER 1991, S. 13-15).

BESUDEN sieht als oberstes Ziel des Geometrieunterrichts die Förderung der Raumvorstellung, die er in drei Teilaspekte unterteilt:

„(1) räumliches Orientieren
als Fähigkeit, sich wirklich oder gedanklich im Raum orientieren zu können (z.B. als Autofahrer, Fußgänger, Wanderer).

(2) räumliches Vorstellen
als Fähigkeit, Objekte oder Beziehungen in der Vorstellung reproduzieren zu können (stellen Sie sich eine rosa Kuh vor, die nach links schaut und Gras frisst).

(3) räumliches Denken
als die Fähigkeit, mit Vorstellungsinhalten gedanklich zu experimentieren, d.h. ihre Lage bzw. Beziehungen zueinander in der Vorstellung zu verändern (denken Sie an die rosa Kuh von (2) oben: Lassen sie diese Kuh in ihrer Vorstellung eine Drehung von 180 Grad machen und jetzt nach rechts fressen)."
(BESUDEN in RADATZ/RICKMEYER 1991, S. 17).

4.3.4 Bedeutung der Raum-Zeit-Dimension für den mathematischen Erstunterricht

Die Orientierung in Raum und Zeit ist ein grundlegender Baustein mathematischer Fähigkeiten.

In nahezu allen anthropologischen Wissenschaften wird die Abhängigkeit des Denkens vom zentralen Raummodell betont. Das „Denken: das Ordnen des Tuns" (AEBLI 1980) hat seinen Anfang im konkreten Handeln im Raum.

Oberstes Ziel des Geometrieunterrichts als (mathematischer) Denkförderung ist die Förderung der Raumvorstellung. Hierbei ist unter Raumvorstellung nicht nur die statische Komponente des bloßen Sich-vorstellen-Könnens ebener oder räumlicher Konfigurationen zu verstehen, sondern ebenso die dynamische Komponente unter Integration der Zeitdimension. Damit ist die Fähigkeit gemeint, Handlungen an gedanklich vorgestellten Objekten durchzuführen. Geometrisches Denken bedeutet „... sich vorstellendes Operieren an geometrischen Gebilden" (PALZKILL/SCHWIRTZ in RADATZ/RICKMEYER 1991, S. 145).

166

Der Geometrieunterricht soll das sogenannte Sehverstehen der Kinder fördern, damit sich das Kind „in seiner von Formen, Figuren und Körpern bestimmten Umwelt mit Hilfe von Raumvorstellungen zurechtfindet" (RRL 1984,
S. 59).
Ein Kind muss erst die räumliche Struktur realer Dingen begreifen, d.h. durch
Handhabung von Gegenständen Eigenschaften wie rund oder klein erfahren,
bevor es diese Qualitäten in zweidimensionalen Abbildungen wiedererkennen
kann. Das Abzeichnen einer geometrischen Form wie z.B. eines Rechtecks
verlangt von einem Kind raumzeitliche Übersetzungsleistungen. Das vorgeleg-
te Rechteck, eine simultane Darbietung im Raum, hat keine zeitliche Erstrek-
kung, auch wenn das Kind durch fortwährendes Anschauen die Darbietungs-
zeit verlängert. Das Kind kann nicht alle vier Rechteckseiten gleichzeitig zeichnen, sondern muss bei der Reproduktion die simultane räumliche Darbietung
in eine zeitliche Abfolge übersetzen, indem es eine Linie nach der anderen
zieht, bis das ganze Rechteck vollständig ist (vgl. KEPHART 1977, S. 153).
Die Bedeutung insbesondere der Raum-, aber auch der Zeitdimension in der
Geometrie ist offensichtlich und bedarf keiner weiteren Erläuterung.

Es erscheint mir interessanter, die Relevanz der Raum-Zeit-Dimension und
des geometrischen Vorstellungsvermögens für den arithmetischen Anfangsunterricht zu untersuchen. Denn auch die Grundrechenarten beanspruchen
räumliches Denken. So spricht man z.B. vom Zahlen*raum* des ersten Zehners
zu Beginn der Schulzeit, der später überschritten wird.
Ehe ein Kind mit Zahlen operieren kann, muss es Begriffe, die raumzeitliche
Relationen beschreiben wie mehr, früher, ... verstehen. Nur durch das Herstellen und Vergleichen von Beziehungen kann das Kind Zahlen als Einheiten
verstehen lernen, die man zusammenzählen kann, egal ob es sich um Teekan-
nen, Zeitintervalle oder etwas ganz anderes handelt. Auch das Prinzip der
Anzahlinvarianz erschließt sich dem Kind am besten durch das Hantieren mit
dreidimensionalen Objekten in Raum und Zeit, indem es z.B. nacheinander
zwei unterschiedliche Türme aus denselben Klötzchen erbaut und zu der Feststellung gelangt, dass sich beide Türme trotzdem nicht in der Anzahl benutzter
Klötzchen unterscheiden (vgl. FROSTIG/MASLOW 1978, S. 251/252).
Nach KEPHART ist das mathematische Verständnis entscheidend davon ab-
hängig, inwieweit ein Kind das Prinzip der räumlichen Gruppierung verstanden
hat. Gruppen von Objekten, mit denen sich die Mathematik beschäftigt, kön-
nen nur im Raum existieren. Durch Bewegung und Wahrnehmung erlernt ein
Kind die Richtungen wie oben-unten, rechts-links, vorn-hinten und damit feste
Bezugsgrößen für die Lage von dreidimensionalen Objekten im Raum. Die
Dreidimensionalität ist grundlegend für die Relationen zwischen Objekten im
Raum und dies wiederum ist die Voraussetzung für Gruppierungsphänomene.
„Eine Gruppe von drei Menschen wird zu 'Drei' vermöge der Tatsache, dass
sie auf irgendeine entsprechende Weise im Raum gruppiert werden. Alle ande-
ren Variablen, Alter, Geschlecht usw. sind für dieses mathematische Konzept
irrelevant" (KEPHART 1977, S. 140).

Bestimmte Grundfertigkeiten, die die Raum-Zeit-Dimension betreffen, werden als Voraussetzungen des mathematischen Anfangsunterrichts gesehen. Dazu gehören u.a. das Beschreiben von Reihenfolgen oder das Sortieren konkreter Gegenstände (RRL 1992, S. 16-18).

Eine Schwierigkeit schulischen Lernens liegt darin, dass der dreidimensionale Raum, in dem ein Kind handelt, der primäre ist. Daten müssen aus der Dreidimensionalität in den zweidimensionalen Raum wie die Tafel (vertikal) und das Heft (horizontal) übertragen werden. Diese Transformation setzt Fähigkeiten zur Rekonstruktion und operatorischen Koordination räumlicher Beziehungen voraus (vgl. MILZ 1997, S. 32).

Bei der Addition oder Subtraktion muss sich ein Kind, nachdem es einen Vorgang des Hinzutuns oder Wegnehmens zunächst konkret im Handlungsraum erfahren hat, ein Bild dieses Vorgangs machen können. Zum Lösen der Aufgabenstellung 2+3 ist ein Kind im arithmetischen Anfangsunterricht darauf angewiesen, sich zwei Gegenstände wie Murmeln, zu denen drei hinzukommen, vorzustellen. Das Ergebnis der Rechenaufgabe muss dann wieder in zweidimensionaler Form als Symbol auf den Aufgabenzettel geschrieben werden.

Viele Autoren betonen die herausragende Bedeutung der raumzeitlichen Orientierung für das Ausbilden der Zählkompetenz. „Zählen bedeutet eine linear geordnete Folge von Zahlen der Reihe nach zu durchlaufen" (RADATZ u.a. 1996, S. 30), ist also eng an die Raum-Zeit-Dimension gebunden. Zum Zählen, einem wichtigen Bestandteil in der Entwicklung des Zahlbegriffs, ist die Orientierungsfähigkeit in Raum und Zeit, die Bewegungsplanung und die Koordination von Zählhandlung und Zahlwortreihe notwendig. Das Zählen geschieht in einer räumlichen und zeitlichen Struktur. Das Antippen oder Zeigen eines Elements und das Sprechen eines Zahlwortes muss gleichzeitig (Synchronität), das Zählen der einzelnen Elemente muss nacheinander erfolgen (Sukzessivität).

Beim Zählen von optisch sichtbaren Gegenständen, die in räumlicher Ausdehnung vor dem Kind liegen, wird nacheinander im zeitlichen Ablauf jedem Element Aufmerksamkeit geschenkt und ein Zahlwort zugeordnet. Einerseits ist die räumliche Anordnung hilfreich, indem man z.B. links beginnen kann, andererseits ermöglicht erst die gespeicherte Zahlreihenfolge, jedem einzelnen Element das richtige Zahlwort zuzuordnen. Insbesondere beim Kopfrechnen muss die Zahlwortreihenfolge exakt behalten werden (vgl. ISB 1986, S. 32).

Zwei Bereiche, die Bewegung des Hinzeigens und das sprachliche Benennen, müssen in Einklang gebracht werden. Das Zählen ist also der Einhaltung eines Rhythmus, der regelmäßigen und periodischen Wiederkehr einer geordneten Struktur durch Bewegung und Sprache unterworfen (vgl. MILZ 1997, S. 56).

Zu den rhythmischen Fähigkeiten zählt das Erkennen wiederkehrender Einheiten. Rhythmische Reihen sind dadurch gekennzeichnet, dass gleichbleibende Muster in gleichen Zeitabständen wiederholt werden. Im mathematischen Anfangsunterricht werden Kinder unter dem Aspekt der logischen Schulung angeregt, gegebene Reihenfolgen wie diese aus dem optischen Bereich OX-XOXX... fortzusetzen. Dies trägt dazu bei, die dekadische Gliederung des Zahlraumes zu erfassen oder die Einmaleinsreihen zu erlernen (vgl. ISB 1986, S. 31/32).

In didaktischen Werken zum mathematischen Erstunterricht wird neben anderen Übungsformen zur Festigung der Zählkompetenz das rhythmische Zählen vorgeschlagen, indem z.B. jede dritte Zahl betont wird. Hierfür ist eine raumzeitliche Orientierung notwendig. Auch das Zählen temporaler Ereignisse oder sich bewegender Objekte erfordert eine sichere Orientierung in Raum und Zeit.

Beim korrekten Zählen muss ein Kind die Fähigkeit besitzen, die einzelnen Elemente aus der Gesamtmenge herauszulösen, ohne dass dabei die Ganzheit aufgehoben wird. Das Einprägen von Zahleigenschaften als Ganzheiten kann gefördert werden, indem Mengen räumlich so strukturiert werden, dass sie vom Betrachter 'auf einen Blick' (quasi-simultan) erfasst werden können wie etwa die Würfelpunkte. Zu bedenken ist, dass linear angeordnete Mengen leichter und schneller auszuzählen sind als verschachtelte oder kreisförmige (vgl. ISB 1986, S. 17).

Heuristische Lösungsstrategien (vgl. 3.2.3.) sind nur dann möglich, wenn in der strukturierten Zahlwortreihe Stützzahlen wie die 5 und die 10 gedanklich fest verankert sind und die Entfernung anderer Zahlen zu diesen augenblicklich erkannt werden (vgl. RADATZ u.a. 1996, S. 55). Schon die Tatsache, dass RADATZ u.a. den Begriff der 'Entfernung' benutzen, verdeutlicht, dass die Entwicklung einer Struktur in der Zahlwortreihe auf räumliche Ordnungsgesichtspunkte in der Vorstellung angewiesen ist.

Bei der Orientierung im Stellenwertsystem, der Bestimmung des Vorgängers oder Nachfolgers einer Zahl und der Einsicht in das logische Prinzip der Reversibilität ist ein Kind auf räumliche und zeitliche Vorstellungsbilder angewiesen.

Kinder müssen, um den Invarianzbegriff zu erwerben, zu der Einsicht gelangen, dass die Erhaltung einer Menge unabhängig von der Lage der einzelnen Teile ist. Diese Erkenntnis wird in bezug auf die mathematischen Symbole ins Gegenteil verkehrt. Denn die lineare Reihenfolge der Ziffern und Rechensymbole spielt eine wesentliche Rolle, eine Abänderung der Anordnung bewirkt eine Bedeutungsveränderung. So stimmt die Reihenfolge bei 3+4=7, wohingegen die Gleichung 3+7=4 schlichtweg falsch ist. Insbesondere bei ikonischen Aufgabenstellungen liegt die Schwierigkeit darin, dass die Ordnung innerhalb einer Menge beliebig ist, innerhalb einer Zeile diese Ordnung jedoch die Struktur der Aufgabe ausmacht (vgl. LORENZ 1984, S. 88).

Die Raumlage und die räumlichen Beziehungen sind beim Aufschreiben von Zahlen und beim Rechnen wichtig. Beim Schreiben von Zahlen nach Diktat liegt zumindest im deutschsprachigen Raum eine Schwierigkeit darin, dass die zeitliche Reihenfolge beim Sprechen zweistelliger Zahlen quasi von rechts nach links ('achtunddreißig') nicht mit der räumlichen Anordnung von links nach rechts ('38') übereinstimmt. Es ist eine Übersetzung von der Zeit- in die Raumdimension notwendig. Ein sicheres Erkennen von Raumlagebeziehungen verhindert Vertauschungen von '6 und 9' und fördert das Verständnis von mathematischen Zeichen wie größer als > und kleiner als < oder Pfeildarstellungen (vgl. MILZ 1997, S. 64/65).

Ohne raum-zeitliche Reihenfolge kann die Struktur einer Zahl zerfallen, die Zahl wird in einzelne Ziffern zerlegt und nicht als Einheit betrachtet ('Zweitausendzwölf = 200012'). Das Auffassen von Zahlen als unstrukturierte Abfolge, verhindert den Aufbau eines Positionssystems. Die Ziffernreihenfolge legt schließlich in einem dekadischen System den Wert einer Zahl fest, was z.B. daran ersichtlich ist, dass 248 kleiner als 842 ist, obwohl beide Zahlen aus den gleichen Ziffern zusammengesetzt sind (vgl. LORENZ 1984, S. 88).

In der Mathematik sind die Möglichkeiten des Zahlenaufbaus sehr komplex. Nicht nur links und rechts, sondern auch oben und unten sind als Positionen wichtig. Eine Aufgabe wie 12+3 kann, wie gerade geschehen, von links nach rechts angeordnet oder untereinander geschrieben werden. Die horizontal geschriebene Aufgabe 12+3 muss von links nach rechts bearbeitet werden, während die gleiche Aufgabe bei vertikaler Vorgabe von rechts nach links berechnet werden muss. Auf die Problematik der Einhaltung unterschiedlicher Arbeitsrichtungen beim Rechnen, insbesondere beim schriftlichen Malnehmen und Teilen, möchte ich jetzt nicht detaillierter eingehen, weil dies für den mathematischen Anfangsunterricht kaum von Bedeutung sein dürfte (vgl. MILZ 1997, S. 34).

Im Anfangsunterricht wird wegen der geringen Lesefähigkeit der Kinder oft auf ikonische Arbeitsanweisungen zurückgegriffen, die in ihrer raum-zeitlichen Struktur verstanden werden müssen. Häufig werden in der Arithmetik geometrische Gebilde zur Veranschaulichung von Zahlen und ihren Beziehungen herangezogen. In fast allen Bereichen lassen sich geometrische Komponenten finden, „teils offensichtlich z.B. bei der Behandlung der Zahlengeraden oder bei Rechteckdarstellungen von Multiplikationen, teils aber auch weniger augenfällig, wenn etwa die Struktur von Sachaufgaben durch Rechenbäume (...), Sachverhalte durch Diagramme, Säulen oder andere Bilder veranschaulicht werden" (RADATZ/SCHIPPER 1983, S. 139). Diese Veranschaulichungsmittel für arithmetische Lernprozesse sind nicht selbstevident, sondern müssen erst thematisiert werden. Arithmetische Hilfsmittel wie die Hundertertafel können ohne geometrische Vorkenntnisse nicht verstanden werden. Die Links-Rechts-Orientierung beispielsweise ist beim Rechnen mit dem Veranschaulichungsmittel Zahlenstrahl immens wichtig, denn bei der Addition muss nach rechts, bei der Subtraktion nach links gearbeitet werden.

Da sich das zweidimensionale Sehen flächenhafter Darstellungen von Körpern, das zudem gewissen kulturellen Konventionen unterliegt, erst später als die Wahrnehmung und Orientierung im dreidimensionalen Handlungsraum entwickelt, müssen die räumlichen Beziehungen in bezug auf das Erkennen mathematischer Relationen an ikonischen Darstellungen erst aufgebaut und

gefestigt werden (vgl. FROSTIG in LORENZ 1984, S. 84).
Es ist zudem ausgesprochen schwierig und verlangt weitgehende Abstraktionsleistungen, typische mathematische Situationen, die dynamische und temporale Vorgänge beschreiben wie die Grundrechenarten, in statischen, visuellen Bildern darzustellen und wiederzufinden (vgl. WEMBER 1989, S. 441).

Seriale Leistungen sind beim Lösen mathematischer Aufgaben unverzichtbar. Einzelne Rechenschritte müssen im Sinne eines zuerst-dann-zuletzt nacheinander ausgeführt werden. Dies ist z.B. bei der Zehnerüberschreitung gegeben, wo bei der Addition zunächst bis zur Zehnergrenze gedacht werden muss, damit der Rest des zerlegten Summanden den nächsten Zehner belegen kann. Erst eine zeitliche Struktur macht die Planung dieser Rechenhandlung möglich, ohne Zeithorizont bleiben die Relationen zuerst, dann, zuletzt unverständlich. Ein dreischrittiges, zeitliches, logisch determiniertes Ordnungsschema kann einem Kind helfen, Rechenoperationen genauer zu beobachten und mit verbesserter Selbstkontrolle durchzuführen (vgl. ISB 1986, S. 31).
In bezug auf die raumzeitliche Orientierung müssen Umkehrungen beherrscht werden. Während beim Lösen der Aufgabe 2+3 von links nach rechts weitergedacht wird, muss beim Lösen der Lückenaufgabe 2+_=5 wieder zurückgegangen werden ('Erst waren es zwei, dann kam etwas hinzu, zuletzt waren es fünf; in fünf stecken die zwei und die drei, das bedeutet drei sind hinzugekommen') (vgl. ISB 1986, S. 18).
Besonders beim Lösen von Sachaufgaben ist diese zeitliche Organisation der Rechenschritte und das gedankliche Operieren mit räumlichen Vorstellungsinhalten entscheidend. Aus in Text eingekleideten Aufgaben müssen einzelne Mengen und Größen identifiziert werden und aus der Semantik der Aufgaben müssen die notwendigen Operationen erkannt werden. Schließlich wird ein geeigneter Lösungsplan aufgestellt und durchgeführt, in dem alle Teilinformationen berücksichtigt sind (RADATZ in LORENZ 1984, S. 18/19).
Ein umfangreiches Raum- und Zeitverständnis ist für bestimmte Inhalte des Sachrechnens vonnöten, denn die Raum- (Längen, Flächeninhalte, Rauminhalte) und Zeitdimension (Zeitpunkte, Zeitspannen) selbst werden thematisiert, wenn vor allem der Maßzahlaspekt im Vordergrund steht.

4.4 Verzögerte Entwicklung der Raum-Zeit-Dimension

Bisher bin ich auf die ungestörte Entwicklung der Raum-Zeit-Dimension eingegangen, was meines Erachtens jedoch unvermeidbar ist. Erst, wenn man sich mit der ungestörten Entwicklung dieser Dimension auseinandergesetzt hat, kann man begreifen, welche Probleme auftreten können. Zudem kann man Schwierigkeiten im Erstunterricht, die natürlich auf unterschiedlichsten Entstehungszusammenhängen beruhen, nur dann u.a. auf eine verzögerte Raum-

Zeit-Entwicklung zurückführen, wenn man um ihre genaue Bedeutung beim Lesen, Schreiben und Rechnen weiß. In diesem Kapitel möchte ich mich jetzt vorrangig mit Entwicklungs- und Lernstörungen, die die Raum-Zeit-Dimension betreffen, auseinandersetzen.

4.4.1 Entwicklungs- und lerngestörte Kinder

Es ist unmöglich, die 'Klientel' dieser Ausführungen, die entwicklungs- und lerngestörten Kinder als einheitliche homogene Gruppe zu definieren. Ich möchte mich hier auf die Aussagen der 'Empfehlungen zum Förderschwerpunkt Lernen' (SVBL 1/2000, S. 10-17) stützen, in denen es um die sonderpädagogische Förderung von Kindern und Jugendlichen mit besonderem Förderbedarf im Bereich des Lern- und Leistungsverhaltens, insbesondere des schulischen Lernens, geht.

Die pädagogische Ausgangslage von lernbeeinträchtigten Schülerinnen und Schülern wird hier in enger Verbindung mit Beeinträchtigungen der motorischen, sensorischen, kognitiven, sprachlichen, sozialen und emotionalen Fähigkeiten gesehen. Auswirkungen können sich dabei in allen grundlegenden Entwicklungsbereichen zeigen: Grob- und Feinmotorik, Wahrnehmungs- und Differenzierungsleistungen, Aufmerksamkeit, Entwicklung von Lernstrategien, Aneignung von Bildungsinhalten, Transferleistungen, sprachliches Handeln, Motivation, soziales Handeln, Aufbau von Selbstwertgefühl und realistischer Selbsteinschätzung. Dabei wird die Ursache der Lernprobleme nicht als allein im Kind liegend gesehen, sondern das soziokulturelle Umfeld und schulische Bedingungen werden gleichermaßen berücksichtigt (vgl. SVBL 1/2000, S. 11). Entwicklungs- und Lernstörungen werden hier miteinander vermischt.

Im übernächsten Abschnitt werde ich mich damit auseinandersetzen, wieso es für mich keine Priorität besitzt, eigene Aussagen über ein klare Trennung von Lern- und Entwicklungsstörungen zu treffen.

Viele Autoren listen an der Entwicklung der Raumwahrnehmung beteiligte Bereiche auf, in denen Störungen auftreten können:
- „im Bereich der Halte-, Stell- und Gleichgewichtsreaktionen
- im Bereich der okularen Mechanismen, der Augenkontrolle
- im Bereich der Entwicklung des Körperschemas und der Lateralisation
- im Bereich der Fein- und Grobmotorik
- im Bereich der Auge-Hand-Koordination
- im Bereich der Integration, Interpretation, Speicherung und Ausgabe sensorischer Informationen
- im Bereich der Figur-Grund-Wahrnehmung und der Formkonstanz
- im Bereich der Wahrnehmung von Raumlage und räumlichen Beziehungen" (vgl. BRAND/BREITENBACH/MAISEL 1997, S. 72).

Ähnliche Aufstellungen von an der Entwicklung der Zeitwahrnehmung beteiligten Bereichen, in denen Störungen auftreten können, sind mir nicht bekannt.

Der Zusammenhang von Störungen der Raumdimension und der Zeitdimension zeigt sich am deutlichsten im Begriff der Dyspraxie. „Kinder mit Dyspraxie können (...) zweckmäßige Bewegungsabfolgen nicht oder nur eingeschränkt durchführen. Die Planung der Handlungsabfolge ist gestört" (BRAND/BREITENBACH/MAISEL 1997, S. 74).

REMSCHMIDT unterteilt in die konstruktive Dyspraxie und die räumliche Dyspraxie. Die konstruktive Dyspraxie als Störung der gestaltenden Handlung geht meist mit einer Störung der räumlichen Orientierung, des Körperschemas und einer ungenügend ausgebildeten Lateralisation einher. Bei der räumlichen Dyspraxie kann die zeitliche Abfolge von Bewegungen, die räumliches Orientieren erfordern, nicht eingehalten werden. Des weiteren ist die Imitation von Bewegungsfolgen erschwert und das Körperschema ist nicht genügend ausgebildet (vgl. REMSCHMIDT in BRAND/BREITENBACH/MAISEL 1997, S. 75).

Weil sich die Raum- oder die Zeitwahrnehmung eines Kindes nicht direkt beobachten lässt, können wir nur aus seinem Verhalten in Zeit und Raum darauf schließen. So kann es sein, dass sich ein Kind mit Problemen in der Raumwahrnehmung in einer für ihn ungewohnten Umgebung ängstlich verhält oder dass uns ein Kind mit Problemen in der Zeitwahrnehmung auffällt, weil es beim Anziehen zuerst die Schuhe und dann die Socken anziehen will. Zudem können Störungen der Raum-Zeit-Dimension in Form von schulischen Problemen im Anfangsunterricht sichtbar werden.

Mir ist es an dieser Stelle jedoch nicht wichtig, bestimmte Störungsbilder der Raum- oder Zeitwahrnehmung zu definieren und voneinander abzugrenzen, um raum- oder zeitwahrnehmungsgestörte Kinder nach einer diagnostischen Phase klassifizieren zu können. Dies möchte ich im folgenden erläutern: Ich denke, dass es nicht meine Aufgabe sein kann und sie infolge des Paradigmenwechsels in der Behindertenpädagogik (vgl. EGGERT 1997, S. 57 ff.) auch nicht mehr sein darf, eine allgemeingültige Definition für den Typ des entwicklungsgestörten, den Typ des lerngestörten Kindes, den Typ des raumwahrnehmungsgestörten und den Typ des zeitwahrnehmungsgestörten Kindes zu formulieren oder diese Klassen exakt voneinander abzugrenzen, um dann einzelne Kinder bestimmten Bereichen zuzuordnen. Viel wichtiger ist die Beschreibung der individuellen Kompetenzen eines Kindes in seinen spezifischen Umweltbedingungen (Kind-Umfeld-Analyse).

Angesichts der Tatsache, dass man innerhalb der Entwicklungspsychologie inzwischen von einer lebenslangen Entwicklung des Individuums in seiner spezifischen Umwelt ausgeht, kann es während des ganzen Lebens zu Fortschritten oder Störungen in dieser Entwicklung kommen (vgl. EGGERT 1997, S. 62) und nicht nur während der Kindheit. Bei Lernstörungen denkt man zwar sofort an schulische Lernstörungen, die durch schlechte Zensuren quasi sichtbar gemacht werden, man darf aber nicht vergessen, dass Kinder nicht nur in der Schule, sondern auch zu Hause oder bei Freizeitaktivitäten lernen. Es können sowohl beim schulischen als auch beim außerschulischen Lernen Probleme auftreten, beide können aber auch unabhängig voneinander betroffen oder nicht betroffen sein. Zudem gibt es Kinder, die nur vorübergehende und solche, die dauernde Lernstörungen aufweisen (vgl. WARNOCK-Report in EGGERT 1997, S. 99). Schließlich gibt es Kinder, die in sämtlichen bzw. vielen schulischen Bereichen Lernstörungen aufweisen, und andere, die besondere Probleme nur im Rechnen, nur beim Lesen oder Schreiben oder nur in einem anderen Bereich haben, wobei mir hier kein Raum und keine Zeit bleibt, das Für und Wider von Begriffen wie 'MCD' oder 'Teilleistungsstörungen' zu diskutieren.

„Notwendig zum Erwerb der Kulturtechniken ist aber nicht nur das Zusammenwirken von bestimmten Hirnregionen und Funktionssystemen, sondern auch die Bereitschaft zu lernen und zu üben und schließlich auch das Verständnis dafür, warum Lesen und Schreiben sowie Rechnen gelernt werden sollen" (KARCH u.a. 1989, S. 81). Das Ursachengeflecht für Entwicklungs- oder Lernstörungen auch im Bereich der Raum-Zeit-Dimension kann sowohl aus individuell gelagerten als auch aus außerindividuellen Faktoren bestehen.

Es kann somit nicht mehr Ziel einer Diagnostik sein, Kinder aufgrund quantitativer Messungen oder eines Vergleichs mit fiktiven oder realen Vergleichsgruppen als entwicklungs- oder lerngestört einzustufen oder bestimmte Störungen im Bereich der Raum-Zeit-Dimension voneinander abzugrenzen, sondern die Zielsetzungen einer veränderten Diagnostik sind: „Individualisierung, von den Stärken eines Individuums ausgehen und individuelle Förderpläne erstellen" (EGGERT 2000, S. 31). Dabei ist wichtig, dass Diagnose und Förderung kompatibel sind, „d.h. sie sollen eine Einheit in einem gemeinsamen Prozess werden." (EGGERT 1997, S. 65).

Dies wird nach Ansicht von EGGERT auch im Wandel vom Sonderschulausleseverfahren hin zur Feststellung des sonderpädagogischen Förderbedarfs deutlich. Nicht mehr die Überweisung in eine bestimmte Sonderschule (Überprüfungsverfahren), sondern „die Beschreibung der besonderen individuellen Förderbedürfnisse einer(s) Schülerin (Schülers) aus der Kenntnis seiner individuellen Entwicklung in seinem Umfeld (Kind-Umfeld-Analyse) **und** die Planung und Durchführung von Maßnahmen zu ihrer/seiner Förderung im gemeinsamen Unterricht" (EGGERT 2000, S. 32) rücken in den Vordergrund. Ziel aller pädagogischen Bemühungen ist eine gemeinsame Schule für alle Kinder (Integration).

4.4.2 Psychomotorik als Möglichkeit zur Förderung der Raum-Zeit-Dimension

Aus verschiedenen Gründen erscheint es mir sinnvoll, den Aufbau räumlicher und zeitlicher Strukturen bei Kindern durch psychomotorische Förderung zu unterstützen.

Damit schließe ich mich der Meinung von BERTRAND an, der besonders den angemessenen und hochfrequenten Gebrauch räumlicher Begriffe, das kombinierte Erfahren räumlicher Strukturen durch die taktile und die visuelle Wahrnehmung sowie das Abschätzen zeitlicher Dauern durch rhythmische Spiele im Rahmen der Psychomotorik als förderlich für die Raum-Zeit-Entwicklung hält (vgl. BERTRAND 1997, S.291).

Denn zum einen gehört es zu den psychomotorischen Prinzipien, durchzuführende oder erfolgte Handlungen zu verbalisieren oder sprachlich zu begleiten. Diese Verbalisation psychomotorischer Aktivitäten ('Zuerst müssen wir eine Höhle bauen, dann können wir uns darin verstecken, und zum Schluss müssen wir die Materialien wieder wegräumen.') mittels zeitlicher und räumlicher Begriffe betont z.B. FROSTIG (vgl. FROSTIG 1984, S. 148-153).

Zum anderen ist es ein psychomotorischer Leitsatz, dass einzelne Übungen oder Sequenzen umso sinnvoller sind, je mehr Verbindungen hergestellt werden und die Wahrnehmungsprozesse dadurch gleichzeitig über verschiedene Kanäle laufen.

Je mehr Wahrnehmungsfelder im Gehirn beteiligt sind, desto mehr Assoziationsmöglichkeiten für ein tieferes Verständnis werden vorgefunden und desto größer werden sowohl die Aufmerksamkeit als auch die Lernmotivation (vgl. VESTER 1996).

Bei der Betrachtung der Planungsschritte psychomotorischer Förderung nach EGGERT, zu denen er u.a. das Erfahren des eigenen Körpers, die Orientierung im Raum und den Erwerb eines zeitlichen Rasters zählt (vgl. EGGERT 2000, S. 27), werden Parallelen zur raum-zeitlichen Entwicklung deutlich. EGGERT begründet das Lernen durch Bewegung und damit die psychomotorische Förderung so: „Besondere Bedeutung für die kognitive Entwicklung des Kindes hat der Aufbau räumlicher und zeitlicher Strukturen aus symbolisierten motorischen Handlungen, denn über deren Organisation und Strukturierung entwickelt sich die Fähigkeit des Kindes, sich intelligent mit seiner Umwelt auseinanderzusetzen und die räumliche und zeitliche Strukturierung seines individuellen Universums zu erleben ..." (EGGERT 1998, S. 23).

ROST betont die Bedeutung von Eigenverantwortlichkeit und Initiative für die Raumvorstellungsleistung (vgl. ROST 1977, S. 28), beides Grundsätze die in der Psychomotorik eine entscheidende Berücksichtigung finden.

BREUER/WEUFFEN weisen auf den hohen Stellenwert motorisch koordinativer Elemente insbesondere bei der Förderung lese-rechtschreibschwacher Kinder hin. Melodisch-rhythmisch-motorische Anregungen sind für sie Kernbestand jeder sprachlichen und damit intellektuellen Frühförderung (vgl. BREUER/WEUFFEN 1993, S. 34).

FUNKE-WIENKE stellt zur pädagogischen Bedeutung und bewegungsorientierten Förderung der Körpererfahrung im Kindesalter fest: „Zusammenfassend kann gesagt werden, dass unsere Bemühungen um die Bewegungserziehung durch die in der Körpererfahrung sich vorausbildende Grundlegung von Raum und Zeit, (...) belangvoll fundiert werden" (FUNKE-WIENKE 1993, S. 35).

Das Alltagsleben, auch von Kindern, „findet vermehrt an verstreuten Spezialorten und zu vorab fixierten Zeiten statt und weniger in räumlich zusammenhängenden und zeitlich offenen Gegebenheiten" (ZEIHER/ZEIHER 1993, S. 389).

Daher erscheint es sinnvoll, Kindern im Rahmen der Psychomotorik raum-zeitliche Erfahrungen zu ermöglichen, die ihnen in der heutigen Gesellschaft ansonsten verwehrt bleiben.

Sicherlich ist die Psychomotorik nicht die einzige Möglichkeit, raum-zeitliche Strukturen bei Kindern aufzubauen und zu festigen, aber ich halte sie, ohne auf andere Fördermöglichkeiten eingehen zu wollen, für einen theoretisch begründeten und praktikablen Weg.

Literatur

AEBLI, H.: Denken: das Ordnen des Tuns. Stuttgart: Klett 1980.

AFFOLTER, F.: Wahrnehmung, Wirklichkeit und Sprache. Villingen-Schwenningen: Neckar-Verlag 1987.

AYRES, A. J.: Bausteine der kindlichen Entwicklung. 2. Aufl. Berlin: Springer 1992.

BERTRAND, L.: Das Verständnis raum-zeitlicher Begriffe beim 5- und 6jährigen Kind und ihre Bedeutung für die schulische Leistung. Dissertation, Universität Hannover, FB Erz. Wiss. I, 1997.

BIELEFELD, J.: Körpererfahrung. Göttingen: Hogrefe 1986.

BRAND/BREITENBACH/MAISEL: Integrationsstörungen. 6. Aufl. Würzburg: Ed. Bentheim 1997.

BREUER, H./WEUFFEN, M.: Lernschwierigkeiten am Schulanfang. Weinheim; Basel: Beltz 1993.

BROCKHAUS-DIE ENZYKLOPÄDIE: in 24 Bänden. 20. Aufl. Leipzig; Mannheim: Brockhaus 1998.

BRÜGELMANN, H.: Die Schrift entdecken. 2. Aufl. Konstanz: Faude 1986.

CAMPENHAUSEN VON, C.: Die Sinne des Menschen. 2. Aufl. Stuttgart, New York: Thieme 1993.

DEHN, M.: Zeit für die Schrift. Bochum: Kamp 1988.

EGGERT, D./PETER, T.: DIAS. Dortmund: borgmann publishing 1992.

EGGERT, D.: DMB. 2. Aufl. Dortmund: borgmann publishing 1996.

EGGERT, D.: Von den Stärken ausgehen... 2. Aufl. Dortmund: borgmann publishing 1997.

EGGERT, D.: Theorie und Praxis der psychomotorischen Förderung. 3. Aufl. Dortmund: borgmann publishing 1998.

EGGERT, D./WEGNER-BLESIN, N.: DITKA. Dortmund: borgmann publishing 2000.

FRAISSE, P.: Psychologie der Zeit. München; Basel: E. Reinhardt 1985.

FRAISSE, P.: Zeitwahrnehmung und Zeitschätzung. In: GOTTSCHALDT u.a.: Handbuch der Psychologie. 1. Band. Göttingen: 1966, S. 656 – 690.

FROSTIG, M.: Bewegungserziehung. 4. Aufl. München; Basel: E. Reinhardt 1985.

FROSTIG, M./MASLOW, P.: Lernprobleme in der Schule. Stuttgart: Hippokrates 1978.

FRÖHLICH, A. (Hrsg.): Wahrnehmungsstörungen und Wahrnehmungsförderung. 6. Aufl. Heidelberg: Edition Schindele 1989.

FUNKE-WIENKE, J.: Die pädagogische Bedeutung der Körpererfahrung im Kindesalter. In: Die Grundschulzeitschrift, Stuttgartt, 7.Jg. Heft 70 (12/1993), S. 32-35.

GUSKI, R.: Wahrnehmung: eine Einführung in die Psychologie der menschlichen Informationsaufnahme. Stuttgart; Berlin; Köln: Kohlhammer 1989.

HEIMANN, R.: Der Rhythmus und seine Bedeutung für die Heilpädagogik. Stuttgart: Urachhaus 1989.

ISB=STAATSINSTITUT FÜR SCHULPÄDAGOGIK UND BILDUNGSFORSCHUNG MÜNCHEN (Hrsg.): Erstrechnen. 1986.

JETTER, K.: Leben und Arbeiten mit behinderten und gefährdeten Säuglingen und Kleinkindern. 4. Aufl. Stadthagen: Bernhardt-Pätzold 1988.

KARCH u.a.: Normale und gestörte Entwicklung. Berlin: Springer 1989.

KEPHART, N. C.: Das lernbehinderte Kind im Unterricht. München; Basel: E. Reinhardt 1977.

KESPER, G./HOTTINGER, C.: Mototherapie bei sensorischen Integrationsstörungen. 3. Aufl. München; Basel: E. Reinhardt 1994.

KÖCKENBERGER, H.: Bewegtes Lernen. 3. Aufl. Dortmund: borgmann publishing 1999.

KRECH, D./CRUTCHFIELD, R. S.: Wahrnehmungspsychologie. Weinheim; Basel: Beltz 1985.

LORENZ, J. H./RADATZ, H.: Handbuch des Förderns im Mathematikunterricht. Hannover: Schroedel 1993.

MEIERS, K.: Anfangsunterricht im Lesen und Schreiben. In: WOLFRUM/LANGE (Hrsg.): Taschenbuch des Deutschunterrichts. 5. Aufl. Baltmannsweiler: Schneider 1994. S. 173-201.

MILZ, I.: Rechenschwächen erkennen und behandeln. 4. Aufl. Dortmund: borgmann publishing 1997.

OERTER, R.: Moderne Entwicklungspsychologie. 20. Aufl. Donauwörth: Auer 1984.

PIAGET, J.: Die Genese der Zahl beim Kind. In: PIAGET u.a.: Rechenunterricht und Zahlbegriff. Braunschweig: Westermann 1964, S. 50 – 72.

PIAGET, J./INHELDER, B.: Die Entwicklung des räumlichen Denkens beim Kinde. 1. Aufl. Stuttgart: Klett 1971.

PIAGET, J./INHELDER, B.: Die Psychologie des Kindes. Olten und Freiburg im Breisgau: Walter 1972.

PIAGET, J.: Die Bildung des Zeitbegriffs beim Kinde. Stuttgart: Klett 1980.

PÖPPEL, E.: Grenzen des Bewußtseins. Stuttgart: Deutsche Verlags-Anstalt 1985.

RADATZ, H./RICKMEYER, K.: Handbuch für den Geometrieunterricht an Grundschulen. Hannover: Schroedel 1991.

RADATZ, H./SCHIPPER, W.: Handbuch für den Mathematikunterricht an Grundschulen. Hannover: Schroedel 1983.

RADATZ, H. u.a.: Handbuch für den Mathematikunterricht. 1. Schuljahr. Hannover: Schroedel 1996.

ROST, D. H.: Raumvorstellung. Weinheim; Basel: Beltz 1977.

RRL=Niedersächsischer Kultusminister (Hrsg.): RAHMENRICHTLINIEN für die Schule für Lernbehinderte -Deutsch-. Hannover: Schroedel 1987.

RRL=Niedersächsischer Kultusminister (Hrsg.): RAHMENRICHTLINIEN für die Schule für Lernbehinderte -Mathematik-. Hannover: Schroedel 1992.

SASSENROTH, M.: Schriftspracherwerb. Bern; Stuttgart: Haupt 1991.

SCHAUB, H.: Die Vielheit der Zeiten im Leben des Kindes. In: Grundschule, Braunschweig 30. Jg. (11/1998), S. 8/9.

SCHEERER-NEUMANN, G.: Schriftspracherwerb: „The State of the Art" aus psychologischer Sicht. In: HUBER u.a. (Hrsg.): Einblicke in Schriftspracherwerb. Braunschweig 1998. S. 31-46.

SCHERLER, K.: Sensomotorische Entwicklung und materiale Erfahrung. 2. Aufl. Schorndorf: Hofmann 1979.

SCHORCH, G.: Kind und Zeit. Bad Heilbrunn/Obb.: Klinkhardt 1982.

SVBL=Niedersächsisches Kultusministerium (Hrsg.): SCHULVERWALTUNGS-BLATT für Niedersachsen: Empfehlungen zum Förderschwerpunkt Lernen. Hannover: Hahnsche Buchhandlung 52. Jg. (1/2000), S. 10-17.

SPIES, S.: Entwicklung des Zeitbegriffs im kulturellen Lebenskontext. Hamburg: Kovac 1996.

TEWES, C.: Lesen-, Schreiben-, Rechnenlernen durch psychomotorische Förderung der raum-zeitlichen Entwicklung. Universität Hannover, FB Erz. Wiss. I, 1999. (Unveröffentlichte Examensarbeit)

TOPSCH, W.: Lesen lernen und Lesen lehren. Kurs 3973 der Fernuniversität Hagen 1984.

VESTER, F.: Denken, Lernen, Vergessen. 23. Aufl. München: Dt. Taschenbuch Verl. 1996.

WEMBER, F. B.: Mathematik lehren und Mathematik lernen. In: BAUDISCH/ SCHMETZ (Hrsg.): Sonderpädagogische Beiträge. Band IV. Frankfurt a.M.: 1996. S. 11-44.

WERNER, B.: Rechenschwäche oder nicht geförderte Fähigkeiten. In: Zeitschrift für Heilpädagogik (10/1999), S. 471-475.

ZEIHER, H. J./ZEIHER, H.: Organisation von Raum und Zeit im Kinderalltag. In: MARKEFKA/NAUCK (Hrsg.): Handbuch der Kindheitsforschung. Neuwied: Luchterhand 1993. S. 389-401.

II Praktischer Teil

Praxis der Arbeit mit dem Raum-Zeit-Inventar

Nicola Wegner-Blesin

Einleitung

Der folgende Praxisteil stellt den konkreten Umgang mit dem Raum-Zeit-Inventar RZI vor:

Dazu wird zunächst in Anlehnung an die Diagnostischen Inventare auditiver Alltagshandlungen (EGGERT/ PETER 1992) und taktil-kinästhetischer Alltagshandlungen (EGGERT/ WEGNER-BLESIN 2000) **ein entwicklungspsychologisches Handlungsmodell der Raum-Zeit-Dimension** entworfen (DEEKEN). Es stellt ein Verbindungsglied dar zwischen der Theorie (vgl. DEEKEN: „Die Bedeutung der Raum-Zeit-Dimension für die Entwicklung und die Schulleistung bei lern- und entwicklungsgestörten Kindern") und der Praxis. Es ist Grundlage für die Entwicklung der Aufgabenbögen zu den Kernaufgaben und den Beobachtungssituationen des Inventars (WEGNER-BLESIN).

Aus dem Handlungsmodell heraus wird noch einmal in Form einer **Übersicht** erinnert,

- warum die einzelnen Wahrnehmungsbereiche Raum, Zeit und Raum-Zeit so bedeutungsvoll in der Entwicklung eines Kindes sind (DEEKEN),
- woran man eine verzögerte Entwicklung erkennen kann (WEGNER-BLESIN) und
- wie man fördern kann (WEGNER-BLESIN). Dieser letzte Punkt ist entsprechend des Handlungsmodells gegliedert und ebenso dem Prinzip des nächsten Entwicklungsschrittes verpflichtet. Er nimmt direkten Bezug auf die Kernaufgaben und Beobachtungssituationen des Inventars (siehe Anhang).

Abschließend wird der **praktische Umgang mit dem Raum-Zeit-Inventar RZI** beschrieben (WEGNER-BLESIN):

Allgemeinen *Hinweisen zur Aufgabensammlung mit Kernaufgaben und Beobachtungssituationen* (u.a. Aufbau und Anwendung der Aufgaben, Möglichkeiten von Auswertung und Interpretation) folgt die Vorstellung der *Prozessbegleitenden Strukturierungshilfe (PSH)*. Sie dient als Hilfe und Orientierung, Förder- und Beobachtungssequenzen entsprechend den Anforderungen des RZI zu planen, zu strukturieren und zu verschriftlichen. Der *Fragenkatalog* ergänzt die Aufgabensammlung. Darüber hinaus gibt er Anregungen für ein Gespräch mit Eltern, Erziehern und Lehren, um sich ein möglichst differenziertes Bild vom Kind zu machen.

Die gesammelten Informationen sollten in einem ***Förderplan*** zusammengefasst werden. Dazu stellen wir einen Übersichtsplan vor, der den Ablauf von der Eingangsdiagnose bis zu Förderung zeigt und der bei der Erstellung eines Förderplans helfen soll.

Im **Anhang** befinden sich (A) die Aufgabensammlung mit Kernaufgaben und Beobachtungsituationen sowie (B) Beispiele zu Beobachtungs- und Fördersequenzen zu verschiedenen Bereichen. Auch (C) der Fragenkatalog ist hier zu finden.

1. Handlungsmodelle der Raum-Zeit-Dimension

1.1 Zu den Funktionen entwicklungspsychologischer Handlungsmodelle

Zunächst soll kurz ausgeführt werden, was ein entwicklungspsychologisches Handlungsmodell der Wahrnehmungsentwicklung überhaupt ist und welche Funktionen es erfüllen kann.

Einzelne Wahrnehmungsfähigkeiten, die nur aus Gründen der besseren Untersuchbarkeit oder differenzierterer Beschreibungsmöglichkeiten aus dem Gesamtkomplex der kindlichen Fähigkeiten herausgelöst werden sollten, sind keine isolierten Phänomene, ihre Förderung sollte deshalb innerhalb eines ganzheitlichen Konzepts stattfinden. „Die Gesamtpersönlichkeit eines Menschen lässt sich weder zu Diagnose- noch zu Förderzwecken in einzelne unabhängige Bereiche zergliedern, die isoliert und unabhängig voneinander betrachtet werden können. Für die Planung konkreter Fördersituationen ist es jedoch zweckmäßig, analytische Einzelschritte in abhängigen Bereichen vorzunehmen, wobei die ganzheitliche Gesamtsicht in der Kenntnis der Abhängigkeit gesehen werden muss" (EGGERT 1996, S. 35/36).

Auch im Rahmen einer ganzheitlichen Förderung, die die komplexen Verflechtungen zwischen unterschiedlichen Wahrnehmungsfähigkeiten, kognitive Leistungen, die Motorik und andere Aspekte der Persönlichkeit in der kindlichen Entwicklung gleichermaßen berücksichtigt, kann es dennoch nicht das Ziel der Bemühungen sein, dem Kind ein Maximum möglichst verschiedener Reize anzubieten oder auf momentane Impulse des Kindes nur mit persönlicher Anteilnahme zu reagieren. Eine gute Förderung besteht darin, das Förderangebot auf die Zone der aktuellen Entwicklung und die angestrebte nächste Zone der Entwicklung abzustimmen. Daher ist eine diagnostische Tätigkeit als spezielle Orientierungshandlung notwendig, um die Förderung entsprechend akzentuieren zu können.

Dabei spiegelt sich die Wahrnehmungsfähigkeit eines Kindes nur in seiner Handlung als Ganzes wieder, die Wahrnehmung ist untrennbar mit den kindlichen Handlungen verknüpft: „Unser einziger Zugang zur wahrgenommenen Welt der Kinder ist ihr Handeln. Ihrem Handeln können wir entnehmen, welche wahrnehmbaren Situationsbedingungen sie berücksichtigen, und worauf sie vielleicht besonderes Augenmerk legen" (JETTER 1984, S. 22). Daher sollte es ein Diagnostikum ermöglichen, Kinder mit Situationen verschiedener Komplexität zu konfrontieren, um aus ihren Handlungen mögliche Rückschlüsse auf ihre Wahrnehmungsfähigkeiten im Rahmen ihrer Handlungskompetenz zu ziehen.

Diesen förderdiagnostischen Anforderungen kann ein entwicklungspsychologisches Handlungsmodell genügen. Bisher sind von EGGERT u.a. deren zwei entwickelt worden, die sich auf die auditive (vgl. EGGERT 1992) und auf die taktil-kinästhetische Wahrnehmung (vgl. EGGERT/WEGNER-BLESIN 2000) beziehen. Beiden entwicklungspsychologischen Modellen liegt die Annahme zugrunde, dass ein Kind bei einer ungestörten Entwicklung zur höchsten Stufe der Wahrnehmungstätigkeit gelangt und die darunter liegenden Stufen und Komplexitätsgrade dabei problemlos durchlaufen konnte. Durch individuelle Funktionsstörungen oder Erfahrungsdefizite erklärbare Entwicklungsstörungen entsprechen demnach Problemen auf bestimmten Entwicklungsstufen und Komplexitätsgraden. Diese können anhand eines Diagnostischen Inventars erfasst und interpretiert werden. Aus beobachteten diagnostischen Situationen können dann auf der Basis des dynamischen Handlungsmodells strukturierte Fördervorschläge abgeleitet werden. Dabei kann die mit Hilfe des Diagnosematerials innerhalb des Modells lokalisierte Störung natürlich nicht durch einen programmierbaren Förderablauf beseitigt werden, weil von einer ganzheitlichen Entwicklungsförderung ausgegangen wird. Jedes Therapieziel muss in das Gesamt der kindlichen Wahrnehmungen und Handlungen integriert sein.

In den Modellen wird sowohl zwischen verschiedenen Komplexitätsgraden der Reize (Hierarchie der Reizsituationen) als auch zwischen verschiedenen Entwicklungsstufen der Wahrnehmungstätigkeiten (Hierarchie der Wahrnehmungstätigkeiten: Differenzierung, Lokalisation, Strukturierung) unterschieden. Diese Entwicklungsstufen wiederum werden unterteilt in zwei Strukturstufen, die die Wahrnehmungstätigkeiten des Erkennens, des Unterscheidens und der Figur-Grund-Wahrnehmung umfassen.

1.2 Die Handlungsmodelle der Raum-Zeit-Dimension

Ausgehend von einer vergleichenden Analyse der Ansätze zur raumzeitlichen Entwicklung einer Vielzahl von Fachautoren soll nun ein Handlungsmodell der Raum-Zeit-Dimension entworfen werden. Dies soll die Reihe der beiden eben erwähnten entwicklungspsychologischen Handlungsmodelle fortsetzen. Ich wage diesen Versuch, obwohl es mir schwierig erscheint, die komplexe Raum-Zeit-Entwicklung, an der viele Wahrnehmungssysteme beteiligt sind, analog zur Entwicklung eines (auditive Wahrnehmung) oder zweier Wahrnehmungssysteme (taktil-kinästhetische Wahrnehmung) innerhalb eines Modells darzustellen. Dennoch halte ich es für unabdingbar, auch für die Förderung der Raum-Zeit-Dimension auf eine theoretische Grundlage zurückzugreifen, um die Zone der aktuellen und nächsten Entwicklung bestimmen zu können. Dabei werde ich, wie ich es auch bisher während meiner Ausführungen gehandhabt habe, so vorgehen, dass ich die Raum- erst künstlich von der Zeit-Dimension trenne, um sie dann wieder in einem Modell zusammenzuführen.

Ich denke, dass zunächst ein separates Modell für die Zeit- und eines für die Raum-Dimension nötig ist, damit es überschaubar bleibt und man den spezifischen Entwicklungsschritten der jeweiligen Dimension gerecht werden kann. Ich möchte jedoch betonen, dass kein Modell völlig isoliert von den anderen gesehen werden darf.

Ich übernehme aus den bereits existierenden Handlungsmodellen die Entwicklungsstufen der Differenzierung und der Strukturierung. Somit verstehe ich die kognitive Entwicklung eines Kindes mit PIAGET als zunehmende Differenzierung und Strukturierung von Erfahrungen durch den aktiven Austausch eines Kindes mit der materialen und personalen Umwelt. Zur Differenzierung gehören die Wahrnehmungstätigkeiten (=Strukturstufen) des Erkennens und des Unterscheidens, die Voraussetzungen für die Figur-Grund-Unterscheidung sind. Unter Strukturierung fasse ich das Herstellen von Zusammenhängen und die Memorisation. Die (raum-zeitliche) Lokalisation fällt logischerweise weg, weil es im neuen Handlungsmodell ja eben um diese Raum-Zeit-Dimension geht.

Mir ist bewusst, dass der diagnostische Prozess nicht einfacher sein kann als das vielschichtige, individuelle Handeln eines Kindes in seiner Umwelt. Trotzdem sollte ein Modell eine gewisse Überschaubarkeit besitzen, um die praktische Umsetzung nicht zu gefährden.

Handlungsmodell der Raum-Dimension:

	Wahrnehmungstätigkeit		
Entwicklungsstufen der Wahrnehmung			
Strukturierung ↑	Zusammenhänge herstellen / Memorisieren		
Differenzierung ↑	erkennen / unterscheiden / Figur-Grund		
	Komplexitätsgrade →		
	taktile, kinästhetische, vestibuläre Wahrnehmung	Lateralität	Raumkoordinaten	Raumvorstellung
	Körperraum		außerkörperlicher Raum	

Handlungsmodell der Zeit-Dimension:

Entwicklungsstufen der Wahrnehmung	**Wahrnehmungstätigkeit**		
Strukturierung ↑	Zusammenhänge herstellen / Memorisieren		
Differenzierung ↑	erkennen / unterscheiden / Figur-Grund		
	Komplexitätsgrade →		
	Ordnung	Dauer	Rhythmus
	Zeithorizont		

Handlungsmodell der Raum-Zeit-Dimension:

Entwicklungsstufen der Wahrnehmung	**Wahrnehmungstätigkeit**	
Strukturierung ↑	Zusammenhänge herstellen / Memorisation	
Differenzierung ↑	erkennen / unterscheiden / Figur-Grund	
	Komplexitätsgrade →	
	Körperorientierung	Praxie

188

2. Bedeutung, verzögerte Entwicklung und Förderung einzelner Wahrnehmungsbereiche

Ausgehend von dem erwähnten engen Zusammenhang von Bedeutung, Störung und Förderung sei eine erklärende Übersicht nachgestellt, die noch einmal die wesentlichen Begriffe der räumlichen und zeitlichen Entwicklung aufgreift und die versucht, die direkten Zusammenhänge so weit wie möglich deutlich zu machen.

Warum ... so bedeutungsvoll ist

Stichwortartig wird an die Bedeutung der einzelnen Wahrnehmungsbereiche für die kindliche Entwicklung erinnert. Welcher Zuständigkeitsbereich ist gegeben, was wird ermöglicht. Die Zusammenhänge der einzelnen Wahrnehmungsbereiche werden kurz aufgezeigt (DEEKEN).

Woran man eine verzögerte Entwicklung erkennen kann

Verzögerungen der Entwicklung in den Wahrnehmungsbereichen können nach Außen hin, d.h. im Handeln des Kindes erkennbare Anzeichen haben. Mögliche Anzeichen sind hier aufgeführt, nicht alle müssen gegeben sein, wenn eine Störung der Wahrnehmung vorliegt. Auch können andere Ursachen als eine Wahrnehmungsstörung vorliegen. Daher ist es von Bedeutung, eben diese anderen Ursachen auszuschließen.

Häufig können zwei extreme Verhaltensweisen immer wieder beobachtet werden, die für eine erfolgreiche Förderung genau identifiziert werden müssen: einerseits die Suche nach Reizen (Hyposensibilität), andererseits die Vermeidung von Reizen (Hypersensibilität). Beides führt dazu, dass die Kinder unkonzentriert und desinteressiert wirken, da sie ständig damit beschäftigt sind, Reize zu suchen oder zu vermeiden.

Der Anwender des RZI ist aufgefordert, höchst sensibel in der Beschreibung des Kindes vorzugehen (vgl. auch Fragenkatalog):

Die Beschreibung seiner Stärken sollte Ausgangspunkt sein, seine besonderen Fähig- und Fertigkeiten in den Blickpunkt gerückt werden; dann erst sollten die Bereiche der Entwicklung beschrieben werden, in denen das Kind einen möglichen Förderbedarf hat und noch Unterstützung braucht.

Die Auflistung möglicher Anzeichen darf nicht missverstanden werden als ein Entwurf *des* raum- bzw. zeitwahrnehmungsgestörten Kindes, sie ist nicht allgemeingültige Definition für einen Typ Kind, die uns vorgaukelt, man könnte eine Schublade mit dem Etikett „wahrnehmungsgestört" aufziehen und das Kind hineinstecken. Dieses würde unserem Anspruch „von den Stärken ausgehen", entsprungen dem Paradigmenwechsel in der Behindertenpädagogik, widersprechen.

Daher wurde für die Beschreibung auch die vorsichtige Formulierung gewählt „mögliche Anzeichen *könnten* sein": sie können, müssen aber nicht. Die Vorstellung der möglichen Anzeichen soll nur zeigen, wie weitreichend sich Störungen der Raum-Zeit-Entwicklung auswirken können; sie soll lediglich Anhaltspunkte geben.
Und nicht zwangsläufig haben die aufgeführten Anzeichen ihren Ursprung in einer gestörten Raum- bzw. Zeitwahrnehmung. Dieses führt uns wieder zu dem Anspruch einer ganzheitlichen, systemischen Betrachtungsweise des Kindes.

Bei der Beschreibung der möglichen Anzeichen fand in einigen Bereichen eine Orientierung am Diagnostischen Inventar taktil-kinästhetischer Alltagshandlungen (EGGERT/ WEGNER-BLESIN 2000) statt, das sich neben der Entwicklung der taktil-kinästhetischen Wahrnehmung auch mit der Entwicklung der Körperorientierung und der Praxie – zentralen Punkten in der Entwicklung der Raum-Zeit-Wahrnehmung – beschäftigt.
Auswirkungen, die Störungen in den einzelnen Bereichen der Raum-Zeit-Wahrnehmung haben auf den Schriftspracherwerb und die Entwicklung des mathematischen Denkens wurden mit aufgeführt.

Wie man fördern kann

Förderung sollte ablaufen nach dem Prinzip des nächsten Entwicklungsschrittes. Diese Schritte kann man grob mit Hilfe des Handlungsmodells festlegen:

Nach einer Eingangsdiagnose mittels der Kernaufgaben kann ich feststellen, auf welcher Entwicklungsstufe sich das Kind z.Z. befindet und welches die nächste Stufe ist.

In der vorliegenden Übersicht wurden den Fördervorschlägen zu den einzelnen Entwicklungsbereichen der Raum-Zeit-Wahrnehmung die Kurzkennzeichnungen der Kernaufgaben und Beobachtungssituationen des RZI zugeordnet. Darüber hinaus können vertiefende Fördervorschläge für den Bereich der Körperorientierung und der Praxie im DITKA gefunden werden.

Es ist davon auszugehen, dass sich eine Förderung in den „Basisfaktoren" der Raum-Zeit-Wahrnehmung auch auswirkt auf die Bereiche „Schriftspracherwerb" und „Entwicklung des mathematischen Denkens", sofern Probleme dort zurückzuführen sind auf eine verzögerte Entwicklung der Raum-Zeit-Dimension.

Übersicht über Bedeutung, verzögerte Entwicklung und Förderung der Entwicklung der Raum- und Zeit-Dimension

Übersicht über Bedeutung, verzögerte Entwicklung und Förderung der Entwicklung der Raum- und Zeit-Dimension

Warum die **Raumdimension** so bedeutungsvoll ist	Woran man eine **verzögerte Entwicklung** erkennen kann	Wie man **fördern** kann
Die Entwicklung der räumlichen Dimension vollzieht sich parallel in zwei unterschiedlichen Bereichen, im außerkörperlichen Raum, der in einen Nah- und Fernraum unterteilt wird, und im Körperraum. Dabei sehe ich den Körperraum als das Primäre an, weil ein Säugling zunächst in enger Verschmelzung mit dem außerkörperlichen Raum lebt und die Welt des Kindes zunächst als eine des erlebten, auf sich selbst bezogenen Körpers zu bezeichnen ist. Der **Körperraum** baut sich aus den grundlegenden Wahrnehmungssystemen (taktil, kinästhetisch, vestibulär) auf, zudem spielt die interozeptive Wahrnehmung eine Rolle. Das *taktile* System grenzt den Körper-	Grob gesagt können in folgenden Bereichen aufgrund des engen Zusammenhanges zur Entwicklung der Raumwahrnehmung Störungen auftreten (nach BRAND/ BREITENBACH/ MAISEL 1997): ➡ Halte-, Stell- und Gleichgewichtsreaktionen ➡ Augenkontrolle/ okulare Mechanismen ➡ Entwicklung des Körperschemas und der Lateralisation ➡ Fein– und Grobmotorik ➡ Integration, Interpretation, Speicherung und Ausgabe sensorischer Informationen ➡ Figur-Grund-Wahrnehmung und Raumkonstanz ➡ Wahrnehmung von Raumlage und räumlichen Beziehungen Im einzelnen kann sich eine verzögerte Entwicklung wie folgt auswirken: -- **Körperraum:** ohne festes Körperschema => keine klare räumliche Struktur, da der dreidimensionale Raum mit und am eigenen Körper erlebt wird .... *mögliche Anzeichen im Bereich der **vestibulären Wahrnehmung** könnten sein:* *bei Übermpfindlichkeit:* ➡ Vermeidung von rechts-links-Veränderungen	*im Bereich der* ***vestibulären Wahrnehmung*** ➢ Erleben der verschiedenen Körperrichtungen: - Körper-Längsachse *auf dem Boden liegend rollen* - Körper-Querachse Purzelbäume

raum vom außerkörperlichen Raum ab, das **kinästhetische** System ermöglicht überhaupt erst das Erleben des eigenen Körpers, und das **vestibuläre** System befindet sich in ständiger Auseinandersetzung mit der Schwerkraft, durch die die objektiven Raumkoordinaten oben-unten determiniert sind. Zunächst nehmen Kinder den außerkörperlichen Raum, der mit dem kindlichen Handlungsraum gleichgesetzt werden kann, jedoch topologisch wahr. Dann erst wird das eigene Körperschema in räumliche Anhaltspunkte projiziert, d.h. mit LEBOULCH, daß Projektionen und Koordinatensysteme vom eigenen Körper abgeleitet werden. Die **Lateralität**, die sich von symmetrischen Bewegungen, über die Bilateralintegration, das Überkreuzen der Körpermittellinie und die Dominanz hin zur Links-Rechts-Unterscheidung entwickelt, ist bedeutsam für die **Raumkoordinaten** links und rechts. Die Festigung der Links-Rechts-	➡ Suche nach dem Gleichgewicht, z.B. erkennbar an Rudern mit den Armen oder Zehenspitzengang
	➡ heftige Reaktionen bei zufälliger Berührung durch andere
	➡ Vermeidung bestimmter Dinge
	➡ Selbstunterforderung, mangelndes Vertrauen in eigene Fähigkeiten
	➡ schnelles Vergessen und häufiges Nachfragen bei Ansprache
	➡ Vermeidung von Turn- und Spielgeräten im Sport und auf dem Spielplatz
	➡ Weinerlichkeit (eher bei Mädchen) oder Herumkaspern (eher bei Jungen)
	
	bei Unterempfindlichkeit:
	➡ Suche nach ständiger Stimulation bei gesenkter Reizschwelle (scheinbare „Hyperaktivität")
	➡ Bewegungsunruhe, nicht abwarten können
	➡ Unruhe nach Pausen in der Schule
	➡ Anstoßen anderer Kinder beim In-der-Reihe-Stehen
	
	....
	
	mögliche Anzeichen im Bereich der **kinästhetischen Wahrnehmung** *könnten sein:*
	
	➡ Rangeleien mit anderen Kindern, da sie unabsichtlich angestoßen werden
	➡ Bewegungen können nicht plötzlich gestoppt werden
	➡ Vermeidung der Veränderung der aufrechten Position
	➡ erschwertes unbewusstes Ausgleichen der Position bei Untergrundsveränderungen
	➡ Orientierungsschwierigkeiten, auch in bekannter Umgebung
	➡ Strecken und Entfernungen werden falsch eingeschätzt
		➢ Erleben der verschiedenen Raumrichtungen
		  - vor und zurück
		    Schaukeln, Rollbrett fahren
		  - hoch und runter
		    Trampolin springen
		  - im Kreis herum
		    Karussell fahren, Therapiekreisel
		
		➢ Balanciersicherheit auf verschiedenen Untergründen
		  Weichbodenmatten, Sand, im Bus
		
		....
		
		im Bereich der **kinästhetischen Wahrnehmung**
		
		➢ Erkennen und Unterscheiden von Körperteilen
		  D_{R1}, D_{R2}, D_{R3}
		
		➢ Erleben von Spannung und Entspannung
		
		gezieltes Bewegen einzelner Körperteile
		➢ der Finger zur Verbesserung der Geschicklichkeit, der Graphomotorik, Stifthaltung und –führung, Kraftdosierung
		  D_{R1}
		➢ des Gesichtes
		  S_{R3}

Orientierung ist erst im Schulalter abgeschlossen. Die Vorne-Dimension des Raumes entwickelt sich vor der Hinten-Dimension, weil erstere unserem Blickfeld und unserer gängigen Bewegungsrichtung entspricht. Nachdem Kinder den außerkörperlichen Raum vom eigenen Körper ausgehend entwickelt haben, ist es ihnen möglich, die Raumlage und schließlich die Abstände von Objekten und anderen Personen zu sich selbst zu ermitteln. Eine Orientierung im Raum ist möglich, wobei der eigene Körper der zentrale Bezugspunkt bleibt. Erst danach, so LEBOULCH, kann das Kind seinen Körper auf den eigenen Standpunkt fixieren, sich gedanklich an einen anderen Ort begeben und von dort her räumliche Vorstellungen entwickeln. Das Kind lernt andere Bezugspunkte als den eigenen Körper anzuwenden. Die bisher immer auf den eigenen Körper bezogenen räumlichen Begriffe können nun unabhängig von diesem gesehen, verstanden

➡ Ordnung schaffen und Ordnung halten fallen schwer

➡ Vermeidung komplizierter und auf dem Rücken zu schließender Kleidungsstücke

➡ missverständliche nonverbale Kommunikationszeichen (Gestik, Mimik, Haltung)

➡ feinmotorische Probleme aufgrund undifferenzierter Fingerbewegungen

➡ Formwahrnehmung und –erkennung mit beiden Händen gleichzeitig ist erschwert

➡ Kraftdosierung und Bewegungssteuerung sind nicht adäquat

➡ langsame Arbeitsweise

....

*mögliche Anzeichen im Bereich der **taktilen Wahrnehmung** könnten sein:*

➡ Abwehr- oder Fluchtverhalten bei Annäherung, besonders von hinten, auch verbal

➡ plötzliche und scheinbar unerklärliche Wutausbrüche, besonders in Gruppensituationen; aggressives Verhalten

➡ *oder* weinerliches, ängstliches Verhalten, da das Kind sich bedroht fühlt

➡ fehlende Befriedigung durch Schmusen, Bevorzugung von festen Berührungen

➡ *oder* bereits leichte Berührungen werden als schmerzhaft empfunden,

➡ auch die Berührung von Kleidung auf der Haut, eine Bewegungsunruhe entsteht

➡ bestimmte Materialien werden vermieden, andere wiederum bevorzugt, ihre Berührung befriedigt und beruhigt

➡ bestimmte Speisen oder Getränke werden abgelehnt wegen ihrer

➢ Memorisation einer Körperhaltung

Orientierung im Raum:
➢ Erfassen von Körperrichtungen
➢ Erfassen von Bewegungsrichtungen
S_{R4}, S_{R5}
➢ Erfassen von Raumlagebeziehungen, ausgehend vom eigenen Körper

....

im Bereich der
taktilen Wahrnehmung

möglichst vielfältige Reize auf der Haut
➢ erkennen
➢ lokalisieren
➢ diskriminieren

dreidimensionale Gegenstände mit ihren Eigenschaften
➢ erkennen und unterscheiden
➢ verinnerlichen (Memorisation)
➢ in Figur und Grund wahrnehmen
➢ vergleichen (Zusammenhänge herstellen)
➢ nach ihnen ordnen und zuordnen (-//-)
➢ sortieren und zusammenfassen (-//-)

193

und gebraucht werden. Rechts und links können auf andere Personen übertragen werden, zwischen der rechten Seite eines Gegenstandes und der vom eigenen Standpunkt aus gesehenen rechten Seite kann unterschieden werden. Jetzt ist ein Kind in der Lage, räumliche Beziehungen zwischen mehreren Personen oder Gegenständen unabhängig vom eigenen Körper herzustellen. Die egozentrische Raumstruktur wird von einer objektiven abgelöst, und das Kind erwirbt die Fähigkeit, über räumliche Relationen (verbal) zu reflektieren. Der euklidische Raum wird nach Auffassung von PIAGET nicht mehr nur statisch wahrgenommen, sondern ist in der Vorstellung transformierbar. Auch der projektive Raum ist konstruiert, d.h. ein Kind kann wirkliche und mögliche Blickwinkel koordinieren. Zur **Raumvorstellung** gehört das Reproduzieren von Objekten in der Vorstellung, sie schließt das räumliche Denken, das Experimentieren mit Vorstellungsinhalten, ein.	Beschaffenheit, ihrer Temperatur,... ➡ Veränderungen von Strukturen (Tagesablauf, Sitzordnung, Stellung der Möbel) und neue, spontane Pläne versetzen in Unruhe ➡ Überreaktionen bei unbekannten Reizen ➡ Sprachproduktion entspricht nicht dem Sprachverständnis .... *mögliche Auswirkungen auf den **Schriftspracherwerb** könnten sein:* ➡ lautes Vorlesen gelingt im Gehen u.U. besser als im Sitzen (betr. vestibuläre Wahrnehmung) ➡ Schreiben mit unangemessener Kraftdosierung (betr. vestibuläre Wahrnehmung) ➡ erschwerte Aneignung der Kulturtechniken, da Bewegungsspuren beim Lernen der Schriftzeichen nur unvollständig gelernt werden (betr. kinästhetische Wahrnehmung) ➡ Buchstaben fallen nach längerem Schreiben unterschiedlich groß aus oder zeigen in unterschiedliche Richtungen (betr. kinästhetische Wahrnehmung) ➡ ähnliche Buchstaben und Zahlen werden verwechselt (betr. kinästhetische Wahrnehmung) ➡ Begrenzungslinien werden nicht eingehalten (betr. kinästhetische Wahrnehmung) ➡ rechts-links-Unterscheidung ist nicht möglich *(betr. Lateralität)*, dadurch wird die festgelegte Schreib-/Leserichtung nicht eingehalten, werden Unterschiede zwischen ähnlichen Buchstaben (b-d-p-q) nicht erkannt	*im Bereich der* **Lateralität** D_{R4}, D_{R5}, D_{R6} .... *im Bereich der* **Raumkoordination** S_{R1}, S_{R5}, S_{R6}, S_{R7}, S_{R13}

194

		im Bereich der **Raumvorstellung**
	mögliche Auswirkungen auf das **mathematische Denken** *könnten sein:*	
	➡ komplexe Richtungsregeln können nicht eingehalten werden	
	mögliche Anzeichen im Bereich **außerkörperlicher Raum** *könnten sein:*	
	Lage der Objekte im Raum + Beziehungen der Objekte zueinander => Orientierung im Raum => Raumvorstellung => Raumstruktur	D_{R8}, D_{R9}, D_{R10}, D_{R11}, D_{R12}
	➡ Lokalisation von Objekten im Raum nicht möglich	S_{R2}, S_{R6}, S_{R8}, S_{R9}, S_{R10}, S_{R11}, S_{R12}, S_{R14}
	➡ gleichzeitiges in-Beziehung-Setzen der Objekte zueinander und zu sich selbst nicht nicht möglich	
	➡ keine Raumorientierung, da keine Verarbeitung der wahrgenommenen räumlichen Gegebenheiten	
	➡ keine Vorstellung vom Raum, wenn er nicht direkt vor den Augen ist	
	➡ keine Lagebestimmung eines Objektes, da kein stabiles räumliches Bezugssystem	
	....	
	mögliche Auswirkungen auf den **Schriftspracherwerb** *und das* **mathematische Denken** *könnten sein:*	
	Fähigkeit, optische Einzelheiten in Größen-, Raum- und Lage-Details zu erfassen => Speicherung im Gedächtnis als Gedächtnisbilder => automatische Bereitstellung von Buchstaben- und Wortbildern, um flüssig zu lesen und zu schreiben; Automatisierung von Rechenoperationen; Fähigkeit, sich vor dem inneren Auge etwas vorstellen zu können als Voraussetzung für operatives Denken: Zeichen und Symbole müssen zu einer anschaulichen Vorstellung entschlüsselt werden; ohne Raumvorstellung kann weder eine Übersetzung vom zwei- in den dreidimensionalen Raum erfolgen noch umgekehrt	

➡ bildliche Darstellungen können nicht in Handlungen umgesetzt werden; konkret vollzogene Handlungen nicht bildlich dargestellt

➡ Zeichen, d.h. die Buchstaben bzw. Zahlen können nicht in Beziehung zueinander gesetzt werden => Zahlen, Buchstaben und Zeichen sehen für das Kind auf einem Blatt Papier wie ein Durcheinander aus, da ohne eine entwickelte Raumstruktur die Fähigkeit zur Gruppierung fehlt und einzelne Elemente nicht als Einheit zusammengefasst werden können

➡ Buchstaben und Zahlen, die eine gleiche Form besitzen, sich aber in ihrer Lage im Raum unterscheiden (b-d-p-q; M-W, 6-9) werden verwechselt, da in ihrer räumlichen Lage nicht erkannt

➡ bestimmtes Aufeinanderfolgen der Buchstaben in einem Wort/ Ziffern in einer mehrstelligen Zahl wird nicht erkannt und nicht eingehalten

....

*mögliche Auswirkungen auf den **Schriftspracherwerb** könnten sein:*

➡ beim Lesen einseitige bzw. eingeengte Orientierung auf Signallaute innerhalb der Wortstruktur (optische Strukturierungsschwäche): ist der Anfangsbuchstabe erkannt, wird das Wort geraten

➡ Orientierung auf dem Schreibblatt fällt schwer

➡ Einhalten der Schreibrichtung gelingt nicht

➡ beim Abschreiben gelingt der ständige Wechsel des Fixationspunktes nicht; der vorherige Fixationspunkt von Tafel, Buch oder Arbeitsblatt muss immer wieder neu gesucht werden (beeinträchtigte visuelle räumliche Wahrnehmung)

....

*mögliche Auswirkungen auf das **mathematische Denken** könnten sein:*

➡ Erkennen von Mengen, Formen und Größen ist problematisch

➡ simultane und gegliederte Mengenerfassung gelingt nicht

➡ Orientierung am Zahlenstrahl, an der Zahlentafel und im Stellenwertsystem bereiten Schwierigkeiten

Warum die **Zeitdimension** so bedeutungsvoll ist	Woran man eine **verzögerte Entwicklung** erkennen kann	Wie man fördern kann
Für die Zeitdimension scheint es sinnvoll, in Anlehnung an FRAISSE Ordnung und Dauer als die wesentlichen Elemente der Zeitstruktur, die ein Kind verstehen muß, in ein entwicklungspsychologisches Modell zu integrieren. Dabei sehe ich mit LEVIN/ISRAELI/DAROM die *Ordnung* als das Primäre und die *Dauer* als sekundär an, weil der Vergleich von Abfolgen stärker als der von Dauern auf Wahrnehmungsmomenten beruht und daher leichter zu lösen ist. Zudem impliziert das Dauerverständnis das Begreifen der Sukzession, da die Dauer nicht ohne Einbezug der Anfangs- und Endpunkte eines Zeitintervalls konstruiert werden kann. In bezug auf die Ordnung darf man nicht vergessen, daß ein Kind die Fähigkeit erwirbt, nicht nur nacheinander ablaufende, sondern auch gleichzeitige Ereignisse wahrzunehmen und	*mögliche Anzeichen im Bereich.* **Zeitstruktur** *könnten sein*: = Ordnung – Dauer - Rhythmus ➡ Abfolge von Ereignissen in der Gegenwart kann nicht lokalisiert werden ➡ Dauer von Ereignissen kann nicht eingeschätzt werden ➡ zeitliche Beziehungen zwischen Vergangenem und Zukünftigem werden nicht hergestellt ➡ .... *mögliche Anzeichen im Bereich* **Ordnung** *könnten sein:* ➡ durcheinander geratene Einzelbilder einer Geschichte können nicht in eine logische Reihenfolge gebracht werden .... *mögliche Anzeichen im Bereich* **Dauer** *könnten sein:* ➡ die Abgrenzung zwischen zwei aufeinanderfolgenden Ereignissen wird nicht erkannt ➡ Einzelhandlungen können nur schwer aus komplexen automatisierten Handlungsketten herausgelöst werden, um sie in einer anderen Situation anzuwenden	*im Bereich der* **Ordnung** D_{Z1}, D_{Z6}, D_{Z7}, D_{Z8}, D_{Z9} S_{Z5}, S_{Z6} .... *im Bereich der* **Dauer** D_{Z10}, D_{Z11}, D_{Z12} S_{Z7} ....

sich vorzustellen. Darauf weist insbesondere KEPHART hin. Zudem müssen Kinder lernen, nicht nur die unmittelbare Ordnung eines Wahrnehmungsereignisses zu erkennen, sondern auch aktiv eine Ordnung herzustellen, indem sie zum Beispiel die durcheinandergewürfelten Bilder einer Geschichte ordnen. Beim Schätzen von Dauern müssen Kinder zwischen subjektiver und objektiver Zeit unterscheiden lernen, um Dauerillusionen korrigieren zu können. Der **Rhythmus** als Synthese von Ordnung und Dauer bildet das dritte zeitliche Strukturelement. In enger Verbindung mit der Entwicklung der Zeitstruktur steht die Ausbildung eines dreigeteilten ***Zeithorizonts***. Dieser ist in Vergangenheit, Gegenwart und Zukunft gegliedert und ermöglicht eine zeitliche Orientierung. Der zeitliche Horizont von Kindern ist zunächst sehr eng und weitet sich dann allmählich aus. Der Erwerb des Zeithorizonts vollzieht sich nach FRAISSE aufgrund von Ereignissukzessio-	*mögliche Anzeichen im Bereich **Rhythmus** könnten sein:* Rhythmus = verbindet Begriffe von Ordnung und Dauer und ist Basis der zeitlichen Erfahrung ➡ Sprechsilben und Gesten bei Abzählreimen zu koordinieren fällt schwer ➡ die Größe der Dauer von Zeitintervallen kann nicht erfasst werden und nicht mit anderen Größen der Dauer verglichen werden: vergleichende Begriffe wie größer-kleiner, länger-kürzer, vorher-nachher werden nicht angemessen gebraucht ➡ das Nachahmen bzw. das Begleiten von gehörten Tönen (Einzeltöne, Tonfolgen, Musik) gelingt nicht angemessen (Beobachtungshinweis: meist werden spontan langsame Folgen mit den Füßen oder dem Kopf begleitet, schnellere mit den Fingern) .... *mögliche Auswirkungen auf den **Schriftspracherwerb** könnten sein:* ➡ der zeitlich zuletzt gehörte Laut wird als Anfangsbuchstabe des Wortes genannt, weil er als Signallaut, als zuletzt gehörter Laut präsent ist ➡ die rhythmische Lautstruktur eines Wortes (Silben und Buchstaben), an die man sich beim Schreiben halten muss, gerät durcheinander ➡ Trennen von Wörtern fällt schwer, da die Silben nicht erkannt werden ➡ Wörter im Gedächtnis zu behalten, d.h. das Verinnerlichen des Wortrhythmusses bereitet Schwierigkeiten .... *mögliche Auswirkungen auf das **mathematische Denken** könnten sein:*	*im Bereich des* **Rhythmus** D_{Z3}, D_{Z13}, D_{Z14} S_{Z8}, S_{Z9}, S_{Z10} ....

| nen und repräsentierten Verän-derungen, ist nach TROMMSDORF durch die kognitive Entwicklung auch innerhalb des Spracherwerbs und das soziale Umfeld determiniert und verbessert sich nach FRIEDMANN durch die wachsende Kenntnis konventioneller Zeitmuster. | ➡ Vergleichen von Mengen oder Strecken fällt schwer

----

mögliche Anzeichen im Bereich **Zeithorizont** *könnten sein:*

= Bewusstsein von Vergangenheit – Gegenwart – Zukunft => ermöglicht Planung von Handlungsschrittten

➡ vergangene Ereignisse sind nicht gespeichert und können nicht abgerufen werden
➡ die Antizipation zukünftiger Ereignisse gelingt nicht
➡ Handlungsschritte können nicht geplant werden

mögliche Auswirkungen auf den **Schriftspracherwerb** *könnten sein:*

➡ antizipierende Formulierung von Sätzen gelingt nicht (betr. Planung von Handlungsschritten)
➡ sinnentnehmendes Erfassen eines Textes beim Lesen gelingt nicht (s.o.)

mögliche Auswirkungen auf das **mathematische Denken** *könnten sein:*

keine Vorbereitung eines Rechenweges | *im Bereich* **Zeithorizont**

D_{Z4}, D_{Z5}

S_{Z1}, S_{Z2}, S_{Z2}, S_{Z3}, S_{Z4} |

Warum die **Raum-Zeit** so bedeutungsvoll ist	Woran man eine **verzögerte Entwicklung** erkennen kann	Wie man fördern kann
Die einheitliche Raum-Zeit-Dimension entwickelt sich ausgehend von der Orientierung am eigenen Körper hin zur Praxie, d.h. der Bewegungsplanung in Raum und Zeit. Die Bedeutung der *Körperorientierung* für die Raumdimension habe ich eben hinlänglich beschrieben. Aber auch in bezug auf die Zeitdimension ist der eigene Körper grundlegend für die Entwicklung. So betont KEPHART, daß Kinder strukturelle Zeitelemente wie Gleichzeitigkeit oder Ungleichzeitigkeit zunächst motorisch über eigene Bewegungen (z.B. gleichzeitiges Strecken der Beine) erfahren. Die Muskeltonuskontrolle, das Wechselspiel von Spannung und Entspannung, hat entscheidende Bedeutung für die Entwicklung der Zeitwahrnehmung. Auch die Tatsache, daß innerkörperlichen Rhythmen im menschlichen Leben	*mögliche Anzeichen im Bereich der **Körperorientierung** könnten sein:* ➡ Vernachlässigung einer Körperseite ➡ beidbeiniges Hüpfen fällt schwer ➡ Ballspiele (werfen, fangen, zielen) bereiten Schwierigkeiten ➡ Kleidungsstücke werden verkehrt herum angezogen ➡ Bauwerke aus Bauklötzen oder auch Gläser werden durch ungeschickte Bewegungen mit Händen oder Körper umgestoßen ➡ Selbstbewusstsein ist negativ beeinflusst ➡ Raum (rechts-links, oben-unten, ...) und Zeit (vorher, nachher) sind sprachliche nicht verfügbar, Ereignisse können nicht in der sinnvollen Reihenfolge erzählt werden .... *mögliche Auswirkungen auf den **Schriftspracherwerb** könnten sein:* ➡ Richtungsänderungen auf dem Arbeitsblatt führen entweder zur Drehung desselben oder zur Veränderung der Körperhaltung ➡ Überkreuzen der Körpermittellinie wird vermieden bzw. die Hand wird gewechselt ➡ Linien werden ab der Blattmitte schwächer oder fallen ab bzw. steigen an ➡ die nichtschreibende Hand hält nicht das Blatt ➡ das Erlernen der Druckschrift fällt leichter als das der Schreibschrift, bei der Überkreuzen und Zurückführen des Stiftes nötig sind	*im Bereich der* *Körperorientierung* ➤ Grenzen und Ausmaße des eigenen Körpers erfahren und begreifen ➤ Raumrichtungen am Körper erfahren und begreifen *Anmalen, Eincremen einer Seite* ➤ Erkennen der Unterschiedlichkeit der Körperhälften ➤ Entwickeln einer dominanten Seitigkeit ➤ Durchführen unilateraler Bewegungsmuster koordinierter Einsatz beider Körperhälften bei ➤ beidseitig symmetrischen Bewegungen *Ziehen in Bauchlage über eine Langbank, Schieben in Rückenlage um die eigene Achse, „Rudern"*

elementare Bedeutung zukommt, spricht dafür, daß unser Körper die Basis für die Zeitwahrnehmungsentwicklung bereitstellt. Komplexe Handlungen und Bewegungsabläufe (**Praxie**) sind uns erst dann möglich, wenn die Wahrnehmung der Stellung im Raum ohne visuelle Kontrolle möglich ist, und wenn wir die zeitliche Organisation verinnerlicht haben. Die Entwicklung eines gewissen Raum- und Zeitgefühls ist also unerläßlich für die Entwicklung einer adäquaten Handlungsfähigkeit.	➡ Umrisse von Gegenständen nachzuzeichnen fällt schwer *mögliche Anzeichen im Bereich der* **Praxie** *könnten sein:* ➡ die Bewegungskoordination allgemein ist beeinträchtigt; ➡ z.B. Gehen und einen Ball fangen ➡ Basteln, Schneiden, nach einer Vorlage bauen wird vermieden ➡ die Folgen der eigenen Handlungen werden nicht richtig eingeschätzt, so kommt es immer wieder zu Gefahrensituationen ➡ Probleme bei der Organisation von Handlungsfolgen treten auf, da die Zielvorstellung fehlt ➡ Auftragsketten werden nicht behalten oder Aufträge in der falschen Reihenfolge durchgeführt; ➡ die logische Ordnung von Bildergeschichten gelingt nicht ➡ der Umgang mit unterschiedlichen Schreib- und Rechengeräten bereitet Schwierigkeiten ➡ Wörter werden in der falschen Richtung gelesen, von rechts nach links ➡ die Unterscheidung ähnlicher Buchstaben (b-d-p-q) bereitet Schwierigkeiten ➡ das Zusammenziehen einzelner Buchstaben zu einem Wort und das Erlesen fremder Texte gelingen selten Texte und Gedichte werden besser behalten werden sie dem Kind vorgesprochen und nicht selber erlesen .... *mögliche Auswirkungen auf den* **Schriftspracherwerb** *könnten sein:*	➢ gekreuzt lateralen Bewegungen *Krabbeln, Robben, Scherenschritt* D_{RZ1}, D_{RZ2}, D_{RZ3}, D_{RZ4}, D_{RZ5} S_{RZ3} *im Bereich der* ***Praxie*** ➢ Bewegungsplanung, nur auf den eigenen Körper bezogen ➢ Bewegungsplanung unter erschwerten Bedingungen *Gehen, Rennen, Laufen auf unebenem Gelände,* ➢ Bewegungsplanung, angepasst an einen Gegenstand *Ballspiele, Bastelarbeiten,* ➢ Bewegungsplanung, angepasst an einen Partner ➢ Bewegungsplanung, angepasst an einen Gegenstand mit Hilfe eines zweiten Gegenstandes ➢ Bewegungsplanung, angepasst an einen Partner mit Hilfe eines Gegenstandes

bei ausgebildeter räumliche Struktur und Problemen in der zeitlichen Struktur:

➥ beim Schreiben gelingt Übersetzung von der zeitlichen in die räumliche Struktur nicht: Beziehungen zwischen optischen Raumlage-Strukturen und akustischem Aufeinanderfolgen werden nicht hergestellt (Zusammenschreibungen mehrerer Wörter, Umstellungen, Auslassungen, Wiederholungen, Hinzufügungen, Rechtschreibfehler)

➥ beim Lesen gelingt Übersetzung von der räumlichen in die zeitliche Struktur nicht : das Kind kann als guter Leser erscheinen, da es räumliche Beziehungen auf einer Buchseite erkennen kann und Wörter identifizieren; aber es kann nicht die Zeit integrieren, so dass jedes Wort isoliert bleibt und der Inhalt nicht erfasst werden kann

bei ausgebildeter zeitlicher Struktur und Problemen in der räumlichen Struktur:

➥ beim Lesen werden Synonyme benutzt, die den Textzusammenhang erhalten, aber nicht das reproduzieren, was auf der Seite steht; das Kind ist ein guter Redner

➥ Informationen über visuelle Vorlagen aufzunehmen und zu verarbeiten bereitet Probleme im Gegensatz zu komplexen Folgen über das Gehör, d.h. z. B. Texte und Gedichte werden besser behalten werden sie dem Kind vorgesprochen und nicht selber erlesen

➥ Wörter werden in der falschen Richtung gelesen, von rechts nach links

➥ die Unterscheidung ähnlicher Buchstaben (b-d-p-q) bereitet Schwierigkeiten

....

spezielle Unterstützung

➢ betr. Auftragsketten: die einzelnen Aufträge werden auf Auftragskarten notiert, die in einer Reihe hintereinander liegen; mit einem Stein (Wäscheklammer, Radiergummi, ...) markiert das Kind, an welcher Stelle es sich befindet

➢ im Schriftspracherwerb: mit einem Pfeil wird die Leserichtung der einzelnen Wörter gekennzeichnet

$S_{RZ\,1}$, $S_{RZ\,2}$, $S_{RZ\,4}$, $S_{RZ\,5}$, $S_{RZ\,6}$, $S_{RZ\,7}$, $S_{RZ\,8}$, $S_{RZ\,9}$, $S_{RZ\,10}$, $S_{RZ\,11}$, $S_{RZ\,12}$, $S_{RZ\,13}$, $S_{RZ\,14}$

*mögliche Auswirkungen auf das **mathematische Denken** könnten sein:*

➥ Zahlendreher entstehen, da sich die zeitliche Reihenfolge beim Sprechen von mehrstelligen Zahlen von der räumlich-zeitlichen Ordnung unterscheidet

➥ sequentielle Struktur einer mehrstelligen Zahl zerfällt

➥ Rechenprobleme treten besonders bei Textaufgaben auf, da die Reihenfolge von Rechenschritten nicht behalten werden kann

3. Praktischer Umgang mit dem RZI

3.1 Hinweise zur Aufgabensammlung

Das Raum-Zeit-Inventar setzt sich zusammen aus

9	**Kernaufgaben und**
60	**Beobachtungssituationen.**

Davon sind folgenden Entwicklungsbereichen zuzuordnen:

26	Aufgaben	Raum
24	Aufgaben	Zeit
19	Aufgaben	Raum-Zeit

Bei der Zusammenstellung der Aufgaben des vorliegenden Inventars waren drei **Prinzipien** wesentlich:

- Die Instruktionen sollten auch ohne verbale Anweisungen verstanden werden. So können die Anweisungen dem Verständnisvermögen des einzelnen Kindes angepasst werden: während einigen Kindern die verbale Anweisung reicht, muss anderen die Übung demonstriert werden. In diesem Fall bietet sich die sprachliche Begleitung an, um die Begriffsbildung zu unterstützen.
- Der (schulische) Alltag der Kinder ist Orientierungsgrundlage. So sollten die verwendeten Materialien den Kindern vertraut sein; entweder von den Kindern hergestellt oder dem alltäglichen Umgang in der Klasse entstammen. Ebenso sollten sich die Räumlichkeiten in der gewohnten Lernumwelt der Kinder befinden.
- Eine Durchführung in Kleingruppen ist möglich. Die Entscheidung darüber sollte im Einzelfall getroffen werden; je nach dem welche Organisationsform dem Kind entgegen kommt.

Zusätzlich sollten die Einsatzmöglichkeiten zur Beobachtung und Förderung im schulischen Alltag möglichst breit gefächert sein; sowohl die räumlichen Bedingungen als auch die materiellen Bedingungen als auch die Gruppenzusammensetzung betreffend.

Die **Kernaufgaben** – zusammengestellt nach den aktuellen Bedürfnissen der jeweiligen diagnostischen Situation – bilden die Basis. Fällt ein Kind hier durch Entwicklungsrückstände in einzelnen Bereichen auf, kann mit Hilfe der **Beobachtungssituationen**, die die in den Kernaufgaben gestellten Anforderungen aufgreifen, die diagnostische Eingangsanalyse vertieft werden. Außerdem können erste Schritte zu einer Förderung unternommen werden.

Zusammenfassend lässt sich also sagen, mit Hilfe der Kernaufgaben als Basis und der Beobachtungssituationen als Vertiefung lässt sich ein individuelles Entwicklungsmuster feststellen und ein individueller Förderplan erstellen.

Die Anwender

Das RZI wurde entwickelt, um die raum-zeitliche Entwicklung von Kindern im Vorschul- und Primarbereich zu erfassen mit dem Ziel, Diagnostik als Strukturierungs- und Orientierungshilfe für Intervention und Förderung zu nutzen. Dem zu Folge sind die Anwender Erzieher, Lehrer und Psychologen, die die Kinder fördern wollen im Rahmen einer interventionsorientierten Diagnostik.

Gefordert werden neben dem Wissen über die Bedeutung der raum-zeitlichen Wahrnehmung für die kindliche Entwicklung und dem Verständnis einer Förderdiagnostik nur die physischen Voraussetzungen zum Durchführen der Aufgaben.

Bei der Durchführung des RZI sollten immer zwei Anwender/ Übungsleiter anwesend sein:
Ein Übungsleiter führt zusammen mit den Kindern die Aufgaben durch. Er sollte nicht als „Testleiter" auftreten, sondern als Mitspieler. Der andere protokolliert und beobachtet. Optimal ist der Einsatz einer Videokamera.
Beide Anwender sollten mit den Aufgaben vertraut sein, d.h. sie schon einmal selber ausprobiert haben. Es ist nicht notwendig, die Anweisungen der Beobachtungs- und Protokollbögen zu zitieren, sie sind lediglich als Hinweis gedacht, um dem Anwender die präzise Durchführung zu erleichtern.

Gruppengröße und -zusammensetzung

Das RZI wird bevorzugt in Kleingruppen durchgeführt: Die Gruppengröße sollte vier Kinder bei zwei Übungsleitern nicht überschreiten. Zum einen wird so die Übersichtlichkeit garantiert, wichtig für die Protokollierung der Aufgaben. Zum anderen werden mögliche Wartezeiten nicht zu lang, die entstehen, wenn ein Kind eine Aufgabe durchführt während die anderen zuschauen.
Bei der Auswertung sollte man immer mit beachten, ob und wie das Kind in der Gruppe zurecht kam. Unter Umständen werden völlig unterschiedliche Ergebnisse erreicht bei anderer Gruppenzusammensetzung. Daher sollte der Übungsleiter, um dieses berücksichtigen zu können, die Kinder kennen. Bei einzelnen Kindern gilt es zu überlegen, ob eine Durchführung in einer 1:1 Situation nicht die dem Kind angepasste ist.

Materialien

Das Material ist auf der Grundlage eines kindgemäßen und ganzheitlichen Konzepts zusammengestellt worden. Es stammt überwiegend aus dem alltäglichen Umfeld der Kinder oder wurde von ihnen selber hergestellt.

Alltagsmaterialien haben folgende Vorteile:
➪ Sie sind kostengünstig und leicht zu beschaffen.
➪ Sie sind vielfältig und variabel einsetzbar.
➪ Sie sind nicht mit bestimmten Handlungen besetzt, sondern sprechen

Kreativität und Phantasie an. Sie wollen neu entdeckt und begriffen werden.

Selbsthergestellte Materialien haben folgende Vorteile:
⇨ Sie haben einen hohen Aufforderungscharakter für die Kinder.
⇨ Die Kinder gehen sorgfältig mit ihnen um.

Räumliche Bedingungen

Die meisten Aufgaben können sowohl im Klassenraum als auch in der Turnhalle als auch im Freien durchgeführt werden. Wichtig hierbei ist, dass es die gewohnte Lernumwelt der Kinder ist, da sie durch eine ungewohnte Umgebung zu stark abgelenkt werden könnten.
Bei der Einbettung in Rahmengeschichten sollte der Raum in Abwesenheit der Kinder präpariert werden, um Spannung aufzubauen.
Wo das RZI durchgeführt wird, liegt letztendlich in der Organisationsentscheidung des Anwenders.

Aufbau der Aufgaben

Die Aufgabenbögen sind möglichst komplex aufgebaut, um dem Anwender alles Wesentliche auf einen Blick zu bieten und ihm eine „einfache" Anwendung zu ermöglichen; d.h. Anweisung, Beobachtung und Interpretation sind in einem Schritt möglich, ohne im Inventar lange blättern und suchen zu müssen.

	(1)	(2)
(3)	(4)	(5)
(6)		
(7)		(8)
(9)		

In der Kopfzeile befinden

(1)   sich der **Name** der Aufgabe

(2)   die **Entwicklungsdimensionen**:
        Raum, Zeit und Raum-Zeit

In der zweiten Zeile von links nach rechts befinden sich analog zum entsprechenden Handlungsmodel:

(3)   die **Komplexitätsgrade**
       der jeweiligen Entwicklungsdimension

(4)   die **Strukturstufen**
       mit den entsprechenden Wahrnehmungstätigkeiten

(5)   die **Entwicklungsstufen** – Differenzierung oder Strukturierung –
       und die Reihenfolge der Aufgaben, z.B. D1
       Die zutreffenden Kriterien sind jeweils durch **Fettdruck** gekennzeichnet.

(6)   Die **Anweisung** gibt Hinweise zur Durchführung der Aufgaben. Sie muss nicht zitiert werden, sondern sollte dem jeweiligen Bedürfnissen der Kinder angepasst werden. Bei einigen Kindern reicht eine verbale Beschreibung der Aufgaben aus. Bei anderen ist eine praktische Demonstration notwendig. In diesem Fall sollte abgewogen werden, ob eine sprachliche Begleitung sinnvoll ist oder das Kind eher ablenkt.
       Vieles aus dem Bereich der Raum-Zeit-Entwicklung ist „von außen" nicht zu beobachten. Daher sollten die Kinder bei allen Aufgaben ermutigt werden zu verbalisieren, was sie tun und warum sie es so tun und nicht anders. Dies hilft bei der Beobachtung und auch bei der Interpretation.

(7)   Auch die **Beobachtungskriterien** sind lediglich als Hinweise zu verstehen und schwerpunktmäßig beschränkt auf den Bereich der Raum-Zeit-Wahrnehmung. Betreffend den Umgang mit den verschiedenen Materialien, die Stellung in der Gruppe und zum Übungsleiter, der motorischen Allgemeinentwicklung, ... kurz: je nach individuellen Fähig- und Fertigkeiten und Bedürfnissen der Kinder sind sie ebenso individuell zu ergänzen.
       U.U. kann es von Bedeutung sein, an dieser Stelle die Erklärungen mit zu notieren, die ein Kind gegeben hat, warum es so vorgegangen ist bzw. was es empfunden hat. So werden womöglich ganz eigene Strategien deutlich, die zeigen, dass das Kind z.B. ein anderes Ordnungssystem verwendet als das vorgegebene. Statt anzukreuzen „das Kind kann nicht ordnen" würde man hier notieren „das Kind ordnet nach einem eigenen System". Die Vorgehensweise der Förderung wäre so eine völlig andere.
       Bei allen Aufgaben sollte darauf geachtet werden, ob das Kind eine bevorzugte, eine dominante Seite hat und ob die Händigkeit schon ausgebildet ist oder noch unsicher.

(8)   Die **Interpretationskriterien** helfen, die jeweilige Stufe der aktuellen Entwicklung festzustellen und damit auch die nächsten Schritte der Förderung zu planen.

(9)   Dieser Punkt führt die benötigten *Materialien* auf. Häufig sind sie vom Anwender, z.T. mit Hilfe der Kinder, je nach Situation zusammenzustellen.

Die Kernaufgaben

Die Kurzfassung besteht aus 9 Kernaufgaben, welche einen Querschnitt durch alle Bereiche der raum-zeitlichen Handlungen darstellen, und so eine Übersicht über die Leistungen in den Hauptfaktoren im Sinne eines Screening-Tests ermöglicht. Entsprechend der Komplexität der Raum-Zeit-Entwicklung ist unser Vorschlag zur Durchführung der Kernaufgaben eine mehrstündige Sequenz (vgl. Anhang B).

„Ein derartiger Kurztest bietet grob normierte Beurteilungsschwerpunkte und hat die Aufgabe, im ersten Eindruck auffällige Kinder von den mutmaßlich nicht auffälligen zu trennen (auffällig = förderbedürftig)" (EGGERT; 1993, 103). Es ist zu beachten, dass eine einmalige Beobachtung aber auch Fehlbeurteilungen zur Folge haben kann, da die Tagesform eines Kindes sein Verhalten und insofern auch die Ergebnisse entscheidend beeinflussen kann.

Zur weiteren Vertiefung der Beobachtungen oder um die erfassten Auffälligkeiten genauer zu eruieren, sollten schwerpunktmäßig ausgewählte motodiagnostische Situationen aus der Aufgabensammlung zusammengestellt werden.

Bei der Durchführung der Aufgaben wird empfohlen, diejenigen mit starker Bewegung mit denjenigen mit Ruhephasen abzuwechseln. Die Aufgaben sind nach kindgemäßen und aus dem kindlichen Erfahrungsbereich stammenden Kriterien ausgesucht. Die meisten haben für sich allein genommen schon einen spielerischen Aufforderungscharakter. Um diesen Aspekt noch zu unterstützen, bietet sich vor allem für jüngere Kinder eine Einbettung der gewählten Aufgaben in eine Rahmenhandlung an (vgl. Prozessbegleitende Strukturierungshilfe).

Das Verbinden der Augen kann bei einigen Kindern Furcht hervorrufen, so dass die Geschichten nicht zu aufregend gestaltet werden sollten.

Einige Kinder – besonders im Rahmen der Feststellung des sonderpädagogischen Förderbedarfs – haben bereits ein ausgeprägtes Störungsbewusstsein und sind nicht bereit, bei Geschichten mitzuarbeiten, weil sie ahnen, dass mehr dahinter steht als eine Spielstunde. In dem Fall ist es manchmal sinnvoller, ihnen zu erklären, was man herausfinden möchte. Trotzdem sollte man versuchen, nicht die klassische Testsituation entstehen zu lassen. Eine Durchführung in einer 1:1 Situation, die mit einer Videokamera aufgezeichnet wird, kann unter Umständen dazu führen, dass das Kind sich entspannt und ohne Furcht vor Versagen bei den Aufgaben mitmacht.

Aber egal, wie man die Kernaufgaben durchführt, immer ist es wichtig, die Kinder zu ermutigen und zu loben, auch wenn eine Aufgabe misslingt. Die Kinder sollten auch immer die Möglichkeit haben, eine Aufgabe zu wiederholen.

Die Beobachtungssituationen

Die Beobachtungssituationen sind eine umfangreichere Zusammenstellung motodiagnostischer Situationen als die Kurzfassung, knüpft aber an die Prinzipien der Kernaufgaben an, d.h. die Kriterien zur Durchführung der Übungen sind auch für diese Zusammenstellung anzuwenden und auch der Aufbau der Aufgaben ist identisch.

Die Aufgaben sind innerhalb der einzelnen Entwicklungsstufen hierarchisch aufgebaut: einfachen Aufgaben, die nur die niedrigen Strukturstufen betreffen folgen Aufgaben, die auf höheren Strukturstufen liegen. Dieses Prinzip sollte bei einer tiefergehenden Diagnose oder bei der Förderung immer bedacht werden.

Die Variationen sind in Bezug auf Entwicklungsstufe, Strukturstufe und Komplexitätsgrad nicht immer mit der Grundübung identisch. Sie können Vorstufen oder erhöhte Schwierigkeiten darstellen. Die Beobachtungskriterien gelten nur für die Grundübung, nicht für die Variationen. Sie stellen eine Auswahl von möglichen Kriterien dar und sollen individuell ergänzt werden. Trotz der aufgeführten Beobachtungsmomente bietet das Material keinen objektiven Beobachtungsmaßstab, da die Ergebnisse von den Beobachtungen des Anwenders abhängen. Je qualifizierter und erfahrener dieser ist, desto genauer und aufschlussreicher können auch die Beobachtungen sein.

Einige Aufgaben verlangen komplexere motorische bzw. vestibuläre Reaktionen vom Kind und geben so Aufschluss über das Bewegungsverhalten. Diese Beobachtungen sollten festgehalten werden, da Auffälligkeiten in diesem Bereich ausgehend von der ganzheitlichen Sichtweise der Psychomotorik auf andere Teilleistungen der kindlichen Handlung verweisen. Auf einigen Aufgabenkarten finden sich Anmerkungen zum Bewegungsverhalten, die als Anstoß für eine gezielte Beobachtung der Motorik gedacht sind. Nach Möglichkeit ist bei auffälligem Bewegungsverhalten die Diagnostik zu erweitern und speziell in dem auffälligen Bereich zu überprüfen[8].

Bei stark körperorientierten Aufgaben muss akzeptiert werden, wenn ein Kind nicht daran teilnehmen möchte. Die Gründe für solch ein Verhalten sollten in einem nachfolgenden Gespräch geklärt werden, wenn sie nicht schon von vornherein auf der Hand liegen wie z.B. bei taktiler Abwehrhaltung.

Unter Verwendung der Aufgabensammlung lässt sich eine diagnostische Situation individuell für ein Kind oder eine Kleingruppe planen und gestalten. Die Aufgabenstellung kann bezüglich des Schwierigkeitsgrades von leichteren zu schwierigeren Aufgaben, d.h. von der Differenzierung über die Lokalisation zur Strukturierung erfolgen. Die Übungen können aber ebensogut auch beliebig

---

[8] Hier sei auf das Diagnostische Inventar Motorischer Basiskompetenzen verwiesen, DMB, D. EGGERT Dortmund 1993

210

ausgewählt und zusammengestellt werden, in Abhängigkeit der Kompetenzen die man überprüfen möchte.

Die hier vorgestellten Items sind als Basisausstattung zu verstehen, die der Anwender modifizieren oder durch eigene Ideen erweitern kann.

Bei der Auswahl der einzelnen Übungen ist die Abstimmung des Schwierigkeitsgrades auf den individuellen Entwicklungsstand des einzelnen Kindes vorrangig, um Überforderungen zu vermeiden. Ebenso ist es empfehlenswert, nicht starr den Anweisungen folgen, sondern diese situationsabhängig und flexibel zu handhaben. Das angebotene Material erfüllt diese Voraussetzungen, so dass der Anwender durch eine gezielte Auswahl und Modifizierung, sowie durch Hinzufügen eigener adäquater Aufgaben, ein individuelles, auf die zu überprüfenden Kinder zugeschnittenes Diagnosematerial gestalten kann.

Möglichkeiten von Auswertung und Interpretation

Die Kernaufgaben sind dazu gedacht sowohl den Status eines Kindes mit Stärken und Schwächen zu beschreiben als auch die Entwicklungsfortschritte eines Kindes in der Förderung. Sie können auch zur Dokumentation der individuellen Entwicklung eines Kindes in der Förderung im Rahmen des Individuellen Entwicklungs-Plans (IEP)[9] benutzt werden.

Um die gemachten Beobachtungen festzuhalten, wurden die vorliegenden Beobachtungs- und Protokollbögen entwickelt.

Aufgrund der gemachten Beobachtungen kann man eine entsprechende Interpretation ableiten, die zunächst einmal auf die Stärken und dann erst auf eine Auffälligkeit hinweist jedoch über die Ursache noch nicht unbedingt etwas aussagt.

Folgende Ursachen können auch in Frage kommen:

Der gemachten Beobachtung muss nicht zwingend eine Schwäche der raumzeitlichen Entwicklung zugrunde liegen. Das vorliegende Konzept, welchem die ganzheitliche Sichtweise zugrundeliegt, geht von einer multifaktoriellen Grundlage kindlicher Handlungen aus. So können an den beobachteten Auffälligkeiten unterschiedliche Faktoren mitbeteiligt sein: Mangelnde Erfahrungen, Motorik, Sozialverhalten, kognitive Möglichkeiten u.a. Für eine differenziertere Abklärung sollten zusätzliche Aufgaben aus dem fraglichen Bereich durchgeführt werden, als auch eine weitergehende Beobachtung anderer Faktoren stattfinden.

Ein weiterer Grundsatz für die Interpretation einer Auffälligkeit ist das Beachten der Motivationskomponente. Hatte das Kind den nötigen Antrieb diese Aufgabe zu lösen oder wurde aufgrund mangelnder Lust die Übung nicht oder nur unzureichend gelöst. Die Voraussetzung für die Klärung dieses Aspektes ist die gute Kenntnis der Kinder.

---

[9] Weitere Informationen zu Individuellen Entwicklungsplänen im Rahmen der Förderdiagnostik: D. Eggert, Von den Stärken ausgehen, Dortmund 1997

Ausgehend vom beschriebenen Handlungsmodell weist eine Auffälligkeit auf eine verzögerte Entwicklung hin, d.h. eine der drei Stufen in der Hierarchie der Wahrnehmung wurde vom Kind noch nicht erreicht. Für eine stichhaltige Abklärung der Auffälligkeit sollten zusätzliche Aufgaben des selben Bereiches durchgeführt werden.

Bestätigt sich die gemachte Beobachtung und das Kind hat auch bei weiteren entsprechenden Aufgaben Probleme, so kann man davon ausgehen, den aktuellen Stand der raum-zeitlichen Entwicklung des Kindes ermittelt zu haben. Nun kann man Schritte für eine angemessene Förderung einleiten, welche auf einer niederen Stufe beginnen sollte, die Grundlage für die jeweils nächste Stufe bildet (s. Modell). Weist das Kind z.B. Auffälligkeiten im Bereich der Strukturierung auf, ist mit der Förderung im Bereich der Differenzierung zu beginnen (vgl. EGGERT, 1992, 37 ff).

Für einen ausführlicheren Überblick über den kindlichen Entwicklungsstand im Bereich der raum-zeitlichen Kompetenzen, bietet sich eine Zusammenstellung von Übungen aus der umfassenderen Aufgabensammlung an.

Abschließend werden mit Hilfe dieses Beobachtungsbogens und der Aufgabenbögen Hypothesen zum Förderbedarf – sog. Förderschritte – aufgestellt. Diese Hypothesen sollten in regelmäßigen Abständen (ca. alle 4 Wochen) überprüft und neu aufgestellt werden.

Die Auswertung der Beobachtungssituationen ist identisch mit der der Kernaufgaben.
Die Beobachtungssituationen können für die regelmäßige Überprüfung der Hypothesen des Förderbedarfs genutzt werden.

3.2 Durchführung einer psychomotorischen Sequenz auf Basis der Prozessbegleitenden Strukturierungshilfe (PSH)

Eine kindgemäße, überschaubare Rahmenhandlung ermöglicht den Kindern, sich in einem für sie bedeutsamen Zusammenhang motiviert mit den geforderten Aufgaben auseinanderzusetzen. Sie regt die Kinder zur Eigenaktivität an und strukturiert ihre Handlungen, so dass der Anwender/ Übungsleiter sich zurück nehmen kann und sich mit den Kindern als nahezu gleichwertiger Partner auf eine symmetrische Ebene begeben kann.
Hilfe, diese Rahmenhandlung als Förder- und Beobachtungssequenzen entsprechend den Anforderungen des RZI zu planen und zu strukturieren und letztendlich auch zu verschriftlichen, bietet die **Prozessbegleitende Strukturierungshilfe (PSH)**.
Zusätzlich sollte der Anwender die für die Durchführung nötigen Aufgabenbö-

gen der Kernaufgaben bzw. Beobachtungssituationen für jedes Kind kopieren und in die der Förder- und Beobachtungssequenzen entsprechenden Reihenfolge zu bringen. Die Bögen können z.B. für jedes Kind zusammengeheftet werden. Bei jeder neuen Aufgabe wird der entstandene Block einfach umgeblättert. So kann ein Protokollant problemlos mehrere Kinder beobachten und notieren, was ihm auffällt. Derjenige, der mit den Kindern die Aufgaben durchführt, sollte möglichst nichts in der Hand haben, was nicht zur Rahmenhandlung gehört und die Kinder ablenken könnte.

Aufbau der PSH

Die Prozessbegleitende Strukturierungshilfe (das Formular befindet sich als Kopiervorlage im Anhang) gliedert sich neben der „Überschrift" (=Thema) in fünf große Blöcke, in dem Förderung als zirkulärer und rekursiver Prozess stattfindet:

Block I und II entsprechen den Vorüberlegungen zu der Stunde,

Block III kennzeichnet den Stundenverlauf,

Block IV und V stellen eine Reflexion der Stunde dar.

Förderhypothesen:	Ziel der Stunde/ der Sequenz:

Entwicklungsbereich
Komplexitätsgrad

Stundenverlauf				
	Aufgabe	Spielhandlung	(Förder-)Ziele	Interaktionsform Material
A E S				

Beobachtung/ Besonderheiten der Stunde
Individuelle Beobachtung
Gruppenbeobachtung
Beziehung/ Interaktion

Reflexion/ Überprüfung der Förderhypothesen
Förderangebote und Verlauf aus Sicht der Kinder
Förderangebote und Verlauf aus meiner Sicht
Modifikationen
Erfolge

Block I

Förderhypothesen und ***Stundenziele*** sollen hier als eine Art Begründung für die Stunde vorgestellt werden.

Um Förderhypothesen aufstellen zu können, muss ich bereits die Kinder kennen, mit denen ich diese Stunde gestalten will, ich bin mit ihnen bereits in einem Arbeitsprozess. Diese Förderhypothesen müssen sich nicht auf eine Stunde beschränken, sondern können die ganze Sequenz betreffen. Sie sollten an dieser Stelle möglichst ausführlich beschrieben werden.

Aus den Förderhypothesen ergeben sich die Ziele für die Sequenz und die einzelne Stunde. Hier sollten Ziele, die im Vordergrund stehen unterschieden werden von solchen, die im Hintergrund stehen. Es sollte auch gekennzeichnet werden, ob es langfristige Ziele sind oder schnell zu erreichende.

Block II

Dieser Block stellt eine Kurzkennzeichnung der Schwerpunkte der Förder- und Beobachtungskategorien entsprechend den Komplexitätsgraden der einzelnen Entwicklungsbereiche des RZI (Raum, Zeit, Raum-Zeit) dar.

Block III

Dieser Block zeigt den geplanten ***Stundenverlauf***.

⇨ In der ersten Spalte findet sich die ***Grobstrukturierung*** der Stunde in A = Anfangsphase, E = Erfahrungsphase und S = Abschlussphase. Diese Grobstrukturierungen ziehen bestimmte Überlegungen zu Didaktik und Methodik und Interaktionsform nach (siehe jeweils dort).

⇨ In der zweiten Spalte ist ***Kurzkennzeichnung*** der Kernaufgabe bzw. der Beobachtungssituation notiert.

⇨ In der dritten Spalte wird die ***Spielhandlung*** vorgestellt, d.h. die Rahmengeschichte wird erzählt. Die Kernaufgaben werden darin eingebettet.
In *kursivem Druck* finden sich weitere Anmerkungen für den Anwender.

⇨ In der vierten Spalte finden sich ***(Förder-)Ziele***. Sie verdeutlichen nocheinmal, warum es zu der Entscheidung kam, an dieser Stelle so zu handeln:
Überlegungen für die Anfangsphase sind Verdeutlichung der Zieltransparenz für die Kinder, Identifikation mit der Rahmenhandlung, Motivation sowie Klärung des Stundenablaufes und Absprache von Regeln.
Überlegungen für die Erfahrungsphase folgen dem Prinzip von Spannung und Entspannung bzw. Aktivität und Passivität und der Idee der Übernahme von Verantwortung durch die Kinder.

214

Die Abschlussphase dient der Entlassung aus der Rahmenhandlung und der Möglichkeit, das erlebte zu reflektieren und zu kritisieren.

Zusätzlich wird angegeben, welcher Komplexitätsgrad der Wahrnehmung jeweils im Vordergrund der Station steht (gekennzeichnet mit *).

⇨ In der fünften Spalte finden sich Hinweise auf die **Interaktionsform**, d.h. wie die Kinder agieren. Gruppenaktivitäten sollten sich mit Partner- und Einzelaktionen abwechseln.
Auch die für die jeweilige Aufgabe benötigten **Materialien** sind hier aufgeführt.

Alle **Rahmengeschichten** laufen in Stationsform ab. So haben die Kinder zwischen den Aufgaben, die zumeist im Sitzen stattfinden, immer wieder Gelegenheit sich zu bewegen (motorische Entlastung). So entsteht an den Stationen keine Unruhe. Außerdem können zwischen den Stationen verbindende Gelenke gewählt werden, die immer wieder kehren und den Kindern so ermöglichen, sich in die Situation hineinzufinden und Verantwortung zu übernehmen. Dieses wird zusätzlich unterstützt, indem man als Sammelpunkte an den einzelnen Stationen wiederkehrende Ruhepunkte wählt, z.B. Reifen oder Matten. So wissen die Kinder allein durch dieses Medium, was von ihnen erwartet wird, daher können sie sich konzentrieren auf die jeweilige Aufgabe. Ein weiteres Element zur Übernahme von Verantwortung könnte sein, dass jeweils ein Kind eine Tasche, einen Beutel mit den notwendigen Tüchern zum Verbinden der Augen trägt.

Block IV

An dieser Stelle werden **Beobachtungen** und **Besonderheiten** notiert, die über die in Block II gekennzeichneten Beobachtungskategorien hinausgehen. Hier liegt die Überzeugung zugrunde, dass Beziehung und Interaktion das Handeln beeinflussen und nicht unberücksichtigt bleiben dürfen.

Block V

Um eine weitere effektive Förderung der Kinder zu planen, ist es unumgänglich, die **Förderhypothesen zu reflektieren und zu überprüfen**. Bei der Frage, was erhalten bleiben kann und was verändert werden muss, sollte sowohl die Sicht der Kinder als auch die des Durchführenden beachtet werden.
Daraus ergeben sich Modifikationen in Bezug auf Angebote, Hypothesenformulierung und Zielsetzungen.
Wichtig ist es auch, Erfolge zu notieren. Denn diese werden leider nur zu oft zu schnell vergessen!!!

3.3 Fragenkatalog zur Raum-Zeit-Entwicklung

Anregungen für vertiefende Beobachtungen oder für ein Elterngespräch oder ein Gespräch mit den Lehrern soll der Fragenkatalog geben. Er ist entstanden in Anlehnung an den Individuellen Entwicklungsplan (IEP) und das Inventar von Alltagshandlungen (IvA). Viele der aufgeführten Fragen sind für das Kind in seinem Alltag von lebensweltlicher Bedeutsamkeit. Sie sind geordnet nach „Beobachtungen zu Hause" und „Beobachtungen in der Schule", wobei unterschiedliche Themen aus diesen Lebensbereichen angesprochen werden.
Es ist jeweils gekennzeichnet, welchem Komplexitätsgrad die einzelnen Punkte schwerpunktmäßig zuzuordnen sind. Diese Kurzkennzeichnung soll auch bei der Auswertung des Fragenkataloges helfen, um festzustellen, in welchem Bereich ein möglicher Förderschwerpunkt liegt.

Dabei entspricht

Rtk	–	Raum / taktil-kinästhetische Wahrnehmung
RLat	–	Raum / Lateralität
RK	–	Raumkoordination
RO	–	Raumorientierung
RL	–	Raumlage
RV	–	Raumvorstellung
ZH	–	Zeithorizont
ZO	–	Zeit / Ordnung
ZD	–	Zeit / Dauer
ZR	–	Zeit / Rhythmus

Im Gespräch sind die Antworten wie folgt zu notieren:

ja	–	dieser Punkt trifft auf das Kind zu; d.h. das Kind kann „es";
nein	–	er trifft nicht zu; d.h. das Kind zeigt Probleme; in diesem Fall sollte versucht werden, die Situationen genauer zu beschreiben:
manchmal		

Häufig sind Extreme zu beobachten, die dann jeweils unter einem Punkt als „entweder – *oder*" aufgeführt sind. Hier ist es wichtig, zu kennzeichnen, was zutrifft. Dabei ist zu beachten, dass das ja-nein-Kreuz nun anders gesetzt werden muss, um eine Auffälligkeit deutlich zu machen.
Scheinbar negative Formulierungen (Kind kann nicht) dürfen nicht als Festschreibung von Defiziten verstanden werden, sondern dienen der Beschreibung von typischen Verhaltensweisen von Kindern mit Förderbedarf in o.g. Bereichen.
Bei der Auswertung und Interpretation helfen die Kernaufgaben und Beobachtungssituationen. Je nach zugehöriger Entwicklungsstufe – Differenzierung

oder Strukturierung – kann man entsprechende Interpretationskriterien zur Rate ziehen.

Wichtig ist, dass man sich nicht verleiten lässt, einfach im Sinne einer Rechenaufgabe zu addieren, welcher Komplexitätsgrad wie häufig mit „nein" gekennzeichnet wurde und daraus einen Förderschwerpunkt bestimmt. Damit ließe man außer Acht, dass häufig auch eine Kennzeichnung mit „ja" vorliegt. Auch Struktur- und Entwicklungsstufe fänden keine Berücksichtigung.

Statt dessen sollte man jeden Block ausführlich auswerten und dann nach Gemeinsamkeiten und Unterschieden in den Bereichen suchen. So kann ein möglichst differenziertes Bild der einzelnen Stärken und der Förderbedürfnisse des Kindes erstellt.

Viele der aufgeführten Fragen haben ihren Ursprung in der voranstehenden Übersicht zu Bedeutung der einzelnen Wahrnehmungsbereiche, Erkennung einer verzögerten Entwicklung und Vorschläge zur Förderung (vgl. 2).

Folgende Bereiche werden angesprochen:

Beobachtungen zu Hause:
* Essen und Trinken
* im Haushalt
* Körpergefühl, Waschen, Körperpflege
* Anziehen und Kleidung
* Schmusen und Rangeleien
* alltägliche Bewegungsabläufe
* Drinnen-Spiele
* Draußen-Spiele und Spielplatz
* Ungeschick und Unfälle

Beobachtungen in der Schule:
* Ordnungen und Handlungsketten
* Orientierung in der Zeit
* Orientierung in der Lebensumwelt
* Orientierung im Raum
* Orientierung auf dem Arbeitsblatt

Selbstkonzept
* Selbstkonzept
* Selbstbild, Körperbild und Körpererleben
* Überspielungsstrategien

3.4 Erstellen eines Förderplans

Der folgende Übersichtsplan soll bei der Erstellung eines Förderplans helfen. Er zeigt den Ablauf von der Eingangsdiagnose hin bis zur Förderung. Wie schon beim Fragenkatalog zeigt sich auch hier eine Orientierung am Individuellen Entwicklungsplan I-E-P von EGGERT 1997. Uns ist bewusst, dass im schulischen Alltag nicht immer in dieser Ausführlichkeit gearbeitet werden kann.

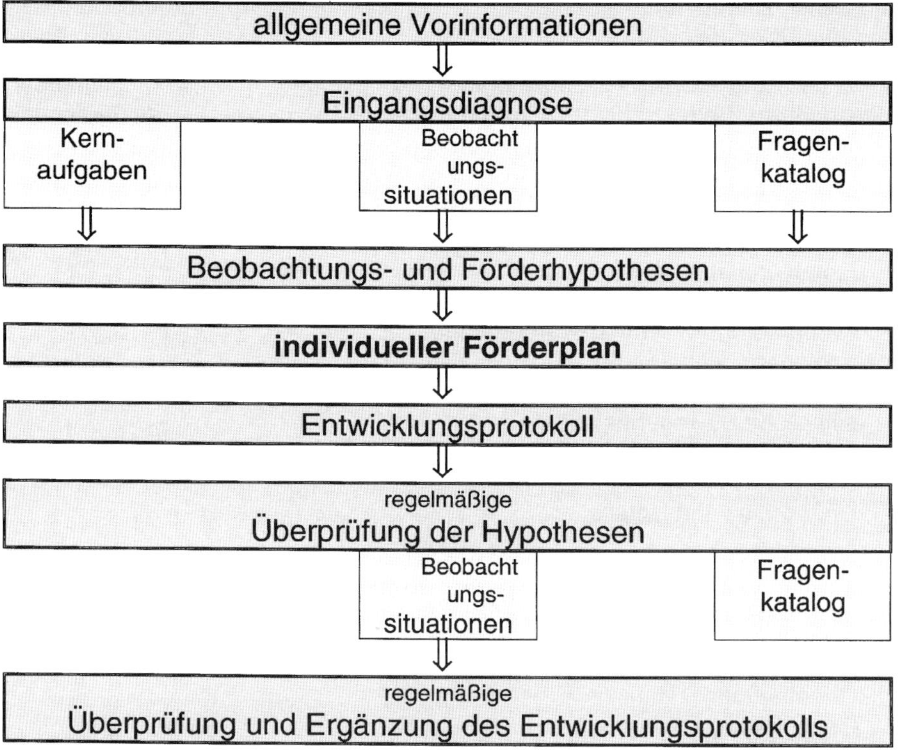

Im Folgenden finden sich nähere Erläuterungen zu den allgemeinen Vorinformationen, zum individuellen Förderplan und zum Entwicklungsprotokoll:

Zu den allgemeinen Vorinformationen gehören folgende Punkte:

Name:

geboren am:

RZI durchgeführt am:

Was ... besonders gut kann

Im Sinne des Prinzips „Von den Stärken ausgehen" soll dem Betrachter als erstes ein möglichst positives Bild vom Kind geboten werden. Die besonderen Fähigkeiten stehen hier im Vordergrund. Dabei geht es nicht nur um die Fähigkeiten aus dem raum-zeitlichen Bereich, sondern aus allen Entwicklungsbereichen. Dieses kann bei einer Förderung sehr wichtig werden, da man über Stärken und Vorlieben das Kind motivieren und sein Selbstbewusstsein stärken kann.

Was ... weniger gut kann

Um ein erstes „rundes" Bild von Kind zu erhalten, wird kurz erwähnt, was das Kind weniger gut kann, wo eine Intervention aber nicht zwingend notwendig ist. Wieder geht es nicht nur um die raum-zeitliche Entwicklung, sondern um die gesamte Persönlichkeit und Entwicklung des Kindes.

Wo ... besondere Unterstützung braucht

An dieser Stelle stellt sich die Frage nach (sonder-)pädagogischem Förderbedarf. In Kurzform soll beschrieben werden, wo Förderbedarf vermutet wird und wie sich die Probleme äußern. Überflüssig, zu erwähnen, dass es im Sinn einer ganzheitlichen Förder-Diagnostik wiederum um alle Auffälligkeiten geht, die dem Beobachter wichtig erscheinen.

Wie ... es sieht

Die Einschätzung der eigenen Leistungen und das Wissen um das vermeintliche Problem sind von zentraler Bedeutung. Sie wirken sich aus sowohl auf das Selbstbild als auch auf das Fremdbild und bestimmen somit das gesamte Handeln des Kindes. Außerdem haben sie auch Einfluss auf Diagnose und Förderung. Einem Kind, dass weiß, dass es in bestimmten Bereichen Schwierigkeiten hat und das darunter leidet, muss anders begegnet werden als einem Kind, dass sich völlig unbelastet der (diagnostischen) Situation stellt. Dem zuerst beschriebenen Kind wird es u.U. helfen, genau zu erklären, was man warum macht, während ein Kind ohne Störungsbewusstsein davon eher verunsichert würde.

Wie ein Kind sich selber und sein vermeintliches Problem sieht, hängt zusätzlich eng zusammen mit der Frage, wie seine Umwelt, d.h. Eltern/ Familie und Lehrer und Mitschüler es sehen und zu welcher Beeinflussung es in der Beziehung kommt.

Wie die Eltern es sehen

Von großer Bedeutung für das Kind ist, wie seine Familie auf das Problem reagiert. Dazu gehören die Stellung des Kindes in der Familie und das Verhältnis der Geschwister untereinander ebenso wie Spielverhalten und bestimmte Gewohnheiten.
Wichtig ist es herauszufinden, wie die Eltern die bisherige und die zukünftige Entwicklung ihres Kindes sehen. Welche Stärken sehen sie, welche Rolle spielt das aktuelle Problem. Gerade im Hinblick auf die Förderung ist es von Belang, herauszufinden, in wie weit die Eltern sich oder die Lehrer mit verantwortlich sehen für das Problem und aus welchen Gründen sie es gelöst sehen möchten. Der Fragenkatalog hilft, Antworten auf diese Fragen zu finden. Eltern, die ihr Kind sehr genau und differenziert beobachten, werden sehr viel detaillierter antworten können.

Wie die Lehrer es sehen
&
Wie es zur Frage nach einer Feststellung eines eventuellen Förderbedarfes im Bereich der Raum-Zeit-Entwicklung kam

Diese beiden Fragestellungen eines Förderplanens gehören eng zusammen, da es meist die Lehrer sind, die eine Aussage darüber machen können, wie es zur Frage nach einer Feststellung eines eventuellen Förderbedarfs kam, da das Kind im schulischen Rahmen auffällig wurde. Dazu ist es notwendig, eben diesen Rahmen kurz zu beschreiben:
Ist das Verhältnis zum Kind geprägt von Sympathie oder Antipathie, von gegenseitiger Akzeptanz;
wie ist das eigene Unterrichtsverhalten (methodische Arbeit, Einstellung zu Fördermaßnahmen, Differenzierungsmaßnahmen, Umgang mit unterschiedlichen Lernvoraussetzungen);
wie sind die räumlichen und materiellen Bedingungen der Schule;
wie gestaltet sich die Zusammenarbeit zwischen Familie und Schule.

Ausführlich werden hier die verschiedenen Ziele der Förderung beschrieben. Im Gegensatz zu den Förder- und Beobachtungshypothesen, die eine reine Aufzählung der Förderbedürfnisse sind, erfolgt hier eine Reflexion und Schwerpunktsetzung. Es werden Grobziele und Feinziele unterschieden, äußere Bedingungen beschrieben und Angaben zur Organisation gemacht.
Stattfinden sollte die Reflexion zur Erstellung des individuellen Förderplans vor dem Hintergrund der aktuellen Lebenssituation des Kindes; d.h. welche Schulform und welche Klasse besucht es, welche Anforderungen werden hier an das Kind gestellt, die sich in den Förderbedürfnissen wiederfinden.

- Grobziele der Förderung
  = Komplexitätsgrad

  ? welche Ziele erscheinen in welcher Zeit erreichbar
  ? welche Bedeutung haben sie für das Kind
  ? welche Ziele stehen im Vordergrund, welche bauen darauf auf

- Feinziele der Förderung
  = Strukturstufe und
  Entwicklungsstufe

  ? s.o.
  ? welche Struktur- bzw. Entwicklungsstufe ist erreicht, welche wird als nächste gefördert

- äußere Bedingungen für die Durchführung der Förderung

  ? welche Situationen sind für die Förderung wichtig, d.h. sind hilfreich oder hemmen
  ? wann findet Förderung statt (während/ parallele/ außerhalb des Unterrichts)
  ? wer führt sie durch
  ? wo findet sie statt

- nähere Angaben zur Organisation der Förderung

  ? wo kann man ansetzen (Vorlieben und Stärken)
  ? welche Unterstützung von anderen wird für notwendig gehalten
  ? wie kann man diese Unterstützung erreichen

- weitere wünschenswerte Informationen

  ? wie können die Eltern miteinbezogen werden
  ? welche außerschulischen Möglichkeiten gibt es
  ? wie sieht der Zeitplan des Kindes aus

Das Entwicklungsprotokoll beschreibt und bewertet die tatsächlich stattfindende Förderung. Es gibt Aufschluss darüber, wie die Förderung konkret abgelaufen ist, welchen Erfolg oder Misserfolg und warum welche Fördermaßnahmen beim Kind haben, wie die Förderung eventuell geändert werden muss.

Das Entwicklungsprotokoll sollte regelmäßig überprüft und ergänzt werden.

Im einzelnen gliedert es sich wie folgt:

Datum	Grobziel = Komplexitätsgrad	Feinziel	Fördervorschlag	Fördermaßnahme Organisation der Förderung	Bemerkungen Erfolg/ Modifikation der Förderung

Anhang A

Aufgabensammlung

Kernaufgaben

Beobachtungssituationen

Kernaufgaben Raum-Zeit-Inventar

Raum

D R_1 Zehn kleine Zappelfinger
S R_1 Ausflug
S R_2 Namen-Straßen

Zeit

D Z_1 Pantomimen
D Z_2 Der Obstkorb fällt um
D Z_3 Große Uhren
S Z_1 Schnecken und Rennmäuse

Raum-Zeit

D RZ_1 Anziehen
S RZ_1 Versteckt

Zehn kleine Zappelfinger				Raum
o **Grundwahrnehmungs-** **systeme** o **Lateralität** o Raumkoordination o Raumvorstellung	O **erkennen/ unterscheiden**	O Figur-Grund	O Memorisation	O Zusammen- hänge herstellen	**D** R 1

Anweisung:
Die Kinder machen mit ihren Händen/ Fingern genau die Bewegungen, von denen das Fingerspiel erzählt:

„Zehn kleine Zappelfinger zappeln hin und her, zehn kleine Zappelfinger finden´s gar nicht schwer.
Zehn kleine Zappelfinger zappeln auf und nieder, zehn kleine Zappelfinger zappeln immer wieder.
Zehn kleine Zappelfinger zappeln rechts und links, zehn kleine Zappelfinger meinen: nur das bringt´s.
Zehn kleine Zappelfinger zappeln unten und oben, zehn kleine Zappelfinger wollen wirklich toben.　　(Hände zappeln an den Füßen und über dem Kopf)
Zehn kleine Zappelfinger zappeln rundherum, zehn kleine Zappelfinger finden´s gar nicht dumm.　　(Hände beschreiben einen Kreis)
Zehn kleine Zappelfinger zappeln spielen gern Versteck, zehn kleine Zappelfinger sind auf einmal weg.　　(Hände hinter dem Rücken verstecken)
Zehn kleine Zappelfinger zappeln rufen laut „Hurra", zehn kleine Zappelfinger sind jetzt wieder da."　　(Hände in die Luft, über den Kopf recken)

Wenn die Kinder Probleme haben, die Finger einzeln zappeln zu lassen, können auch „zwei Zappelhände" spielen oder zwei „Zappelfüße".

Beobachtungskriterien:	**Interpretation:**
O das Kind kann seine Finger einzeln zappeln lassen O das Kind konzentriert sich auf das Zappeln, nicht auf die Richtungen O das Kind kann alle Bewegungen spontan entsprechend der Ansage mitmachen O das Kind macht alle Bewegungen zeitversetzt, braucht einen Moment länger O das Kind nacht einzelne Bewegungen gegengleich O das Kind macht nur bestimmte Bewegungen mit (...) O das Kind überkreuzt deutlich (oder zaghaft oder gar nicht) die Körpermittellinie	O das Kind unterscheidet die Raumrichtungen O die Lateralität und die darauf aufbauende Rechts-Links-Orientierung sind entwickelt O das Kind kann aufgrund erinnerter taktil-kinästhetischer Erfahrungen seine Bewegungen anpassen

Material /

	Ausflug				Raum
o Grundwahrnehmungs- systeme o **Lateralität** o **Raumkoordination** o Raumvorstellung	O erkennen/ unterscheiden	O Figur-Grund	O Memorisation	O **Zusammen- hänge herstellen**	**S** R 1

Anweisung:

Die Kinder machen eine Reise im Flugzeug. Die Kinder nehmen im Flugzeug Platz (Doppelstuhlreihen oder auf dem Boden sitzend). Der Pilot gibt die jeweiligen Manöver über Lautsprecher bekannt.

- Zuerst wird die Flugtauglichkeit geprüft: die verschiedenen Raumrichtungen links und rechts, vorne und hinten, oben und unten werden besprochen und gemeinsam ausprobiert.
- Dann erfolgt der Start: Die Fluggäste lehnen sich weit nach hinten – ohne überzukippen.
- Der Pilot fliegt mehrere, unterschiedlich „scharfe" Kurven, mal nach rechts, mal nach links. Die Fluggäste legen sich in die Kurven, ohne ihren Sitznachbar umzuschmeißen. Zur Unterstützung können die Richtungen gemeinsam gesprochen werden.
- Das Flugzeug kommt in Turbulenzen, die Passagiere werden durchgerüttelt.
- Der Flug ist vorbei, das Flugzeug landet wieder. Die Fluggäste lehnen sich nach vorne.
- Das Flugzeug rollt auf der unebenen Landebahn aus.
- Nach dem Flug sind die Fluggäste ganz verspannt, sie dehnen und recken sich.

Beobachtungskriterien:

O das Kind kann die jeweilige Raumrichtung mit seinem Körper mitmachen
O das Kind orientiert sich an den anderen Kindern
O das Kind bringt die Raumrichtungen durcheinander, merkt es aber von alleine und kann sich korrigieren
O das Kind merkt nicht, dass es „in eine andere Richtung fliegt" als die anderen
O das Kind vertauscht durchgängig die Begriffe „rechts" und „links"
O das Kind hat eine individuelle Merkhilfe (Leberfleck, Narbe, Armband) für eine Körperseite
O das Kind führt die Bewegungen immer in der gleichen Intensität durch
O das Kind unterscheidet zwischen „leichten" und „scharfen" Kurven

Interpretation:

O das Kind kann die Raumrichtungen vorne und hinten sowie rechts und links unterscheiden
O die Lateralität und die darauf aufbauende Rechts-Links-Orientierung sind entwickelt
O das Kind kann Zusammenhänge herstellen zwischen der gestellten Bewegungsaufgabe und den eigenen Bewegungen
O und diese in eine strukturierte Bewegungshandlung umsetzen

Material	Stühle

	Namen-Straßen				Raum
o Grundwahrnehmungs- systeme o Lateralität o Raumkoordination o **Raumvorstellung**	O erkennen/ unterscheiden	O Figur-Grund	O **Memorisation**	O **Zusammen- hänge herstellen**	**S** R 2

Anweisung:

Im Raum stehen/ sitzen Kinder in Gymnastikreifen verteilt. Nun soll ein Kind mit verbundene Augen die Halle durchqueren. Kommt es dabei an einem der anderen Kinder vorbei, sagt dieses seinen Namen: eine Namen-Straße entsteht. Ist das Kind am anderen Ende der Halle angekommen, wird es – noch mit verbundenen Augen – zum Start zurückgeführt. Hier nimmt es seine Augenbinde ab und hat die Aufgabe, mit Hilfe der Kindernamen den Weg zu finden, den es mit verbundenen Augen gegangen ist.

Beobachtungskriterien:	**Interpretation:**
O das Kind geht zielstrebig seinen Weg O das Kind schließt zwischendurch die Augen, um sich zu erinnern O das Kind scheint sich eher an die Raumrichtungen zu erinnern, die es gegangen ist als an die Namen (in diesem Fall: verbalisieren lassen, wie das Kind seinen Weg findet)	O das Kind kann sich den Raum mit geschlossenen Augen vorstellen O das Kind kann den vorgestellten Raum auf den realen Raum übertragen

Material	Augenbinde

Zeit
D **Z 1**

Pantomimen

o Ordnung	O erkennen/ unterscheiden	O Figur-Grund	**O Memorisation**	O Zusammen- hänge herstellen
o Dauer				
o Rhythmus				
o **Zeithorizont**				

Anweisung:
Jeweils ein Kind soll eine einfache, aus mehreren Schritte bestehende Alltagshandlung pantomimisch darstellen.

Beobachtungskriterien:

O das Kind kann ohne die realen Gegenstände zusammenhängende Ereignisse mit ihren ehren einzelnen Handlungsschritten darstellen

O das Kind braucht einen Probedurchlauf mit realen Gegenständen

O das Kind kann sich in der Pantomime an alle Handlungsschritte erinnern

O das Kind kann einzelne Handlungsschritte aus einem komplexen Ablauf herauslösen und darstellen

Interpretation:

O das Kind kann vergangene Handlungen speichern und abrufen

O das Kind kann Handlungen in der Gegenwart adäquat fortsetzen

O das Kind kann künftige Handlungen vorausschauen und planen

Material   /

	Der Obstkorb fällt um				Zeit
o **Ordnung** o Dauer o Rhythmus .... o Zeithorizont	o **erkennen/** **unterscheiden**	o Figur-Grund	o Memorisation	o Zusammen- hänge herstellen	**D** Z 2

Anweisung:

Die Kinder werden in Obstsorten verwandelt, indem sie ein Schild mit einer Banane, einem Apfel, … umhängen. Jede Frucht ist 4x vertreten.
Dann setzen sie sich in einen Stuhlkreis, in dem ein Stuhl weniger ist als Kinder. Das Kind, das keinen Stuhl hat – der Obstverkäufer - steht in der Mitte.
Abwechselnd benennt es die verschiedenen Obstsorten. Die angesprochenen Kinder müssen dann untereinander den Platz tauschen. Der Obstverkäufer muss versuchen, einen freien Platz zu besetzen. Schafft es dieses, erhält er die Frucht von dem Kind, das nun Verkäufer ist. Wenn der Verkäufer ruft „Der Obstkorb fällt um!", müssen alle Kinder die Plätze tauschen.
Bedingung beim Platztausch ist, dass man sich nicht auf den direkten Nachbarplatz setzt.

Beobachtungskriterien:

für den Obstverkäufer

O das Kind orientiert sich vorher, wo die Früchte sitzen, um möglichst nahe an einem leeren Stuhl zu sein

O das Kind verliert die Orientierung, wenn die Kinder die Plätze tauschen, es dreht sich um die eigene Achse

O das Kind ist so aufgeregt, dass es das Zeitlupentempo vergisst

O das Kind kann sich beim Zeitlupentempo besser orientiern

für den Obstkorb

O das Kind orientiert sich vorher, wo die eigenen Früchte sitzen, um möglichst direkt zu einem leeren Stuhl zu gelangen

O das Kind weiß immer, welche Frucht es grade ist

O das Kind muss immer erst auf sein Symbol schauen und verliert daher Zeit, sich einen Platz zu suchen

Interpretation:

O das Kind kann eine Ordnung anhand bekannter Merkmale erstellen

O das Kind kann Ereignisse, die in einem bestimmten Zeitraum ablaufen, erfassen und strukturieren

O das Kind kann angemessen reagieren, da es zukünftige Ereignisse vorausschauen kann

O das Kind kann Strategien entwickeln

Material	Obstsymbole, Stuhlkreis

o Ordnung	Große Uhren				Zeit
o Dauer	O erkennen/ unterscheiden	O Figur-Grund	O Memorisation	O Zusammen- hänge herstellen	**D** Z 3
o **Rhythmus**					
o Zeithorizont					

Anweisung:

Entsprechend dem unterschiedlichen Rhythmus einer Uhr bewegen die Kinder ihren Oberkörper hin und her, als wären sie ein Uhrpendel.

Zuerst sind alle Kinder die gleiche Uhr, der Spruch wird gemeinsam gesprochen und gespielt.

Dann gibt es drei Gruppe, die gleichzeitig die verschiedenen Uhren darstellen.

Zur Unterstützung kann ein Metronom mit einem Grundtempo mitlaufen, an dem sich die Kinder orientieren können.

„Große Uhren machen tick - tack - tick - tack. (Kinder sprechen und pendeln ganz langsam, weit ausschwingend)

Kleine Uhren machen ticke – tacke - ticke – tacke. (Kinder pendeln im doppelten Tempo, weniger weit schwingend)

Und die kleinen Taschenuhren ticke – tacke – ticke – tacke – tick. (Kinder schütteln den Oberkörper schnell aus)

Beobachtungskriterien: **Interpretation:**

beim gemeinsamen Pendeln

O das Grundtempo des Kindes ist eher ein *langsames* oder eher ein *schnelles*

O das Kind kann zusammen mit den anderen das jeweilige Uhrpendel darstellen, sich mit seinem Tempo auf die anderen einstellen

O das Kind muss sich immer wieder neu einpendeln, d.h. es bleibt nicht im entsprechenden Tempo, merkt es aber und passt sich wieder an

O das Kind kann alleine das jeweilige Uhrpendel darstellen, nicht aber mit den anderen zusammen, weil es ein anderes Grundtempo hat

O das Kind wird immer *schneller* oder immer *langsamer*

O das Kind ist am liebsten die .... Uhr

beim gleichzeitigen Pendeln

O das Kind kann sein Tempo beibehalten, ohne sich von den anderen ablenken zu lassen

O das Kind muss sich immer wieder neu einpendeln, d.h. es bleibt nicht im entsprechenden Tempo, merkt es aber und passt sich wieder an

O das Kind kann sein Tempo nicht halten und merkt nicht, wenn es von den anderen abweicht

O das Kind ist am liebsten die .... Uhr

Interpretation (rechte Spalte):

O das Kind hat ein Bewusstsein für gleiche Zeitintervalle

O das Kind erkennt die regelmäßige und periodische Wiederkehr einer geordneten Struktur

O das Kind erkennt einen Wechsel in einer geordneten Struktur

O das Kind kann die Synthese von Ordnung und Dauer erbringen

Material

	Schnecken und Rennmäuse	Zeit
o Ordnung o **Dauer** o Rhythmus .... o Zeithorizont	O erkennen/ unterscheiden O Figur-Grund O Memorisation **O Zusammen-hänge herstellen**	**S** Z **2**

Anweisung:

Alltägliche Handlungen werden in verschieden Tempi ausgeführt. Vorstellungshilfen für die Kinder können sein: ich habe es sehr eilig oder ich habe viel Zeit.

Oder eine Schnecke geht von der Blume zum Baum und eine Rennmaus geht den gleichen Weg. Oder ich habe einen Zaubertrunk getrunken; er lässt mich alles in Zeitlupe oder in Renntempo machen.

Zum besseren Vergleich können jeweils ein „langsames" und ein „schnelles" Kind die Handlungen parallel ausführen. Dazu sollten vorher die einzelnen Handlungsschritte genau abgesprochen werden.

Es kann auch ein Ratespiel gespielt werden: Erkennen die Zuschauer die Handlungen bei Zeitlupentempo und bei Renntempo?

Beobachtungskriterien:	**Interpretation:**
O das Kind kann die Handlung im „Normaltempo", seinem Grundtempo durchführen	
O das Grundtempo des Kindes ist eher *ein schnelles* oder *ein langsames*	
O das Kind kann von seinem Grundtempo aus die Handlungen in verschiedenen Tempi ausführen	O das Kind kann die Dauer von Ereignissen gut einschätzen
O dem Kind gelingen *schnelle* oder *langsame* Handlungen besser	O das Kind kann seine eigenen Handlungen an die Dauer von Ereignissen anpassen
O das Kind fängt im geforderten Tempo an, fällt dann aber zurück in sein eigenes Grundtempo	O das Kind kann die Dauer seiner eigenen Handlungen manipulieren
O das Kind ist so bemüht, das geforderte Tempo beizubehalten, dass es einzelne Handlungsschritte vergisst	

Material   /

Anziehen & Verkleiden				Raum – Zeit
o **Körperorientierung** o Praxie	**O** **erkennen/** **unterscheiden**	O Figur-Grund	O Memorisation	**O** **Zusammen-** **hänge** **herstellen**	**D** **RZ 1**

Anweisung:

Die Kinder sollen sich selbst anziehen oder verkleiden.

Beobachtet werden kann das „alltägliche" An- und Ausziehen beim Sportunterricht oder zur Pause. Reichen die Beobachtungen hier nicht aus oder möchte man die Selbständigkeit in diesem Bereich fördern, bietet man eine Verkleidungskiste an.

Auf der Stufe der Strukturierung kann das Thema „Anziehen" in ein Schokoladenwettessesn eingekleidet werden: Die Kinder sitzen im Kreis und würfeln reihum. Würfelt ein Kind eine „6", zieht es Handschuhe, Mütze und Jacke an, nimmt ein Besteck und schneidet von einer Tafel Schokolade ein Stück ab. Würfelt ein nächstes Kind eine „6", zieht es sich ganz schnell wieder aus, gibt die Kleidungsstücke, das Besteck und die Schokolade weiter, damit das neue Kind sich anziehen kann, ...

Beobachtungskriterien:

O das Kind kennt die Reihenfolge der Kleidungsstücke
O das Kind zieht sich bewusst in der falschen Reihenfolge an, da es sich verkleidet
O das Kind braucht Zeit, um sich anzuziehen; es darf nicht abgelenkt werden
O das Kind kann sich dann anziehen, wenn die Kleidungsstücke in der richtigen Reihenfolge hingelegt wurden
O das Kind kann Pullover/ Shirts über den Kopf ziehen und trifft die Ärmel
O das Kind sitzt oder steht beim Anziehen der Hose; es trifft die Hosenbeine
O das Kind geht im freien Spiel von sich aus an die Verkleidungskiste
O das Kind hat viele Kleidungsstücke mit Klettverschlüssen oder Gummizug statt Reißverschluss und Schleifen
O das Kind trägt auch hinten zu schließende Kleidung
O das Kind zieht sich die Schuhe richtig herum an
O das Kind vertauscht den rechten mit dem linken Schuh, bemerkt aber seien Irrtum (wann?) und korregiert ihn
O das Kind hat häufig „Entenfüße", ohne es zu bemerken

Interpretation:

O das Kind kann Zusammenhänge herstellen zwischen den Kleidungsstücken und seinem eigenen Körper
O die Lateralität und die darauf aufbauende Rechts-Links-Orientierung sind entwickelt
O das Kind kann Reihenfolgen einhalten, wobei es sich auf verinnerlichte Handlungsabläufe bezieht (Zeithorizont)

Material

Versteckt				**S** RZ 1
o Körperorientierung o **Praxie**	O erkennen/ unterscheiden	O Figur-Grund	O Memorisation	O **Zusammen- hänge herstellen**

Anweisung:

Die Kinder spielen verstecken: Ein Sucher steht mit geschlossenen Augen mit dem Gesicht an einer markierten Stelle an der Wand (dies ist später der   Frei-Schlag) und zählt laut und langsam bis 10. In dieser Zeit verstecken sich die anderen Kinder im Raum. Nun beginnt die Suche. Ist ein Kind entdeckt, läuft der Sucher zum Freischlag und ruft den Namen des Kindes und benennt sein Versteck. Ein verstecktes Kind kann sich frei schlagen, wenn es es schafft, aus seinem Versteck zum Frei-Schlag schneller zu laufen als der Sucher.

Beobachtungskriterien:

O das Kind versteht den Handlungsablauf des Spiels

für den Sucher

O das Kind zählt der Reihe nach und in einem gleichmäßigen Rhythmus
O das Kind sucht gezielt und systematisch im Raum
O das Kind sucht orientierungslos, auch zwei mal am gleichen Platz
O das Kind erkennt, ob es schneller am Frei-Schlag ist als ein Kind, das sein Versteck verlässt, um dorthin zu laufen
O das Kind kann präzise sagen, wo das versteckte Kind ist
O das Kind zeigt in die Richtung des versteckten Kindes und sagt z.B. „da hinten"

für das versteckte Kind

O das Kind schafft es, sich in der vorgegebenen Zeit zu verstecken
O das Kind kann die Zeit abschätzen, die es hat, um sich zu verstecken
O das Kind sucht sich gezielt ein Versteck aus, auch weiter weg
O das Kind nimmt das nächste Versteck
O das Kind versteckt sich immer im gleichen Versteck
O das Kind läuft orientierungslos durch den Raum
O das Kind kann seinen ganzen Körper im Versteck verbergen
O das Kind kann sich still verhalten
O das Kind kann abschätzen, ob es Zeit hat, sich frei zu schlagen, während der Sucher unterwegs ist
O das Kind kann abschätzen, ob es ungesehen sein Versteck verlassen kann, während der Sucher unterwegs ist

Interpretation:

O das Kind kann Zusammenhänge herstellen zwischen der gestellten Bewegungsaufgabe und den eigenen Bewegungen (Raumkoordination)
O das Kind kann sich im Raum orientieren
O das Kind kann sich selber in Beziehung setzen zu einem Gegenstand und zu anderen Kindern (Raumvorstellung)
O das Kind kann den Standpunkt der anderen Kinder mit seinem eigenen vergleichen und seine Handlungen in Raum und Zeit entsprechend anpassen
O das Kind kann sich in der Gegenwart orientieren und angemessen reagieren (Zeithorizont)
O das Kind kann in die Pläne der gegenwärtigen Handlungen zukünftige mit einbeziehen (Zeithorizont)
O das Kind kann Ereignisse, die in einem bestimmten Zeitraum ablaufen, erfassen und strukturieren (Ordnung)
O das Kind kann seine eigenen Handlungen an die Dauer von Ereignissen anpassen (Dauer)

Material	ein Raum mit vielen Verstecken

Beobachtungssituationen „**Raum**"

D R 2 Riesen und Zwerge

D R 3 Indianer

D R 4 Mein rechter Platz ...

D R 5 Himmel und Hölle

D R 6 Krebse

D R 7 Marionetten

D R 8 Eierdieb

D R 9 Schattenspiele

D R 10 Bello, dein Knochen ist weg

D R 11 der Eismann

D R 12 Erkältete Bienen

S R 3 Lustige Masken

S R 4 Raumexkursion I

S R 5 Raumexkursion II

S R 6 Autos

S R 7 Knoten

S R 8 Figuren-Memory

S R 9 Feuer, Wasser, Erde

S R 10 Seiltanz

S R 11 Allesfresser

S R 12 Nachtschwärmer

S R 13 Krabbelkäfer I

S R 14 Krabbelkäfer II

	Riesen und Zwerge				Raum
o **Grundwahrnehmungs-systeme** o Lateralität o Raumkoordination o Raumvorstellung	**O** **erkennen/** **unterscheiden**	O Figur-Grund	O Memorisation	O Zusammen- hänge herstellen	**D** R 2

Anweisung:

 Bei dieser Aufgabe wird der Körperumriss der Kinder in verschiedenen „Situationen" aufgezeichnet. Dazu werden große Papierbögen benötigt (z.B. nebeneinander geklebte Tapetenbahnen) und verschiedenfarbige Stifte, je nach Situation.

Bei dieser Aufgabe erhält man zum einen Informationen über das Körpergefühl des Kindes, zum anderen aber auch über sein Selbstbewusstsein: wieviel Platz beansprucht jedes Kind für sich; wie sehr traut es sich, aus sich herauszugehen.

- Zuerst wird das Kind aufgefordert, sich locker und entspannt auf das Papier zu legen, damit seine Körperumrisse gemalt werden können. (Schon hier kann man feststellen, wieviel Platz ein Kind für sich beansprucht: liegen die Arme eng am Körper an, sind die Beine nahe beisammen oder macht sich das Kind von alleine breit). Mit einem grünen Stift wird der Körperumriss nachgefahren. Die verschiedenen aufgemalten Körperteile werden benannt und am eigenen Körper gezeigt. Man kann auch seinen Körperumriss mit dem der anderen Kinder vergleichen.
- Nun wird das Kind aufgefordert, sich auf seinem Papier so klein wie möglich zusammenzurollen. Dabei sollte es ungefähr auf dem Bauch des ersten Umrisses liegen. Wieder wird der Körperumriss nachgezeichnet, diesmal mit einem blauen Stift.
- Zum Schluss wird das Kind aufgefordert, sich auf dem Rücken liegend ganz groß und breit zu machen, soviel Platz wie möglich einzunehmen. Wieder wird der Körperumriss mit einer neuen Farbe nachgezeichnet. Diesmal kann man sogar dem Umriss in Bewegung zeichnen: das Kind erhält einen Stift in die Hand und bewegt die Arme wie Flügel auf und ab.

Beobachtungsmöglichkeiten:

Insgesamt wird man erkennen können, welche Kinder mit ihrem Körper eher viel Raum für sich beanspruchen und welche Kinder eher wenig. Eine interessante Frage ist, ob sich das in ihrem Gesamtverhalten wieder spiegelt: Kinder, die viel Körperraum für sich beanspruchen, ihren Körper groß und breit machen, sprechen auch häufig laut, d.h. nehmen auch mit ihrer Stimme viel Platz ein; sind häufig erste beim Spiel, ...

Eine andere Frage ist, wie gehen sie um mit dem Raum, den ihr Körper beansprucht; wissen sie um ihn? Stoßen sie andere Kinder bzw. Gegenstände an oder fürchten sie, nicht durch Zwischenräume hindurchzupassen?

Nutzen sie den Raum, um sich zu verstecken, nicht aufzufallen (sie machen sich klein) oder überspielen sie Situationen, in denen sie unsicher sind, kaspern herum (sie machen sich groß)?

Beobachtungskriterien:	Interpretation:

Normalposition
 O das Kind kann sich entspannt und locker hinlegen
 O die Extremitäten (Arme und Beine) sind
      nahe am Körper
      weit ausgestreckt
      ....
 O das Kind kann einen Zusammenhang herstellen zwischen sich und dem gezeichneten Umriss
 O das Kind kann seine Körperteile benennen
 O das Kind kann den um den Körper wandernden Stift verfolgen und benennen, an welchem Körperteil er sich gerade befindet
 O das Kind ...
 Zwerge
 O das Kind kann sich ganz klein zusammenrollen
 O das Kind ...
 Riesen
 O das Kind legt sich groß und breit hin
 O das Kind ....
	O das Kind verfügt über eine differenzierte Körperwahrnehmung und ein ausgebildetes Körperschema
	 O das Kind kann aufgrund erinnerter taktil-kinästhetischer Erfahrungen seinen Körper spüren und die Körperteile benennen
	
	 O das Kind kann aufgrund erinnerter taktil-kinästhetischer Erfahrungen seine Bewegungen anpassen

Material	große Papierbögen/ Tapetenrollen, verschieden farbige Stifte

Variationen Riesen und Zwerge:

*   Die Kinder legen sich auf dem Rücken in eine ebene Sandfläche (oder im Winter in den Schnee) und spielen Adler: Sie bewegen ihre Flügel (Arme) auf und ab und versuchen, mit ihren Krallen (Füßen und Beinen) Beute zu machen. Wenn die Kinder wieder aufstehen, sehen sie, wieviel Raum sie einnehmen (egozentrischer Raum). Man kann diesen Raum auch mit einem Seil umlegen oder mit Gymnastikkeulen umstellen.
*   Mit dem eigenen Körper kann ein Abdruck gemacht werden. Dazu wird er mit Körperfarbe bemalt, dann legt sich das Kind mit Hilfe vorsichtig auf ein Platt Papier. Jedes Körperteil wird nun nacheinander auf das am Boden liegende Papier gedruckt.
*   Wieder wird der Körperumriss umfahren. Diesmal werden dem Kind aber nur der Startpunkt der Bewegung bewusst gemacht sowie Richtung und Tempo, wie umfahren wird. Dann wird der Körperumriss nachgefahren, ohne das Kind zu berühren, Bei „Stopp" muss das Kind sagen, an welchem Körperteil sich der Stift befindet (betr. Raumvorstellung/ Strukturierung).

	Indianer				Raum
o **Grundwahrnehmungs- systeme**	O **erkennen/ unterscheiden**	O **Figur-Grund**	O Memorisation	O Zusammen- hänge herstellen	**D** R 3
o Lateralität					
o Raumkoordination					
o Raumvorstellung					

Anweisung:

 Hier geht es um ein Bewusstmachen, ich hinterlasse Spuren, wo ich gehe; wie groß sind meine Schritte; unterscheidet sich der rechte vom linken Fuß. Dazu gehen die Kinder in geharktem Sand, mit nassen Füßen über Steine, mit angemalten Füßen über Papier. Man kann über die Spuren sprechen, die der einzelnen Kinder vergleichen und die Spuren der anderen erraten.

Kann man an den Spuren auch die unterschiedlichen Geschwindigkeiten erkennen, mit denen ein Kind sich fortbewegt?

Beobachtungskriterien:

O das Kind kann sich so vorsichtig fortbewegen, dass es „saubere" Spuren hinterlassen kann
O das Kind kann die Spuren seines rechten Fußen von denen seines linken Fußes unterscheiden
O das Kind kann seine eigenen Spuren von denen anderer Kinder unterscheiden
O das Kind ist überrascht über seine eigenen Spuren (so groß, so klein, ...)

Interpretation:

O das Kind unterscheidet rechts und links
O die Lateralität und die darauf aufbauende Rechts-Links-Orientierung sind entwickelt
O das Kind kann aufgrund erinnerter taktil-kinästhetischer Erfahrungen seine Bewegungen anpassen

Material | Sandkiste, Wasser, Fingerfarben, Papier, Salzteig oder Ton

---

Variationen Indianer:

*   Fuß- oder auch Handabdrücke werden in Salzteig oder Gips gemacht. Vielleicht haben die Kinder ja auch schon frühere Abdrücke zu Hause, die jetzt verglichen werden können.
*   Auch Tiere hinterlassen Spuren. Man kann Spurenstempel erstellen und so ein Bild erstellen.
*   Spuren sind etwas gleichmäßiges, sich wiederholendes. Kann das Kind ein Bild fortsetzen, auf dem verschiedene Spurenmuster begonnen wurden? (betr. Raumvorstellung/ Strukturierung)

	Mein rechter Platz ...				**Raum**
o Grundwahrnehmungs- systeme o **Lateralität** o Raumkoordination o Raumvorstellung	O **erkennen/** **unterscheiden**	O Figur-Grund	O Memorisation	O Zusammen- hänge herstellen	**D** R 4

Anweisung:
Alle Kinder sitzen im Stuhlkreis, ein Stuhl ist zusätzlich vorhanden. Das Kind, das an seiner rechten Seite den leeren Stuhl hat, klopft auf ihn und sagt. „Mein rechter, rechter Platz ist frei. Ich wünsche mir (Lena) herbei.". (Lena) setzt sich auf den leeren Platz. Ein neues Kind hat einen leeren rechten Platz ...

Beobachtungskriterien:	**Interpretation:**

O das Kind erkennt spontan seinen rechten Platz
O das Kind reagiert nur bei seinem linken Platz, d.h. das Kind vertauscht durchgängig die
  Begriffe „links" und „rechts"
O das Kind reagiert immer, wenn ein leerer Platz neben ihm ist
O das Kind hat eine individuelle Merkhilfe (Leberfleck, Narbe, Armband) für eine
  Körperseite
O das Kind braucht um seine rechte Hand eine Merkhilfe, kann dann aber richtig reagieren
	O das Kind unterscheidet rechts und links
	O die Lateralität und die darauf aufbauende Rechts-Links-Orientierung sind entwickelt

Material	Stuhlkreis

	Himmel und Hölle				Raum
o **Grundwahrnehmungs-** **systeme** o **Lateralität** o Raumkoordination o Raumvorstellung	O erkennen/ unterscheiden	O **Figur-Grund**	O Memorisation	O Zusammen- hänge herstellen	**D** R 5

Anweisung:

Auf den Boden werden verschiedene Hinkel-Kästchen gemalt. Nun wird mit verschiedenen Aufgaben gehüpft, ohne die Linien zu betreten: mit beiden Füßen gleichzeitig (Schlusssprung), nur mit rechten Bein, nur mit dem linken. Es wird vorwärts gehinkelt und rückwärts. Die Kinder müssen in jedes Kästchen springen oder nur in jedes zweite, …

Beobachtungskriterien:	**Interpretation:**

O das Kind kann einen Schlusssprung durchführen
   - für große Sprünge
   - für kleine Sprünge
O das Kind springt mit beiden Füßen nacheinander (Pferdchensprung)
O das Kind kann auf einem Bein hüpfend die Balance halten und mehrere Sprünge nacheinander machen
   - für große Sprünge
   - für kleine Sprünge
O das Kind kann auf einem Bein hüpfend die Balance für nur einen Sprung halten
O das Kind springt besser mit dem rechten/ linken Fuß
O das Kind kann die Weite seiner Sprünge anpassen
O das Kind hüpft auf die Begrenzungslinien
	O die Lateralität und die darauf aufbauende Rechts-Links-Orientierung sind entwickelt
	O das Kind kann Zusammenhänge herstellen zwischen der gestellten Bewegungsaufgabe und den eigenen Bewegungen
	O und diese in eine strukturierte Bewegungshandlung umsetzen

Material	Kreide oder Klebeband

	Krebse				Raum
o Grundwahrnehmungs- systeme o **Lateralität** o **Raumkoordination** o Raumvorstellung	O erkennen/ unterscheiden	O Figur-Grund	O Memorisation	O **Zusammen- hänge herstellen**	**D** **R 6**

Anweisung:

Die Kinder bewegen sich auf verschiedene Art und Weise entlang eines auf dem Boden liegenden Seiles fort. Verschiedene Aufgaben können sein:

- ein Fuß ist auf der linken Seite des Seils, der andere auf der rechten;
- im Vierfüßlergang sind die Füße auf der einen Seite des Seils, die Hände auf der anderen,
- ...

Beobachtungskriterien:

O das Kind erkennt das Seil als „Grenze" für seine Bewegungen
O das Kind bleibt der Aufgabe entsprechend mit Armen und Beinen auf der zugewiesenen Seite
O das Kind führt die richtigen Bewegungen aus, achtet aber nicht auf rechts und links
O das Kind vertauscht durchgängig die Begriffe „rechts" und „links"
O das Kind hat eine individuelle Merkhilfe (Leberfleck, Narbe, Armband) für eine Körperseite
O das Kind überschreitet das Grenzseil, merkt es aber und korrigiert seine Bewegungen
O das Kind überschreitet das Grenzseil ohne es zu merken
O das Kind kann Arme und Beine nicht in der geforderten Art und Weise koordinieren

Interpretation:

O das Kind unterscheidet rechts und links
O die Lateralität und die darauf aufbauende Rechts-Links-Orientierung sind entwickelt
O das Kind kann aufgrund erinnerter taktil-kinästhetischer Erfahrungen seine Bewegungen anpassen

Material	ein langes Seil

	Marionetten				Raum
o **Grundwahrnehmungs-systeme** o **Lateralität** o Raumkoordination o Raumvorstellung	O **erkennen/ unterscheiden**	O Figur-Grund	O Memorisation	O Zusammen-hänge herstellen	**D** R 7

Anweisung:

Die Kinder sollen sich vorstellen, sie wären Marionetten. Dazu sitzen sie zusammengesunken auf einem Stuhl mit den Fäden um Füße, Knie, Hände, Ellenbogen, Schultern und evtl. im Haar. Ein Puppenspieler steht hinter ihnen auf einem Stuhl und hat alle Fäden locker in einer Hand. Um die Marionette zu bewegen, verfolgt er mit den Augen den entsprechenden Faden und zieht dann mit der zweiten Hand an ihm.

- Zuerst sollen sich die Teams aneinander gewöhnen, der Puppenspieler findet heraus, wieviel Zug seine Marionette braucht, um sich zu bewegen.
- Dann gibt ein Spielleiter Anweisungen, an welchen Gelenken, auf welcher Körperseite der Puppenspieler ziehen soll. Dazu werden entweder den Puppenspielern Karten gezeigt mit der Anweisung und den Marionetten die Augen verbunden, damit sie nicht helfen können. Oder der Spielleiter steht mit dem Rücken zu den Spielern und zeigt an sich selber (spiegelgleich), welches Körperteil der Marionette bewegt werden soll. (Auf der Stufe der Strukturierung kann er auch mit dem Gesicht zu den Teams stehen, so dass die Puppenspieler sozusagen spiegelverkehrt agieren müssen)
- Später werden die Fäden durch verbale Anweisungen durch den Puppenspieler ersetzt (linkes Knie, rechte Hand). Zusätzlich zeigt der Puppenspieler, der noch immer hinter den Marionette steht, an sich selber, welches Körperteil es meint.

Beobachtungskriterien:

für die Puppenspieler

O das Kind kann die Marionette mit den Fäden bewegen
O wenn die Spielleiter spiegelgleich die Körperteile zeigt, die bewegt werden müssen
   O kann das Kind dieses umsetzen
   O bewegt es das richtige Körperteil, aber auf der falschen Körperseite
O wenn die Spielleiter spiegelverkehrt die Körperteile zeigt, die bewegt werden müssen
   O kann das Kind dieses umsetzen
   O bewegt es das richtige Körperteil, aber auf der falschen Körperseite
O bei geschriebenen Anweisungen
   O kann das Kind diese richtig umsetzen
   O bewegt es das richtige Körperteil, aber auf der falschen Körperseite

Interpretation:

O das Kind verfügt über eine differenzierte Körperwahrnehmung und ein ausgebildetes Körperschema
O das Kind kann aufgrund erinnerter taktil-kinästhetischer Erfahrungen seinen Körper spüren und die Körperteile benennen

O die Lateralität und die darauf aufbauende Rechts-Links-Orientierung sind entwickelt
O das Kind kann Zusammenhänge herstellen zwischen der gestellten Bewegungsaufgabe und den eigenen Bewegungen
O und diese in eine strukturierte Bewegungshandlung umsetzen

O bei verbalen Anweisungen
   O zeigt das Kind an sich selber die richtige Stelle
   O zeigt das Kind zwar an sich selber die richtige Stelle, passt sich dann aber seiner
      Marionette an, wenn diese eine andere Stelle bewegt
   O wartet das Kind ab, wie sich die Marionette bewegt
O das Kind vertauscht durchgängig die Begriffe „rechts" und „links"
O das Kind hat eine individuelle Merkhilfe (Leberfleck, Narbe, Armband) für eine
Körperseite

für die Marionetten
O das Kind kann sich entsprechend den gezogenen Fäden bewegen
O das Kind hebt zusätzlich das entsprechende Körperteil der anderen Körperhälfte mit an
O das Kind hebt die gesamte Körperhälfte an, an der an einem Körperteil gezogen wurde/
an der ein Körperteil benannt wurde
O bei verbalen Anweisungen
   O bewegt das Kind das richtige Körperteil der richtigen Körperhälfte
   O bewegt es das richtige Körperteil, aber auf der falschen Körperseite
O das Kind vertauscht durchgängig die Begriffe „rechts" und „links"
O das Kind hat eine individuelle Merkhilfe (Leberfleck, Narbe, Armband) für eine
Körperseite

Material	Fäden oder Wolle

	Eierdieb				Raum
o Grundwahrnehmungs- systeme o Lateralität o Raumkoordination o **Raumvorstellung**	O erkennen/ unterscheiden	O **Figur-Grund**	O Memorisation	O Zusammen- hänge herstellen	**D** R 8

Anweisung:

Ein Eierdieb klaut Eier aus dem Hühnernest. Die Hühner versuchen, möglichst schnell alle Eier wieder ins Nest zu bringen.

D.h. aus einem Korb werden Bälle von einem Kind in den Raum gerollt. Dabei muss es darauf achten, nicht alle Bälle immer in die gleiche Richtung zu rollen und auch nicht dahin, wo die meisten Fänger stehen. Diese müssen versuchen, sie immer wieder zurück zu bringen, so dass der Korb nicht leer wird. Dabei dürfen sie aber immer nur einem Ball holen.

Eine Spielvariante ist, dass die Bälle nicht zurück gebracht werden, sondern gesammelt. Wer am Ende die meisten Bälle hat, ist Sieger.

Beobachtungskriterien:

für den Hühnerdieb

O das Kind kann die Bälle gezielt weitläufig im Raum verteilen
O das Kind verteilt die Bälle eher zufällig, ohne auf die Position der Fänger zu achten
O das Kind rollt die Bälle immer in die gleiche Richtung
O das Kind rollt die Bälle immer direkt auf die Fänger zu

für die Hühner

O das Kind erkennt schon daran, wie der Ball abgeworfen wird, wohin er rollt und kann ihn
   gezielt einfangen
O das Kind wartet, bis ein Ball ihm genau vor die Füße rollt
O das Kind bringt die Bälle gezielt in den Korb zurück
O das Kind muss sich, wenn es einen Ball gefangen hat, immer neu orientieren, wo der
   Korb steht

Interpretation:

O das Kind kann sich im Raum orientieren
O das Kind kann sich selber in Beziehung setzen zu einem Gegenstand (Korb bzw. Ball)
   und zu den andern Kindern

Material	ein Korb mit vielen Bällen

	Schattenspiele				Raum
o Grundwahrnehmungs- systeme o Lateralität o Raumkoordination o **Raumvorstellung**	O **erkennen/ unterscheiden**	O **Figur-Grund**	O Memorisation	O Zusammen- hänge herstellen	**D** R 9

Anweisung:

Hinter einer Schattenwand werden verschiedene Alltagsgegenstände mit markanten Formen (Gießkanne, Tasse, Bügeleisen, Stehlampe, ...) gezeigt. Dabei werden sie nicht nur in der alltagsüblichen Raumlage gezeigt, sondern z.B. auch auf dem Kopf. Die Kinder, die vor der Schattenwand sitzen, müssen erraten, was für Gegenstände es sind. Als Hilfestellung können die entweder die Gegenstände vorher gemeinsam ausgewählt worden sein oder als Gegenstück von der Schattenwand vorhanden oder als Bild oder als Wortkarte ...

Beobachtungskriterien:	**Interpretation:**
O das Kind erkennt den Gegenstand sofort O das Kind erkennt den Gegenstand erst, als er in der „richtigen" Raum-Lage gezeigt wird O das Kind erkennt bzw. rät den Gegenstand, indem es markante Merkmale beschreibt O das Kind vergleicht mit dem Gegenstück vor der Schattenwand/ mit dem Bild/ nimmt die Wortkarten zur Hilfe	O das Kind kann aufgrund erinnerter visueller und taktil-kinästhetischer Erfahrungen die Gegenstände trotz ihrer veränderten Raum-Lage erkennen

Material	Schattenwand, Alltagsgegenstände mit markanten Formen, Bild- und Wortkarten

	Bello, dein Knochen ist weg				Raum
o Grundwahrnehmungs-systeme	O erkennen/ unterscheiden	O Figur-Grund	O Memorisation	O Zusammen-hänge herstellen	**D** R 10
o Lateralität					
o Raumkoordination					
o **Raumvorstellung**					

Anweisung:
Bello liegt in seiner Hundehütte (unter einem Stuhl) und schläft. Da kommt Nachbars Katze (ein anderes Kind) geschlichen, klaut möglichst leise seinen Knochen (ein Schlüsselbund) und schleicht auf direktem Weg auf seinen Platz zurück. Bello wird geweckt durch viele Katzen, die mit den Pfoten auf dem Rücken um ihn herumsitzen und rufen „Bello, Bello, dein Knochen ist weg". Bello geht den Knochen suchen (in die Richtung, aus der er das Geräusch gehört hat) und bellt die Katze an, bei der er den Schlüssel vermutet.

Beobachtungskriterien:

Bello

O das Kind versucht mit dem Kopf das Geräusch zu verfolgen
O das Kind geht direkt zu dem Kind, das den Schlüssel hat
O das Kind geht in die richtige Richtung
O das Kind geht in die richtige Richtung, bellt aber das falsche Kind an und wendet sich dann viel zu weit ab
O das Kind geht zu dem Kind, das ihm am nächsten sitzt

Nachbars Katze

O das Kind kann sich zu Bello schleichen und den Schlüssel holen
O das Kind nimmt einen anderen Weg zurück zu seinem Platz
O das Kind kann mit dem Schlüssel an seinem Platz nicht still sitzen und verrät sich so

Interpretation:

O das Kind kann in der Vorstellung dem Geräusch folgen
O das Kind kann sich den Raum vorstellen
O das Kind kann seinen eigenen Standpunkt in Beziehung setzen zu dem Geräusch

Material

Variationen Bello:

* Ein Drache liegt in seiner dunklen Höhle und bewacht einen Schatz. Von mehreren Seiten kommen nacheinander Schatzräuber. Wenn der Drache sie hört, spuckt er Feuer zu ihnen (das Kind zeigt mit dem Finger). Ist dort ein Räuber, wird er zu Stein.

der Eismann				Raum
o Grundwahrnehmungs-systeme				**D** R 11
O **erkennen/ unterscheiden**	O Figur-Grund	O Memorisation	O Zusammen-hänge herstellen	
o Lateralität				
o Raumkoordination				
o **Raumvorstellung**				

Anweisung:

Es ist stockdunkel und der Eismann kommt. Aber zum Glück hat er eine Klingel an seinem Eiswagen, der man hinterherlaufen kann.

D.h.: Die Kinder laufen nacheinander mit verbundenen Augen durch den Raum. Ein Kind hat eine Glocke, mit der es klingelt, wenn es seine Position im Raum verändert hat. Die Kinder versuchen, den Eismann zu fangen.

Beobachtungskriterien:	**Interpretation:**
O das Kind kann das Geräusch orten	
O das Kind kann das Geräusch orten, wenn es mit dem rechten/ linken Ohr zu ihm gewendet steht	O das Kind kann dem Geräusch folgen
O das Kind kann dem Geräusch nachgehen	O das Kind kann sich den Raum vorstellen
O das Kind geht in die Richtung, aus der es das Geräusch einmal gehört hat und nimmt nicht mehr wahr, wenn es danach aus einer anderen Richtung kommt	O das Kind kann seinen eigenen Standpunkt in Beziehung setzen zu dem Geräusch

Material	Klingel, Augenbinde

	Erkältete Bienen				Raum
o Grundwahrnehmungs-systeme o Lateralität o Raumkoordination o **Raumvorstellung**	O erkennen/ unterscheiden	O **Figur-Grund**	O Memorisation	O **Zusammen-hänge herstellen**	**D** R 12

Anweisung:

Die Biene hat Schnupfen und findet darum keine Blumen mehr, an denen sie Nektar sammeln kann. Ihre Bienenfamilie hilft ihr durch Summen, die richtige Blume zu finden.

D.h.: Einem Kind werden die Augen verbunden. Die anderen Kinder bilden einen summenden Weg: das Kind, das der erkälteten Biene am nächsten steht, fängt an zu summen. Hat die erkältete Biene es erreicht, hört es auf und das nächst Kind in der Reihe fängt an usw. Mit der Hilfe der Hilfe Bienenfamilie „fliegt" die erkältete Biene zu einem Gymnastikreifen – ihrer Blume.

Schwieriger wird es, wenn alle Kinder summen und die erkältete Biene sich so zusätzlich merken muss: von wo komme ich, wo geht es weiter.

Beobachtungskriterien:

O das Kind kann dem Geräusch folgen, wenn einzelne Kinder summen

O das Kind kann das Geräusch orten, wenn es mit dem rechten/ linken Ohr zu ihm gewendet steht

O das Kind kann dem Geräusch folgen, wenn alle Kinder summen

O das Kind kann dem Geräusch nicht folgen, weil es nicht weiß, von wo es kommt

Interpretation:

O das Kind kann dem Geräusch folgen

O das Kind kann sich den Raum vorstellen

O das Kind kann seinen eigenen Standpunkt in Beziehung setzen zu dem Geräusch

Material	Augenbinde, Gymnastikreifen

Lustige Masken				Raum
o **Grundwahrnehmungs-systeme**	O erkennen/ unterscheiden	O Figur-Grund	O **Memorisation**	O **Zusammen-hänge herstellen**	**S** R 3
o Lateralität				
o Raumkoordination				
o Raumvorstellung				

Anweisung:

Den Kindern wird ein Stück Pappe vor das Gesicht gebunden. Dann erhalten sie die Aufgabe, auf Ansage Augen, Brauen, Mund, Nase, Wangen, ... auf „ihr Gesicht" zu zeichnen. Das Ergebnis sind sehr witzige Masken, die <u>nicht</u> den Anspruch haben, den Proportionen der Wirklichkeit zu entsprechen.

Zuvor sollte gemeinsam das eigene Gesicht und das der anderen betrachtet und benannt werden. Zusätzlich sollten Fotos zur Verfügung stehen mit zusätzlichen „Gesichtsteilen": Brille, Bart, Warze, Piercing, ...

Beobachtungskriterien:

O das Kind kennt sein Gesicht: es kann auf Anfrage hin die einzelnen Gesichtsteile bei sich selber zeigen und es kann sie benennen

O das Kind kann zwar die Teile seines Gesichts benennen, sie aber ohne Spiegel nicht an sich selber zeigen

O das Kind kann den Stift ungefähr dort ansetzen, wo sich das benannte Gesichtsteil in der Realität befindet

Interpretation:

O das Kind kann aufgrund erinnerter taktil-kinästhetischer Erfahrungen seine Gesichtsteile zeigen und benennen

O das Kind kann aufgrund erinnerter taktil-kinästhetischer Erfahrungen Zusammenhänge herstellen zwischen seinem eigenen Gesicht und der Maske

Material	Pappen, Stifte, Spiegel, Fotos

Raumexkursion I — Raum

		Raumexkursion I				Raum
o Grundwahrnehmungs-systeme o Lateralität o **Raumkoordination** o **Raumvorstellung**		O erkennen/ unterscheiden	O Figur-Grund	**O** **Memorisation**	**O** **Zusammen-** **hänge** **herstellen**	**S** R 4

Anweisung:

Je zwei Kinder bilden ein Paar: ein Kind ist blind, das andere Kind führt. Gemeinsam sollen sie sich ohne zu sprechen durch einen Raum bewegen. Das führende Kind geht hinter dem blindem Kind. es „steuert" durch verabredete Zeichen:

Tippen auf die rechte Schulter: nach rechts wenden; Tippen auf die linke Schulter: nach links wenden;

Tippen auf den Rücken: geradeaus gehen; Tippen in die Seiten: rückwärts gehen;

Tippen auf den Kopf: stehen bleiben.

Es ist wichtig, zu verabreden, in welcher Intensität der Impuls, das Steuerzeichen gegeben wird, um seinen Partner weder durch zu starke Impulse zu verletzen noch ihn durch zu schwache Impulse falsch zu leiten.

Eine erhöhte Schwierigkeit ist es, zusätzlich das Tempo zu bestimmen: langsames Tippen = langsam Gehen, schnelles Tippen = schnelles Gehen.

Beobachtungskriterien: | **Interpretation:**

für das führende Kind

O das Kind kann die Impulse so geben, dass sich sein Partner sicher geführt fühlt

O das Kind gibt die Impulse in der dem Partner angepassten Intensität / zu stark / zu schwach   O das Kind kann die Raumrichtungen vorne und hinten sowie rechts und links unterscheiden

O das Kind verwechselt die Zeichen für: nach rechts / nach links / geradeaus / rückwärts / Stopp   O die Lateralität und die darauf aufbauende Rechts-Links-Orientierung sind entwickelt

für das blinde Kind   O das Kind kann Zusammenhänge herstellen zwischen der gestellten Bewegungsaufgabe und den eigenen Bewegungen

O das Kind kann sich auf die Situation, geführt zu werden gut einlassen   O und diese in eine strukturierte Bewegungshandlung umsetzen

O das Kind reagiert sehr unsicher auf die Signale

O das Kind verwechselt die Zeichen für: nach rechts / nach links / geradeaus / rückwärts / Stopp

| Material | Augenbinden |

	Raumexkursion II				**Raum**
o Grundwahrnehmungs- systeme o **Lateralität** o **Raumkoordination** o Raumvorstellung	O erkennen/ unterscheiden	O Figur-Grund	O Memorisation	O **Zusammen- hänge herstellen**	**S** R 5

Anweisung:

 Die Kinder bewegen sich in einem leeren Raum mit verbundenen Augen umher; sie gehen nach Ansage: „zwei Schritte nach links", „vier Schritte nach hinten", …

Die Kinder sollten vor Beginn der Übung so stehen, dass sie sich nicht gegenseitig umrennen. Später kann die Übung auch in einem Raum mit Hindernissen durchgeführt werden, wobei dann jedes Kind gezielt angesprochen wird.

Als Vorübung – um sicherzustellen, dass die Kinder die Raumrichtungen verinnerlicht haben und um den Kindern Vertrauen zu geben – kann die Aufgabe mit offenen Augen durchgeführt werden.

Beobachtungskriterien: **Interpretation:**

mit offenen Augen

O das Kind kann sich entsprechend der Ansage fortbewegen

O das Kind orientiert sich an den anderen Kindern bzw. an dem Kind, das ihm als nächstes steht   O das Kind kann die Raumrichtungen vorne und hinten sowie rechts und links unterscheiden

O das Kind vertauscht durchgängig die Begriffe „rechts" und „links"   O die Lateralität und die darauf aufbauende Rechts-Links-Orientierung sind entwickelt

O das Kind hat eine individuelle Merkhilfe (Leberfleck, Narbe, Armband) für eine Körperseite   O das Kind kann Zusammenhänge herstellen zwischen der gestellten Bewegungsaufgabe und den eigenen Bewegungen

O das Kind kann umsetzen, wenn das nachgeahmte Kind eine andere Raumstellung einnimmt als es selber   O und diese in eine strukturierte Bewegungshandlung umsetzen

mit geschlossenen Augen

O das Kind setzt nur bestimmte Raumrichtungen um (vorne, hinten, rechts, links)

O das Kind vertauscht durchgängig die Begriffe „rechts" und „links"

O das Kind setzt die Raumrichtung um, aber nicht die Anzahl der Schritte

O das Kind geht die richtige Anzahl der Schritte, aber nicht in die richtige Richtung

Material	Augenbinden

	Autos				Raum
o Grundwahrnehmungs-systeme o Lateralität o **Raumkoordination** o **Raumvorstellung**	O erkennen/ unterscheiden	O Figur-Grund	O Memorisation	O **Zusammen- hänge herstellen**	**S** R 6

Anweisung:

Auf Rollbrettern = Autos fahren die Kinder durch die Turnhalle, in der Straßen markiert sind. An Kreuzungen müssen die Kinder anhalten und durch Handzeichen (Blinken) anzeigen, in welche Richtung sie fahren möchten. Später werden die Handzeichen durch Zuruf der Richtung ersetzt.

Beobachtungskriterien:

mit Handzeichen

O das Kind erkennt die Straßen als Fahrbahn an
O das Kind fährt entsprechend seinen eigenen Handzeichen
O das Kind erkennt an den Handzeichen anderer, wohin diese fahren und kann sich darauf einstellen

mit Verbalisieren

O das Kind kann spontan verbalisieren, in welche Richtung es fährt
O das Kind vertauscht durchgängig die Begriffe „rechts" und „links"
O das Kind hat eine individuelle Merkhilfe (Leberfleck, Narbe, Armband) für eine Körperseite
O das Kind muss an der Kreuzung anhalten und überlegen, wie die Richtung benannt wird, in die es fahren möchte
O das Kind kann umsetzen, das Kinder, die aus anderen Richtungen kommen, z.B. von vorne, nicht die gleiche Richtung mit „links" meinen wie es selber

Interpretation:

O das Kind kann die Raumrichtungen vorne und hinten sowie rechts und links unterscheiden
O die Lateralität und die darauf aufbauende Rechts-Links-Orientierung sind entwickelt
O das Kind kann Zusammenhänge herstellen zwischen der gestellten Bewegungsaufgabe und den eigenen Bewegungen
O und diese in eine strukturierte Bewegungshandlung umsetzen
O das Kind kann den räumlichen Standpunkt der anderen Kinder mit seinem eigenen vergleichen und seine Handlungen im Raum entsprechend anpassen

Material	Rollbretter

	Knoten				Raum
o Grundwahrnehmungs-systeme o Lateralität o **Raumkoordination** o Raumvorstellung	O erkennen/ unterscheiden	O Figur-Grund	O Memorisation	**O Zusammen- hänge herstellen**	**S** R 7

Anweisung:

Die Kinder stehen im Kreis und fassen sich an den Händen; mit einem Zauberspruch werden die Hände so verschweißt, dass sie sich nicht mehr lösen. Ein Kind verlässt den Raum/ dreht sich weg. Ohne die Hände zu lösen werden nun die ineinander gefassten Hände überstiegen oder darunter wird hindurch geklettert, bis ein Knoten entsteht. Das Kind, das außerhalb des Knotens ist, muss nun versuchen, den Kreis wiederherzustellen.

Sowohl die Kinder, die den Knoten bilden als auch das Kind, das den Knoten löst, muss aktiv seine Bewegungen planen.

Beobachtungskriterien: **Interpretation:**

für die Kinder, die den Knoten bilden
O das Kind hält die Hände seiner Nachbarn fest
O das Kind arbeitet aktiv am Knoten mit
O das Kind erkennt, ob eine geplante Verknotung möglich ist, ohne die Hände zu lösen und   O das Kind kann aufgrund erinnerter vestibulärer und taktil-kinästhetischer Erfahrungen
   ohne die der Partner zu verdrehen   seine Bewegungen koordiniert auf den erforderlichen Handlungsablauf abstimmen
O das Kind ist passiv, lässt sich verknoten ohne selber zu planen und zu handeln, passt aber   O das Kind kann die Zusammenhänge zwischen der gestellten Bewegungsaufgabe und
   seine Bewegungen und Körperstellungen an   den eigene Bewegungen in eine dem Partner angepasste, strukturierte
O das Kind steht ganz still und starr und lässt sich nicht verknoten, passt sich nicht an   Bewegungshandlung umsetzen
für das Kind, das den Knoten löst   O das Kind kann die Folgen der einzelnen Bewegungen abschätzen und diese u.U. neu
O das Kind schaut sich zuerst den Knoten an und handelt dann überlegt   anpassen
O das Kind gibt unterstützende verbale Anweisungen, wer sich in welcher Form, in welche
   Richtung drehen soll
O das Kind rückt die Kinder hin und her, nach dem Prinzip Versuch und Irrtum
O das Kind merkt nicht, wenn es die Kinder noch mehr verknotet
O das Kind schafft es, den Knoten zu lösen

| Material | / |

Variationen Knoten:

* Die Schwierigkeit kann erhöht werden, indem
    × die im Kreis stehenden Kinder die Augen geschlossen haben und so dem Kind, das den Knoten löst, nicht helfen können;
    × das Kind, das den Knoten löst, die Augen geschlossen halten muss.

* Die Kinder stehen im Kreis und strecken die Arme nach vorne. Nun fassen sie die Hände der anderen Kinder, aber nicht die der Nachbarn und nicht beide Hände der gleichen Person. Nun versuchen sie durch Übersteigen und Unterdurchklettern den Knoten so zu lösen, dass sie an den Händen gefasst im Kreis stehen. Dabei kann es sein, dass einige Kinder in die Kreismitte schauen, andere nach außen. Dabei dürfen sie die Hände nur lösen, um verdrehte Gliedmaßen zu vermeiden.
Diese Variation stellt eine erhöhte Schwierigkeit dar.

	Figuren-Memory				Raum
o Grundwahrnehmungs- systeme o Lateralität o Raumkoordination o **Raumvorstellung**	O **erkennen/ unterscheiden**	O **Figur-Grund**	O Memorisation	O Zusammen- hänge herstellen	**S** R 8

Anweisung:

Die Kinder spielen mit verbundenen Augen Memory mit Alltagsgegenständen oder mit geometrischen Formen und Körpern oder mit Buchstaben oder mit Zahlen. Je ähnlicher sie sich in der Form sind, desto schwieriger ist das Memory zu spielen. Die Gegenstände werden auf den Boden gelegt. Nun muss das Kind ein Paar finden.

Beobachtungskriterien:

O das Kind kann den ersten Gegenstand benennen
O das Kind kann den ersten Gegenstand beschreiben
O das Kind erkennt die Gegenstand, wenn er ihm so in die Hand gegeben wird, wie es seiner eigentlichen Lage im Raum entspricht
O das Kind findet den zweiten Gegenstand sofort
O das Kind findet einen ähnlichen Gegenstand
O das Kind muss den ersten Gegenstand immer wieder zum Vergleich und zur Erinnerung in die Hand nehmen
O das Kind findet den zweiten Gegenstand nicht

Interpretation:

das Kind kann aufgrund erinnerter taktil-kinästhetischer Erfahrungen
O die Gegenstände trotz veränderter Raum-Lage erkennen
O sich die Eindrücke merken
O die Gegenstände unterscheiden
O und einander zuordnen

Material — Augenbinden, Alltagsgegenstände in doppelter Ausführung, geometrische Formen, Buchstaben/ Zahlen aus z.B. Schaumstoff

	Feuer, Wasser, Erde, Luft				**Raum**
o Grundwahrnehmungs-systeme	O erkennen/ unterscheiden	O Figur-Grund	O Memorisation	O **Zusammen-hänge herstellen**	**S** R 9
o Lateralität					
o Raumkoordination					
o **Raumvorstellung**					

Anweisung:

Die Kinder gehen im Raum umher. Bei den vier Kommandos müssen sie sich an bestimmte Orte begeben, wobei nicht mehr als drei Kinder sich die gleiche „Rettungsinsel" suchen dürfen:

Feuer: die Kinder springen auf die Weichbodenmatten, um nicht zu verbrennen;

Wasser: die Kinder klettern auf Kästen, um nicht zu ertrinken;

Erde: die Kinder setzen sich im Gymnastikreifen;

Luft: die Kinder verharren in der aktuellen Bewegung.

Schwieriger wird es, wenn die Kommandos in eine Geschichte eingebaut sind.

Eine einfachere Vorform ist es, jedes Kind immer wieder seinen bestimmten Platz im Raum wieder finden zu lassen, nachdem es im Raum umher gegangen ist.

Beobachtungskriterien:

O das Kind kann spontan, ohne lange zu suchen die richtige Rettungsinsel aufsuchen

O das Kind muss sich jedes mal angestrengt neu orientieren/ neu schauen, wo eine Rettungsinsel ist

O das Kind kann sich, wenn eine Insel schon voll ist, direkt zur nächsten begeben

O das Kind muss sich, wenn eine Insel schon voll ist, neu im Raum orientieren, um eine andere Insel zu finden

O das Kind rettet sich immer auf die gleiche Insel

O das Kind orientiert sich an den anderen Kindern, wohin diese gehen

Interpretation:

O das Kind kann sich im Raum orientieren

O das Kind hat die Lage der Rettungsinseln im Raum verinnerlicht

O das Kind kann sich den Anforderungen entsprechend im Raum bewegen

Material	Weichbodenmatten, Kästen, Gymnastikreifen

	Seiltanz				Raum
o Grundwahrnehmungs- systeme o Lateralität o Raumkoordination o **Raumvorstellung**	O **erkennen/ unterscheiden**	O **Figur-Grund**	O Memorisation	O **Zusammen- hänge herstellen**	**S** **R 10**

Anweisung:

Einfache Formen/ Buchstaben/ Zahlen werden mit Seilen nachgelegt. Mit geschlossenen Augen sollen die Kinder erkennen, was gelegt wurde, indem sie barfuß auf dem Seil balancieren – der Startpunkt und die Richtung wird ihnen vorgegeben.

Eine einfachere Stufe ist das blinde Ertasten mit den Händen.

Beobachtungskriterien:

O das Kind kann auf dem Seil balancierend die Form erkennen und benennen
O das Kind hat schon vor dem Ende eine Vorerwartung, was es erläuft
O das Kind ist so auf das Ertasten das Seiles konzentriert, dass es die Form, die es erlaufen hat, nicht aufnehmen konnte

Interpretation:

O das Kind kann aufgrund erinnerter taktil-kinästhetischer Erfahrungen einen Zusammenhang herstellen zwischen der Raum-Lage der Seile mit den dazugehörigen Raumrichtungen und Formen/ Buchstaben/ Zahlen

Material	Seile, Augenbinden

	Allesfresser				Raum
o Grundwahrnehmungs- systeme o Lateralität o Raumkoordination o **Raumvorstellung**	O erkennen/ unterscheiden	O Figur-Grund	O **Memorisation**	O **Zusammen- hänge herstellen**	**S** **R 11**

Anweisung:

Ein großes Tier hat von verschiedenen geometrischen Formen/ Buchstaben/ Zahlen, die mit Seilen oder Bierdeckeln nachgelegt wurden, Teile weggefressen. Die Kinder müssen sie ergänzen.

Beobachtungskriterien:
- O das Kind erkennt sofort, um welche Figur es sich handelt und kann sie ergänzen
- O das Kind kann mit Hilfe von verschiedenen Vorlagen erkennen, um welche Figur es sich handelt und kann sie ergänzen
- O das Kind weiß, um welche Figur es sich handelt, hat aber Probleme, sie korrekt zu ergänzen; vertauscht z.B. Deteils der Raumlage, Raumrichtungen, ...

Interpretation:
- O das Kind kann die Raumrichtungen vorne und hinten sowie rechts und links unterscheiden
- O die Lateralität und die darauf aufbauende Rechts-Links-Orientierung sind entwickelt
- O das Kind kann aufgrund erinnerter taktil-kinästhetischer Erfahrungen trotz fehlender Details Teile zum Ganzen ergänzen

Material	Bierdeckel, Seile, ...

	Nachtschwärmer				Raum
o Grundwahrnehmungs-systeme o Lateralität o Raumkoordination o **Raumvorstellung**	O erkennen/ unterscheiden	O Figur-Grund	O **Memorisation**	O **Zusammen- hänge herstellen**	**S** R 12

Anweisung:

Auf den Fußboden werden drei Markierungen geklebt, die „Häuser" der Kinder. Bei Helligkeit verlassen die Kinder ihre Häuser auf einen vorbestimmten Weg entlang (z.B. durch Klebeband) an den Rand des Raumes. Erst bei Dunkelheit – den Kindern werden die Augen verbunden – kehren die Kinder in ihre Häuser zurück; d.h. sie gehen „blind" den Weg zurück, den sie sehend gekommen sind. Wenn sie meinen, sie sind zu Hause angekommen, können sie Licht anmachen – ihre Augenbinden werden abgenommen.

 Dieses Spiel sollte mit nur jeweils drei Kindern durchgeführt werden, um zu vermeiden, dass die Kinder sich gegenseitig anrempeln oder zu sehr ablenken. Um den Kindern zu erleichtern, ihre Häuser wieder zu finden, können auch Gymnastikreifen genommen werden; diese können mit den Füßen ertastet werden, wenn die Kinder in der Nähe sind.

Beobachtungskriterien:	**Interpretation:**
mit offenen Augen O das Kind kann sich auf seien Weg konzentrieren, es geht langsam und bewusst O das Kind spricht den Weg mit den es geht O das Kind geht schnell an den Rand des Raumes, ohne besonders auf den Weg zu achten *mit geschlossenen Augen* O das Kind kann den Weg „umkehren" und relativ sicher zum Haus gelangen O das Kind ist sehr auf das Gehen an sich konzentriert O das Kind geht den Weg genau so, wie es ihn mit offenen Augen gegangen ist; also „vom Haus zum Ziel", ohne ihn umzukehren	O das Kind kann die Raumrichtungen vorne und hinten sowie rechts und links unterscheiden O die Lateralität und die darauf aufbauende Rechts-Links-Orientierung sind entwickelt O das Kind kann den realen Raum in die Vorstellung übertragen und dabei in Betracht ziehen, dass es den gegangenen Weg nun „umkehren" muss und sich die Raumrichtungen ins Gegenteil verändern

Material	Augenbinden, Hausmarkierungen

Krabbelkäfer I				Raum
o Grundwahrnehmungs-systeme o **Lateralität** o **Raumkoordination** o **Raumvorstellung**	O erkennen/ unterscheiden	O Figur-Grund	O **Memorisation**	O **Zusammen-hänge herstellen**	**S** R 13

Anweisung:

Jedes Kind erhält ein Arbeitsblatt, auf dem ein Käfer eingezeichnet ist sowie mehrere geometrische Formen; z.B. zwei Kreise, vier Dreiecke, zwei Quadrate.
Diese Formen sind von der Blattmitte aus gesehen symmetrisch angeordnet. Nun sollen die Kinder mit einem Stift den Weg des Käfers verfolgen, den der Spielleiter beschreibt: Der Käfer geht zuerst direkt nach oben zum Dreieck, dann geht er nach links zur Kreis, …
Alternativ kann auch auf Karopapier gespielt werden, wo die Kinder eine bestimmte Anzahl Kästchen in unterschiedliche Richtungen „gehen" (zeichnen) müssen.
Oder die Kinder selber sind die Krabbelkäfer und ist wird auf einem großen Schachbrett, auf Gehwegplatten, … gespielt

Beobachtungskriterien:

O das Kind führt seinen Käfer entsprechend der Anweisungen
O das Kind schaut bei seinem Nachbarn, welchen Weg sein Käfer nimmt
O das Kind vertauscht durchgängig die Begriffe „rechts" und „links"
O das Kind hat eine individuelle Merkhilfe (Leberfleck, Narbe, Armband) für eine Körperseite

Interpretation:

O das Kind kann die Raumrichtungen vorne und hinten sowie rechts und links unterscheiden
O die Lateralität und die darauf aufbauende Rechts-Links-Orientierung sind entwickelt
O das Kind kann einen vorgestellten Raum auf eine Plan übertragen

Material	Arbeitsblatt, Stift

	Krabbelkäfer II				**Raum**
o Grundwahrnehmungs- systeme o Lateralität o Raumkoordination o **Raumvorstellung**	O erkennen/ unterscheiden	O Figur-Grund	O **Memorisation**	O **Zusammen- hänge herstellen**	**S** R 14

Anweisung:
 Die Kinder sitzen mit dem Blick auf eine Wand und stellen sich vor, was der Spielleiter erzählt:
Ein Käfer sitzt an der Wand – er krabbelt gerade nach unten bis zum Fußboden, dann nach links bis in die Ecke, schräg nach rechts oben, ...
Die Kinder verfolgen in Gedanken den Weg des Käfers und zeigen seinen Standpunkt.

Beobachtungskriterien:
O das Kind verfolgt mit den Augen den Weg des Käfers
O das Kind verfolgt mit dem Finger den Weg des Käfers
O das Kind kann unterwegs immer sagen, wo sein Käfer ist
O das Kind „verliert" seinen Käfer unterwegs

Interpretation:
O das Kind kann die Raumrichtungen vorne und hinten sowie rechts und links unterscheiden
O die Lateralität und die darauf aufbauende Rechts-Links-Orientierung sind entwickelt
O das Kind kann sich vorstellen, wie sich etwas im realen Raum bewegt

Material   /

Beobachtungssituationen „Zeit"

D z 4 Guten Morgen, Herr Nachbar!

D z 5 Alle Vögel fliegen hoch ...

D z 6 Auf dem Ball

D z 7 Fischer, welche Fahne weht heute?

D z 8 1 – 2 – 3

D z 9 Waschtag

D z 10 Wie das dauert

D z 11 Luftballons

D z 12 Kreisel

D z 13 Spechte

D z 14 Stille-Klopf-Post

S z 3 Pantomimen-Kette I

S z 3 Pantomimen-Kette II

S z 4 Vergessliche Pantomimen

S z 5 Kofferpacken

S z 6 Familie Müller

S z 7 Jonglieren

S z 8 Abzählreime

S z 9 Musik-Straßen

S z 10 Fließband

Guten Morgen, Herr Nachbar!				Zeit
o Ordnung o Dauer o Rhythmus .... o **Zeithorizont**	O **erkennen/ unterscheiden**	O Figur-Grund	O Memorisation	O Zusammen- hänge herstellen	**D** Z 4

Anweisung:

Rituale als zeitliche Fixpunkte in einer Stunde geben dem Kind die Möglichkeit zur zeitlichen Orientierung. Dies kann der Sitzkreis zu Beginn der Stunde sein, eine bestimmte Art der Begrüßung oder des Stundenabschlusses, ... So können die Kinder sich in einem Rahmen bewegen, in dem sie sich auskennen und an bestimmten Signalen erkennen, dass z.B. die Stunde dem Ende zugeht. So werden sie nicht vom Klingeln überrascht und aus ihrem momentanen Handlungsablauf gebracht.

Beobachtungskriterien:	**Interpretation:**
O das Kind kann sich in dem Rahmen bewegen und orientieren O das Kind nimmt nur bestimmte Rituale an O das Kind kennt zwar die einzelnen Rituale, nicht aber ihren Platz in der Stunde	O das Kind kann sich in der Gegenwart orientieren und angemessen reagieren O das Kind kann in die Pläne der gegenwärtigen Handlungen zukünftige mit einbeziehen

Material /

	Alle Vögel fliegen hoch ...				**Zeit**
o Ordnung	O	O	O	O	**D** z 5
o Dauer	erkennen/ unterscheiden	**Figur-Grund**	**Memorisation**	Zusammen-hänge herstellen	
o Rhythmus					
o **Zeithorizont**					

Anweisung:

In Anlehnung an das alte Kinderspiel „Alle Vögel fliegen hoch" werden den Kindern verschiedene Bewegungen vorgemacht, die sie nachmachen müssen. Doch bestimmte Bewegungen sind verboten (die Anzahl dieser Bewegungen kann gesteigert werden). Werden diese verbotenen Bewegungen vorgemacht, dürfen sie nicht nachgeahmt werden.

Beobachtungskriterien:	**Interpretation:**
O das Kind ahmt nur die erlaubten Bewegungen nach O das Kind ahmt alle Bewegungen nach O das Kind orientiert sich an den andern Kindern, was diese machen O das Kind braucht immer einen Moment, um zu überlegen, ob es eine verbotene oder erlaubte Bewegung ist	O das Kind kann sich in der Gegenwart orientieren und angemessen reagieren O das Kind kann in die Pläne der gegenwärtigen Handlungen zukünftige mit einbeziehen

Material   /

Auf dem Ball				Zeit
o **Ordnung** o Dauer o Rhythmus .... o Zeithorizont	**O** **erkennen/** **unterscheiden**	O Figur-Grund	O Memorisation	O Zusammen- hänge herstellen	**D** Z 6

Anweisung:

Im Raum sind Medizinbälle/ Sitzbälle verteilt. Die Kinder sollen nun umhergehen und sich auf jeden Ball ein Mal setzen. Dabei sollen sie laut mitzählen..
Abschließend wird die Anzahl der Bälle verglichen.

Auf die Bälle können farbige Punkte geklebt werden. Nun dürfen sich die Kinder nur auf die Bälle mit dem blauen Punkt setzen oder nicht auf die Bälle mit dem roten Punkt oder Jungen nur auf die mit grünem ...

Beobachtungskriterien:

O das Kind läuft einen bestimmten, scheinbar gedanklich vorgeplanten, direkten Weg von Ball zu Ball und setzt sich auf jeden ein Mal
O das Kind wartet, wenn ein Ball auf seinem Weg besetzt ist, bis es selber an der Reihe ist
O das Kind läuft planlos durch den Raum
O das Kind achtet auf die Markierungen auf den Bällen
O das Kind schließt sich einem anderen Kind an
O das Kind vergisst zu zählen
O das Kind kommt auf die richtige Anzahl Bälle
O das Kind hat mehr/ weniger Bälle gezählt

Interpretation:

O das Kind kann eine Ordnung anhand bekannter Merkmale erstellen
O das Kind kann Ereignisse, die in einem bestimmten Zeitraum ablaufen, erfassen und strukturieren
O das Kind kann in die Pläne der gegenwärtigen Handlungen zukünftige mit einbeziehen
O das Kind kann Strategien entwickeln

Material   Bälle

Fischer, welche Fahne weht heute?

o **Ordnung** o Dauer o Rhythmus .... o Zeithorizont	**Fischer, welche Fahne weht heute?**				Zeit
	O **erkennen/** **unterscheiden**	O Figur-Grund	O Memorisation	O Zusammen- hänge herstellen	**D** Z 7

Anweisung:

Die Kinder spielen das bekannte Lauf-Farben-Spiel:

Ein Kind ist der Fischer; es steht an der einen Seite der Halle(des Sees). Die anderen Kinder sind die Fische; sie stehen an der anderen Seite der Halle. Gemeinsam rufen sie „Fischer, Fischer, welche Fahne weht heute?". Der Fischer antwortet mit einer Farbe (oder einem Muster oder ...). Nun sind alle Kinder, die ein Kleidungsstück in der genannten Farbe tragen, vor dem Fischer geschützt, sie können nicht gefangen werden und sicher an die andere Seite gelangen. Alle anderen müssen laufen, um nicht vom Fischer gefangen zu werden. Wird ein Fisch gefangen, verwandelt er sich in einen Fischer, so dass es mit jeder Runde mehr Fischer und weniger Fische gibt.

Beobachtungskriterien:

für den Fischer

O das Kind guckt sich die Fische genau an, welche Farben möglichst selten vertreten sind

O das Kind sucht sich gezielt einen Fisch aus, den es fangen möchte

O das Kind fängt auch die Fische, die geschützt sind

O das Kind spricht sich mit seinen Fischer-Kollegen ab; sie entwickeln Strategien

für die Fische

O das Kind guckt sich ganz genau an, ob es geschützt ist und behält die Farben im Kopf, die es trägt

O das Kind guckt sich jede Runde neu an

O das Kind behält immer den Fischer im Auge, um nicht unnötig rennen zu müssen

O das Kind versucht den Fischer zu täuschen, indem es langsam und gemütlich geht, obwohl es nicht geschützt ist

O das Kind rennt immer, auch wenn es geschützt ist oder der Fischer weit weg

Interpretation:

O das Kind kann eine Ordnung anhand bekannter Merkmale erstellen

O das Kind kann Ereignisse, die in einem bestimmten Zeitraum ablaufen, erfassen und strukturieren

O das Kind kann angemessen reagieren, da es zukünftige Ereignisse vorausschauen kann

O das Kind kann Strategien entwickeln

Material   /

	1 – 2 – 3			Zeit
o **Ordnung**	O erkennen/ unterscheiden	O Figur-Grund	O Memorisation	O Zusammen- hänge herstellen
o Dauer				**D** Z 8
o Rhythmus				
o Zeithorizont				

Anweisung:

Die Kinder fassen sich im Kreis stehend an den Händen, dann gehen sie im Uhrzeigersinn herum. Verschiedene Kommandos führen zu bestimmten Aktionen:

1 – die Richtung wird gewechselt;

2 – die Kinder setzen sich auf den Boden;

3 – die Kinder springen in die Luft;

4 – die Kinder drehen sich um die eigene Achse; ...

Zuerst werden die Zahlen in der Reihenfolge genannt, später durcheinander. Dabei wechseln die Aktionen mal schnell hintereinander, mal langsam.

Beobachtungskriterien:

O das Kind kann den Zahlen spontan die richtigen Aktionen zuordnen

O das Kind überlegt einen Moment, bevor es die richtigen Aktionen ausführt

O das Kind macht die richtige Aktion, lässt sich dann aber verunsichern, wenn ein anderes Kind etwas anderes macht

O das Kind orientiert sich an den anderen Kindern/ einem bestimmten Kind und macht nach, was diese machen

O das Kind macht immer erst die Aktion, die es beim Mal davor machen musste

O das Kind wartet nicht das nächste Kommando ab, sondern macht von sich aus, im eigenen Tempo weiter

Interpretation:

O das Kind kann Ereignisse, die in einem bestimmten Zeitraum ablaufen, erfassen und strukturieren

O dem Kind ist der Gegensatz zwischen Gleichzeitigkeit und Nacheinander, also der zeitlichen Abfolge, bewusst

Material   /

	Waschtag				Zeit
o **Ordnung** o Dauer o Rhythmus .... o Zeithorizont	O erkennen/ unterscheiden	O Figur-Grund	O Memorisation	O **Zusammen- hänge herstellen**	**D** Z 9

Anweisung:

Im Wäschekorb liegt Wäsche, die aufgehängt werden muss: Socken, Hemden, Hosen, T-Shirts – groß und klein, einfarbig und bunt, aus Frottee, Wolle und Leinen.

Die Kinder sollen nach den verschiedenen möglichen Ordnungskritetrien die Wäsche auf die Leine hängen.

Wenn es zwei Körbe mit gleichem Inhalt gibt, kann auch eine Wettstaffel gespielt werden.

Beobachtungskriterien:	**Interpretation:**

O das Kind erkennt die richtigen Kleidungsstücke
O das Kind behält, nach welchen Kriterien es ordnen soll
O das Kind muss immer wieder erinnert werden, nach welchem Kriterium es auswählen soll (z.B. bei der Aufgabe, gleiche Farben aufzuhängen, bleibt es bei der Art Kleidungsstück, die es als erstes aufgehängt hat)
O das Kind entwickelt Strategien:
   O es sucht sich zuerst die entsprechenden Kleidungsstücke aus dem Korb und hängt erst dann auf
   O ...
O das Kind kann mit den Wäscheklammern umgehen
	O das Kind kann eine Ordnung anhand bekannter Merkmale erstellen
	O das Kind kann Ereignisse, die in einem bestimmten Zeitraum ablaufen, erfassen und strukturieren
	O das Kind kann angemessen reagieren, da es zukünftige Ereignisse vorausschauen kann
	O das Kind kann Strategien entwickeln

Material	Wäscheleine, Wäscheklammern, Wäschekorb, Wäsche

	Wie das dauert ...				Zeit
o Ordnung					**D** Z 10
o **Dauer**	O erkennen/ unterscheiden	O Figur-Grund	O Memorisation	O Zusammen-hänge herstellen	
o Rhythmus					
....					
o Zeithorizont					

Anweisung:

Das Bewusstsein der Kind soll darauf gelenkt werden, dass unterschiedliche „Dinge" unterschiedlich dauern:

Geräusche/ Töne: manche Instrumente können nachklingen (Gong, Becken, Saiteninstrumente), andere nicht (Flöte, Holzblock), ...;
        wer summt am längsten, ohne Luft zu holen (schätzen lassen + Stoppuhr)

Bälle: Luftballons fliegen langsamer als Bälle, Gymnastikbälle rollen schneller als Medizinbälle, ...

Luft: Rauch oder Seifenblasen schweben mit und ohne Wind;

Wege: dauert es bei gleichem Tempo länger zu Gegenstand x oder Gegenstand y ;

Ereignisse: Langweiliges scheint länger zu dauern als Spannendes; Ersehntes kommt langsamer als Gefürchtetes;

...

Die Kinder sollen vor einer Aktion einschätzen, ob sie kurz dauert oder lang. Sie sollen nach der Aktion die Zeitspannen gegeneinander abwägen. Das subjektive Zeitempfinden soll mit objektiven Zeitspannen (gemessen mit Stoppuhren) verglichen werden. Objektive Zeitspannen können sichtbar gemacht werden mit Stoppuhren, Sanduhren, im großen Rahmen mit Kalendern.

Beobachtungskriterien:	**Interpretation:**
O das Kind hat ein subjektives Zeitempfinden für die Dauer „kurz" bzw. lang	
O das Kind kann Handlungen benennen, die kurz oder lang andauern	O das Kind kann die Dauer von Ereignissen gut einschätzen
O das Kind kann warten, wenn etwas lang andauert (z.B. ein Ton)	O das Kind kann seine eigenen Handlungen an die Dauer von Ereignissen anpassen
O ...	O das Kind hat ein subjektives Zeitempfinden, das es relativ gut in Deckung bringen kann
O ...	mit objektiven Zeitspannen
O ...	

Material

Luftballons				Zeit
o Ordnung				
o **Dauer**	O **erkennen/ unterscheiden**	O Figur-Grund	O Memorisation	O Zusammen-hänge herstellen	**D** Z 11
o Rhythmus				
o Zeithorizont				

Anweisung:

Das Kind wirft einen Luftballon in die Luft und fängt ihn wieder auf. In der Zeit, die der Ballon fliegt, macht es verschiedene Sachen:

- Es klatscht in die Hände (Wie oft schafft es das Kind?).
- Es dreht sich im die eigene Achse.
- Es setzt sich auf den Fußboden.
- Es legt sich auf den Fußboden.
- Es macht Kniebeugen.
- ...

Beobachtungskriterien:

O das Kind kann seine Aktionen an die Dauer des Fluges des Luftballons anpassen
O das Kind denkt, es hätte mehr Zeit, etwas zu tun
O das Kind denkt, es hätte weniger Zeit etwas zu tun
O das Kind probiert aus, den Ballon unterschiedlich stark in die Luft zu schlagen, um herauszufinden, wann er wie lange fliegt

Interpretation:

O das Kind kann die Dauer von Ereignissen gut einschätzen
O das Kind kann seine eigenen Handlungen an die Dauer von Ereignissen anpassen

| Material | Luftballons |

	Kreisel				Zeit
o Ordnung	**O** **erkennen/ unterscheiden**	O Figur-Grund	O Memorisation	O Zusammen- hänge herstellen	**D** **Z 12**
o **Dauer**					
o Rhythmus					
o Zeithorizont					

Anweisung:

Die Kinder sitzen im Kreis auf dem Fußboden. Ein Kind geht in die Mitte und dreht einen Kreisel. Gleichzeitig ruft es den Namen eines anderen Kindes. Dann geht es zu seinem Platz zurück. Das aufgerufene Kind muss nun zum Kreisel laufen, ehe dieser kippt...

Das Spiel kann mit kleinen schnellen Kreiseln gespielt werden oder mit großen, länger laufenden (z.B. Brummkreisel).

Beobachtungskriterien:	**Interpretation:**
O das Kind kann einschätzen, wie lange Zeit es hat und bewegt sich im entsprechenden Tempo	O das Kind kann die Dauer von Ereignissen gut einschätzen
O das Kind rennt immer ganz schnell zum Kreisel, auch wenn es noch Zeit hätte	O das Kind kann seine eigenen Handlungen an die Dauer von Ereignissen anpassen
O das Kind lässt sich immer viel Zeit, manchmal zuviel	

Material	verschiedene Kreisel

	Spechte				**Zeit**
o Ordnung					
o Dauer	O erkennen/ unterscheiden	O Figur-Grund	O **Memorisation**	O Zusammen-hänge herstellen	**D** Z 13
o **Rhythmus**					
....					
o Zeithorizont					

Anweisung:

Die Kinder machen einen „Waldspaziergang". Unterwegs hören sie Spechte klopfen und sie wollen antworten.

Mit Klanghölzern werden den Kindern verschiedene Tonfolgen vorgespielt. Zuerst darf das Kind noch zuschauen, wie geklopft wird. Dann sind ihm entweder die Augen verbunden oder es sitzt mit dem Rücken zum „Oberspecht", der die Rhythmen vorgibt. Mögliche Aufgaben sind:

- jedes Kind klopft für sich alleine, in seinem Grundtempo
- ein regelmäßiger Takt wie von einem Metronom wird geklopft, zuerst nur leise (hier gibt es eine Tendenz zum langsamer werden), dann nur laut (mit der Tendenz zum schneller werden), dann mit einem wellenförmigen Wechsel von laut und leise
- Tonfolgen (z.B. kurz – kurz – lang – kurz – kurz – lang -...) werden von einem „Oberspecht" vorgegeben, die von allen zusammen nachgeklopft werden
- alle klopfen leise einen gleichmäßigen Grundrhythmus; der „Oberspecht" versucht sie durch einen anderen Rhythmus aus dem Takt zu bringen

Beobachtungskriterien:

O das Kind klopft in einem ihm eigenen Grundtempo (eher *langsam* oder eher *schnell*)
O das Kind kann einen regelmäßigen Takt beibehalten, ohne das Tempo zu verändern
O das Kind kann Tonfolgen nachahmen
O das Kind guckt auf die Klanghölzer des „Oberspechts" und ahmt das Gesehene, nicht das Gehörte nach
O das Kind kann nur kurze, einfache Tonfolgen nachahmen
O das Kind klopft immer einen gleichen Takt, eine gleiche Tonfolge, egal was vorgegeben wird
O das Kind ist sehr konzentriert und angespannt, zählt mit, was es klopft (bewegt Lippen, nickt zusätzlich mit dem Kopf, ...)
O das Kind hat die Augen geschlossen

Interpretation:

O das Kind hat ein Bewusstsein für gleiche Zeitintervalle
O das Kind erkennt die regelmäßige und periodische Wiederkehr einer geordneten Struktur
O das Kind erkennt einen Wechsel in einer geordneten Struktur
O das Kind kann die Synthese von Ordnung und Dauer erbringen

Material	Klanghölzer

	Stille-Klopf-Post				Zeit
o Ordnung	O	O	O	O	**D** Z 14
o Dauer	**erkennen/ unterscheiden**	Figur-Grund	Memorisation	Zusammen-hänge herstellen	
o **Rhythmus**					
o Zeithorizont					

Anweisung:

Die Kinder sitzen in einer langen Reihe hintereinander, d.h. jeder schaut auf den Rücken von seinem Vordermann. Derjenige, der ganz am Ende der Reihe sitzt (Kind A), klopft bei seinem Vordermann (Kind B) eine kurze Tonfolge auf den Rücken. Dieser gibt sie dann an seinen Vordermann weiter (Kind C - ...) ... Ist die Tonfolge bei dem Kind angekommen, das ganz vorne in der Reihe sitzt (Kind X), steht dieses auf, geht zu Kind A und klopft ihm die Tonfolge auf den Rücken. Kind A sagt nun, ob sie richtig bei Kind X angekommen ist.

Damit der Beginn der Tonfolge klar erkannt wird und damit niemand erschrickt, sollte jedes Kind seine Hände auf den Schultern des Vordermanns liegen haben. Ehe nun die Tonfolge geklopft wird, werden die Hände herunter genommen. So weiß das vordere Kind: Achtung, es geht gleich los.

Beobachtungskriterien:	**Interpretation:**
Kind A	
O das Kind gibt eine klare Tonfolge vor	
O das Kind überlegt genau, ehe es klopft	
O das Kind nimmt *eine* oder *beide* Hände	O das Kind hat ein Bewusstsein für gleiche Zeitintervalle
O das Kind verfolgt visuell (über die Schultern seiner Vordermänner), wie die Tonfolge weiter gegeben wird	O das Kind erkennt die regelmäßige und periodische Wiederkehr einer geordneten Struktur
O das Kind kann sich ganz am Ende noch an seine Tonfolge erinnern und sie mit der vergleichen, die Kind X auf seien Rücken klopft	O das Kind erkennt einen Wechsel in der Struktur
Kind B – X	O das Kind kann die Synthese von Ordnung und Dauer erbringen
O das Kind wartet entspannt auf die Tonfolge und gibt sie überlegt weiter	
O das Kind gibt die Tonfolge schon weiter, während es selber sie noch empfängt	
O das Kind gibt eine Tonfolge weiter, die der ursprünglichen ähnlich ist	
O das Kind gibt nur das Ende der Tonfolge weiter	

Material /

	Pantomimen-Kette I	Zeit
o Ordnung o Dauer o Rhythmus .... o **Zeithorizont**	O erkennen/ unterscheiden O Figur-Grund O **Memorisation** O **Zusammenhänge herstellen**	**S** Z 2

Anweisung:

Zwei bis drei Kinder stellen pantomimisch eine aus mehreren Handlungsschritten bestehende Geschichte, ein zusammenhängendes Ereignis dar. Dabei spielt jedes Kind eine Handlung, die auf der Darstellung seines Vorgängers aufbauen muss.

Mögliche Geschichten können sein: Eine Flasche Saft wird geholt, aufgedreht, etwas zu trinken wird eingeschenkt, die Flasche wieder zugedreht, aus dem Glas wird getrunken;

ein Paket wird gepackt, zugeknotet. die Adresse wird geschrieben, die Briefmarke aufgeklebt;

ein Ei wird gegessen; ...

Wenn den Kindern die Pantomimen-Kette schwer fällt, kann ein Probedurchlauf mit realen Gegenständen gemacht werden oder die Pantomime wird verbal begleitet.

Beobachtungskriterien:

O das Kind kann ohne die realen Gegenstände zusammenhängende Ereignisse mit ihren ehren einzelnen Handlungsschritten darstellen

O das Kind braucht einen Probedurchlauf mit realen Gegenständen

O das Kind kann sich in der Pantomime an alle Handlungsschritte erinnern

O das Kind kann einzelne Handlungsschritte aus einem komplexen Ablauf herauslösen und darstellen

Interpretation:

O das Kind kann vergangene Handlungen speichern und abrufen

O das Kind kann Handlungen in der Gegenwart adäquat fortsetzen

O das Kind kann künftige Handlungen vorausschauen und planen

Material   /

Pantomimen-Kette II				Zeit
O erkennen/ unterscheiden	O Figur-Grund	O Memorisation	O Zusammen-hänge herstellen	S Z 3

o Ordnung

o Dauer

o Rhythmus

....

o **Zeithorizont**

Anweisung:

Die Kinder werden in 3 Teams à 2 Kinder eingeteilt. Zwei Teams verlassen den Raum. Das dritte Team erhält die Aufgabe, ein kurze, alltägliche Sequenz pantomimisch darzustellen: Bestellen des Essens im Restaurant, Einkaufen von Obst oder Gemüse, ... Dazu können entweder die einzelnen Handlungsschritte gang genau vorgegeben werden oder aber von den Kindern frei gespielt werden.

Nach einem Probedurchlauf wird das zweite Team hereingebeten. Ihm wird die Sequenz pantomimisch vorgespielt. Ohne dass sie Vermutungen diskutieren, was sie gespielt haben, spielen sie die Sequenz dem letzten Team vor, das sie für alle wiederholt. Dann wird darüber gesprochen, was die einzelnen Kinder vermuten, dargestellt zu haben.

Eine Erleichterung ist, wenn schon vor dem Zuschauen die Rollen festgelegt werden, d.h. das das Kind einen Beobachtungsschwerpunkt hat.

Beobachtungskriterien:

Team 1
O die Kinder verständigen sich auf Rollen und notwendige Handlungsschritte
O das Kind denkt in der Pantomime an die abgesprochenen Handlungsschritte
O das Kind kann zusammen mit seinem Partner agieren und auf seine Handlungen – auch wenn sie nicht so geplant waren – adäquat reagieren

Team 2 & 3
O das Kind verfolgt sehr aufmerksam die Pantomime von Team 1
O das Kind verfolgt nur die Handlungen „seiner" Rolle
O das Kind spielt nur die letzten Handlungsschritte seiner Rolle, die ersten vergisst es
O das Kind hat eine Vorstellung von der Handlung, die es nachspielt und kann diese benennen
O das Kind gestikuliert, ohne eine Beziehung zwischen seiner Pantomime und einer realen Handlung herzustellen

Interpretation:

O das Kind kann vergangene Handlungen speichern und abrufen
O das Kind kann Handlungen in der Gegenwart adäquat fortsetzen
O das Kind kann künftige Handlungen vorausschauen und planen

Material /

Vergessliche Pantomimen				Zeit
o Ordnung	O erkennen/ unterscheiden	O Figur-Grund	O Memorisation	**S** Z 4
o Dauer			O Zusammen-hänge herstellen	
o Rhythmus				
o **Zeithorizont**				

Anweisung:

Alltägliche Handlungsketten (z.B. Zähne putzen, sich anziehen, einkaufen ...) werden mit den Kindern ohne Publikum erarbeitet. Die Handlungsketten spielen sie dann den anderen Kindern vor, wobei aber ein wesentlicher Handlungsschritt ausgelassen wird (die Zahnpastatube wird nicht zugeschraubt, die Hose wird nicht angezogen, die Einkäufe nicht bezahlt). Das Publikum muss nun erkennen, welche Tätigkeit ihnen vorgespielt wurde und welcher Handlungsschritt ausgelassen wurde.

Beobachtungskriterien:

O das Kind kann ohne die realen Gegenstände zusammenhängende Ereignisse mit ihren ehren einzelnen Handlungsschritten darstellen
O das Kind braucht einen Probedurchlauf mit realen Gegenständen
O das Kind kann sich in der Pantomime an alle Handlungsschritte erinnern
O das Kind kann einzelne Handlungsschritte aus einem komplexen Ablauf herauslösen und diese im Ablauf herauslassen

Interpretation:

O das Kind kann vergangene Handlungen speichern und abrufen
O das Kind kann Handlungen in der Gegenwart adäquat fortsetzen
O das Kind kann künftige Handlungen vorausschauen und planen

Material   /

	Kofferpacken				Zeit
o **Ordnung** o Dauer o Rhythmus .... o Zeithorizont	O erkennen/ unterscheiden	O Figur-Grund	O **Memorisation**	O Zusammen- hänge herstellen	**S** Z 5

Anweisung:

Mit Alltagsgegenständen wird Kofferpacken gespielt:

Das erste Kind nimmt einen Gegenstand – z.B. ein Buch – und packt es in den Koffer mit den Worten „Ich packe ein Buch in den Koffer". Das zweite Kind nimmt ebenfalls einen Gegenstand – z.B. eine Uhr – und packt sie in den Koffer mit den Worten „Ich packe ein Buch und eine Uhr in den Koffer". Das dritte Kind ...
Später kann man den Koffer auch in der Vorstellung packen.

Beobachtungskriterien:

O das Kind kann sich an die Reihenfolge aller Gegenstände aus der Vorstellung heraus erinnern
O das Kind kann sich an bis zu ..... Gegenstände erinnern
O das Kind guckt in den Koffer, um sich an die Reihenfolge zu erinnern
O das Kind guckt auf die Kinder, um sich zu erinnern
O das Kind vergleicht Gegenstände und Kinder, um sich zu erinnern
O das Kind kann sich immer nur an die letzten ... genannten Gegenstände erinnern
O das Kind verfolgt sehr aufmerksam, wie die anderen den Koffer packen

Interpretation:

O das Kind kann eine Ordnung anhand bekannter Merkmale erstellen
O das Kind kann Ereignisse, die in einem bestimmten Zeitraum ablaufen, erfassen und strukturieren
O das Kind kann in die Pläne der gegenwärtigen Handlungen zukünftige mit einbeziehen
O das Kind kann Strategien entwickeln

Material	Koffer, Alltagsgegenstände

<table>
<tr><td rowspan="4">o Ordnung

o Dauer

o Rhythmus
……………………………
o Zeithorizont</td><td colspan="4" style="text-align:center">Familie Müller</td><td rowspan="2" style="text-align:center">Zeit</td></tr>
<tr><td style="text-align:center">O
erkennen/
unterscheiden</td><td style="text-align:center">O
Figur-Grund</td><td style="text-align:center">O
Memorisation</td><td style="text-align:center">O
Zusammen-
hänge
herstellen</td></tr>
<tr><td colspan="5" style="text-align:center">S Z 6</td></tr>
</table>

Anweisung:

Die Kinder werden in die Familien Meier, Müller, Lüdenscheidt, … aufgeteilt, indem sie verdeckt Karten ziehen, die sie den anderen erst nicht zeigen dürfen. Je nach Gruppengröße besitzt jede Familie drei bis vier Familienmitglieder: Vater, Mutter, Kind, …

Die Kinder gehen zu Musik im Raum umher. Beim Stoppen der Musik müssen sich die Familien finden und sich ein Haus (= Stuhl) suchen. Zuerst setzt sich der Vater, dann die Mutter, dann das Kind, … Dann werden die Familien neu gemischt.

Beobachtungskriterien:

O das Kind reagiert auf das verabredete Signal „Musik stopp"
O das Kind sucht aktiv seine Familie (rufen, Schild hochhalten, die anderen fragen …)
O das Kind wartet, bis es von seiner Familie gefunden wird
O das Kind bewegt sich möglichst nahe mit anderen Kindern, um schnell seine Familie zu finden
O das Kind bewegt sich für sich alleine im Raum umher, ohne auf die Nähe zu den anderen zu achten
O das Kind setzt sich als Vater einfach auf den nächsten Stuhl und erwartet seine Familie dort

Interpretation:

O das Kind kann eine Ordnung anhand bekannter Merkmale erstellen
O das Kind kann Ereignisse, die in einem bestimmten Zeitraum ablaufen, erfassen und strukturieren
O das Kind kann in die Pläne der gegenwärtigen Handlungen zukünftige mit einbeziehen
O das Kind kann Strategien entwickeln

Material	Stühle, Familienkarten, Musik

	Jonglieren				Zeit
o Ordnung o **Dauer** o Rhythmus .... o Zeithorizont	O erkennen/ unterscheiden	O Figur-Grund	O Memorisation	**O Zusammen- hänge herstellen**	**S** **Z 7**

Anweisung:

Die Kinder „jonglieren" mit Tüll- bzw. Chiffon – Tüchern. Jedes Kind erhält ein Tuch. Nun werden verschiedene Übungen durchgeführt:

- Zwei Kinder stehen sich gegenüber. Auf ein Signal hin werfen sie ihr Tuch in die Höhe und fangen das Tuch des Partners auf, ehe es zu Boden schwebt. Der Abstand zwischen den Kindern kann dabei jeweils vergrößert werden, so dass sie sich bei gleichbleibender Flugdauer immer schneller zum Tuch bewegen müssen.
- Zwei Kinder sind wieder ein Paar. Diesmal erhält ein Kind beide Tücher und wirft sie gleichzeitig in die Luft. Nun muss sein Partner beide Tücher fangen, ehe sie zu Boden schweben. Wieder kann der Abstand vergrößert werden.
- Zwei Kinder mit je zwei Tüchern stehen sich gegenüber ...
- Die Kinder bilden einen Kreis. Auf ein Signal hin werfen sie ihr Tuch in die Luft und rücken einen Platz im Uhrzeigersinn (oder entgegen) auf und fangen das Tuch des Kindes, das vorher hier stand.
- Jedes Kind versucht für sich alleine, mit mehreren Tüchern zu jonglieren.

Schwieriger werden die Übungen, wenn man die Tücher durch Bälle ersetzt, weil sich die Flugdauer stark verkürzt.

Beobachtungskriterien:	**Interpretation:**
für zwei Kinder mit je einem Tuch	
O das Kind kann sich an seinen Partner anpassen, d.h. es achtet darauf, so zu werfen, dass der Partner das Tuch fangen kann	
O das Kind kann gleichzeitig auf das Tuch und den Partner achten	
O das Kind weiß, welches Tuch es fangen muss (besonders, wenn die Tücher die gleiche Farbe haben)	
O das Kind erkennt, wieviel Zeit es hat, um zum Tuch zu gelangen und nähert sich in angemessener Geschwindigkeit	
O das Kind nähert sich immer mit gleicher Geschwindigkeit, ohne sie auf die Flugdauer abzustimmen	O das Kind kann die Dauer von Ereignissen gut einschätzen
O das Kind überschätzt oder unterschätzt die Flugdauer	O das Kind kann seine eigenen Handlungen an die Dauer von Ereignissen anpassen
für zwei Kinder mit zwei Tüchern/ mit vier Tüchern	O das Kind kann seine die Dauer seiner eigenen Handlungen manipulieren
O das werfende Kind kann die Tücher so in die Luft bringen, dass sie hoch und gleichmäßig schweben	
O es tritt zurück, dass sein Partner Platz hat, die Tücher zu fangen	
O dem fangenden Kind fällt es schwer, auf zwei Tücher zu achten	
O es erkennt, wieviel Zeit es hat, um zu den Tüchern zu gelangen und nähert sich in angemessener Geschwindigkeit	
O es überschätzt oder unterschätzt die Flugdauer	
O es fängt zuerst das Tuch, das schon näher am Boden ist	
O es fängt zuerst das Tuch, das näher bei ihm ist	
O das Kind weiß, welches Tuch es fangen muss (besonders, wenn die Tücher die gleiche Farbe haben)	
für den Kreis	
O das Kind achtet darauf, das Tuch hoch genug und möglichst grade zu werfen	
O das Kind ist schon beim Werfen auf dem Weg zu seinem neuen Platz	
O das Kind weiß, welches Tuch es fangen muss (besonders, wenn die Tücher die gleiche Farbe haben)	
Material	Jongliertücher

	Abzählreime				Zeit
o Ordnung o Dauer o **Rhythmus** .... o Zeithorizont	O erkennen/ unterscheiden	O Figur-Grund	O **Memorisation**	O Zusammen- hänge herstellen	**S** Z 8

Anweisung:

Abzählreime können immer und überall in den Alltag eingebaut werden. Beim Sprechen der Verse wird reihum mit jeder neuen Silbe auf ein neues Kind gezeigt (es sollte deutlich in der Luft getippt werden). Das abzählende Kind muss sich sowohl auf den Spruch an sich als auch auf seien Rhythmus als auch auf das Zeigen in der richtigen Reihenfolge konzentrieren (Aspekt Ordnung).

Beobachtungskriterien:	**Interpretation:**

O das Kind kennt verschiedene Abzählreime
O das Kind kann alleine keinen Abzählreim aufsagen, kann aber wenn er vorgesprochen
    wird richtig zeigen
O das Kind kann bei jeder Silbe auf das nächste Kind zeigen
O das Kind zeigt bei jedem Wort auf das nächste Kind
O das Kind zeigt mal bei der Silbe, mal beim Wort
O das Kind fährt einfach mit dem Finger im Kreis, ohne auf den Rhythmus zu achten
	O das Kind hat ein Bewusstsein für gleiche Zeitintervalle
	O das Kind erkennt die regelmäßige und periodische Wiederkehr einer geordneten
	    Struktur
	O das Kind kann die Synthese von Ordnung und Dauer erbringen

Material	/

	Musik-Straßen				Zeit
o Ordnung o Dauer o **Rhythmus** .... o Zeithorizont	O **erkennen/ unterscheiden**	O Figur-Grund	O Memorisation	O Zusammen- hänge herstellen	**S** Z 9

Anweisung:

Die Kinder laufen zu Musik mit verschiedenen Rhythmen und Tempi durch die Halle. Sie sollen ihre Bewegungen der jeweiligen Musik anpassen.
Sehr gut geht die Umsetzung mit Hilfe vom Kinderkonzert „Bilder einer Ausstellung" von Modest Mussorgsky, der in und mit seinen Musikstücken kleine Geschichten erzählt.

Beobachtungskriterien:	**Interpretation:**
O das Grundtempo des Kindes ist eher ein *langsames* oder ein *schnelles* O das Kind hört den Wechsel in der Musik und kann ihn spontan in Bewegung umsetzen O das Kind bleibt beim Wechsel der Musik immer erst einen Moment ruhig stehen und hört sich in die Musik hinein O das Kind ist *sehr zaghaft* oder *sehr übertrieben, sogar kaspernd* im Umsetzen der Musik in Bewegung O das Kind kann von seinem Grundtempo aus die Musik in Bewegung umsetzen O das Kind ist sehr bemüht, das jeweils neue Tempo, den neuen Rhythmus umzusetzen, fällt aber immer wieder in sein Grundtempo zurück O das Kind achtet weniger auf die Musik als auf die anderen Kinder und ahmt diese in ihren Bewegungen nach O das Kind reagiert auf den Wechsel in der Musik nicht	O das Kind hat ein Bewusstsein für gleiche Zeitintervalle O das Kind erkennt die regelmäßige und periodische Wiederkehr einer geordneten Struktur O das Kind erkennt einen Wechsel, einen Bruch in einer geordneten Strultur O das Kind kann die Synthese von Ordnung und Dauer erbringen

Material	verschiedene Musiken; z.B. Modest Mussorgsky

	Fließband				Zeit
o Ordnung o Dauer o **Rhythmus** .... o Zeithorizont	O erkennen/ unterscheiden	O Figur-Grund	O Memorisation	O **Zusammen- hänge herstellen**	**S** Z 10

Anweisung:

Gemeinsam stellen die Kinder ein Fließband dar. Dazu knien sie im Kreis auf dem Boden und haben vor sich einen Ball (ein Tuch, ...) liegen. Zu dem Takt eines Metronoms nehmen sie den Ball auf und legen ihn direkt vor die Knie ihres Nachbarn. Um das Fließband anzukurbeln, kann auch erst mitgezählt werden:

1 – ich nehme den Ball auf; 2 – ich lege ihn bei meinem Nachbarn ab; 1 - 2 – 1 – 2 – 1 ...

Mal läuft das Fließband schnell, mal langsam; mal läuft es im Uhrzeigersinn, mal entgegen.

Beobachtungskriterien:	**Interpretation:**
O das Kind stellt sich ganz auf den Rhythmus ein	
O das Kind legt den Ball direkt bei seinem Nachbarn vor die Knie	O das Kind hat ein Bewusstsein für gleiche Zeitintervalle
O das Kind legt den Ball ganz schnell zu seinem Nachbar, auch wenn das Fließband ganz langsam arbeitet; es wird schnell hektisch	O das Kind erkennt die regelmäßige und periodische Wiederkehr einer geordneten Struktur
O das Kind nimmt die Wechsel im Arbeits-Tempo wahr und setzt sie um	O das Kind erkennt einen Wechsel in einer geordneten Struktur
O das Kind nimmt die Richtungswechsel wahr und setzt sie um	O das Kind kann die Synthese von Ordnung und Dauer erbringen
Material	Bälle, Tücher, ...; Metronom

Beobachtungssituationen „**Raum-Zeit**"

D RZ 2　Alltägliches

D RZ 3　Was gehört nicht dazu?

D RZ 4　Wie geht es weiter?

D RZ 5　Aufräumen

S RZ 2　Dosen-Training

S RZ 3　Puzzeln

S RZ 4　Bildergeschichten

S RZ 5　Versteinern

S RZ 6　Sirtaki, Schuhplattler und Siebenschläfer

S RZ 7　Vorturner

S RZ 8　Kampf gegen die Eieruhr

S RZ 9　Blindflug

S RZ 10　Architekten I

S RZ 11　Architekten II

S RZ 12　Schatzsuche

S RZ 13　Architekten III

S RZ 14　Architekten IV

Alltägliches				Raum – Zeit
o **Körperorientierung** o Praxie	O **erkennen/ unterscheiden**	O Figur-Grund	O **Memorisation**	O Zusammen- hänge herstellen	**D** RZ 2

Anweisung:

Ähnlich wie bei „Guten Morgen, Herr Nachbar!" (D_{Z4}) geht es um alltägliche, wiederkehrende Handlungen, die im Schulalltag beobachtet werden können.

Beobachtungskriterien:

O das Kind findet seinen Weg von einem Klassenraum in den nächsten und weiß, wieviel Zeit es hat, dorthin zu gelangen

O das Kind kann im freien Spiel mit bekannten Materialien sofort anfangen zu spielen, weil es sich an den Standort und an die Dauer der Spiele erinnern kann

O das Kind kann die Pausen nutzen, weil es sich schnell anziehen kann und dann direkt nach draußen gehen kann

O ...

Interpretation:

O das Kind kann sich aufgrund erinnerter taktil-kinästhetischer Erfahrungen angemessen reagieren

O das Kind kann sich im Raum orientieren

O das Kind hat den Raum verinnerlicht (Raumvorstellung)

O das Kind kann sich in der Gegenwart angemessen orientieren und angemessen reagieren (Zeithorizont)

O das Kind kann in die Pläne der gegenwärtigen Handlungen zukünftige mit einbeziehen (Zeithorizont)

Material   /

Was gehört nicht dazu? — Raum – Zeit

D RZ 3

o **Körperorientierung** o Praxie	O **erkennen/ unterscheiden**	O **Figur-Grund**	O Memorisation	O Zusammen- hänge herstellen

Anweisung:

Verschiedene Gegenstände (oder Bilder davon) werden dem Kind angeboten. Zwischen ihnen besteht durch ein Merkmal, eine Eigenschaft ein Zusammenhang. Nur ein Gegenstand (Bild) passt nicht dazu (z.B. vier unterschiedlich große Bälle und ein Würfel; ein Sessel, ein Stuhl, ein Tisch und ein Hocker; ...). Das Kind soll sagen, welcher Gegenstand nicht zu den anderen passt und dieses begründen. Das Begründen ist sehr wichtig, weil das Kind u.U. anderen Merkmalen seien Aufmerksamkeit schenkt als der Erwachsene. Die Gegenstände (Bilder) sollten zunächst in einer Reihe liegen, später verstreut, vor und hinter dem Kind.

Etwas schwieriger wird die Aufgabe, wenn ein Kim-Spiel daraus gemacht wird: Eine überschaubare Anzahl von Gegenständen steht vor dem Kind. Es hat Zeit, sie sich einzuprägen. Dann dreht sich das Kind um. Ein weiterer Gegenstand wird zu den übrigen gestellt, diese u.U. neu geordnet. Das Kind dreht sich zurück und sagt, welcher Gegenstand hinzugekommen ist.

Beobachtungskriterien:

O das Kind zeigt spontan den Gegenstand, der nach „unseren" Kriterien und Merkmalen nicht zu den anderen gehört

O das Kind zeigt spontan einen anderen Gegenstand und kann seine Wahl für sich logisch, nach eigenen Kriterien als nicht dazugehörend erklären

O das Kind überlegt lange, bevor es sich entscheidet

O das Kind wählt immer den „richtigen falschen" Gegenstand, kann seine Wahl aber nicht begründen

O das Kind beschreibt jeden Gegenstand, bevor es sich entscheidet

O das Kind rückt die Gegenstände zusammen, die gleiche Merkmale

O das Kind braucht Hilfe von außen, um gleiche Merkmale zu finden

O das Kind zeigt irgendeinen Gegenstand, es rät

bei den Gegenständen in einer Reihe

O das Kind beschreibt von *links nach rechts* oder von *rechts nach links* oder *durcheinander*

bei den Gegenständen verstreut

O das Kind erkennt auch bei verstreuten Gegenständen spontan den falschen

O das Kind rückt sich die Gegenstände in eine Reihe

O das Kind vergisst den Gegenstand, der hinter ihm liegt

Interpretation:

O das Kind kann sich im Raum orientieren

O das Kind kann sich selber in Beziehung setzen zu einem Gegenstand (Raumvorstellung)

O das Kind kann sich in der Gegenwart orientieren und angemessen reagieren (Zeithorizont)

O das Kind kann in die Pläne der gegenwärtigen Handlungen vergangene mit einbeziehen (Zeithorizont)

O das Kind kann in die Pläne der gegenwärtigen Handlungen zukünftige mit einbeziehen (Zeithorizont)

O das Kind kann Ereignisse, die in einem bestimmten Zeitraum ablaufen, erfassen und strukturieren (Ordnung)

beim Kim-Spiel – Merken der Gegenstände
O das Kind prägt sich die Gegenstände Stück für Stück ein (erkennbar z.B. am Benennen der
    Gegenstände, Lippenbewegungen, in die Hand Nehmen, mit dem Kopf Nicken, ...) und
    nutzt die gegebene Zeit
O das Kind sortiert die Gegenstände für sich neu
O das Kind schaut hin und her, ist schnell fertig
beim Kim-Spiel – Erkennen des neuen Gegenstandes
O das Kind zeigt spontan den neuen Gegenstand
O das Kind benennt zuerst die Gegenstände, die schon da waren oder stellt sie zur Seite und
    findet so den neuen Gegenstand
O das Kind rückt die Gegenstände in die alte Ordnung zurück
O das Kind rät

Material	Alltagsgegenstände

	Wie geht es weiter?				Raum – Zeit
o **Körperorientierung** o Praxie	O **erkennen/** **unterscheiden**	O Figur-Grund	O Memorisation	O **Zusammen-** **hänge** **herstellen**	**D** RZ 4

Anweisung:

Die Kinder vervollständigen „Reihen" nach bestimmten Merkmalen/ Eigenschaften und begründen ihre Wahl.

Mögliche Reihen können sein:

- Wäscheklammern liegen in einer Reihe: rot – grün - gelb – rot – grün – gelb – rot – grün - ?
- Geometrische Formen liegen in einer Reihe: Dreieck – Viereck – Kreis – Dreieck - ?
- Die Kinder gehen drei Schritte nach vorne, dann zwei zurück, drei Schritte nach vorne, ...
- Bestimmte Rhythmen werden geklatscht.

Beobachtungskriterien:	**Interpretation:**
beim Legen von Reihen O das Kind „liest" die Reihen *von links nach rechts* oder *von rechts nach links* O das Kind „zählt" ab (z.B.: es gibt 2 rote Klammern, 2 grüne, aber nur eine gelbe) O das Kind kann seine Wahl begründen O das Kind braucht Hilfe (z.B. jemanden, der auf die Formen zeigt und sie das Kind erklären lässt oder jemanden der sagt"zuerst kommt die rote Klammer, danach die grüne und dann ...") O das Kind rät *bei Bewegungen* O das Kind erfasst die Abfolge der Bewegungen und kann in den Rhythmus einsteigen O das Kind orientiert sich an den anderen Kindern und macht diese nach	O das Kind kann sich im Raum orientieren O das Kind kann sich in der Gegenwart orientieren und angemessen reagieren (Zeithorizont) O das Kind kann Ereignisse, die in einem bestimmten Zeitraum ablaufen, erfassen und strukturieren (Ordnung)

Material	Gegenstände, um wiederkehrende Reihen zu legen (Wäscheklammern, geometrische Formen, Buchstaben, Zahlen, ...)

o **Körperorientierung** o Praxie	**Aufräumen**				**Raum – Zeit**
	O erkennen/ unterscheiden	O Figur-Grund	O **Memorisation**	O **Zusammen- hänge herstellen**	**D** RZ 5

Anweisung:

Die Kinder sollen Ordnungen herstellen. Hierbei geht es sowohl um die alltäglichen Ordnungen im Schulranzen, auf dem Arbeitsplatz, im Klassenraum und im Kinderzimmer wie auch um vorgegebene Ordnungen nach bestimmten Merkmalen.

Beobachtungskriterien:

O das Kind hält eine eigene Ordnung, nach eigenen Prinzipien und findet sich gut zurecht

O das Kind behält seine Ordnungsprinzipien bei

O das Kind ändert seine Ordnungsprinzipien immer mal wieder und findet sich gut zurecht

O das Kind übernimmt vorgegebene Ordnungsprinzipien, schafft keine eigenen und findet sich gut zurecht

O das Kind kann sich an vorgegeben Ordnungsprinzipien anpassen und nebenher seine eigenen beibehalten, ohne durcheinander zu kommen (z.B. wenn in der Klasse Stifte anders geordnet werden als das Kind es zu Hause macht)

O das Kind findet sich in bekannten Räumen zurecht und kann die in diesen Räumen geforderte Ordnung einhalten (im Werkraum, in der Turnhalle, im Klassenraum, ...)

O das Kind kann beschreiben, wo etwas liegt

O das Kind räumt freiwillig auf

O das Kind braucht Hilfe beim Aufräumen (verbal - der Baustein kommt in das Regal neben der Tür, in das unterste Fach – oder demonstrativ – man selber legt einen Baustein dorthin, wo er hingehört)

O das Kind sucht systematisch, wenn es etwas verloren hat

O das Kind kann Gegenstände nach vorgegebenen Merkmalen sortieren

Interpretation:

O das Kind kann sich im Raum orientieren

O das Kind kann sich selber in Beziehung setzen zu einem Gegenstand und zu anderen Kindern (Raumvorstellung)

O das Kind kann den Standpunkt der anderen Kinder mit seinem eigenen vergleichen und seine Handlungen in Raum und Zeit entsprechend anpassen

O das Kind kann sich in der Gegenwart orientieren und angemessen reagieren (Zeithorizont)

O das Kind kann in die Pläne der gegenwärtigen Handlungen zukünftige mit einbeziehen (Zeithorizont)

O das Kind kann Ereignisse, die in einem bestimmten Zeitraum ablaufen, erfassen und strukturieren (Ordnung)

O das Kind kann seine eigenen Handlungen an die Dauer von Ereignissen anpassen (Dauer)

Material

Dosen-Training				Raum – Zeit
o Körperorientierung o **Praxie**	O erkennen/ unterscheiden	O Figur-Grund	**O** **Memorisation**	O Zusammen- hänge herstellen	**S** RZ 2

Anweisung:

An einer bestimmten Stelle des Raumes stehen Dosen mit Aufgabenkarten. Darauf können verschiedene Bewegungsaufgaben sein oder Wörter, die das Kind schreiben muss, wenn es wieder auf seinem Platz sitzt ... Es kann eine Dose für alle Kinder geben oder eine Dose für jedes Kind. Dies Aufgabe eignet sich im Unterricht sehr gut, um motorische Entlastung zu schaffen.

Beobachtungskriterien:	**Interpretation:**
O das Kind findet problemlos zur Dose und danach an den vorgeschriebenen Platz in der Klasse	O das Kind kann sich im Raum orientieren
O das Kind geht den direkten Weg	O das Kind kann sich in der Gegenwart orientieren und angemessen reagieren (Zeithorizont)
O das Kind nimmt einem anderen Weg, wenn „sein" Weg durch andere Kinder versperrt ist	
O das Kind muss sich immer wieder neu orientieren	O das Kind kann in die Pläne der gegenwärtigen Handlungen zukünftige mit einbeziehen (Zeithorizont)
O das Kind kann sich an die notierte Aufgabe erinnern, wenn es wieder an seinem Platz ist	O das Kind kann Ereignisse, die in einem bestimmten Zeitraum ablaufen, erfassen und strukturieren (Ordnung)
O das Kind weiß nur noch Teilschritte der Aufgabe	

Material	Dosen mit Aufgabenkarten

Puzzeln				Raum – Zeit
o **Körperorientierung** o Praxie	O erkennen/ unterscheiden	O Figur-Grund	O Memorisation	O **Zusammen- hänge herstellen**	**S** **RZ 3**

Anweisung:

Ein angemessen schweres Puzzel wird den Kindern gegeben. Sie sollen dieses zusammensetzen. Dabei sollen sie erzählen, was sie machen.

Beobachtungskriterien:	**Interpretation:**
O das Kind erkennt das passende Teil an der Form, der Farbe, … O das Kind puzzelt zuerst den Rahmen O das Kind sortiert zuerst die Teil nach bestimmten Merkmalen und puzzelt dann O das Kind dreht zuerst alle Teile in die richtige Raum-Lage O das Kind legt die Teile durch Ausprobieren an die richtige Stelle O das Kind schaut sich die Vorlage zu Beginn einmal an und puzzelt dann O das Kind schaut sich für jedes Teil die Vorlage an	O das Kind kann einen Zusammenhänge herstellen zwischen der Vorlage und der Raum-Lage der Puzzelteile O das Kind kann eine Ordnung anhand bestimmter Merkmale erstellen O das Kind kann Strategien entwickeln

Material	verschiedene Puzzel

Bildergeschichten				Raum – Zeit
o Körperorientierung o **Praxie**	O erkennen/ unterscheiden	O Figur-Grund	O Memorisation	O **Zusammen- hänge herstellen**	**S** RZ 4

Anweisung:

Dem Kind wird eine Bildergeschichte gegeben, bei der die einzelnen Bilder durcheinander geraten sind. Das Kind soll die Bilder in die richtige Reihenfolge bringen und die Geschichte erzählen.

Beobachtungskriterien:	**Interpretation:**
O das Kind kann Bilder chronologisch in die richtige Reihenfolge bringen O das Kind legt die Bilder in die „richtige" Richtung (Leserichtung) O legt die Bilder in eine Reihenfolge, aber nicht entsprechend der Leserichtung (also von rechts nach links, von oben nach unten, von unten nach oben, ...) O das Kind beschreibt zuerst jedes Bild einzeln, ehe es es an seinen Platz legt O das Kind erzählt die Geschichte so, wie die Bilder liegen, ohne zu merken, dass es so keinen Zusammenhang gibt	O das Kind kann Ereignisse, die in einem bestimmten Zeitraum ablaufen, erfassen und strukturieren O das Kind kann eine Ordnung anhand bestimmter Merkmale erstellen

Material

	Versteinern				Raum – Zeit
o Körperorientierung o **Praxie**	O erkennen/ unterscheiden	O Figur-Grund	O Memorisation	O **Zusammen- hänge herstellen**	**S** RZ 5

Anweisung:

Die Kind laufen von eine vorgegebene Strecke, die auch über Hindernisse führt. Ihnen wird erzählt, dass sie im Land eines bösen Zauberers sind, der alles zu Stein werden lässt. Sie dürfen sich nur bewegen, wen ihnen der Zauberer den Rücken zukehrt. Wenn er ruft „1 – 2 - 3 – 4 – Eckstein - alles wird versteinert sein!" und sich ihnen zuwendet, müssen sie sofort in der Bewegung innehalten, so dass der Zauberer denkt, sie sind aus Stein. Bewegen sie sich noch, wenn der Zauberer sich umdreht, werden sie wirklich verzaubert, d.h. sie bleiben dort sitzen, wo sie zuletzt in Bewegung entdeckt wurden.

Der Zauberer darf seinen Spruch mal schnell, mal langsam rufen. Aber er darf nicht langsam anfangen und dann immer schneller werden, weil die Kinder sich sonst nicht auf die Dauer des Rufens einstellen können.

Beobachtungskriterien:

für den Zauberer

O das Kind kann das Tempo beim Rufen halten
O das Kind ruft mal schnell, mal langsam; aber nicht nur abwechselnd
O das Kind variiert die Abstände zwischen den Rufen
O das Kind dreht sich erst um, wenn es seinen Ruf beendet hat
O das Kind erkennt, wer sich noch bewegt

für die anderen Kinder

O das Kind kann einschätzen, ob es Zeit hat, ein Hindernis zu überwinden bzw. zu einem sicheren Stand zu gelangen, ehe der Ruf zu Ende ist
O das Kind achtet darauf, nicht anderen Kindern in die Quere zu kommen
O das Kind versteinert schon, sobald der Ruf beginnt
O das Kind bewegt sich langsam und überlegt; es macht keine unnötigen Verrenkungen
O das Kind bewegt sich schnell, aber trotzdem sicher
O das Kind achtet weniger auf den Ruf als auf die anderen Kinder

Interpretation:

O das Kind kann aufgrund erinnerter taktil-kinästhetischer Erfahrungen angemessen reagieren
O das Kind kann sich im Raum orientieren
O das Kind kann sich selber in Beziehung setzen zu einem Gegenstand und zu anderen Kindern (Raumvorstellung)
O das Kind kann den Standpunkt der anderen Kinder mit seinem eigenen vergleichen und seine Handlungen in Raum und Zeit entsprechend anpassen
O das Kind kann sich in der Gegenwart orientieren und angemessen reagieren (Zeithorizont)
O das Kind kann in die Pläne der gegenwärtigen Handlungen zukünftige mit einbeziehen (Zeithorizont)
O das Kind kann Ereignisse, die in einem bestimmten Zeitraum ablaufen, erfassen und strukturieren (Ordnung)
O das Kind kann seine eigenen Handlungen an die Dauer von Ereignissen anpassen (Dauer)

Material

	Sirtaki, Schuhplattler und Siebenschläfer				Raum - Zeit
o Körperorientierung o **Praxie**	O erkennen/ unterscheiden	O Figur-Grund	O **Memorisation**	O **Zusammen- hänge herstellen**	**S** RZ 6

Anweisung:

Gemeinsam mit den Kindern wird ein Tanz entwickelt, der den bewussten Einsatz beider Körperhälften fordert: Berühren des rechten Knies mit der linken Hand, der rechte Fuß besucht die linke Hand, Überkreuzschritte, …

Viele Länder haben typische Tänze, die diese Elemente beinhalten; man kann ein tolles internationales, multikulturelles Tanzprojekt gemeinsam mit den Eltern daraus machen. Fehlen die Eltern, kann man sich auch an Volkstanzgruppe in der Umgebung wenden. Diese sind häufig bereit, einem tolle Tänze zu zeigen.

Beobachtungskriterien:

O das Kind kennt seine rechte/ linke Hand (Arm, Bein, Fuß, …)
O Bewegungen, die ein Überkreuzen der Körpermittellinie fordern, gelingen problemlos
O ein Überkreuzen der Körpermittellinie findet nur ansatzweise statt
O das Kind kann Bewegungen koordinieren, die „oben" (Hand, Arm) und „unten" (Fuß, Bein) betreffen
O das Kind kann seine Bewegungen auf die Musik abstimmen
O das Kind entwickelt eigene Ideen für Tanzschritte

Interpretation:

O das Kind verfügt über eine differenzierte Körperwahrnehmung und ein ausgebildetes Körperschema
O das Kind kann die Raumrichtungen vorne und hinten sowie rechts und links unterscheiden (Lateralität)
O die Lateralität und die darauf aufbauende Rechts-Links-Orientierung sind entwickelt
O das Kind kann Zusammenhänge herstellen zwischen der gestellten Bewegungsaufgabe und den eigenen Bewegungen
O und diese in eine strukturierte Bewegungshandlung umsetzen, die auf seine Tanzpartner abgestimmt ist
O das Kind kann seine Bewegungen im Raum mit der Zeit (Musik) abstimmen

Material

o Körperorientierung o **Praxie**	**Vorturner**				**Raum – Zeit**
	O erkennen/ unterscheiden	O Figur-Grund	O Memorisation	O **Zusammen-hänge herstellen**	**S** RZ 7

Anweisung:

Die Kinder sitzen im Stuhlkreis, eines wird aus dem Raum geschickt. In seiner Abwesenheit wird ein „Vorturner" gewählt: er macht bestimmte Bewegungen vor, die die anderen nachmachen sollen, ohne das Kind, das draußen war, sofort erkennt, wer der Vorturner ist.

Beobachtungskriterien:

für den Vorturner

O das Kind denkt sich immer neue Bewegungen aus
O das Kind nimmt auf komplizierte Bewegungen
O das Kind macht eine neue Bewegung immer dann, wenn das ratende Kind nicht zu ihm hin schaut

für das ratende Kind

O das Kind lässt sich Zeit beim Suchen und beobachtet jedes Kind ganz genau
O das Kind dreht sich langsam im Kreis, um die Kinder der Reihe nach zu mustern
O das Kind dreht sich auch mal überraschend nach hinten, um zu sehen, was hinter seinem Rücken passiert
O das Kind findet die Richtung, in der der Vorturner sitzt
O das Kind dreht sich orientierungslos im Kreis und rät einfach

für die anderen Kinder

O das Kind schaut unauffällig zum Vorturner; d.h. es blickt mal hin und mal weg
O das Kind starrt den Vorturner an, beugt sich u.U. noch zur Seite, um am ratenden Kind vorbeischauen zu können
O das Kind setzt auch „spiegelbildliche" Bewegungen richtig um, d.h. wenn es dem Vorturner gegenüber sitzt und diese die rechte Hand hebt, hebt es selber die linke

Interpretation:

O die Lateralität und die darauf aufbauende Rechts-Links-Orientierung sind entwickelt
O das Kind kann Zusammenhänge herstellen zwischen der gestellten Bewegungsaufgabe und den eigenen Bewegungen
O und diese in eine strukturierte Bewegungshandlung umsetzen
O das Kind kann den räumlichen Standpunkt der anderen Kinder mit seinem eigenen vergleichen und seine Handlungen im Raum entsprechend anpassen (Raumvorstellung)
O das Kind kann sich in der Gegenwart orientieren und angemessen reagieren (Zeithorizont)
O das Kind kann Ereignisse, die in einem bestimmten Zeitraum ablaufen, erfassen und strukturieren (Ordnung)

Material /

Kampf gegen die Eieruhr				Raum – Zeit
o Körperorientierung o **Praxie**	O erkennen/ unterscheiden	O Figur-Grund	O **Memorisation**	O **Zusammen- hänge herstellen**

S **RZ 8**

Anweisung:

Die Kinder sollen versuchen, auf einem Hindernis-Parcours so weit wie möglich zu kommen, während eine Eieruhr durchläuft. Mit dieser Eieruhr werden verschiedene Vorübungen gemacht, damit das Kind einschätzen kann, wie lange die Uhr läuft (im Sitzen laut mitzählen; leise mitzählen; Abzählreime mitsprechen; den Parcours durchlaufen mit Ansage, wieviel Zeit noch bleibt, ...).

Kann das Kind vorher sagen, wie weit es kommt? Was passiert, wenn die Eieruhr nicht mehr sichtbar, sondern hinter einer kleinen Wand durchläuft?

Beobachtungskriterien:	**Interpretation:**
O das Kind kann im Sitzen einschätzen, wie lange die Sanduhr läuft (durch lautes oder leises mitzählen, ...) O das Kind kann in Bewegung einschätzen, wie lange die Sanduhr läuft (s.o.) O das Kind erinnert sich, wie weit es bei den Probedurchläufen gekommen ist O das Kind schaut beim Überqueren der Hindernisse zur Uhr hin O das Kind stoppt sehr zeitig O das Kind stoppt viel zu spät	O das Kind kann sich im Raum orientieren O das Kind kann sich in der Gegenwart orientieren und angemessen reagieren (Zeithorizont) O das Kind kann in die Pläne der gegenwärtigen Handlungen zukünftige mit einbeziehen (Zeithorizont) O das Kind kann Ereignisse, die in einem bestimmten Zeitraum ablaufen, erfassen und strukturieren (Ordnung) O das Kind kann die Dauer von Ereignissen gut einschätzen O das Kind kann seine eigenen Handlungen an die Dauer von Ereignissen anpassen (Dauer) O das Kind hat ein subjektives Zeitempfinden, das es relativ gut in Deckung bringen kann mit objektiven Zeitspannen (Dauer)
Material Hindernis-Parcours	

o Körperorientierung o **Praxie**	**Blindflug**				**Raum – Zeit**
	O erkennen/ unterscheiden	O Figur-Grund	O **Memorisation**	O **Zusammen- hänge herstellen**	$\mathbf{S}$ **RZ 9**

Anweisung:

Die Kinder werden von einem vertrauten Partner blind in einem ihnen bekannten Raum umher geführt. Sie sollen bei verschiedenen Stopps sagen, wo sie sich befinden. Dazu dürfen sie jeweils ihre Umgebung ertasten. Wenn die Teams sich aneinander gewöhnt haben und sich wirklich blind vertrauen, kann das Gebäude und die Umgebung erkundet werden,

Beobachtungskriterien:

O das Kind braucht nur wenige Erkennungsmerkmale aus seiner Umgebung, um festzustellen, wo es sich befindet

O das Kind rät, wo es sich befindet

O das Kind lässt sich gut führen, vertraut seinem Partner

O das Kind ist sehr unsicher, konzentriert sich sehr auf das „blinde" Gehen an sich, weniger auf den Raum um sich herum und auf den Weg

Interpretation:

O das Kind verfügt über die Fähigkeit zur räumlichen Lokalisation ohne visuelle Kontrolle

O das Kind hat die zeitliche Organisation verinnerlicht

Material	Augenbinden

Architekten I				Raum – Zeit
o Körperorientierung o **Praxie**	O erkennen/ unterscheiden	O Figur-Grund	O Memorisation	O **Zusammen-hänge herstellen**
S RZ 10				

Anweisung:
Die Kinder bauen mit Bauklötzen, mit Legos, … alleine aus ihrer Fantasie heraus.
Wenn es schwieriger werden soll, können die Kinder nach Vorlage bauen oder blind.

Beobachtungskriterien:

allein
O das Kind baut fantasievoll und variantenreich
O das Kind probiert immer wieder neue Konstruktionen aus
O das Kind legt die Steine so übereinander, dass sie möglichst viel Halt haben
O Türme und Häuser bleiben lange stehen, da die Klötze gut aufeinander liegen
O das Kind bezieht auch anderes Material mit ein, um seine Ideen zu verwirklichen (z.B. ein Lineal als Brücke)
O das Kind überlegt vorher, welche Steine es braucht
O das Kind kann sich so bewegen, dass es nicht gegen seine Bauwerke stößt
O das Kind baut überwiegend kleine Gebäude
O das Kind überlegt sich vorher eine Spielidee
O das Kind entwickelt aus dem Bauen heraus eine Spielidee
O das Kind verliert seine Spielidee aus den Augen
O das Kind baut nach dem Prinzip „Versuch und Irrtum"
O das Kind spielt von alleine gar nicht mit Legos oder Bauklötzen

Interpretation:

O das Kind kann aufgrund erinnerter taktil-kinästhetischer Erfahrungen seine Bewegungen anpassen
O das Kind kann Vorstellungen in den realen Raum übertragen
O das Kind kann in die Pläne der gegenwärtigen Handlungen zukünftige mit einbeziehen (Ordnung)
O das Kind kann Strategien entwickeln

Material	Legos, Bauklötze, …

Architekten II				Raum – Zeit
o Körperorientierung o **Praxie**	O erkennen/ unterscheiden	O Figur-Grund	O Memorisation	O **Zusammen- hänge herstellen**	**S** RZ 11

Anweisung:

Die Kinder bauen in der Turnhalle ein Bewegungslandschaft oder eine Stadt auf. Dazu bilden je 3-4 Kinder ein Team, die eine Station bzw. ein Haus bauen.

Mögliche Vorgehensweisen sind:

- Den Teams wird bestimmtes Material zur Verfügung gestellt, aus dem es etwas bauen soll. So kann man Kinder im Umgang mit Materialien fördern, die es sich von alleine nicht holt.
- Die Kinder überlegen gemeinsam, was gebaut werden soll und welches Material sie dazu brauchen. Dann werden die Teams nach Interesse gebildet.
- ...

Beobachtungskriterien:

- O das Kind baut fantasievoll und variantenreich
- O das Kind probiert immer wieder neue Konstruktionen aus
- O das Kind baut so mit den Materialien, dass sie möglichst viel Halt haben
- O Türme und Häuser bleiben lange stehen, da die Materialien gut aufeinander liegen
- O das Kind überlegt vorher, welches Material es braucht
- O das Kind kann sich so bewegen, dass es nicht gegen seine Bauwerke stößt
- O das Kind überlegt sich vorher eine Spielidee
- O das Kind entwickelt aus dem Bauen heraus eine Spielidee
- O das Kind verliert seine Spielidee aus den Augen
- O das Kind baut nach dem Prinzip „Versuch und Irrtum"

Interpretation:

- O das Kind kann aufgrund erinnerter taktil-kinästhetischer Erfahrungen seine Bewegungen anpassen
- O das Kind kann Vorstellungen in den realen Raum übertragen (Raumvorstellung)
- O das Kind kann in die Pläne der gegenwärtigen Handlungen zukünftige mit einbeziehen (Ordnung)
- O das Kind kann Strategien entwickeln

Material	möglichst vielfältiges Material zum „Budenbauen"

	Schatzsuche				Raum – Zeit
o Körperorientierung o **Praxie**	O erkennen/ unterscheiden	O Figur-Grund	O **Memorisation**	O **Zusammen- hänge herstellen**	**S** RZ 12

Anweisung:

 Die Kinder bekommen eine „Schatzkarte": mit Hilfe eines Planes können sie einen Schatz finden, der in der Turnhalle versteckt ist. Dazu ist in der Turnhalle eine Bewegungslandschaft aufgebaut mit Höhlen, Bergen, Flüssen, ... Die Aufbauten sollten den Kindern aus anderen Stunden bekannt sein, da das Hauptaugenmerk dieser Aufgabe auf dem Umgang der Kinder mit dem Plan liegt. Sie sollen nicht erst überlegen müssen, was die Höhle oder der Berg sein könnte.

Mögliche Umgangsweisen mit dem Plan sind:
- Der Weg, der zu gehen ist, ist mit Start und Ziel eingezeichnet, die Kinder müssen ihm „nur" folgen; d.h. sie müssen die jeweils nächste Station im Raum entdecken.
- An jeder Station liegt eine Aufgabenkarte, die das nächste Ziel verrät. Die Kinder müssen die jeweils nächste Station sowohl im Raum als auch auf dem Plan entdecken. Auf dem Plan müssen sie ihren Weg einzeichnen.

Jedes Kind sollte mal die Führungsrolle übernehmen, Schatzkartenträger sein, ...

Beobachtungskriterien:

O das Kind arbeitet aktiv mit, um den richtigen Weg zu finden
O das Kind verhält sich eher passiv und folgt den anderen
der Weg ist eingezeichnet
O das Kind erkennt auf dem Plan die nächste Station
O das Kind findet sie im Raum wieder
O das Kind beschließt, eine „Abkürzung", d.h. direkt zum Schatz zu gehen
die Kinder müssen den Weg einzeichnen
O das Kind erkennt auf dem Plan die nächste Station
O das Kind kann den direkten Weg dorthin einzeichnen
O das Kind findet die nächste Station im Raum wieder
O das Kind geht gerne Umwege

Interpretation:

O das Kind kann unterschiedliche Raumrichtungen unterscheiden
O die Lateralität und die darauf aufbauende Rechts-Links-Orientierung sind entwickelt
O das Kind kann sich im Raum orientieren
O das Kind kann sich den Anforderungen entsprechend im Raum bewegen (Raumkoordination)
O das Kind kann seinen eigenen räumlichen Standpunkt übertragen auf einen abstrakten Plan (Raumvorstellung)
O das Kind kann den räumlichen Standpunkt der Stationen mit seinem eigenen vergleichen und seine Handlungen dem Raum entsprechend anpassen (Raumvorstellung)
O das Kind kann sich in der Gegenwart orientieren und angemessen reagieren (Zeithorizont)
O das Kind kann Ereignisse, die in einem bestimmten Zeitraum ablaufen, erfassen und strukturieren (Zeithorizont)
O das Kind kann in die Pläne der gegenwärtigen Handlungen zukünftige mit einbeziehen (Ordnung)

Material

Architekten III				Raum – Zeit
o Körperorientierung o **Praxie**	O erkennen/ unterscheiden	O Figur-Grund	O Memorisation	O **Zusammen- hänge herstellen**	**S** RZ 13

Anweisung:

Die Kinder bauen in der Turnhalle eine kleine Stadt auf mit verschiedenen Häusern. Dazu werden Teams von 3-4 Kindern gebildet, die je ein Haus bauen (mögliche Vorgehensweisen: siehe S RZ 11).

Wenn ihre Stadt fertig ist, übertragen sie sie auf Papier und zeichnen einen „Stadtplan".

Wenn die Kinder zum ersten Mal einen Plan zeichnen, sollte ihnen ein Vordruck für einen Plan zur Verfügung gestellt werden, auf dem markante Punkte der Halle schon eingezeichnet sind, so dass sie sich besser orientieren können. Auch sollte ihnen ein erhöhter Sitzplatz zur Verfügung gestellt werden, von dem aus sie die Halle gut überblicken können.

Es ist auch möglich – als Zwischenstufe – die Stadt als Modell mit Bauklötzen, Legos, ... nachzubauen.

Beobachtungskriterien:

für das Bauen

O das Kind baut fantasievoll und variantenreich
O das Kind probiert immer wieder neue Konstruktionen aus
O das Kind baut so mit den Materialien, dass sie möglichst viel Halt haben
O Türme und Häuser bleiben lange stehen, da die Materialien gut aufeinander liegen
O das Kind überlegt vorher, welches Material es braucht
O das Kind kann sich so bewegen, dass es nicht gegen seine Bauwerke stößt
O das Kind überlegt sich vorher eine Spielidee
O das Kind entwickelt aus dem Bauen heraus eine Spielidee
O das Kind verliert seine Spielidee aus den Augen
O das Kind baut nach dem Prinzip „Versuch und Irrtum"

für die Übertragung auf den Plan

O das Kind kann sich auf dem vorgegebenen Plan orientieren
O das Kind bewegt sich in der Halle, um den Plan zu malen; es kann immer seinen eigenen Standpunkt auf dem Plan finden
O das Kind zeichnet die verschiedenen Materialien realistisch nach, d.h. den Kasten als Kasten, ...
O das Kind malt entsprechend der Spielidee, d.h. den Kasten als Berg, den Kriechtunnel als Höhle, ...
O das Kind kann den Plan aus der Erinnerung heraus malen

Interpretation:

O das Kind kann unterschiedliche Raumrichtungen unterscheiden
O die Lateralität und die darauf aufbauende Rechts-Links-Orientierung sind entwickelt
O das Kind kann sich im Raum orientieren
O das Kind kann sich den Anforderungen entsprechend im Raum bewegen (Raumkoordination)
O das Kind kann seinen eigenen räumlichen Standpunkt übertragen auf einen abstrakten Plan (Raumvorstellung)
O das Kind kann sich in der Gegenwart orientieren und angemessen reagieren (Zeithorizont)
O das Kind kann Ereignisse, die in einem bestimmten Zeitraum ablaufen, erfassen und strukturieren (Zeithorizont)
O das Kind kann in die Pläne der gegenwärtigen Handlungen zukünftige mit einbeziehen (Ordnung)

Material	möglichst vielfältiges Material zum Budenbauen; Pläne; evtl. Legos, Bauklötze, ...

	Architekten IV				Raum – Zeit
o Körperorientierung o **Praxie**	O erkennen/ unterscheiden	O Figur-Grund	O Memorisation	O **Zusammen- hänge herstellen**	**S** RZ 14

Anweisung:

Die Kinder zeichnen einen Plan für eine Bewegungs-Landschaft, die sie in der Turnhalle aufbauen möchten. Auch hier kann als Zwischenstufe zwischen Plan und Großbaustelle ein Modell mit Legos ... gebaut werden.

Beobachtungskriterien:	Interpretation:
O das Kind überlegt schon beim Planen genau, welche Materialien es braucht O das Kind kann sich den Raum mit seinen verschiedene Möglichkeiten vorstellen O das Kind braucht zum Planen den realen Raum, d.h. es zeichnet seinen Plan in der Turnhalle O das Kind zeichnet die verschiedenen Materialien realistisch nach, d.h. den Kasten als Kasten, ... O das Kind malt seine Spielidee O das Kind hängt zu sehr an seiner Idee, um sie an die vorhandenen Materialien anzupassen	O das Kind kann unterschiedliche Raumrichtungen unterscheiden O die Lateralität und die darauf aufbauende Rechts-Links-Orientierung sind entwickelt O das Kind kann sich im Raum orientieren O das Kind kann sich den Anforderungen entsprechend im Raum bewegen (Raumkoordination) O das Kind hat den realen Raum in der Vorstellung verinnerlicht (Raumvorstellung) O das Kind kann Vorstellungen auf den realen Raum übertragen O das Kind kann sich in der Gegenwart orientieren und angemessen reagieren (Zeithorizont) O das Kind kann Ereignisse, die in einem bestimmten Zeitraum ablaufen, erfassen und strukturieren (Zeithorizont) O das Kind kann in die Pläne der gegenwärtigen Handlungen zukünftige mit einbeziehen (Ordnung)
Material	Pläne; möglichst vielfältiges Material zum Budenbauen; evtl. Legos, Bauklötze, ...

Anhang B

Beispiele für Beobachtungs- und Fördersequenzen

Vorlagebögen PSH

I Eingangsdiagnose mittels der Kernaufgaben

II vertiefende Beobachtung einzelner Entwicklungsdimensionen anhand ausgewählter Beobachtungssituationen

III Unterrichtsfachbezogene Beispiele

Prozessbegleitende Strukturierungshilfe RZI

Thema:

Förderhypothesen:	**Ziel der Stunde/ der Sequenz:**

Raum-Dimension			
o Grundwahrnehmungs- systeme	o Lateralität	o Raumkoordination	o Raumvorstellung

Stundenverlauf

Beobachtung/ Besonderheiten der Stunde
Individuelle Beobachtung # Gruppenbeobachtung # Beziehung/ Interaktion

Reflexion/ Überprüfung der Förderhypothesen
Förderangebote und Verlauf aus Sicht der Kinder # Förderangebote und Verlauf aus meiner Sicht # Modifikationen # Erfolge

Thema:

Förderhypothesen: | **Ziel der Stunde/ der Sequenz:**

Zeit-Dimension			
o Zeithorizont	o Ordnung	o Dauer	o Rhythmus

Stundenverlauf

Beobachtung/ Besonderheiten der Stunde

\# Individuelle Beobachtung

\# Gruppenbeobachtung

\# Beziehung/ Interaktion

Reflexion/ Überprüfung der Förderhypothesen

\# Förderangebote und Verlauf aus Sicht der Kinder

\# Förderangebote und Verlauf aus meiner Sicht

\# Modifikationen

\# Erfolge

<table>
<tr><td colspan="2">Thema:</td></tr>
<tr><td>Förderhypothesen:</td><td>Ziel der Stunde/ der Sequenz:</td></tr>
</table>

<table>
<tr><td colspan="2">Raum-Zeit-Dimension</td></tr>
<tr><td>o
Körperorientierung</td><td>o
Praxie</td></tr>
</table>

Stundenverlauf

Beobachtung/ Besonderheiten der Stunde

\# Individuelle Beobachtung

\# Gruppenbeobachtung

\# Beziehung/ Interaktion

Reflexion/ Überprüfung der Förderhypothesen

\# Förderangebote und Verlauf aus Sicht der Kinder

\# Förderangebote und Verlauf aus meiner Sicht

\# Modifikationen

\# Erfolge

<table>
<tr><td colspan="5" align="center">Stundenverlauf</td></tr>
<tr><td></td><td>Aufgabe</td><td>Spielhandlung</td><td>(Förder-)Ziele</td><td>Interaktionsform
Material</td></tr>
<tr><td>A</td><td></td><td></td><td></td><td></td></tr>
<tr><td>E</td><td></td><td></td><td></td><td></td></tr>
<tr><td>S</td><td></td><td></td><td></td><td></td></tr>
</table>

I
Eingangsdiagnose mittels der Kernaufgaben

Die Eingangsdiagnose zur Raum-Zeit-Wahrnehmung ist in drei Blöcke gegliedert – entsprechend den Entwicklungsdimensionen Raum, Zeit und Raum-Zeit.
(Ein bisschen wurde gemogelt: Aufgrund der Komplexität im Bereich „Zeit" wurde eine Aufgabe – D_{Z2} Der Obstkorb fällt um – in den Block zum Bereich „Raum" vorgezogen.)

Alle drei Blöcke haben das Thema „Wir verreisen".
Gereist wird immer mit dem Flugzeug (Kernaufgabe S_{R1} Ausflug). Diese Aufgabe ist das verbindende Element zwischen den Stationen und ermöglicht den Kindern durch ihre häufige Wiederholung einen bekannten Orientierungspunkt in der Stunde, so dass sie sich gedanklich etwas entspannen können, weil hier nicht die volle Aufmerksamkeit gefordert ist. Außerdem bietet sie die Möglichkeit der Übernahme von Verantwortung, weil jedes Kind einmal Pilot ist und der Übungsleiter sich zurückhalten kann.
 An den unterschiedlichen Stationen, die bereist werden, werden den Kindern unterschiedliche Spiele vorgestellt, die in dem jeweiligen Land gespielt werden.

<table>
<tr><td>Thema:</td><td colspan="3"><h2>Wir verreisen I</h2></td></tr>
</table>

Förderhypothesen:	Ziel der Stunde/ der Sequenz:
/	Diese Stunde dient der Eingangsdiagnose im Bereich der Raum-Dimension.

Raum-Dimension

o Grundwahrnehmungs-systeme	o Lateralität	o Raumkoordination	o Raumvorstellung

Stundenverlauf

	Aufgabe	Spielhandlung	(Förder-)Ziele	Interaktionsform Material
A		Wir wollen zusammen mit dem Flugzeug verreisen und dabei in verschiedenen Ländern unterschiedliche Spiele kennen lernen. *Um sich in Weltreisende zu verwandeln, legen sich die Kinder auf die Matten und schließen die Augen. Dann wird ihnen vom Fliegen und von fremden Ländern mit komischen Namen erzählt.* Dann klingelt der Wecker, die Kinder steigen ins Flugzeug ein. Sie erhalten Bordkarten mit Platz-Nummern.	Zieltransparenz Identifikation mit der Ramenhandlung Motivation	Sitzkreis Matten Bordkarten
E	**S** R 1 Ausflug	Die Kinder nehmen im Flugzeug entsprechend den Nummern ihrer Bordkarten Platz. *Sie setzen sich auf dem Boden hintereinander in eine lange Schlange.* Der Pilot (*er sitzt als erster in der Reihe; hier noch der Übungsleiter*) gibt die jeweiligen Manöver über Lautsprecher bekannt (vgl. Beobachtungsbogen). Dann landen die Kinder zum ersten Mal:	* Lateralität * Raum-koordination	Sitz-Schlange
	D R 1 10 Zappel-finger	Das Zappel-Land: Die Menschen in diesem Land zappeln gerne. Aber sie zappeln nicht irgendwie, sondern nach einem Gedicht (vgl. Beobachtungsbogen).	* Grundwahr-nehmungs-systeme * Lateralität	Sitzkreis
	S R 1	Der Übungsleiter setzt sich ans Ende der Schlange, das Kind mit der Platz-Nummer 1 wird Pilot.	Übernahme von Verantwortung; s.o.	s.o.
	S R 2 Namen-Straßen	Das Land der Namen-Straßen: In diesem Land gibt es keine Straßen aus Asphalt, so wie bei uns. Die Straßen werden durch Namen gemacht (vgl. Beobachtungsbogen).	* Raum-vorstellung	freie Stellung im Raum Gymnastikreifen
	S R 1	Kind Nummer 1 setzt sich ans Ende der Schlange, Kind Nummer 2 wird Pilot	s.o.	s.o.

	D $_{Z1}$ Der Obst- korb	Das Obst-Land: In diesem Land gehören die Menschen verschiedenen Obstsorten an (vgl. Beobachtungsbogen).	∗ Zeit/ Ordnung	Sitzkreis Obstsymbole
	S $_{R1}$	s.o. Die Kinder fliegen zurück nach Hause.	s.o.	
S		*Die Kinder legen sich auf ihre Matten und verwandeln sich zurück.*	Entlassen aus der Rahmenhandlung	Sitzkreis Matten
		Die Kinder gehen noch einmal die Stunde durch. Sie nehmen Stellung - zur Geschichte = dem Inhalt - zur Interaktion - zu ihren eigenen Leistungen.	Reflexion und Kritik des Erlebten	

314

<table>
<tr><td>Thema:</td><td colspan="2"><h1>Wir verreisen II</h1></td></tr>
</table>

Förderhypothesen:	Ziel der Stunde/ der Sequenz:
/	Diese Stunde dient der Eingangsdiagnose im Bereich der Zeit-Dimension.

Zeit-Dimension

o Zeithorizont	o Ordnung	o Dauer	o Rhythmus

Stundenverlauf

	Aufgabe	Spielhandlung	(Förder-)Ziele	Interaktionsform Material
A		Die Kinder werden an die vorangegangene Stunde erinnert. Ihnen wird erzählt, dass heute weiter gereist wird. *Um sich zu verwandeln, legen sich die Kinder auf die Matten und schließen die Augen.*	Zieltransparenz Identifikation mit der Rahmenhandlung Motivation	Sitzkreis Matten
E	**S** R 1 Ausflug	Die Kinder erhalten ihre Bord-Karten. Kind Nummer 4 wird der Pilot (vgl. Beobachtungsbogen).	Übernahme von Verantwortung ∗ Lateralität ∗ Raum-koordination	Sitz-Schlange
	D Z 1 Panto-mimen	Das Pantomimen-Land: Im Land der Pantomimen wird nicht gesprochen. Außerdem sind alle Gegenstände unsichtbar (vgl. Beobachtungsbogen). *Der Übungsleiter gibt den Kindern Kärtchen, auf denen steht, was sie darstellen sollen.*	∗ Zeithorizont	Sitzhalbkreis Aufgabenkarten
	S R 1	s.o.	s.o.	s.o.
	D Z 3 Große Uhren	Das Uhren-Land: In diesem Land gibt es verschiedene Uhren, die alle einen unterschiedlichen Rhythmus haben. Je nach dem, was für eine Uhr der Besitzer hat, bewegt es sich (vgl. Beobachtungsbogen).	∗ Rhythmus	Bewegung im Raum
	S R 1	s.o.	s.o.	s.o.
	S Z 2 Schnek-ken ...	Das Schnecken-Land: In diesem Land bewegen sich die Menschen alle ganz langsam, egal was sie tun (vgl. Beobachtungsbogen).	∗ Dauer	Bewegung im Raum
	S R 1	s.o.	s.o.	s.o.

	S $_{Z2}$ ... u. Renn- mäuse	Das Land der Rennmäuse: In diesem Land bewegen sich alle ganz schnell, egal was sie tun (vgl. Beobachtungsbogen).	∗ Dauer	Bewegung im Raum
	S $_{R1}$	s.o.	s.o.	s.o.
S		*Die Kinder legen sich auf ihre Matten und verwandeln sich zurück.*	Entlassen aus der Rahmenhandlung	Sitzkreis
		Die Kinder gehen noch einmal die Stunde durch. Sie nehmen Stellung - zur Geschichte = dem Inhalt - zur Interaktion - zu ihren eigenen Leistungen.	Reflexion und Kritik des Erlebten	Matten

<table>
<tr><td>Thema:</td><td colspan="2"><h1>Wir verreisen III</h1></td></tr>
</table>

Förderhypothesen:	Ziel der Stunde/ der Sequenz:
	Diese Stunde dient der Eingangsdiagnose im Bereich der Raum-Zeit-Dimension.

Raum-Zeit-Dimension

o Körperorientierung	o Praxie

Zeit-Dimension

o Zeithorizont	o Ordnung	o Dauer	o Rhythmus

Stundenverlauf

	Aufgabe	Spielhandlung	(Förder-)Ziele	Interaktionsform Material
A		Die Kinder werden an die vorangegangene Stunde erinnert. Ihnen wird erzählt, dass heute weiter gereist wird. *Um sich zu verwandeln, legen sich die Kinder auf die Matten und schließen die Augen. Ihnen wird erzählt*	Zieltransparenz Identifikation mit der Rahmenhandlung Motivation	Sitzkreis Matten
E	**S** R 1 Ausflug	Die Kinder erhalten ihre Bordkarten ...	Übernahme von Verantwortung * Lateralität * Raum-koordination	Sitz-Schlange
	D RZ 1 Anziehen	Das Land der Clowns: In diesem Land verkleiden sich alle gerne (vgl. Beobachtungsbogen).	* Körper-orientierung	Verkeidungskiste
	S R 1	s.o.	s.o.	s.o.
	S RZ 1 Versteckt	Das Land der Verstecke: In diesem Land scheinen überhaupt keine Menschen zu leben – oder doch? Vielleicht haben sie sich ja versteckt (vgl. Beobachtungsbogen).	* Praxie	Bewegung im Raum viele Verstecke
	S R 1	s.o.	s.o.	s.o.
S		*Die Kinder legen sich auf ihre Matten und verwandeln sich zurück.*	Entlassen aus der Rahmenhandlung	Sitzkreis Matten
		Die Kinder gehen noch einmal die Stunde durch. Sie nehmen Stellung - zur Geschichte = dem Inhalt - zur Interaktion - zu ihren eigenen Leistungen.	Reflexion und Kritik des Erlebten	

II
Vertiefende Beobachtung einzelner Entwicklungsdimensionen anhand ausgewählter Beobachtungssituationen

<table>
<tr><td>Thema:</td><td colspan="4" align="center"><h2>Auf dem Jahrmarkt</h2></td></tr>
</table>

Förderhypothesen:	Ziel der Stunde/ der Sequenz:
Schwerpunkt der Förderung ist die Raum-Wahrnehmung	

Raum-Dimension

o Grundwahrnehmungs-systeme	o Lateralität	o Raumkoordination	o Raumvorstellung

Stundenverlauf

	Aufgabe	Spielhandlung	(Förder-)Ziele	Interaktionsform Material
A		Heute wollen wir den Jahrmarkt besuchen, weil man dort viele interessante Sachen sehen und erleben kann. *Um zum Jahrmarkt zu gelangen, legen sich die Kinder auf die Matten und schließen die Augen. Ihnen wird erzählt von den vielen bunten Buden, von den vielen Menschen und vom Lärm, der dort herrscht.*	Zieltransparenz Identifikation mit der Rahmenhandlung Motivation	Sitzkreis Matten
E	**D** R 11 der Eismann	Damit wir uns nicht verlieren im Gedränge haben wir ein Signal, dem wir folgen. Der Übungsleiter geht mit einer Klingel von Station zu Station (vgl. Beobachtungsbogen).	* Raum-vorstellung	Bewegung im Raum Klingel
	D R 6 Krebse	Besondere Tiere: Auf dem Jahrmarkt gibt es ganz besondere Tiere, die sich alle ganz witzig fortbewegen. Wir wollen versuchen, auch so zu gehen wie diese Tiere (vgl. Beobachtungsbogen).	* Lateralität * Raum-koordination	Bewegung im Raum
	D R 11	s.o.	Übernahme von Verantwortung * s.o.	s.o.
	D R 9 Schatten-spiele	Ratespiel: An einer Bude können wir ein Ratespiel mitmachen: Was wird hinter der Schattenwand gezeigt (vgl. Beobachtungsbogen)?	* Raum-vorstellung	Sitzhalbkreis
	D R 11	s.o.	s.o.	s.o.

S R 7 Knoten	Schlangenmenschen: Die Menschen, die hier auftreten, sind besonders gelenkig und können sich verdrehen. Sie fordern uns auf, mitzumachen (vgl. Beobachtungsbogen).	* Raum- koordination	Händekreis
D R 11	s.o.	s.o.	s.o.
S	*Die Kinder legen sich auf ihre Matten und reisen zurück.*	Entlassen aus der Rahmenhandlung	Sitzkreis
	Die Kinder gehen noch einmal die Stunde durch. Sie nehmen Stellung - zur Geschichte = dem Inhalt - zur Interaktion - zu ihren eigenen Leistungen.	Reflexion und Kritik des Erlebten	Matten

<table>
<tr><td>Thema:</td><td colspan="4"><h1>Im Wald</h1></td></tr>
</table>

Förderhypothesen:	Ziel der Stunde/ der Sequenz:
Schwerpunkt der Förderung ist die Raum-Wahrnehmung	

Raum-Dimension

o Grundwahrnehmungs-systeme	o Lateralität	o Raumkoordination	o Raumvorstellung

Stundenverlauf

	Aufgabe	Spielhandlung	(Förder-)Ziele	Interaktionsform Material
A		Wir wollen einen Waldspaziergang machen. Mal schauen, was für Tiere im Wald leben. *Um sich zu verwandeln, legen sich die Kinder auf die Matten und schließen die Augen. Ihnen wird vom Märchenwald erzählt.*	Zieltransparenz Identifikation mit der Rahmenhandlung Motivation	Sitzkreis Matten
E	**D** R 12 Erkältete Bienen	Die Bienen zeigen uns den Weg, den wir im Zauberwald gehen müssen. *Vier Kinder sind die Bienen, die den Weg zur nächsten Station „summen"; die andern Kinder gehen ihn mit geschlossenen Augen. Nach der nächsten Station wird getauscht.* (vgl. Beobachtungsbogen).	* Raum-vorstellung	Bewegung im Raum
	D R 8 Eierdieb	Der Fuchs ist unterwegs, um Hühnereier zu klauen. Die Hühner aber sind wachsam (vgl. Beobachtungsbogen).	* Raum-vorstellung	Bewegung im Raum
	D R 12	... die Bienen führen uns weiter ...	s.o.	s.o.
	S R 13 Krabbel-käfer I	Im Wald sind kleine Krabbelkäfer zu beobachten. Wir verfolgen ihren Weg (vgl. Beobachtungsbogen).	Ruhestation * Lateralität * Raum-koordination	Sitzkreis AB, Stifte
	S R 9 Feuer, ...	Aufregung im Wald: es brennt. Schnell suchen wir Schutz vor dem Feuer (vgl. Beobachtungsbogen).	* Raum-vorstellung	Bewegung im Raum Rettungsinseln

S R 4 Raum- exkursion I	Es ist dunkel geworden. Elfen zeigen und den Weg aus dem Wald heraus. Da sie nicht unsere Sprache sprechen, tippen sie uns an, in welche Richtung wir gehen sollen (vgl. Beobachtungsbogen).	* Raum- koordination * Raum- vorstellung	Bewegung im Raum
S	*Die Kinder legen sich auf ihre Matten und kehren zurück.*	Entlassen aus der Rahmenhandlung	Sitzkreis
	Die Kinder gehen noch einmal die Stunde durch. Sie nehmen Stellung - zur Geschichte = dem Inhalt - zur Interaktion - zu ihren eigenen Leistungen.	Reflexion und Kritik des Erlebten	Matten

<table>
<tr><td>Thema:</td><td colspan="2"><h1 align="center">Urlaub</h1></td></tr>
</table>

Förderhypothesen:	Ziel der Stunde/ der Sequenz:
Schwerpunkt der Förderung ist die Zeit-Wahrnehmung	

Zeit-Dimension			
o Zeithorizont	o Ordnung	o Dauer	o Rhythmus

Stundenverlauf				
	Aufgabe	**Spielhandlung**	**(Förder-)Ziele**	**Interaktionsform** **Material**
A		Wir fahren in den Urlaub in ein großen Hotel. Dort werden immer tolle Angebote gemacht, was man unternehmen kann. *Um ins Hotel zu reisen, legen sich die Kinder auf die Matten und schließen die Augen.*	Zieltransparenz Identifikation mit der Rahmenhandlung Motivation	Sitzkreis Matten
E	**S** $_{Z9}$ Musik-Straßen	Tanzen kann man im Hotel in mehreren Discos. Jede Disco spielt eine andere Musik. Wir wollen verschiedene Discos besuchen. (vgl. Beobachtungsbogen).	* Rhythmus	Bewegung im Raum Musik
	D $_{Z6}$ Auf dem Ball	Morgens am Swimmingpool herrscht immer ein großes Gedränge. Jeder will den besten Platz an der Sonne. Doch manche Liegestühle sind schon besetzt (vgl. Beobachtungsbogen).	* Ordnung	Bewegung im Raum Bälle
	S $_{Z9}$	s.o.; andere Musik	s.o.	s.o.
	D $_{Z11}$ Luft-ballons	Mit Luftballons werden verschiedene Spiele gemacht. Der Animateur sagt an, was man machen soll, während der Luftballon schwebt (vgl. Beobachtungsbogen).	* Dauer	Bewegung im Raum Luftballons
	S $_{Z9}$	s.o.; andere Musik	s.o.	s.o.
	S $_{Z6}$ Familie Müller	In dem ganzen Gedränge im Hotel haben sich die Familien verloren. Sie begeben sich auf die Suche (vgl. Beobachtungsbogen).	* Ordnung	Bewegung im Raum
	S $_{Z9}$	s.o.; ganz ruhige Musik	s.o.	
S		*Die Kinder legen sich auf ihre Matten und reisen zurück.*	Entlassen aus der Rahmenhandlung	Sitzkreis Matten
		Die Kinder gehen noch einmal die Stunde durch. Sie nehmen Stellung - zur Geschichte = dem Inhalt - zur Interaktion - zu ihren eigenen Leistungen.	Reflexion und Kritik des Erlebten	

<table>
<tr><td>Thema:

 Berufe raten </td></tr>
</table>

Förderhypothesen:	Ziel der Stunde/ der Sequenz:
Schwerpunkt der Förderung ist die Zeit-Wahrnehmung	

Zeit-Dimension			
o **Zeithorizont**	o **Ordnung**	o **Dauer**	o **Rhythmus**

	Aufgabe	**Spielhandlung**	**(Förder-)Ziele**	**Interaktionsform** **Material**
A		Wir wollen verschiedene (Quatsch-)Berufe kennenlernen und ausprobieren. *Um sich zu verwandeln, legen sich die Kinder auf die Matten und schließen die Augen.*	Zieltransparenz Identifikation mit der Rahmenhandlung Motivation	Sitzkreis Matten
E	**D** $_{Z8}$ 1 – 2 - 3	Mit der Straßenbahn fahren wir die unterschiedlichen Berufe suchen (vgl. Beobachtungsbogen).	* Ordnung	Bewegung im Raum
	S $_{Z3}$ Panto-mimen-Kette II	Beim Arbeitsamt werden und verschiedene Berufe vorgestellt: Kellner und Gast Zahnarzt und Patient (vgl. Beobachtungsbogen).	* Zeithorizont	Sitzhalbkreis; Gruppenarbeit
	D $_{Z8}$	s.o.	s.o.	s.o.
	S $_{Z5}$ Koffer-packen	Der Koffer-Packer: Im Hotel arbeiten die sogenannten „Koffer-Packer" (vgl. Beobachtungsbogen).	* Ordnung	Sitzkreis Koffer mit Alltagsgegen-ständen
	D $_{Z8}$	s.o.	s.o.	
	S $_{Z10}$ Fließ-band	Das Fließband: Das Fließband gibt es in den meisten Fabriken. Es hat eine ganz schwere Aufgabe (vgl. Beobachtungsbogen).	* Rhythmus	Sitzkreis Tennisbälle
	D $_{Z8}$	s.o.	s.o.	
S		*Die Kinder legen sich auf ihre Matten und fahren zurück nach Hause.*	Entlassen aus der Rahmenhandlung	Sitzkreis Matten
		Die Kinder gehen noch einmal die Stunde durch. Sie nehmen Stellung - zur Geschichte = dem Inhalt - zur Interaktion - zu ihren eigenen Leistungen.	Reflexion und Kritik des Erlebten	

<table>
<tr><td>Thema:</td><td></td></tr>
<tr><td colspan="2"><h1 align="center">Hindernis-Lauf</h1></td></tr>
</table>

Förderhypothesen:	**Ziel der Stunde/ der Sequenz:**
Schwerpunkt der Förderung ist die Raum-Zeit-Wahrnehmung	

Raum-Zeit-Dimension

o Körperorientierung	o Praxie

Stundenverlauf

	Aufgabe	Spielhandlung	(Förder-)Ziele	Interaktionsform Material
A		In der Halle ist ein Hindernis-Parcours aufgebaut. Wir wollen versuchen, ihn auf verschiedene Arten zu überqueren.	Zieltransparenz Motivation	Sitzkreis Matten
E	S RZ 8 Kampf gegen...	Kampf gegen die Eieruhr: Die Kinder sollen im Kampf gegen die Zeit einen Parcours überwinden (vgl. Beobachtungsbogen).	* Praxie	Bewegung im Raum
	S RZ 5 Ver-steinern	Versteinern: Auf ein bestimmtes Signal hin verharren die Kinder in ihrer Bewegung (vgl. Beobachtungsbogen).	* Praxie	Bewegung im Raum
	S RZ 9 Blindflug	Die Kinder werden blind entweder von einem Partner über den Parcours geführt oder sie trauen es sich alleine zu (vgl. Beobachtungsbogen).	* Praxie	Bewegung im Raum
S		*Die Kinder legen sich auf ihre Matten und verwandeln sich zurück.*	Entlassen aus der Rahmenhandlung	Sitzkreis
		Die Kinder gehen noch einmal die Stunde durch. Sie nehmen Stellung - zur Geschichte = dem Inhalt - zur Interaktion - zu ihren eigenen Leistungen.	Reflexion und Kritik des Erlebten	Matten

III
Unterrichtsfachbezogene Beispiele

An dieser Stelle werden keine Sequenzen vorgestellt, sondern Vorschläge gemacht, welche Situationen in den alltäglichen Klassenunterricht eingebaut werden können, um ein bestimmtes Thema zu unterstützen. Sie können zum Beispiel entweder das multisensorische Erfahren von Unterrichtsgegenständen unterstützen, als motorische Entlastung nach langen Sitzphasen dienen oder eine Ruhephase einleiten.

Mit anderen Worten: An dieser Stelle soll gezeigt werden, dass nicht besondere Situationen geschaffen werden müssen, um Beobachtung und Förderung im Bereich der Raum-Zeit-Entwicklung durchzuführen. Sie sollte in einen ganzheitlichen Unterricht – ebenso wie Diagnose und Förderung anderer Wahrnehmungsbereiche – integriert sein und in für die Schüler bedeutsame Zusammenhänge gestellt werden.

Einige Aufgaben finden im schulischen Alltag immer wieder statt:

- D_{Z4} Guten Morgen, Herr Nachbar!
- D_{RZ1} Anziehen und Verkleiden
- D_{RZ2} Alltägliches
- D_{RZ5} Aufräumen

Einige der Beobachtungsaufgaben „füllen" eine Unterrichtsstunde, ohne dass sie in eine Sequenz eingebettet werden müssen:

- D_{R2} Riesen und Zwerge
- S_{R6} Autos
- $S_{RZ\,11;\,13;\,14}$ Architekten
- $S_{RZ\,12}$ Schatzsuche

Folgende Möglichkeiten der thematischen Eingliederung in unterschiedliche Fächer sind denkbar:

⇨   Deutsch: Wir entdecken Buchstaben

⇨   Rechnen: Wir entdecken Zahlen

⇨   Musik: Erfahren von Rhythmus

⇨   Sachunterricht: Unser Gesicht
                      Unser Körper
                      Kleidung

Deutsch: **Wir entdecken Buchstaben** &
Rechnen: **Wir entdecken Zahlen**

In einem ganzheitlichen Schriftspracherwerb bzw. Erwerb der Zahlen ist das multisensorische Erfahren der Buchstaben/ Zahlen ein wichtiger Bestandteil.

Folgende Aufgaben des RZI können eingesetzt werden, indem man jeweils die Buchstaben bzw. Zahlen zum Erkundungsobjekt macht:

* S_{R8} Figuren-Memory
* S_{R10} Seiltanz
* S_{R11} Allesfresser
* S_{RZ2} Dosen-Training

Musik: **Erfahren von Rhythmus**

Die Fähigkeit zur rhythmischen Differenzierung spielt nicht nur beim Erlernen neuer Lieder eine wesentliche Rolle. Im Spracherwerb und beim Schreiben ist sie unter dem Stichwort „Durchgliederungsfähigkeit" von größter Bedeutung.

Ein Hinweis für eine tolle Musik, die sich in Bewegungen und Geschichten und auch Bilder umsetzen lässt, sind die „Bilder einer Ausstellung" von Modest Mussorgsky.

Folgende Aufgaben des RZI können eingesetzt werden:

* D_{Z13} Spechte
* D_{Z14} Stille-Klopf-Post
* S_{Z9} Musik-Straßen
* S_{RZ6} Sirtaki, ...

Sachunterricht:

Unser Gesicht

Unser Gesicht ist ein wichtiger Teil des Körpers. Mit Augen, Nase, Mund, Ohren und
natürlich auch Haut sind die wichtigsten Sinnesorgane im Kopfbereich.

Folgende Aufgabe des RZI kann eingesetzt werden:

* S_{R3} Lustige Masken

Unser Körper

Ein sachunterrichtliches Thema in den Rahmenrichtlinien ist der Körper mit der Benennung seiner Körperteile und ihrer Funktion.

Folgende Aufgabe des RZI kann eingesetzt werden:

* D_{R2} Riesen und Zwerge

Kleidung

Eng zusammen mit dem Thema „Unser Körper" hängt dieses Thema des Sachunterrichts.

Folgende Aufgabe des RZI kann eingesetzt werden:

• D_{RZ1} Anziehen und Verkleiden

Anhang C

Fragenkatalog

Beobachtungen zu Hause:
- Essen und Trinken
- im Haushalt
- Körpergefühl, Waschen, Körperpflege
- Anziehen und Kleidung
- Schmusen und Rangeleien
- alltägliche Bewegungsabläufe
- Drinnen-Spiele
- Draußen-Spiele und Spielplatz
- Ungeschick und Unfälle

Beobachtungen in der Schule:
- Ordnungen und Handlungsketten
- Orientierung in der Zeit
- Orientierung in der Lebensumwelt
- Orientierung im Raum
- Orientierung auf dem Arbeitsblatt

Selbstkonzept
- Selbstkonzept
- Selbstbild, Körperbild und Körpererleben
- Überspielungsstrategien

Beobachtungen zu Hause

Essen und Trinken	ja	nein	manchmal, wenn
⇒ das Kind kann alleine den Tisch angemessen decken (mit Teller, Tasse od. Glas, Besteck, ...) ⇒ *oder* es kann den Tisch angemessen decken, wenn ein Beispiel gedeckt ist [RL]			

im Haushalt	ja	nein	manchmal, wenn
⇒ das Kind findet sich in der Wohnung, in seinem Zimmer zurecht [RO,RL,ZH]			
⇒ das Kind hält seine Spielsachen in Ordnung, räumt sie weg [RO,RL,ZH]			
⇒ das Kind sortiert den Müll [RO,RL,ZH]			
⇒ das Kind kann komplexe Handlungsabläufe angemessen durchführen, ohne einzelne Schritte zu vergessen [Z]			

Körpergefühl, Waschen, Körperpflege	ja	nein	manchmal, wenn
⇒ das Kind kann einzelne Körperteile benennen [Rtk,RLat]			
⇒ das Kind kann seine rechte Körperhälfte von der linken unterscheiden, ⇒ es hat eine Dominanz ausgebildet [Rtk,RLat]			
⇒ das Kind kann mit geschlossenen Augen Körperteile benennen, die von einem Partner berührt werden [Rtk,RLat]			
⇒ das Kind kann alleine duschen oder baden, sich dabei in einer angemessenen Reihenfolge waschen (von oben nach unten) [Rtk,RLat]			
⇒ das Kind bezieht auch seine hintere Körperhälfte mit ein (Rücken waschen, am Hinterkopf Haare kämmen, ...) [Rtk,RLat]			

Anziehen und Kleidung	ja	nein	manchmal, wenn
⇒ das Kind kann sich in der richtigen Reihenfolge anziehen [RL,ZH,ZO] ⇒ *oder* es zieht sich sehr langsam an, da es sich auf jedes Kleidungsstück konzentrieren muss [RL,ZH,ZO]			

	ja	nein	manchmal, wenn
⇒ das Kind bemerkt, wenn es Kleidung verkehrt herum (vorne nach hinten) oder auf links gezogen trägt [RL,ZH,ZO] ⇒ *oder* es vermeidet komplizierte, von hinten zu schließende Kleidungsstücke [Rtk,Rlat,ZO]			
⇒ das Kind zieht seine Schuhe richtig herum an, ⇒ es bemerkt, wenn es „Entenfüße" hat [Rlat,RL,ZH]			

Schmusen und Rangeleien	ja	nein	manchmal, wenn
⇒ das Kind schmust gerne und zärtlich ⇒ *oder* es kann seine Kraft nicht richtig einschätzen und tut sich oder anderen weh [Rtk,RLat]			
⇒ das Kind kann einschätzen, ob es zwischen zwei Gegenständen/ Möbeln/ Menschen durchpasst ⇒ *oder* es denkt, es passt, obwohl es zu eng ist ⇒ *oder* es denkt, es passt nicht, obwohl genug Platz ist [Rtk,Rlat,RK]			
⇒ das Kind kann mit anderen in einer Reihe stehen, ohne sie anzustoßen [Rtk,Rlat,RK]			

alltägliche Bewegungsabläufe	ja	nein	manchmal, wenn
⇒ das Kind kann Gegenständen oder anderen Personen im Raum ausweichen [RO,RV]			
⇒ das Kind mag gehen – laufen – rennen – hüpfen - ... [Rtk,Rlat,RK]			
⇒ das Kind kann rückwärts laufen [RO,RV]			
⇒ das Kind kann mit geschlossenen Augen gehen, laufen, ... [RO,RV]			
⇒ Richtungsänderungen werden problemlos umgesetzt ⇒ *oder* es vermeidet plötzliche rechts – links, hoch – runter, ... Veränderungen [RO,RV]			
⇒ das Kind hat Spaß daran, neue Räume zu erkunden, im Raum umher zu laufen [RO,RV]			
⇒ das Kind kann sicher Treppen steigen ⇒ *oder* es hat es relativ spät gelernt, ersteigt Stufe für Stufe, muss sich am Geländer halten, ... [Rlat,RK,ZR]			
⇒ das Kind kann Roller fahren – Fahrrad fahren – Rollschuh laufen - ... [Rlat,RK,ZR]			

Drinnen-Spiele	ja	nein	manchmal, wenn
⇒ das Kind legt beim Bauen mit Bauklötzen die Klötze genau übereinander, so dass sie möglichst viel Halt haben, ⇒ Türme und Häuser bleiben lange stehen, da die Klötze gut aufeinander liegen [RL,RV,ZH]			
⇒ das Kind baut variantenreich und fantasievoll, ⇒ es probiert immer wieder neue Konstruktionen aus [RL,RV,ZH]			
⇒ das Kind erkennt beim Puzzeln die passenden Teile an der Form, ⇒ es kann Zusammenhänge herstellen zwischen der Vorlage und den Teilen [RL,RV,ZH]			
⇒ das Kind baut fantasievolle, haltbare Buden aus Matratzen, Decken, Kissen, ... [RV,ZH]			

Draußen-Spiele und Spielplatz	ja	nein	manchmal, wenn
⇒ das Kind spielt Hüpfspiele, singt und tanzt Bewegungslieder, ... [Rtk,Rlat,ZR]			
⇒ das Kind baut Buden aus Ästen, Brettern, Seilen, ... [Rtk,Rlat,ZR]			

Ungeschick und Unfälle	ja	nein	manchmal, wenn
⇒ das Kind kann Strecken und Entfernungen einschätzen ⇒ *oder* es kann dieses nicht und läuft immer wieder – auch in bekannten Räumen – gegen Möbel und Ecken [RV]			

Beobachtungen in der Schule

Ordnungen und Handlungsketten	ja	nein	manchmal, wenn
⇒ das Kind kann auf seinem Tisch, in seinem Ranzen Ordnung halten [RO,RL,ZH]			
⇒ das Kind findet sich im Klassenraum zurecht, es findet sein Regalfach, ... [RO,RL,ZH]			
⇒ das Kind findet sich im schulischen Tagesablauf zurecht [ZH]			
⇒ das Kind kann Bildergeschichten in eine logische Reihenfolge bringen, ⇒ es kann bekannte Geschichten nacherzählen [ZH]			

	ja	nein	manchmal, wenn
⇒ das Kind kann Handlungsfolgen wiederholen und beschreiben [ZH,ZO] ⇒ *oder* es braucht visuelle Kontrolle und Unterstützung			
⇒ das Kind kann Abläufe und Handlungsfolgen planen (zuerst, dann, danach) [ZH,ZO] ⇒ es kann Handlungsfolgen organisieren, da es eine Vorstellung vom Ziel hat [ZH,ZO] ⇒ es kann sich Folgen seiner Handlungen vorstellen, Gefahren aus seinem Tun erkennen [ZH]			
⇒ das Kind kann einen Zeitraum gliedern (vorher, nachher, gleichzeitig) [ZH,ZO]			

⇒ das Kind kann sich seine Zeit einteilen
   ⇒ *oder* es trödelt am Anfang und muss am Ende hetzen
   ⇒ *oder* es beeilt sich am Anfang und hat am Ende Leerlauf [ZH,ZO]			

⇒ das Kind kann Spiellieder angemessen mit Bewegung begleiten [ZO,ZD,ZR]			

Orientierung in der Zeit	ja	nein	manchmal, wenn
⇒ das Kind hat bestimmte, wiederkehrende tägliche Strukturen verinnerlicht und verstanden, ⇒ kleinere Abweichungen bringen es nicht durcheinander, ⇒ Handlungsaufforderungen können vorweggenommen werden [ZH,ZO]			

⇒ Begriffe, die die Zeit , den Tagesablauf strukturieren sind sprachlich verfügbar
   ⇒ heute, gestern, morgen
   ⇒ morgens, mittags, abends, ...
   ⇒ jetzt, später, ...
   ⇒ zuerst, danach, ...
   ⇒ ... [ZH,ZD]
⇒ die grammatischen Zeiten werden angemessen verwendet [ZH,ZD]			

⇒ Zeitbegriffe, die die Dauer beschreiben, werden angemessen verwendet bzw. umgesetzt
   ⇒ schnell - langsam,
   ⇒ lange – kurz,
   ⇒ ... [ZH,ZD]			

⇒ das Kind kann die Dauer von Tätigkeiten abschätzen (schaffe ich es bis zur Pause, ...) [ZD]			

Orientierung in der Lebensumwelt	ja	nein	manchmal, wenn

⇒ das Kind kann seinen Schulweg, den Weg zu wichtigen Gebäuden der Umgebung, ...
    ⇒ alleine gehen,
    ⇒ beschreiben,
    ⇒ ... [RL,RV]
⇒ *oder* es verläuft sich leicht			

Orientierung im Raum	ja	nein	manchmal, wenn
⇒ das Kind findet sich in bekannten Räume zurecht und kann hier gut mit Umstrukturierungen, z.B. Umstellen der Möbel, umgehen			

⇒ das Kind kann zeigen
    ⇒ rechts – links
    ⇒ oben – uinten
    ⇒ vorn – hinten
    ⇒ weit – nah
    ⇒ lang – kurz [Rlat, RK,RO]			

⇒ die Raumbegriffe sind sprachlich verfügbar			
⇒ das Kind kann Entfernungen einschätzen (wieviel Schritte brauche ich, passe ich durch, ...) [RV]			

Orientierung auf dem Arbeitsblatt	ja	nein	manchmal, wenn
⇒ bei Richtungsänderungen wird weder das Arbeitsblatt gedreht noch ändert das Kind seine Sitzhaltung [RLat]			
⇒ das Kind beginnt in der linken oberen Ecke mit Malen oder Schreiben [RLat]			
⇒ das Kind liest Wörter oder Zahlenreihen in der richtigen Richtung *oder* rückwärts [Rlat,RO]			
⇒ das Kind wechselt nicht die Hand bei waagerechten oder diagonalen Linien beim Überkreuzen der Körpermitte [RLat]			
⇒ das Kind kann beim Schreiben oder Lesen vom Buch/ Heft aufsehen ⇒ *oder* es verliert oft die Stelle aus den Augen, wo es gerade gelesen oder geschrieben hat [Rlat,RO]			

Selbstkonzept	nein	ja	manchmal, wenn
das Kind kann einschätzen, ob es eine Aufgabe bewältigen kann oder nicht: ⇒ das Kind neigt zur Selbstunterforderung ⇒ *oder* zur Selbstüberschätzung			
⇒ das Kind hat eine ständige Erfolgserwartung ⇒ *oder* Misserfolgserwartung			
⇒ das Kind erkennt das vermeintliche Problem/ erkennt es nicht			

Selbstbild, Körperbild und Körpererleben	nein	ja	manchmal, wenn
⇒ das Kind hat eine Vorstellung von sich als handelnde Person			
⇒ das Kind kann sein Körpererleben schildern			
⇒ das Kind ist zufrieden mit den Proportionen und Leistungen seines Körpers			
⇒ das Kind kennt die Bedeutung seines Körpers für sein Handeln			

Überspielungsstrategien	ja	nein	manchmal, wenn
⇒ das Kind entwickelt sich zum Kasper, so dass es aussieht, als verunglücke es absichtlich			
⇒ das Kind zieht sich komplett zurück und hofft, übersehen zu werden			
⇒ das Kind hat Kopfschmerzen, Bauchschmerzen o.ä., um ihm unangenehmen Situationen aus dem Weg zu gehen			
⇒ das Kind sagt, es sei Babykram, das macht es nicht			

Anhang D

TERZ

TERZ

1. Inventar (Test) zur Erfassung der raum-zeitlichen Entwicklung von Kindern von Lucien Bertrand, 1997

Der „Test zur Erfassung des Raum-Zeit-Verständnisses beim 5- und 6-jährigen Kind" (TERZ) wurde von Bertrand im Rahmen seiner Dissertation 1997 entwikkelt.
Er führte die Übungen mit Kindern aus Vorschulen in Luxemburg durch.

1.1 Der akustische Raum

Der akustische Raum setzt sich aus zwei Attributen zusammen: die der Einschätzung einer Entfernung zur Geräuschquelle (nah oder fern von mir), sowie das räumliche Lokalisieren einer Geräuschquelle (vor mir, hinter mir, rechts oder links von mir). Hierbei spielen sowohl die Intensität als auch der Frequenzbereich eine Rolle. Zum Richtungshören benötigen wir beide Ohren. Sie nehmen die Schallwellen mit einer gegenseitigen Zeitdifferenz auf. Durch die Stellung des Kopfes (einseitig abgewandt zur Geräuschquelle, gesenkt, schräggestellt) wird die zeitliche Verzögerung zusätzlich verstärkt und somit das Richtungshören unterstützt. Befindet sich eine Geräuschquelle direkt vor uns, über oder hinter uns, erhalten beide Ohren die gleiche Stimulierung, was die Diskriminierung wesentlich erschwert. Bewegungen des Kopfes schaffen dann die nötige Distanzveränderung zur Geräuschquelle, welche wiederum die Voraussetzungen zur Lokalisation darstellen.
Die Prüfung des akustischen Raums in der Durchführung des TERZ stellt eine Erweiterung zu den audiologischen Vorsorgeuntersuchungen dar, indem das Kind aufgefordert wird, zwischen einer Lautquelle rechts oder links vor ihm auf einem Tisch zu unterscheiden. Das Sirenengehäul soll ein neutrales Element sein, ohne nötiges Wortsinnverständnis und Unterscheidung von Tönen oder Lauten, da das Lokalisieren der Geräuschquelle im Raum das alleinige Ziel darstellt.

1.2 Die räumlichen Begriffe

„Der Erwerb der Fähigkeit, einerseits unsere eigene Beziehungen mit dem uns umgebenden Raum und andererseits die Beziehungen zwischen den einzelnen Elementen, die den Raum darstellen, einzuschätzen, geschieht progressiv und ist in dem Augenblick abgeschlossen, wo wir die Veränderungen dieser Beziehungen bei unseren Ortsveränderungen mit in Betracht ziehen können." (BERTRAND, 1996, 87). Hierzu sind vorausgegangene Erfahrungen, v.a. im Bereich der Bewegung und der Sensomotorik von Bedeutung. Aber auch den sprachlichen Begriffen fällt eine entscheidende Rolle zu. Die Festigung der Rechts – Linksorientierung am eigenen Körper und der damit verbundenen Wortsymbole dauert oft bis in das Schulalter hinein, so dass auf die Prüfung dieser Kenntnisse im TERZ verzichtet worden ist. Es werden ausschließlich Aufgaben zur Untersuchung einer passiven und aktiven Kenntnis der räumlichen Bestimmungswörter erstellt, um zu erfahren, wie geläufig den Kindern dieser Altersstufe das Verständnis und der Gebrauch von Bestimmungswörtern ist.

1.3 Die räumliche Strukturierung

Die Orientierung im Raum ist eher als eine Wahrnehmung des Raums anzusehen, während die Strukturierung „[...] die intelligente Verarbeitung der wahrgenommenen räumlichen Gegebenheiten bedeutet." (BERTRAND, 1996, 88). Die Strukturierungsfähigkeit baut demnach auf die Orientierungsfähigkeit auf, weshalb sich im TERZ für eine Übung im Bereich der Raumstrukturierung entschieden wurde.

1.4 Der taktile Raum

Die Haut steht mit ihren verschiedenen Rezeptoren an erster Stelle der Sinnesorgane. Die ankommenden Reize werden in thermische, taktile und schmerzhafte Stimulationen unterschieden und dementsprechend verarbeitet. Dieses ermöglicht uns, differenzierte Informationen über das Organ zu erhalten.
Durch mechanische Manipulation findet eine Reizung der taktilen Rezeptoren statt. Besonders viele dieser Art sind in den Fingerkuppen und den Lippen vorhanden, damit verbunden ist eine hohe Reizgenauigkeit und -empfindlichkeit. „Mit Hilfe des Tastsinnes können die gleichen kognitiven Lernprozesse, wie sie im optischen und akustischen Bereich (..) angeregt wurden, nochmals gefestigt werden. Durch die Ausschaltung des optischen Sinnes lernt das Kind, daß es allein durch das Tasten alle wichtigen Informationen über die Beschaffenheit von Material und Gegenständen erhalten kann." (KIPHARD, 1984, 195).
Im TERZ soll herausgefunden werden, in wieweit die Kinder dieser Altersstufe imstande sind, die räumliche Anordnung des ihnen taktil angebotenen Materials unter fünf sich ähnelnden, optisch dargebotenen Darstellungen ausfindig zu machen.

1.5 Der visuelle Raum

Die visuelle Wahrnehmung ist die bevorzugte Informationsquelle eines Erwachsenen in unserer heutigen technisierten Umwelt. Auf Grund dessen wurde hierzu eine Aufgabe in den TERZ aufgenommen. Da bereits bewährte Überprüfungen mit den KOHSschen Würfeln durchgeführt worden sind, griff man auf dieses Verfahren zurück. Nach BERTRAND (1996, 90) resultiert das anhaltende Interesse an dem Testverfahren (in seiner aktuellen Form wurde es zum ersten Mal von KOHS 1920 beschrieben) „[...] aus seiner Validität in bezug auf die zu messenden Kriterien, sowie der Gültigkeit seiner Aussagen, die er in eine bestimmte Richtung macht. Er erlaubt die Messung des analytischen und synthetischen Intelligenzniveaus und gibt – nach WECHSLER, der die KOHSschen Würfel in der WISC-R und dem HAWIK-R in abgeänderter Form im Mosaiktest übernommen hat – ein exzellentes Diagnostikinstrumentarium ab."

1.6 Das Spontantempo

Die Regulierung unserer motorischen Aktivitäten ist durch die Beeinflussung von außen kommender Reize bestimmt. Es gibt jedoch auch periodische Bewegungen, die von einem individuellen Zeitrhythmus jeder Person bestimmt sind. Dieses Spontantempo beeinflusst jede Aktivität im zeitlichen Ablauf, wobei DEFONTAINE (in: BERTRAND, 1996, 91) auf drei unterschiedliche Grundtempi verweist: dem Sprechtempo, dem Tempo beim Zeichnen und dem Bewegungstempo. Das motorische Spontantempo, auf welches auch im TERZ eingegangen wird, ist charakteristisch für einfache, sich andauernd wiederholende Bewegungen der Gliedmaßen, ohne dass eine Adaptation an ein Fremdtempo entsteht. Auf der Grundlage von STAMBAKs (in: BERTRAND a.a.O.) Beschreibung der Resultate, die bei einer Untersuchung an Pariser Grundschulen erzielt wurden, werden zwei Aspekte im TERZ begutachtet:
a) das Spontantempo, das ein Kind wählt, wenn es auf den Tisch klopft und schließlich der Vergleich dazu, in welcher Geschwindigkeit die Person andere motorische Aufgaben durchführt,
b) die Regelmäßigkeit der Schläge im Vergleich zu seinen sonstigen motorischen Möglichkeiten. Zu diesem Aspekt sollen auch die Rhythmusuntersuchungen hinzugefügt werden. Ein Kind, das unregelmäßig oder abgehackt auf den Tisch klopft, hat nach STAMBAK voraussichtlich motorische Schwierigkeiten, die den Erfolgsgrad der anderen Aufgaben beeinflussen könnten.

1.7 Die rhythmische Nachahmung

Der Rhythmus stellt eine Einheit von Ordnung und Dauer dar und kann als
Basis des zeitlichen Empfindens angesehen werden. Die rhythmische Nachahmung dient demnach, gemeinsam mit der folgenden Aufgabe, der Prüfung des
Zeitraums. LEBOULCH (1981, 110) spricht hier von zwei zu untersuchenden
Einheiten: dem „qualitativen Aspekt", der durch die Nachahmungsfähigkeit
deutlich wird und dem „quantitativen Aspekt", der mit der rhythmischen Anpassungsfähigkeit, dem Empfinden für die zeitliche Dauer einhergeht. Im TERZ
wird die Nachahmung ohne Sichthindernis geprüft, der Rhythmus kann von
dem Kind also sowohl akustisch als auch visuell aufgenommen werden. Die
Begründung dazu liegt in der hohen Konzentrationsfähigkeit, die bei der Ausführung dieser Aufgabe gegenwärtig sein muss. Sie wird so auf ein Mindest-
maß reduziert.
Innerhalb der Übung steigt der Schwierigkeitsgrad stetig an. Mit der perzeptiven Aufnahme des angebotenen Rhythmus lässt sich ein gewisser Entwicklungsstand der motorischen Koordinationsfähigkeit feststellen. Aus diesem
Grunde sollte bei den Ausführungen nicht auf leichte motorische Ungeschick-
lichkeiten und den damit verbundenen Unregelmäßigkeiten geachtet werden,
sondern vornehmlich auf die korrekte Wiedergabe der rhythmischen Struktur,
der zeitlichen Ordnung. Die Testform wurde bereits in Frankreich von STAM-
BAK zur Begutachtung der Schulreife vorgeschlagen.

1.8 Die rhythmische Anpassung

Diese Aufgabenform untersucht die Anpassungsfähigkeit an ein Fremdtempo
und wird damit als eine Prüfung des Verständnisses für die Zeitdauer angesehen. Das Kind soll den regelmäßigen Schlag des Metronoms aufnehmen und
sich der Dauer des Zeitintervalls anpassen. Auf die recht einfache Art des
Metronoms wurde zurückgegriffen, da Kinder in dem Alter von fünf bis sechs
Jahren häufig noch Schwierigkeiten haben, sich überhaupt an einen Fremd-
rhythmus anzupassen. Weiterhin sollte eine verbesserte Beobachtungssituation geschaffen werden, die durch die entstehenden großmotorisch angelegten
Bewegungen gegeben ist.

1.9 Die Einheit von Raum und Zeit

Hier handelt es sich um die raum-zeitliche Einheit, welche sich, verbunden mit
der Geschwindigkeit, auf die Koordination von Bewegungen und Handlungsab-
läufen stützt. Das Verständnis und der kognitive Gebrauch von Geschwindigkeit ermöglicht uns einerseits zwischen zeitlicher und räumlicher Ordnung zu
trennen, andererseits die Trennung zwischen zeitlicher Dauer und zurückge-

legter räumlicher Distanz nachzuvollziehen. PIAGET führte einige Versuche zu diesem Bereich durch, die selbiges bestätigen. Die Entwicklung des Verständnisses für eine raum-zeitliche Einheit ist abgeschlossen, sobald das Kind die Zeit als identisch, kontinuierlich und uniform für alle Phänomene erkennt.

Kinder in diesem Alter beziehen sich immer wieder auf räumliche Angaben bei der Erklärung von Geschwindigkeiten und deren Vergleich zueinander. Im TERZ wurde daher bewusst dieser Anhaltspunkt herausgelassen, um feststellen zu können, wie die Kinder sich zurechtfinden, wenn ihnen zur Beschreibung dieses Parameters die Möglichkeit der konkreten (räumlichen) Beobachtungssituation entzogen wird.

2. Vorgehensweise bei den Aufgaben des TERZ

2.1 Prüfung des akustischen Raums (AKURA)

Durch diese Form der Darbietung werden die beiden extremen Positionen rechts und links überprüft. Als Geräuschquelle wird die Stereoaufnahme der Sirene eines Einsatzwagens der Polizei (oder Feuerwehr, Krankenwagen) verwendet. Dabei entspricht das Geräusch für den Einsatzwagen auf der linken und rechten Seite der Versuchsperson jeweils einer 100-prozentigen Aufnahme beider Kanäle, die über Kopfhörer vorgespielt werden. Zur Verdeutlichung werden zwei Einsatzwagen in ungefähr 0,5m Entfernung rechts und links von der Versuchsperson auf einem Tisch aufgestellt, so als würden sie auf das Kind zufahren. Das Kind soll entsprechend der gehörten Sirene auf das rechte oder linke Auto zeigen.

Benötigtes Material:
- Originalbandaufnahme
- einen Stereokassettenrekorder mit Kopfhörer
- zwei unterschiedliche Spielwagen

2.2 Prüfung der Kenntnisse der Raumlage von Objekten (RABEG A / RABEG B)

Es handelt sich hierbei um eine doppelte Untersuchung, wobei der erste Teil (RABEG A) den passiven Erwerb und der zweite Teil (RABEG B) den aktiven Erwerb von Bestimmungswörtern der Raumlage von Gegenständen prüft.

Beschreibung der Aufgabe
Um den passiven und aktiven Erwerb der Bestimmungswörter festzustellen, kommen farbige Fotografien von Gegenständen aus dem täglichen Wahrneh-

mungs- und Handlungsbereich der Kinder zur Anwendung. Räumliche Anhalts-
punkte dürfen dabei nicht auf dem Foto zu sehen sein.
Bei dieser Version des Verfahrens wird der Versuchsperson zunächst ein Ge-
genstand in Seitenansicht gezeigt, welches zur Identifizierung des Gegenstan-
des dient; anschließend in vier verschiedenen Raumlagen.
Bei RABEG A wird das Kind aufgefordert, zu zeigen, auf welchem Bild der
Gegenstand von vorn, von hinten, von unten und von oben dargestellt ist. Bei
RABEG B soll es das entsprechende Bestimmungswort selbst nennen.

Benötigtes Material:
- bei RABEG A: die vier Fotos des Kruges
- bei RABEG B: die Fotos von vier Gegenständen: Lokomotive, Telefon,
  Elefant, Bügeleisen, bei denen das Kind die Begriffe von oben und unten
  benennen soll
- die Fotos, welche den Teddy und das Feuerwehrauto zeigen, werden als
  Vorversuch

2.3 Prüfung der räumlichen Strukturierungsfähig-
keit (RASTRU)

Diese Aufgabe setzt beim Kind das Verständnis für die Objektpermanenz voraus. Es soll die Fähigkeit beim Kind überprüft werden, nach einem Stellungswechsel von 180° das Versteck eines Gegenstandes zu bestimmen und dadurch seine Raumstrukturierungsfähigkeit unter Beweis zu setzen.

Beschreibung der Aufgabe
Das Kind soll nach einem Stellungswechsel von der einen Seite eines Tisches
zur anderen, also um 180°, einen vor seinen Augen unter einen undurchsichti-
gen Becher versteckten Spielgegenstand wiederfinden. Bei diesem Stellungswechsel wird der Platz des Spielgegenstandes für das Kind nicht immer sichtbar bleiben.
Bei dem Versuch werden neun Becher im Quadrat (3x3) aufgestellt.
Der Versuchsleiter nimmt an der schmalen Seite des Tisches Platz; gegenüber
von ihm steht ein Sichtschutz. Dieser hindert das Kind daran, beim erforderlichen Stellungswechsel von Vp1 zu Vp2 die Becher beständig zu beobachten.
Die Figur wird zuerst unter Becher 2, anschließend unter Becher 8 versteckt.
Es ist darauf zu achten, daß sich keine zusätzlichen Gegenstände auf der
Tischplatte befinden, die dem Kind räumliche Anhaltspunkte geben könnten.

Benötigtes Material:
- neun undurchsichtige, 100% identische Becher ohne Beschriftung
- zwei unterschiedliche kleine Plastikfiguren

2.4 Prüfung der Fähigkeit zur taktilen Erfassung einer räumlichen Anordnung (TAKRA)

Bei dieser Aufgabe soll die Versuchsperson eine räumliche Anordnung mit den Händen ertasten und anschließend unter fünf verschiedenen Möglichkeiten visuell wiedererkennen.

Beschreibung der Aufgabe
Unter ein Tuch wird eine Platte aus Pappe gelegt, die einen Ausschnitt für die einzulegenden Plättchen von 6x6 cm Größe hat. Die insgesamt 6 Plättchen sind mit einer jeweils unterschiedlichen Anzahl und unterschiedlicher räumlicher Anordnung von Muggelsteinen beklebt.
Auf einem Streifen von 6x6 cm großen Fotos soll die Versuchsperson nach Ertasten des Plättchens unter den 5 dargebotenen Bildern die erfühlte Anordnung wiedererkennen.
Benötigtes Material:
– die 6 Plättchen mit den aufgeklebten Muggelsteinen
– die 6 Streifen mit je 5 Fotos
– die Ausschnittplatte
– ein Tuch

2.5 Prüfung des visuellen Raums (VIRA)

Die Prüfung des visuellen Raums wurde anhand der KOHSchen Würfel in einer Adaptation von INIZAN (1976) durchgeführt. Diese Aufgabe überprüft die visuelle Analyse- und Synthesefähigkeit räumlicher Strukturen bei der Versuchsperson.

Beschreibung der Aufgabe
Dem Kind werden farbige, geometrische Muster gezeigt. Es wird aufgefordert, diese anhand von vier identischen farbigen Würfeln nachzulegen. Jedes Item kann in doppelter Ausführung gezeigt werden; im Maßstab 1:2 ohne eingezeichnete Unterteilung der vier Würfel und im Maßstab 1:1 mit der eingezeichneten Würfelunterteilung. Wobei die zweite Ausführung nur bei Misserfolg der ersten Ausführung innerhalb der zugestandenen Zeit gewählt wird.
Benötigtes Material:
– 7 farbige Zeichnungen im Maßstab 1:1 und 1:2
– 4 KOHSche Würfel

2.6 Prüfung des Spontantempos (SPONTEM)

Die Prüfung des Zeitempfindens geschieht anhand der nun folgenden Aufgaben SPONTEM, RHYAN und RHYNA.
Das natürliche oder auch spontane Tempo (SPONTEM) kann bei einem Menschen beobachtet werden, wenn er in der ihm eigenen Frequenz mit dem Finger auf einen Tisch oder mit dem Fuß auf den Boden klopft.

Beschreibung der Aufgabe
Die Versuchsperson soll mittels eines Tamburinschlegels regelmäßig auf eine nicht federnde Unterlage klopfen. Es werden 21 Schläge (= 20 Intervalle) gezählt und mit dem Zeitmesser gestoppt.
Benötigtes Material:
- 1 Tamburinschlegel mit einer Länge von etwa 25 cm
- 1 Zeitmesser
- 1 Schaumstoffunterlage

2.7 Prüfung der Nachahmungsfähigkeit von vorgegebenen rhythmischen

Strukturen (RHYNA)
Die Prüfung der Nachahmungsfähigkeit rhythmischer Strukturen wurde ursprünglich aus einer Arbeit von INZIAN (1976) zur Prüfung der Lese- und Rechtschreibfertigkeit übernommen.

Beschreibung der Aufgabe
Die zwei folgenden Rhythmen sind dem Kind nacheinander vorzugeben:
a) OO . . OO . . OO
b) O . OO . . . . O . OO . . . . O . OO
Nach zehn fehlerfreien Wiederholungen oder wenn der Rhythmus sich stark in der Struktur verändert wird die Aufgabe beendet.
Bei der Darbietung beträgt die Kadenz 30 Schläge pro 10 Sekunden. Der Versuchsleiter soll hinsichtlich der Genauigkeit der vorzutragenden Rhythmen in Bewegung und Struktur so präzise wie möglich arbeiten.
Benötigtes Material:
- 2 Bleistifte mindestens 15 cm lang
- Zeitmesser

2.8 Prüfung der Anpassungsfähigkeit an ein Fremdtempo (RHYAN)

Bei dieser Übung wird die großmotorische Anpassungsfähigkeit des Kindes an ein Fremdtempo überprüft.

Beschreibung der Aufgabe
Der Versuchsperson werden anhand eines Metronoms unterschiedliche Tempi (60 – 100 – 80 Taktschläge pro Minute) nacheinander vorgestellt. Sie ist nun aufgefordert, ihre Schrittgeschwindigkeit dem jeweiligen Rhythmus anzupassen.
Benötigtes Material:
– ein Metronom

Raum für Notizen: